Wolfgang Wittmann

Rund um Linz

Die schönsten Wanderungen im Herzen Oberösterreichs

67 ausgewählte Touren

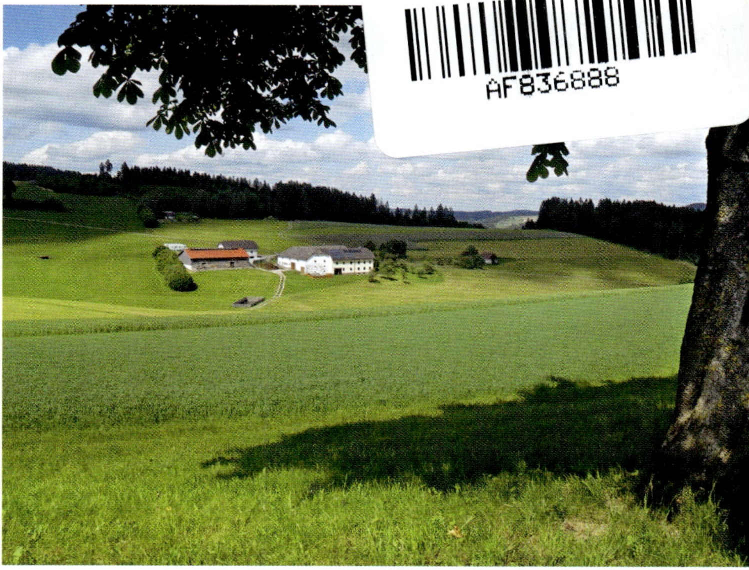

ROTHER
BERGVERLAG

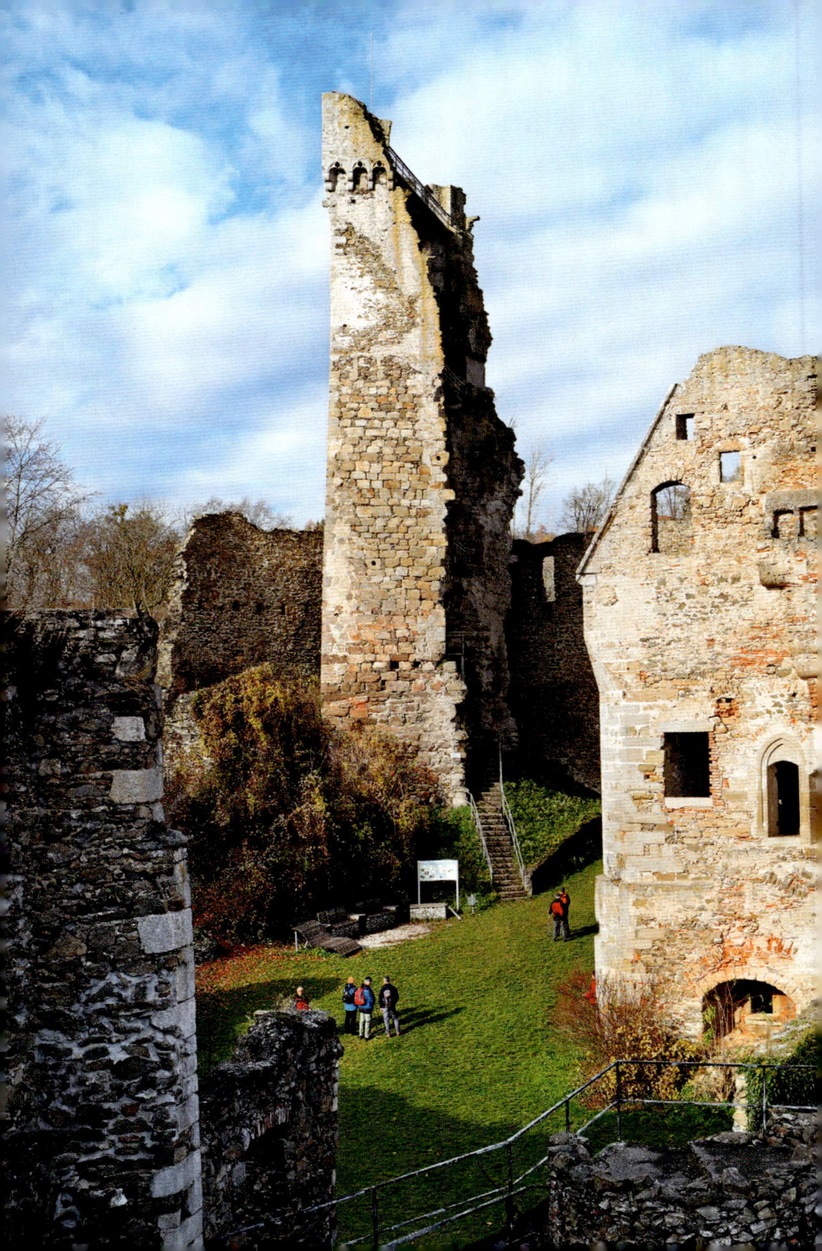

VORWORT

Die Umgebung von Linz bietet Wanderfreunden eine Vielzahl von abwechslungsreichen Touren. Eine ganze Reihe von Naherholungsgebieten im Zentralraum Oberösterreichs eignet sich bestens für Wanderungen aller Art. Von Spaziergängen mit Kinderwagen, kürzeren, auch für Kinder geeigneten Touren über mittlere Halbtags- und Ganztagsausflüge bis hin zu sehr anspruchsvollen Ganztageswanderungen – all dies ist hier möglich.
Im Gebiet zwischen der Schlögener Schlinge im Westen bis zum Strudengau im Osten, vom Mühlviertel im Norden bis hin ins Traunviertel findet sich für praktisch jeden Anspruch etwas Passendes. Auch was die Popularität der Touren betrifft, ist diese vielfältig. Neben Wanderklassikern und beliebten Wanderungen in Gegenden mit gut ausgebauter touristischer Infrastruktur finden sich in diesem Wanderführer auch eine ganze Reihe von Routen jenseits der bekannten Wege, bei denen man nur selten Wandernde trifft und versteckte Winkel entdeckt.
Immer wieder stößt man dabei auf die verschiedensten Kulturgüter: Das Mühlviertel im Norden der Donau mit seiner teils herben Landschaft, seinen Hügeln, Kuppen und rauschenden Bächen, die Donau als mächtiger Fluss, die Enns, die Traun, die Steyr und der Süden mit den fruchtbaren Feldern, Burgen, Schlössern und Klöstern, all dies wird auf den in diesem Wanderführer beschriebenen Routen berührt. Immer wieder reicht der Blick von den Höhen im Norden bis zu den Alpen, weit schweift der Blick über die Wiesen und Felder südlich der Landeshauptstadt. Ein wahrlich sehr abwechslungsreiches Wandergebiet für Jung und Alt.
Dieser Wanderführer vereint 67 abwechslungsreiche Touren in Linz und den umliegenden Gemeinden, die bei einer maximalen Anfahrtszeit von etwa einer Stunde erreichbar sind. Zudem wurde bei der Planung und Erstellung auf Nachhaltigkeit großer Wert gelegt. Alle Ausgangs- und Endpunkte der Strecken- und Rundwanderungen sind mit öffentlichen Verkehrsmitteln erreichbar. Wandern ist in der Region zu jeder Jahreszeit möglich, die Höhenunterschiede und technischen Ansprüche der Touren sind im alpinen Sinne nicht fordernd und das Wegenetz ist gut ausgebaut.
Ich wünsche Ihnen viele schöne Wandererlebnisse bei den Touren rund um die Landeshauptstadt Linz!

Linz im Sommer 2023 — Wolfgang Wittmann

Die mächtige Ruine Schaunburg: Palais und Aussichtsturm (Tour 50).

INHALTSVERZEICHNIS

Entlang der Flüsse Donau, Traun, Enns und Steyr

Südlich der Donau

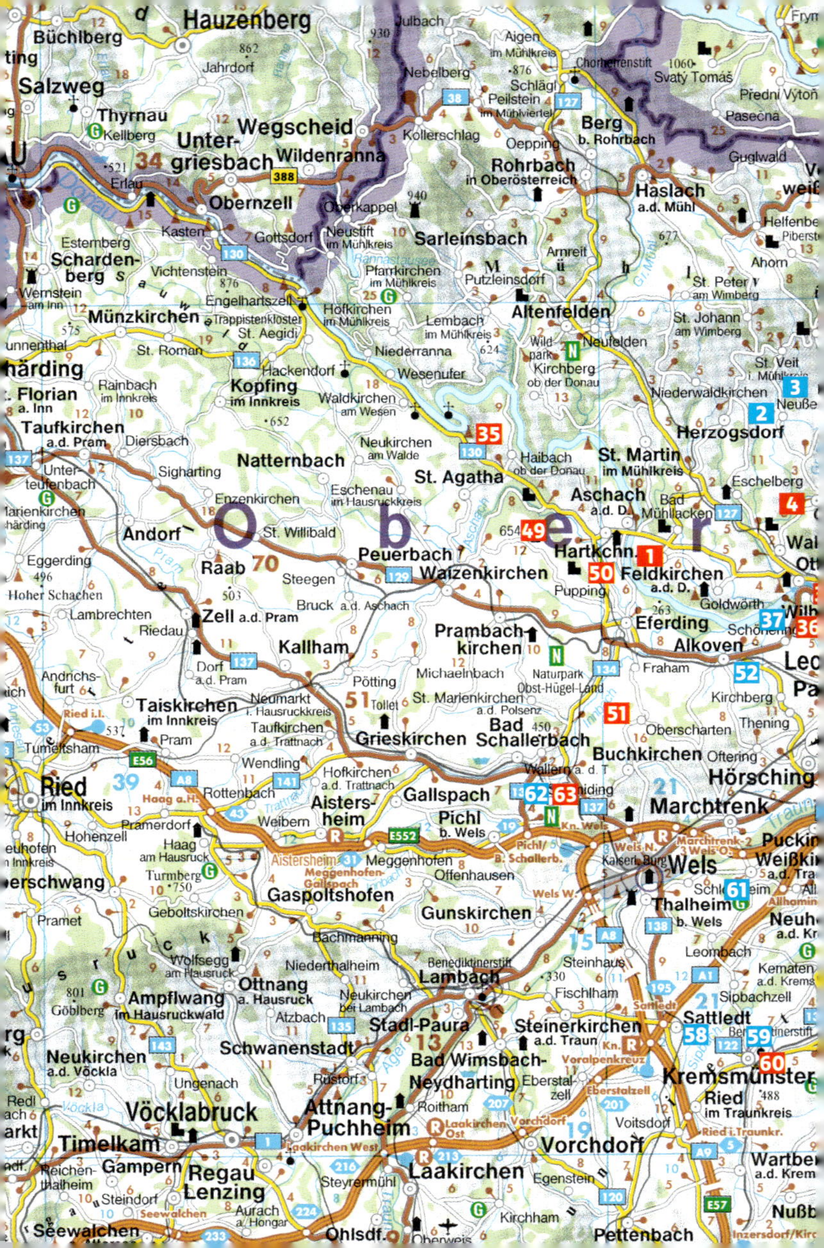

Hauzenberg
Büchlberg
Jahrdorf
Salzweg
Thyrnau
Kellberg
Wegscheid
Unter-
griesbach
Wildenranna
Erlau
Obernzell
Donau
Julbach
Aigen
im Mühlkreis
Nebelberg
Schlägl
Peilstein
im Mühlviertel
Kollerschlag
Oepping
Chorherrenstift
Svatý Tomáš
Přední Výtoň
Pasečná
Guglwald
Berg
b. Rohrbach
Rohrbach
in Oberösterreich
Haslach
a.d. Mühl
Helfenberg
Piberstein
Ahorn
Oberkappel
Sarleinsbach
Neustift
im Mühlkreis
Rannastausee
Pfarrkirchen
im Mühlkreis
Putzleinsdorf
Arnreit
Esternberg
Kasten
Gottsdorf
Schardenberg
Vichtenstein
Wernstein
am Inn
Engelhartszell
Trappistenkloster
Münzkirchen
St. Aegidi
St. Roman
Hofkirchen
im Mühlkreis
Lembach
im Mühlkreis
Altenfelden
Neufelden
St. Peter
am Wimberg
St. Johann
am Wimberg
St. Veit
i. Mühlkreis
Niederranna
Wesenufer
Hackendorf
Kopfing
im Innkreis
Rainbach
im Innkreis
Wildpark
Kirchberg
ob der Donau
Niederwaldkirchen
Neußerling
Schärding
St. Florian
a. Inn
Taufkirchen
a.d. Pram
Diersbach
Waldkirchen
am Wesen
Neukirchen
am Walde
Herzogsdorf
Natternbach
Haibach
ob der Donau
St. Martin
im Mühlkreis
Eschelberg
Unter-
teufenbach
Sigharting
St. Agatha
Eschenau
im Hausruckkreis
Enzenkirchen
Aschach
a.d. D.
Bad
Mühllacken
Andorf
St. Willibald
O b e r
Peuerbach
Hartkchn.
Feldkirchen
a.d. D.
Eggerding
Raab
Steegen
Waizenkirchen
Pupping
Goldwörth
Hoher Schachen
Lambrechten
Zell a.d. Pram
Riedau
Bruck a.d. Aschach
Prambach-
kirchen
Eferding
Alkoven
Schönering
Kallham
Fraham
Naturpark
Obst-Hügel-Land
Andrichs-
furt
Dorf
a.d. Pram
Pötting
Michaelnbach
St. Marienkirchen
a.d. Polsenz
Kirchberg
Thening
Taiskirchen
im Innkreis
Neumarkt
i. Hausruckkreis
Taufkirchen
a.d. Trattnach
Tollet
Grieskirchen
Bad
Schallerbach
Oberscharten
Ried i.I.
Tumeltsham
Pram
Buchkirchen
Oftering
Hörsching
Ried
im Innkreis
Wendling
Hofkirchen
a.d. Trattnach
Wallern a. d. T.
Haag a.H.
Rottenbach
Aisters-
heim
Gallspach
Pichl
b. Wels
Marchtrenk
Pramerdorf
Hohenzell
Weibern
Haag
am Hausruck
Aistersheim
Meggenhofen
Meggenhofen-
Gallspach
Pichl/
B. Schallerb.
Kn. Wels
Wels N.
Marchtrenk-2
3 Wels O.
Pucking
Kaiserl. Burg
Wels
Weißkirchen
a.d. Traun
Offenhausen
Turmberg
Gaspoltshofen
Wels W.
Schleißheim
Thalheim
b. Wels
Allhaming
Neuhofen
a.d. Krems
Geboltskirchen
Pramet
Gunskirchen
Bachmanning
Leombach
Kematen
a.d. Krems
Wolfsegg
am Hausruck
Niederthalheim
Benediktinerstift
Lambach
Steinhaus
Fischlham
Sattledt
Sipbachzell
Ottnang
a. Hausruck
Ampflwang
im Hausruckwald
Göblberg
Atzbach
Neukirchen
bei Lambach
Stadl-Paura
Steinerkirchen
a.d. Traun
Kn. R
Benediktinerstift
Schwanenstadt
Bad Wimsbach-
Neydharting
Voralpenkreuz
Kremsmünster
Neukirchen
a.d. Vöckla
Ungenach
Rüstorf
Eberstal-
zell
Eberstalzell
Ried
im Traunkreis
Vöcklabruck
Attnang-
Puchheim
Roitham
Laakirchen
Ost
Vorchdorf
Voitsdorf
Ried i.Traunkr.
Timelkam
Laakirchen West
Vorchdorf
Wartberg
a.d. Krems
Gampern
Regau
Lenzing
Laakirchen
Reichen-
thalheim
Steyrermühl
Egenstein
Steindorf
Seewalchen
Aurach
a. Hongar
Ohlsdf.
Kirchham
Pettenbach
Nußbach
Seewalchen
Inzersdorf/Kirchdorf

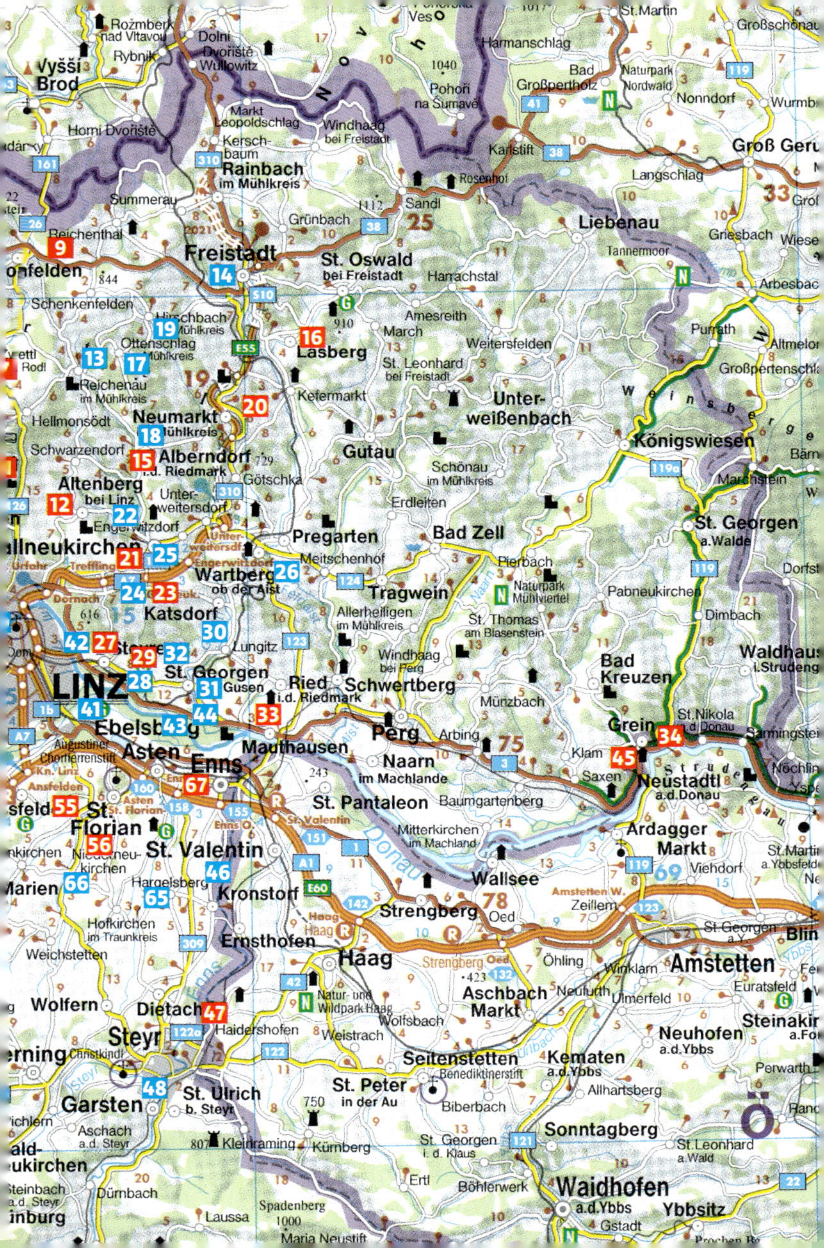

Rožmberk nad Vltavou
Dolní Dvořiště
Vyšší Brod
Rybník
Wullowitz
Horní Dvořiště
Markt Leopoldschlag
Windhaag bei Freistadt
Pohoří na Šumavě
Harmanschlag
Bad Großpertholz
Naturpark Nordwald
St. Martin
Großschönau
Nondorf
Wurmbrand
Karlstift
Groß Gerungs
Kerschbaum
Rainbach im Mühlkreis
Rosenhof
Sandl
Langschlag
Summerau
Grünbach
Liebenau
Griesbach
Reichenthal
Freistadt
St. Oswald bei Freistadt
Harrachstal
Tannermoor
Arbesbach
Schenkenfelden
Hirschbach im Mühlkreis
Amesreith
March
Lasberg
Weitersfelden
Purrath
Altmelon
Ottenschlag im Mühlkreis
St. Leonhard bei Freistadt
Großpertenschlag
Reichenau im Mühlkreis
Kefermarkt
Unterweißenbach
Weinsberger Wald
Hellmonsödt
Neumarkt im Mühlkreis
Königswiesen
Schwarzendorf
Alberndorf i.d. Riedmark
Gutau
Schönau im Mühlkreis
Altenberg bei Linz
Götschka
Unterweitersdorf
Erdleiten
Engerwitzdorf
Marchstein
St. Georgen a. Walde
Gallneukirchen
Pregarten
Bad Zell
Meitschenhof
Pierbach
Wartberg ob der Aist
Tragwein
Naturpark Mühlviertel
Pabneukirchen
Katsdorf
Allerheiligen im Mühlkreis
St. Thomas am Blasenstein
Dimbach
Lungitz
Windhaag bei Perg
Waldhausen i. Strudengau
Bad Kreuzen
LINZ
Steyregg
St. Georgen Gusen
Ried i.d. Riedmark
Schwertberg
Münzbach
Ebelsberg
Mauthausen
Perg
Arbing
Grein
St. Nikola a.d. Donau
Sarmingstein
Augustiner Chorherrenstift
Asten
Enns
Naarn im Machlande
Klam
Saxen
Neustadtl a.d. Donau
St. Florian
St. Pantaleon
Baumgartenberg
St. Valentin
Mitterkirchen im Machland
Ardagger Markt
Donau
Niederneukirchen
Hargelsberg
Wallsee
Viehdorf
St. Martin a. Ybbsfeld
Kronstorf
Strengberg
Zeillem
Oed
Hofkirchen im Traunkreis
Ernsthofen
Haag
St. Georgen a.Y.
Weichstetten
Öhling
Winklarn
Amstetten
Aschbach Markt
Neufurth
Euratsfeld
Wolfern
Dietach
Natur- und Wildpark Haag
Ulmerfeld
Wolfsbach
Haidershofen
Steyr
Weistrach
Neuhofen a.d. Ybbs
Steinakirchen a. Forst
Christkindl
Seitenstetten
Benediktinerstift
Kematen a.d. Ybbs
Perwarth
Garsten
St. Ulrich b. Steyr
St. Peter in der Au
Biberbach
Allhartsberg
Aschach a.d. Steyr
Kleinraming
Kürnberg
St. Georgen i. d. Klaus
Sonntagberg
St. Leonhard a. Wald
Ertl
Böhlerwerk
Dürnbach
Waidhofen a.d. Ybbs
Ybbsitz
Laussa
Spadenberg
Maria Neustift
Gstadt

TOP-TOUREN

Der Bienenerlebnisweg im Distltal
Ideal für Kinder: Die kurze Wanderung führt von Zwettl an der Rodl aus entlang der Distl zum Spielplatz, zudem erfährt man Wissenswertes über Bienen (Tour 6, 1.15 h).

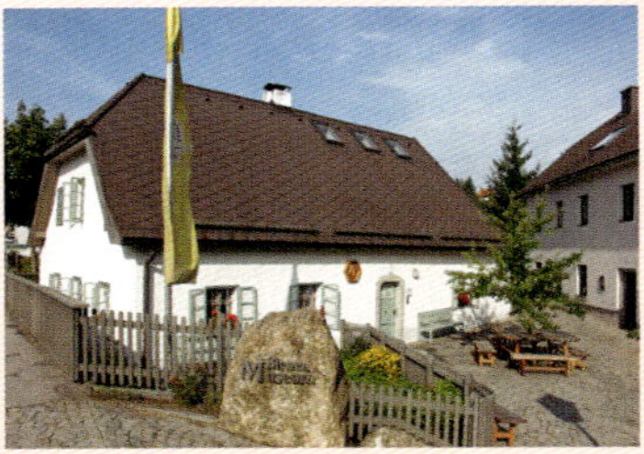

Zwischen Reichenau im Mühlkreis und Ottenschlag
Rundwanderung zum südlichsten Punkt der Europäischen Hauptwasserscheide, über die wunderschönen Steinbloßhöfe von Ottenschlag geht es wieder zurück nach Reichenau im Mühlkreis (Tour 13, 3.15 h).

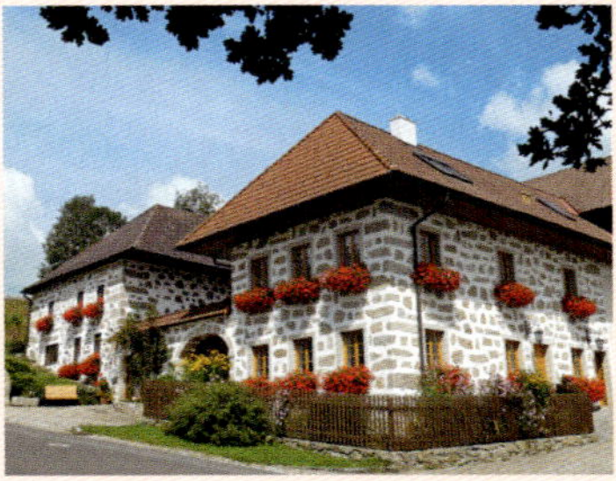

Von Neumarkt nach Kefermarkt
Vom weithin sichtbaren Ort Neumarkt im Mühlkreis führt die Runde hinunter ins Feldaisttal nach Kefermarkt mit dem weltberühmten gotischen Flügelaltar und zum Schloss Weinberg mit der Brauerei (Tour 20, 5.00 h).

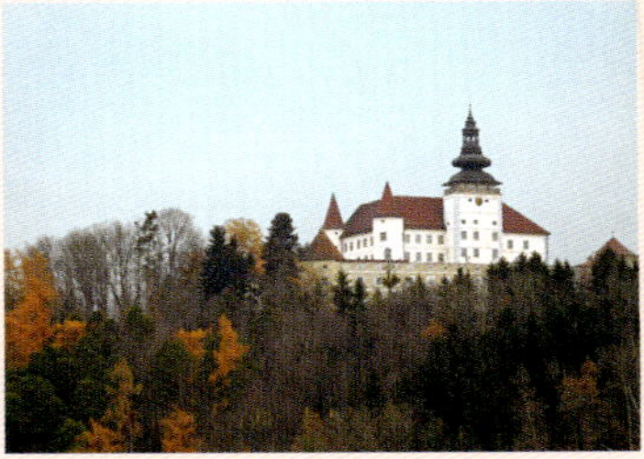

Von Grein an der Donau in die Stillensteinklamm
Grein mit dem Schloss und die beeindruckende Stillensteinklamm sind zwei Höhepunkte, der Rückweg vom Hotel Aumühle bietet dann wunderbare Ausblicke ins Donautal (Tour 34, 4.45 h).

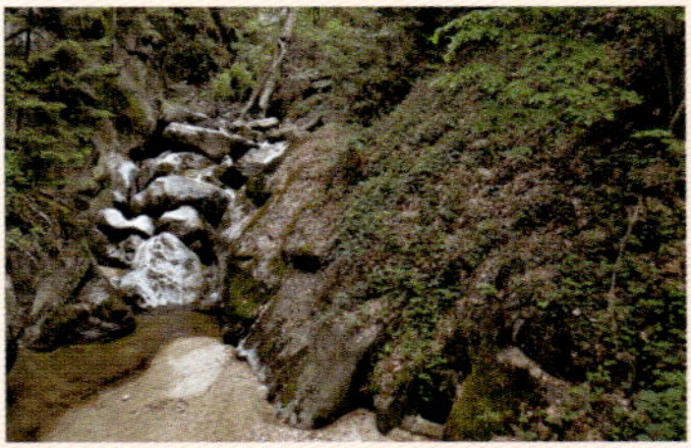

Die Schlögener Schlinge
Haibach ob der Donau ist der Ausgangspunkt für die Rundwanderung zum bekannten Aussichtspunkt oberhalb der Schlögener Schlinge (Tour 35, 4.30 h).

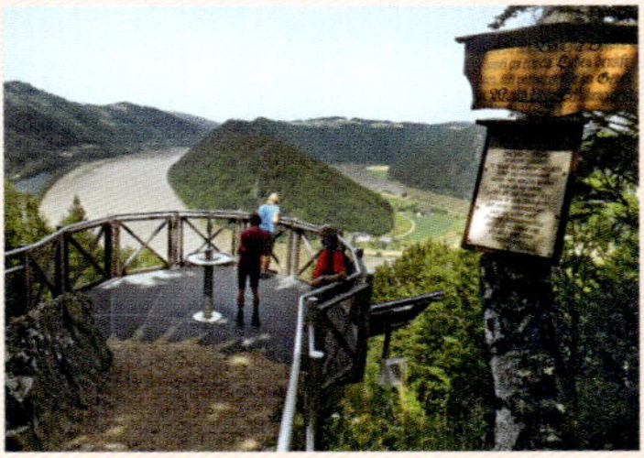

Vom Pleschinger See nach Steyregg
Entlang des Westhanges des Pfenningberges bietet der Weg nach Steyregg schöne Ausblicke auf Linz und auf die Industrieanlagen. Der Rückweg entlang der Donau lädt zum Verweilen ein (Tour 42, 3.30 h).

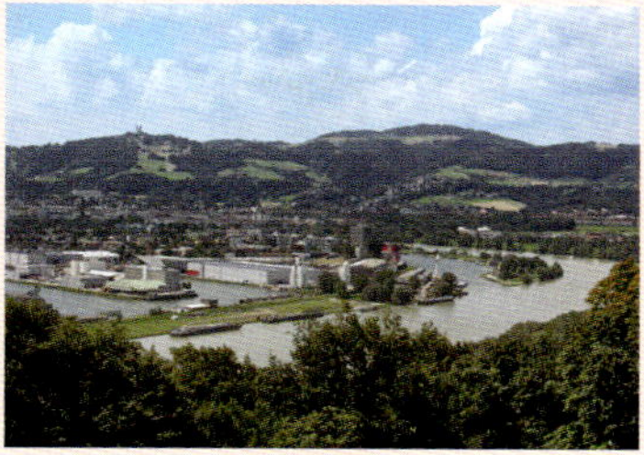

Zum Christkindl bei Steyr
Diese stimmungsvolle Rundwanderung von Steyr aus bietet sich besonder in der Vorweihnachts- und Weihnachtszeit an. Weihnachtsmuseum, Weihnachtspostamt und die mechanische Krippe in Christkindl sowie der Weihnachtsmarkt in Garsten sind Höhepunkte dieser Tour (Tour 48, 2.30 h).

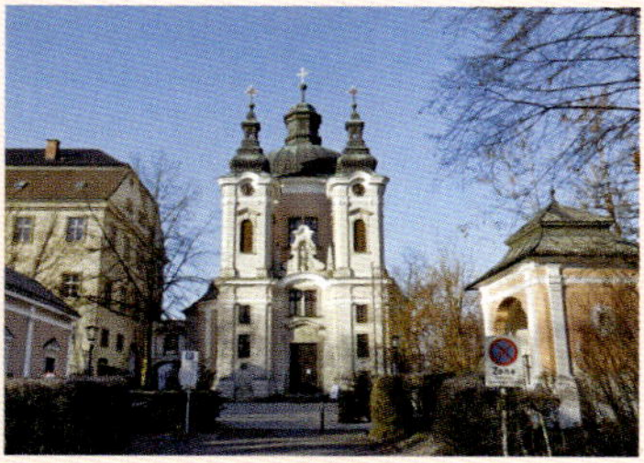

Ruine Schaunburg und Kloster Pupping
Vom Burgfried der einst mächtigen Burg eröffnet sich ein herrlicher Rundblick über das Eferdinger Becken, ein kulturelles Kleinod ist das Shalomkloster Pupping (Tour 50, 5.00 h).

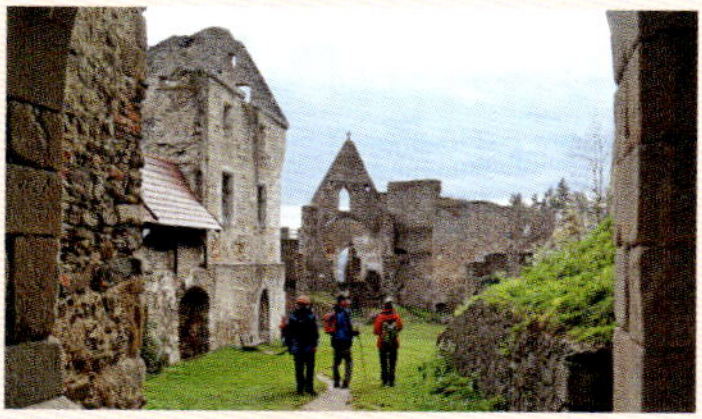

Von Kremsmünster nach Bad Hall
Von Kremsmünster zum Kurort Bad Hall über den für die Landesvermessung wichtigen Gusterberg mit der Aussichtswarte »Baum mitten in der Welt« führt dieser aussichtsreiche Rundweg (Tour 60, 4.30 h).

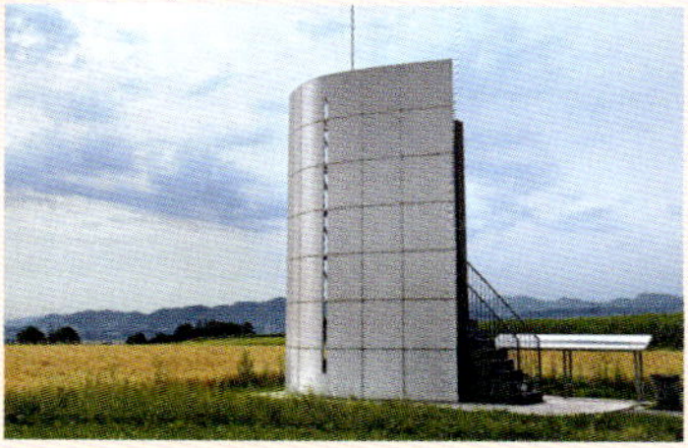

Von der Basilika Enns-Lorch zum Stift Sankt Florian
Eine abwechslungsreiche Wanderung zu Sakralbauten und interessanten Museen: von der Basilika Lorch zum Paneum – Wunderkammer des Brotes, vorbei am Museum Sumerauer Hof über die alte Remise zum Stift St. Florian mit dem Feuerwehrmuseum und wieder retour (Tour 67, 4.15 h).

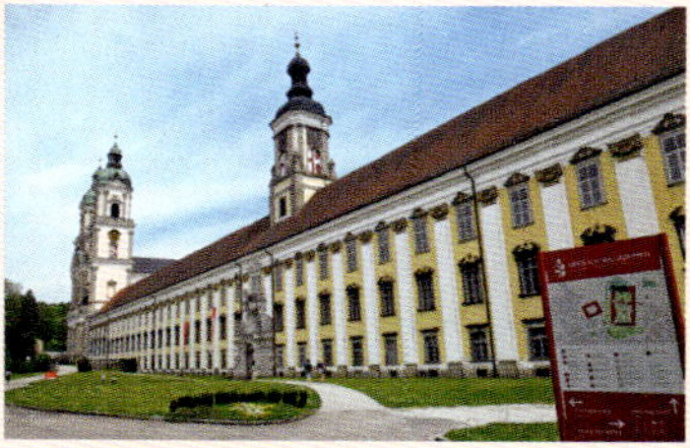

WICHTIGE HINWEISE FÜR UNTERWEGS

Anforderungen

Die meisten der beschriebenen Wanderungen sind bezüglich ihrer technischen Anforderungen als leicht einzustufen und verlaufen auf gut instand gehaltenen Feld-, Wald- und Güterwegen, Pfaden oder Fußsteigen. Alpine Gefahren sind nicht zu erwarten, die wenigen felsigen Stellen sind teils durch Drahtseile gesichert. Schmale, steinige, wurzelige und bei feuchtem Wetter rutschige Waldpfade sowie steile An- und Abstiege kommen jedoch vor, sind aber jeweils angemerkt. Was die Markierung betrifft, existieren teilweise beträchtliche Unterschiede. Während in vielen Orten die Wanderwege sehr gut gekennzeichnet sind, gibt es leider manchmal auch Markierungen, die in die Jahre gekommen sind. Sie können schadhaft oder nur von einer Seite zu sehen sein, fallweise auch ganz fehlen. Dann ist Orientierungsfähigkeit gefragt. Wann immer es sinnvoll war, wurde der Routenverlauf von Straßen hin zu nicht asphaltierten Wegen verlegt. Etliche der beschriebenen Touren stellen eine Kombination verschiedener Markierungen dar. Da vielerorts ganz eifrig markiert wurde und es oft zu einer ganzen Reihe von Wegzeichen für ein und dieselbe Wegstrecke kommt, wurde die jeweils effizienteste Markierung im Text erwähnt.

Auch Nebel erschwert die Orientierung. In den großen Waldgebieten kann man sich durchaus verirren, doch erreicht man immer wieder eine Straße oder Siedlung. Ausdrücklich hingewiesen wird auf die in weiten Teilen des Mühlviertels herrschende Zeckengefahr (Schutzimpfung!). Vorsicht bei den im Sommer häufigen Gewittern: Höhenkuppen, Felsgebilde und vereinzelte Bäume meiden und bevorzugt Geländemulden aufsuchen!

Die in diesem Wanderführer verwendete Farbkennzeichnung der Touren nach Schwierigkeitsgrad richtet sich bei den Wanderungen rund um Linz – da es kaum Probleme wegen Ausgesetztheit oder Trittsicherheit gibt – in erster Linie nach Länge, Höhenunterschied, Steilheit der An- und Abstiege und leichten oder schwierigen Orientierungsverhältnissen und erklärt sich wie folgt:

SCHWIERIGKEITSKATEGORIEN

■ = Leicht

Touren bis ca. 15 km Länge und/oder bis 500 Hm im Anstieg, im Verlauf nicht übermäßig steil und auf markierten Wegen, einfache Orientierung. Großteils auch für Kinder und Senioren geeignet.

■ = Mittel

Längere und anstrengende Touren von mehr als 15 km Länge und/oder über 500 Hm im Anstieg. Teils sehr steile Streckenabschnitte und/oder schwierigere Orientierung.

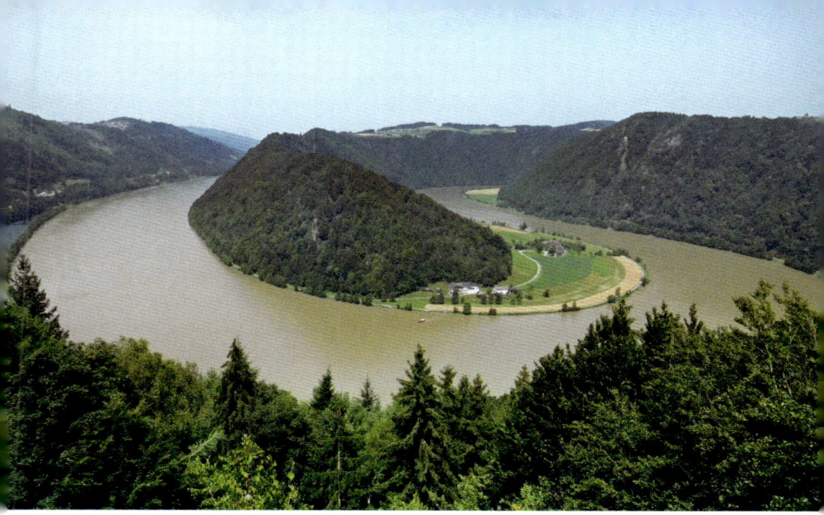

Ein Naturjuwel besonderer Art: die Schlögener Schlinge der Donau (Tour 35).

Gehzeiten und Höhenunterschiede

Die Gehzeiten sind ohne Berücksichtigung von Pausen angegeben. Sie stellen einen Richtwert dar und können je nach Kondition, Geländesituation, Wetter etc. erheblich variieren.
Die angegebenen Höhenunterschiede im Auf- und Abstieg umfassen alle zu bewältigenden Höhenmeter im Streckenverlauf einschließlich Gegenanstiegen.

Auswahl der Wanderrouten und Anfahrt

Als Naherholungsgebiet für Oberösterreichs Zentralraum sind bestimmte Regionen des Wandergebietes stark frequentiert, doch gibt es überall Wege, auf denen man kaum einem Menschen begegnet. Neben Wanderungen in touristisch sehr erschlossenen Gegenden gibt es auch eine ganze Reihe von beschaulichen Routen in weniger bekannten Gebieten.
Bei der Abgrenzung des Wandergebietes wurden Touren rund um Linz ausgewählt, deren Ausgangspunkte in maxmal etwa 1 Std. Anfahrtszeit erreichbar sind. Bei der Planung und Erstellung wurde auch großer Wert auf eine umweltschonende Anreise gelegt: Bei allen Wanderrouten ist die Anreise mit öffentlichen Verkehrsmitteln (ÖV) möglich. Hier sei der Hinweis erlaubt, dass an Samstagen und Sonntagen die Dichte der Bedienungen eingeschränkt sein kann. Informationen und Fahrpläne zur Anfahrt mit ÖV in der Region findet man online services.linzag.at/efa (Linien der Linz AG) und ooevv.at (Oberösterreichischer Verkehrsverbund), eine nützliche Planungshilfe ist z. B. auch das Reiseportal rome2rio.com.

Dieser Wanderführer stellt 67 Touren für jede Altersstufe und jeden Konditionsgrad vor, vom durchtrainierten Wanderprofi bis zu Familien mit Kindern. Die meisten Routen sind unschwierig und folgen bezeichneten Wegen. Bei der Auswahl wurde Wert auf möglichst naturbelassene Routen gelegt und auch dort, wo dies mit einem kleinen Umweg verbunden ist, unbefestigten Wegen der Vorzug gegeben. Der größte Teil sind Rundwanderungen; es gibt aber auch Streckenwanderungen, mit Hinweis auf die Rückkehr zum Ausgangspunkt. Die mittlere Gehzeit liegt bei 4 bis 5 Std., wobei im Mühlviertel die zu bewältigenden Höhenunterschiede größer sind als bei den meisten Touren entlang der Flüsse und südlich der Donau. Die meisten Vorschläge sind bequeme Tages- oder Halbtagesausflüge, oft mit Einkehrmöglichkeit etwa zur Hälfte der Wegstrecke. Einige Touren sind über 20 km lang, hier sind auch die zu bewältigenden Höhenmeter anspruchsvoller. Diese sind für sportliche, ausdauernde Wandernde gedacht, es finden sich jedoch oft Hinweise, wie sie verkürzt bzw. in zwei Tagesetappen geteilt werden können.
Obwohl bei Ausgangspunkten und Routenführung die verkehrs- und wandermäßig günstigste Möglichkeit geschildert wird, können einige Wanderungen auch in umgekehrter Richtung unternommen, viele Rundwanderungen auch an einem alternativen Startort begonnen werden. Manchmal wird auf Möglichkeiten zum Verkürzen, auf Abbruch mit Rückfahrgelegenheit, auf Varianten oder Anschlusstouren hingewiesen. Weitere Möglichkeiten, die durch das dichte Markierungsnetz fast überall vorhanden sind, können einer guten Wanderkarte entnommen werden. In letzter Zeit wurde

SYMBOLE

Symbole im Tourenkopf

- mit ÖPNV erreichbar
- Einkehrmöglichkeit unterwegs
- für Kinder geeignet

Symbole im Höhenprofil

- Ort mit Einkehrmöglichkeit
- Einkehrmöglichkeit
- Schutzhütte, Unterstand
- Bushaltestelle
- Bahnhof, Tram-/S-Bahn-Haltestelle
- Parkplatz
- Fähre
- Gipfel
- Aussichtspunkt
- Kirche, Kapelle, Kloster
- Burg, Schloss, Ruine
- archäologische Stätte
- Denkmal, Monument
- Aussichtsturm
- Rastplatz
- Mühle
- Wegkreuz/Bildstock
- Brücke, Steg
- Abzweigung
- Bademöglichkeit
- Abzweigung/geradeaus

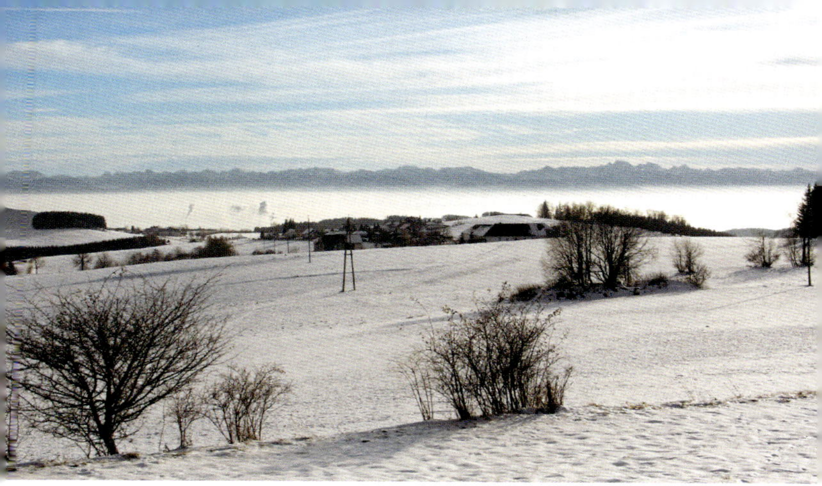

Winterstimmung bei Oberbairing mit Blick auf die Alpen (Tour 11).

rund um Linz eine Vielzahl an Themenwegen geschaffen; viele Orte haben solche Routen beschildert, häufig auch mit Informationstafeln versehen. In diesem Wanderführer sind auch abseits der touristisch beworbenen und im Internet vielfach angepriesenen Wege verlaufende ansprechende Wanderungen beschrieben, oftmals mit einer Einkehrmöglichkeit.

Beste Wanderzeit

Angenehmste Jahreszeiten für die meisten Touren sind Frühjahr und Herbst, wobei im Frühjahr Schlechtwettereinbrüche (mit Schnee) bis zur zweiten Aprilhälfte Wanderungen in höheren Lagen erschweren können. Manch warmer Tag im Sommer ist im windig frischen Mühlviertel leicht zu ertragen, kühle Regenperioden sind auch im Hochsommer nicht auszuschließen. Die schönste Jahreszeit ist der Herbst, wenn Nebel die Niederungen bedeckt und die Höhen rund um die Landeshauptstadt mit warmem Sonnenschein locken und oft tolle Fernsicht die Wanderung zum Erlebnis macht. In guten Jahren kann es bis November sonnige Tage geben. Teils kann aber auch schon Mitte Oktober in höheren Regionen Schnee fallen, ab Allerheiligen ist täglich mit Schnee zu rechnen. Schneearme Winter ermöglichen Wanderungen auch in der »kalten Jahreszeit«, vor allem in niedrig gelegenen Gebieten und südlich von Linz.
Ausgewählte Quellen für Wettervorhersagen:

- zamg.ac.at, auch Wetterhotline Tel. 0900 566 566 5 für Salzburg und Oberösterreich (innerhalb von Österreich, kostenpflichtig)
- wetter.orf.at/oberoesterreich
- wetterheute.at/oberoesterreich

Wegezustand und Markierungen

Die (notwendige) Erschließung und die Motorisierung brachten es mit sich, dass in jede kleine Ansiedlung asphaltierte Zufahrten führen. Leider wurden viele alte Wege umgeackert, lokale Wege verlaufen oft lange auf asphaltierten Güterwegen. Solche Routen wurden in diesem Wanderführer, wenn möglich, nicht berücksichtigt, wobei kürzere Routen manchmal als Wanderungen mit Kinderwägen durchaus sinnvoll sind.

Die hier beschriebenen kurzen Teilstücke mit Asphalt verlaufen meist auf verkehrsarmen Neben- oder Sackstraßen. Forststraßen und -wege sind meist unbefestigt, als Güterweg, landwirtschaftlicher Zufahrtsweg oder Zufahrt ausgewiesene Strecken fast immer asphaltiert. Es gibt aber rund um die Landeshauptstadt noch genügend naturbelassene Wald-, Feld- und Wiesenwege, schmale Steige und Pfade.

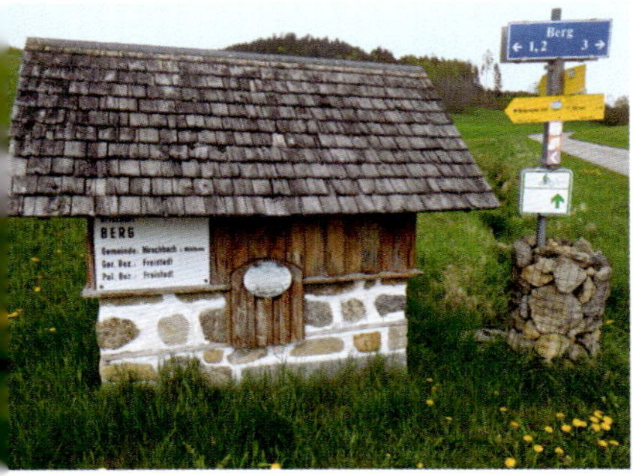

Liebevoll gestaltetes Steinbloß-Detail in Berg (Tour 19).

Die meisten der beschriebenen Touren sind markiert oder beschildert. Viele Routen der alpinen Verbände Österreichs sind rot-weiß-rot markiert und mit einer Wegnummer (schwarze Farbe im weißen Feld) versehen. Dreistellige Nummern bezeichnen Weitwanderwege oder längere Querverbindungen, zwei- und einstellige Nummern lokale Verbindungs- oder Rundwege.

Daneben werden auch markierte Wege anderer Betreuer begangen, nur teilweise in gleicher Art markiert, in vielen Fällen jedoch sehr unterschiedlich gekennzeichnet. Manchmal sind Wege mit Plättchen oder Pfeilen ausgeschildert, die die Anfangsbuchstaben des jeweiligen Ortes und/oder eine Nummer enthalten. Andernorts gibt es nur wenige Wegweiser, z.T. sind diese nur in einer Richtung angebracht. Zusammentreffende Bezeichnungen mehrerer Wegbetreuer, nicht aufgefrischte, aber auch nicht getilgte alte Markierungen und das Fehlen exakter Wegweiser an Kreuzungen und Abzweigungen können in Über-

Beispiel: Traditionelle rot-weiß-rote Markierung und Zusatzmarkierung (Tour 59).

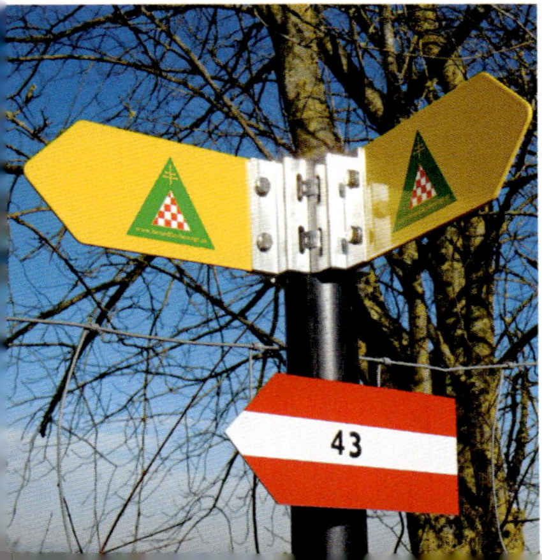

schneidungsgebieten zu einer verwirrenden Vielfalt führen. Hier wurde versucht, in der Beschreibung nur die jeweils effizienteste Markierung zu erwähnen.
Meist wird nun bereits die vereinheitlichte Markierungsform der gelben Wegweiser in Pfeilform mit schwarzer Aufschrift verwendet. Diese Hinweistafeln haben sich sehr bewährt, sind sie doch schon aus größerer Entfernung wahrnehmbar.

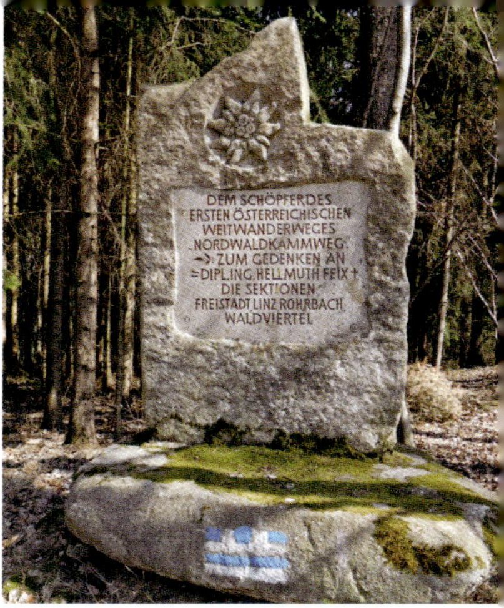

Am Nordwaldkammweg: Gedenkstein für Dipl-Ing. Helmut Feix in St. Peter bei Freistadt (Tour 14).

Weitwanderwege

Rund um Linz finden sich auch etliche Weitwanderwege. Diese werden von den in diesem Wanderführer beschriebenen Touren immer wieder berührt, zahlreiche Touren in diesem Buch verlaufen auf Teilstrecken dieser Wege:

- Donausteig von Passau über Linz nach Grein. Dieser ist in dem im Rother Bergverlag erschienenen Wanderführer »Donausteig« genau beschrieben.
- Mittellandweg 150 als Teil des Europäischen Fernwanderweges E8 Nordsee–Karpaten.
- Nordwaldkammweg (blau-weiß 105/105a/NWK) als Teil des Europäischen Fernwanderweges E6 Nordwestfinnland–Dardanellen vom Dreisesselberg (Bayerischer Wald) über Bad Leonfelden und Freistadt nach Nové Hrady (Gratzen, Tschechien).
- Weitwanderweg 109 als Teil des Salzsteigweges vom Sternstein bzw. Afiesl zur Donau und von St. Florian als 409 Richtung Süden.
- Wanderweg 160/162 von Bad Leonfelden bzw. Schenkenfelden nach Urfahr.
- Donau-Moldau-Weg von Linz-St. Magdalena nach Český Krumlov (Böhmisch Krumau). Dieser ist in dem im Rother Bergverlag erschienenen Wanderführer »Mühlviertel« genau beschrieben.
- Pferdeeisenbahnweg ab Grenze bei Leopoldschlag nach Urfahr.
- Burgen- und Schlösserweg von Freistadt zur Donau.
- Wanderweg 170/Mühlviertler Naturfreundeweg ab Karlstift (NÖ) über Liebenau zur Donau bei Mauthausen.
- Benedikt-Bewegt-Weg als Klöster und Kirchen verbindender Pilgerweg.
- Oberösterreichischer Mariazeller Weg (rot-weiß-rot 406) von Linz nach Mariazell.
- Salzsteigweg (rot-weiß-rot 409) im Süden von Linz.

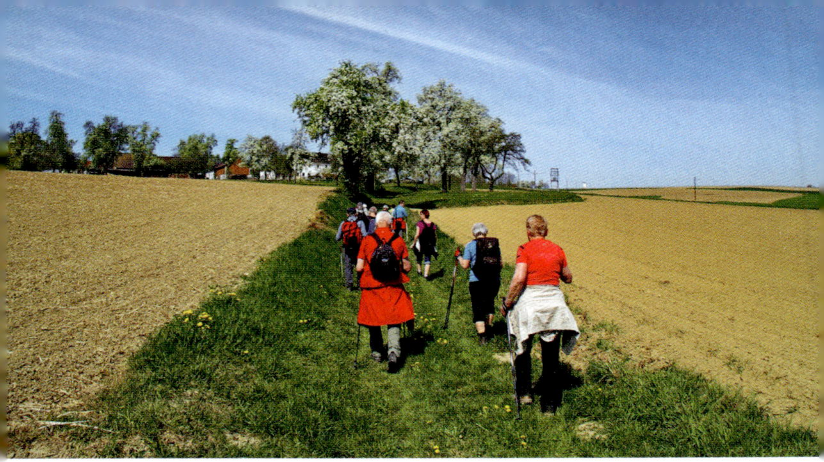

Unterwegs bei Ried in der Riedmark (Tour 33).

Ausrüstung

Empfehlenswert ist die Mitnahme eines Tagesrucksacks mit Verpflegung, Regenschutz, Pullover und Kopfbedeckung. Im Herbst kann bei früh einsetzender Dunkelheit eine Taschenlampe nützlich sein. Feste Wanderschuhe sollten bevorzugt werden, griffige Sohlen für die oft feuchten, durch Steine und Wurzeln rutschigen Waldstücke sind überall wichtig. Für längere Wanderungen, besonders für steil bergab führende Wege bei rutschigem Gelände, ist die Benutzung von Teleskopstöcken günstig. Im Sommer lohnt es sich, Badebekleidung mitzunehmen: Neben Freibädern in vielen Orten gibt es herrliche Badeplätze an der Donau und an manchen Flüssen.

Einkehrmöglichkeiten

Bei den Wanderungen wurde auch das leibliche Wohl einbezogen. Bei vielen der beschriebenen Wanderungen bietet sich eine Mittagsrast mit Einkehr buchstäblich an. Leider hat das Gasthaussterben auch rund um Linz eingesetzt. Die zur Zeit der Begehung offenen Gastwirtschaften und Restaurants an der bzw. nahe der Wegstrecke sind angegeben, Informationen vor Wanderbeginn einholen ist aber auf alle Fälle angebracht, denn auch die Öffnungszeiten variieren oft stark.

Verhalten unterwegs

Ein paar Bitten an alle Wandernde: Auch dort, wo Wege laufend betreut werden, kann es zu Mängeln der Markierungen kommen, wenn diese durch gefällte Bäume verschwinden, Wegweiser umgefahren oder mutwillig ausgerissen werden. Bitte melden Sie solche Mängel im nächsten Gemeindeamt, damit rasch Abhilfe geschaffen wird.

Manchmal werden Teilstrecken beschrieben, die nicht auf öffentlichen Wegen liegen. Auch markierte Routen können auf Privatwegen verlaufen, deren Begehung vom Besitzer bis auf Widerruf geduldet wird. Auf vorbildliches Verhalten beim Begehen von Wiesen- und Waldwegen wird deshalb besonders hingewiesen. Rücksichtslose Wanderer, die in Abkürzungen Wiesen oder frisch gesäte Äcker durchqueren, Abfall in Felder und Wiesen werfen, Sträucher und Bäume beschädigen oder beim Blumenpflücken Gras zertrampeln, gefährden die freie Begehbarkeit solcher Wege. Bitte halten Sie sich an den markierten Wegverlauf, nehmen Sie Ihren Müll wieder mit und betreten Sie keine Jagdeinrichtungen wie Hochstände, Futterstellen für das Wild usw. – und ab einsetzender Dämmerung auch keine Waldgebiete mehr!

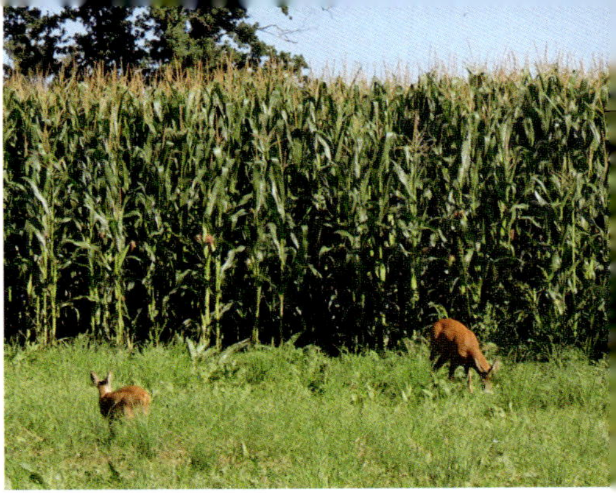

Begegnung am Wegesrand.

Feuer machen in Waldgebieten ist im Sommer behördlich verboten, ein weggeworfener glühender Zigarettenstummel kann bei längerer Trockenheit einen Waldbrand auslösen. Ausdrücklich wird betont, dass auf Privatwegen, auf denen das Begehen gestattet ist, jede andere Nutzung (Befahren mit Fahrrädern, Kfz, Parken, Reiten) verboten ist und eine Missachtung die Sperrung des Weges auch für Wanderer nach sich ziehen könnte.

GPS-TRACKS UND KOORDINATEN DER AUSGANGSPUNKTE

Auf **gps.rother.de** stehen zu diesem Wanderführer GPS-Tracks und die Koordinaten der Ausgangspunkte zum kostenlosen Download bereit. Dieser QR-Code führt direkt zum Download.
1. Auflage, Passwort: **463001naz**
Die GPS-Tracks können in die **Rother App** importiert werden. In der App kann man unterwegs stets sehen, wo man gerade ist und wo es langgeht. **Anleitungen dazu: rother.de/gps**
Trotz sorgfältiger Prüfung können wir Fehler und zwischenzeitliche Veränderungen nicht ausschließen. Verlassen Sie sich für die Orientierung niemals einzig und allein auf die GPS-Daten, sondern beurteilen Sie die Verhältnisse vor Ort.

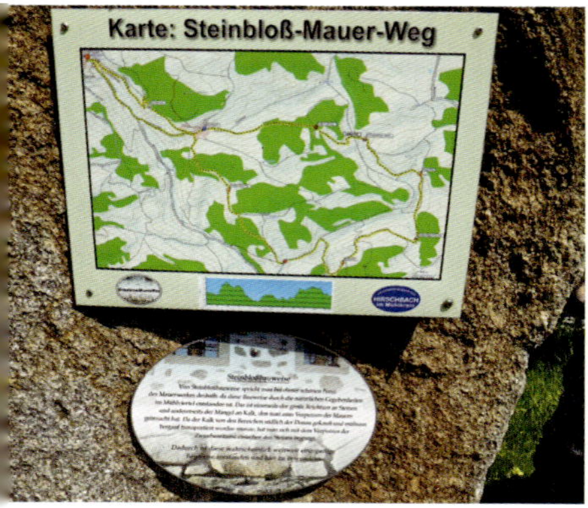

Am Steinbloß-Mauer-Weg bei Hirschbach (Tour 19).

Karten

Die Wanderkärtchen bei den jeweiligen Touren stellen Orientierungshilfen dar. Dennoch wird die Mitnahme guter Wanderkarten als weiteres Hilfsmittel empfohlen, wie zum Beispiel:

- KOMPASS Wanderkarten-Set 202 Linz und Umgebung, Mühlviertel, Wels, Steyr 1:50.000 (die zwei Karten decken das in diesem Wanderführer enthaltene Gebiet gut ab)
- Freytag & Berndt Wander-Rad-Freizeitkarte WK 053 Mühlviertel – Freistadt – Bad Leonfelden – Bad Zell – Linz 1:50.000

Die amtlichen Karten des Bundesamtes für Eich- und Vermessungswesen (BEV) sind sehr genau, der Nachteil liegt an der Vielzahl der benötigten Blätter:

- BEV Karte 3324 West Grieskirchen 1:25.000
- BEV Karte 3324 Grieskirchen 1:50.000
- BEV Karte 4313 West Haslach an der Mühl 1:25.000
- BEV Karte 4313 Haslach an der Mühl 1:50.000
- BEV Karte 4314 West Neumarkt im Mühlkreis 1:25.000
- BEV Karte 4314 Freistadt 1:50.000
- BEV Karte 4319 West Eferding 1:25.000
- BEV Karte 4319 Linz 1:50.000
- BEV Karte 4320 West Enns 1:25.000
- BEV Karte 4320 Perg 1:50.000
- BEV Karte 4321 West Bad Zell 1:25.000
- BEV Karte 4321 Grein 1:50.000
- BEV Karte 4325 West Wels 1:25.000
- BEV Karte 4325 Wels 1:50.000
- BEV Karte 4326 West Steyr 1:25.000
- BEV Karte 4326 Steyr 1:50.000
- BEV Karte 4201 West Kirchdorf an der Krems 1:25.000
- BEV Karte 4201 Kirchdorf an der Krems 1:50.000

Unter Einhaltung der Nutzungsbestimmungen kann auch online auf die kostenlose Version der amtlichen Österreichischen Karte des BEV unter maps.bev.gv.at zugegriffen werden.

Daneben kann man eine Fülle regionaler Karten und Wanderpläne, herausgegeben von Tourismusverbänden, Gemeinden oder Vereinen, vor Ort erwerben bzw. als PDF-Dateien herunterladen.

Der Umwelt zuliebe ...

Auch beim Wandern hinterlassen wir einen ökologischen Fußabdruck, aber im Einklang mit der Natur unterwegs zu sein, ist gar nicht so schwer!

VORBEREITUNG UND ANFAHRT

- Sich vorab informieren, worauf in Bezug auf Natur und Umwelt in der jeweiligen Wanderregion besonders zu achten ist.
- Soweit möglich mit Bahn und Bus anreisen, Wander- und Rufbusse nutzen.
- Ist eine Anfahrt mit dem Auto nötig, Fahrgemeinschaften bilden.
- Bei weiten Anfahrten Mehrtagestouren planen oder von einem Quartier vor Ort aus mehrere Touren absolvieren.
- Flugreisen möglichst reduzieren und durch Beiträge zu Klimaschutzprojekten kompensieren.

KLEIDUNG UND AUSRÜSTUNG

- Beim Kauf von Outdoor-Kleidung auf umweltfreundliche und faire Herstellung achten und Kleidungsstücke möglichst viele Jahre nutzen.
- Ausrüstung kann man eventuell auch gebraucht kaufen oder ausleihen.
- Reparieren statt neu kaufen.

VERPFLEGUNG

- Beim Einkauf Bio-Ware, regionale und saisonale Erzeugnisse bevorzugen.
- Hütten und Gasthäuser auswählen, die regionale Produkte verwenden.
- Auf Einwegflaschen und Plastikverpackungen verzichten, stattdessen wiederverwendbare Trinkflaschen und Brotzeitboxen benutzen.

ÜBERNACHTUNG

- Bei lokalen Anbietern buchen, damit Menschen vor Ort profitieren.
- Auf Hütten und in anderen Unterkünften Strom und Wasser sparen.

UNTERWEGS

- Wege benutzen und Abkürzer vermeiden.
- Sperrungen von Wegen und Schutzgebieten respektieren.
- Keine Blumen pflücken und keine Pflanzen entnehmen.
- Waldbrandgefahr beachten.
- Müll wieder mit nach Hause nehmen und dort entsorgen.
- Toilettengänge in freier Natur möglichst vermeiden.
- Lärm vermeiden.
- Hunde an die Leine nehmen.

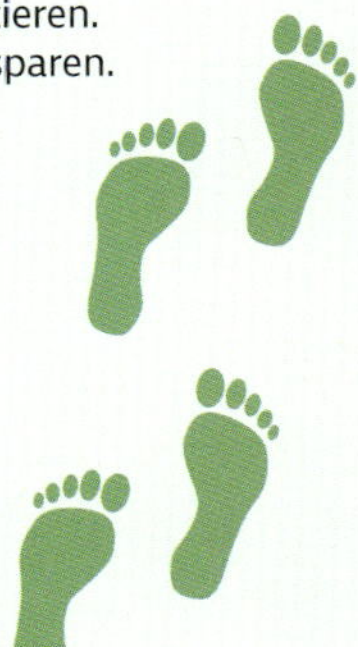

ROTHER
BERGVERLAG

ZUR REGION

Wo die Donau den Granit zwischen dem Kürnberger Wald und dem Mühlviertel durchschneidet und einen Rechtsbogen um die Ebene bildet, liegt der geschichtliche Ursprung von Linz. Die Bedeutung von Linz liegt sicherlich im Verkehrsweg auf der Donau in West-Ost-Richtung und in der Handelsachse Nord-Süd mit dem früh errichteten Donauübergang begründet. Seit der Jungsteinzeit (Neolithikum) sind durch Grabungen Siedlungen nachweisbar, prähistorische Wallanlagen finden sich am Kürnberg, Freinberg und dem Gründberg. Der Name Linz dürfte sich aus der keltischen Wurzel »Lentos« im Sinne von »biegsam« ableiten, was sicherlich mit dem Donaubogen zu tun hat.

Das römische Lager Lentia war gegen Ende des 1. Jahrhundert n. Chr. Teil des Grenzsystems der Provinz Norikum. 799 wird »locus Linze« erstmals urkundlich erwähnt, ebenso bereits die Martinskirche und eine befestigte Siedlung. Die Stadt entwickelte sich dann unterhalb des Schlosses, Ende des 13. Jahrhunderts war Linz de facto »Landeshauptstadt«, von 1489 bis zu seinem Tode im Jahr 1493 residierte Kaiser Friedrich III. in Linz, das damit Mittelpunkt des Heiligen Römischen Reiches Deutscher Nation war.

Durch den Brückenbrief 1497 konnte eine Donaubrücke errichtet werden, nach Wien und Krems der dritte Donauübergang in Österreich, was wesentlich zum wirtschaftlichen Aufschwung beigetragen hat. Immer wieder war Linz Zufluchtsort des Wiener Hofes bei Kriegsgefahren und Seuchen. Reformation und Gegenreformation hinterließen Spuren, nach dem Dreißigjährigen Krieg erfolgte eine Barockisierung vieler Gebäude. Die sogenannte Wollzeugfabrik brachte die Idee des Merkantilismus nach Linz, viele Klosterbauten sind heute noch in der Stadt zu bewundern.

Schöner Blick von den Hängen des Pfenningberges auf Linz (Tour 42).

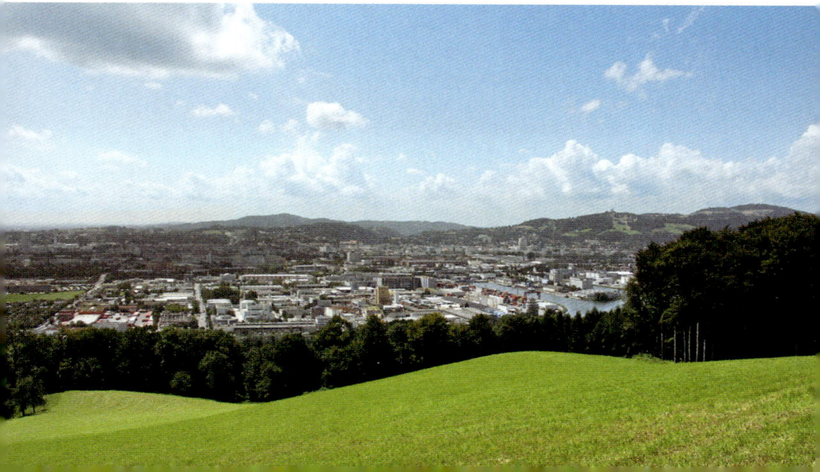

Der Weg zur Industriestadt Linz begann im 19. Jahrhundert. Dampfschiffe auf der Donau und die Pferdeeisenbahn zwischen Gmunden bzw. Linz und Budweis in Böhmen waren bemerkenswerte Neuerungen. Dazu kam die Anbindung an das Eisenbahnnetz und dessen Ausbau; Textilindustrie, Nahrungsmittelindustrie, die Schiffswerft und eine Lokomotivfabrik schufen Arbeitsplätze und begünstigten das Bevölkerungswachstum, etliche Nachbargemeinden wurden eingemeindet.

Das mächtige Linzer Schloss thront über der Altstadt von Linz an der Donau (Tour 39).

Im Februar 1934 war Linz Ausgangspunkt des Aufstandes der Sozialdemokratie gegen die autoritäre Regierung, die wohl größten Veränderungen des 20. Jahrhunderts fanden nach dem Anschluss Österreichs an das Deutsche Reich 1938 statt. Riesige Industrieanlagen der Nationalsozialisten ließen ganze Dörfer verschwinden, große Wohnbauvorhaben veränderten das Stadtbild. 22 Luftangriffe auf Linz während des Zweiten Weltkrieges hinterließen große Schäden, ab 1945 war Linz zweigeteilt: im Norden die sowjetische Besatzungszone, südlich der Donau die amerikanische Zone.
Nach 1955 begann dann der Aufschwung zu einer Industrie- und Kulturstadt an der Donau: die Johannes Kepler Universität, die Theologische Fakultät und die Kunsthochschule wurden gegründet, das Brucknerhaus, das Ars Electronica Center und das Lentos Kunstmuseum sowie etliche Museen sind Ausdruck des kulturellen Schaffens. 2009 war Linz Europäische Kulturhauptstadt.
Linz beherbergt heute eine ganze Reihe bedeutender Industriebetriebe, allen voran die Eisen- und Stahlwerke und die chemische Industrie, aber auch in anderen Bereichen wurden viele Arbeitsplätze geschaffen. Dennoch ist Linz auch eine grüne Stadt mit zahlreichen Parks und Grünanlagen. Und schon in der näheren Umgebung von Oberösterreichs Hauptstadt findet man naturnahe Landschaften, historische Orte, kulturelle Attraktionen und vieles mehr.

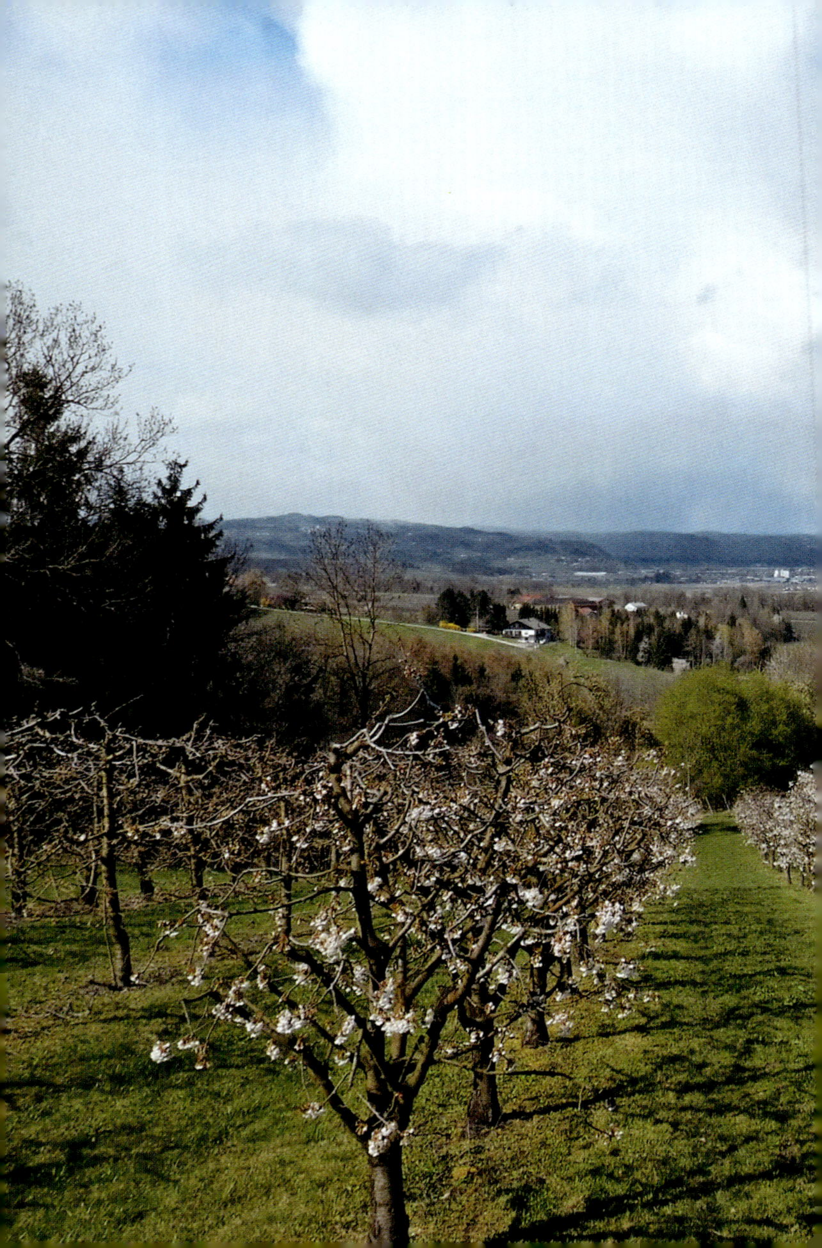

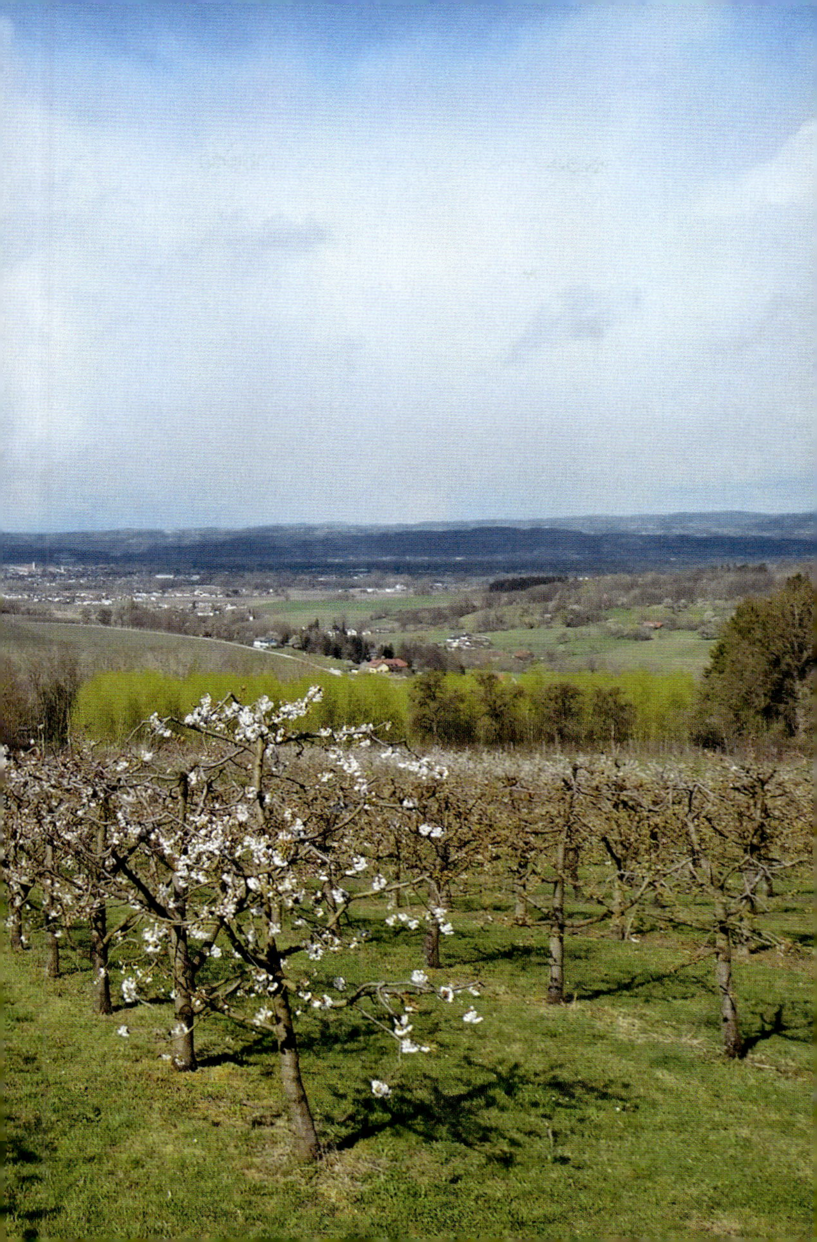

↗ 280 m | ↘ 280 m | 17.9 km

1 Von der Donauebene ins Pesenbachtal

5.30 h

Unterwegs im Gebiet des romantischen Pesenbachs

Die schöne, abwechslungsreiche Tour führt von den flachen Feldern, Badeteichen und dem Golfplatz zur historischen Kirche in Pesenbach mit dem gotischen Altar, weiter durch das naturbelassene Pesenbachtal und zur Donau gegenüber von Aschach.

Ausgangspunkt: Feldkirchen an der Donau, Marktplatz, 268 m.
Mit ÖV: Busverbindungen von Linz Hbf. bis Haltestelle Feldkirchen/D. Schule.
Mit PKW: Von Urfahr B 127 nach Ottensheim, dann von Ottensheim B 131 Richtung Aschach und L 1506 nach Feldkirchen; Parkmöglichkeiten im Ort.
Anforderungen: Die Route ist nicht durchgehend markiert, aber unschwer, was die Orientierung angeht. Teilweise asphaltierte Güterwege mit wenig Verkehr, Feld- und Waldwege, im Pesenbachtal und am Beginn des Prälatensteiges ist etwas Trittsicherheit von Vorteil.
Einkehr: Feldkirchen an der Donau, Pesenbach, Bad Mühllacken, Gasthof Schlagerwirt im Pesenbachtal, Hotel-Restaurant Faustschlössl.
Variante: Wer die Tour etwas verkürzen möchte, biegt in Bad Mühllacken ❹ nach links in das Pesenbachtal ab, durch das ein Steig auf der östlichen Bachseite zur Schlagerbrücke führt. Hier ist speziell bei Nässe etwas Trittsicherheit erforderlich.

Ausgangspunkt dieser im ersten Teil sehr ebenen Tour ist der Marktplatz von **Feldkirchen an der Donau** ❶. Nach Süden erreichen nach wir links die Audorfer Straße und folgen dieser in einem Rechtsknick nach Süden bis zu einem Wäldchen. Hier scharf nach links treffen wir auf die Golfplatzstraße. Nach rechts in einem Linksbogen geht es nun um den Golfplatz herum, bis wir zum Mühldorfer Weiher, einem Schotterteich, gelangen. An dessen Ende nun nach links queren wir auf der Mühldorfer Straße den Pesenbach und halten auf das romantische **Schloss Mühldorf** ❷ zu.
Beim Schloss nach links streben wir dem Ort **Pesenbach** ❸ zu, die Kirche beherbergt einen sehenswerten geschnitzten Flügelaltar. Bei der Kirche erst rechts und dann nach links in der Pesenbachstraße queren wir die Bundesstraße B 131 und biegen anschließend nach links in den Rosenweg ein. Uns auf der Ostseite des

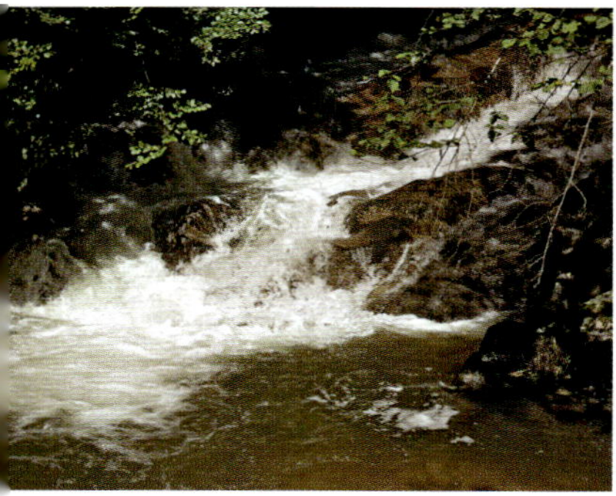

Romantisch und naturbelassen: das Pesenbachtal.

Pesenbachs haltend erreichen wir nach Querung der Mühllackner Straße in einem Linksbogen das Zentrum von **Bad Mühllacken** ❹. Auf der alten Straße nach Norden verlassen wir den Kneippkurort, es geht nun bergan. Bei der Einmündung in die neue Straße nach links in Richtung Oberwallsee ist der **Gasthof Schlagerwirt** ❺ das nächste Ziel.
Von diesem führt der Weiterweg in einem Linksbogen hinab ins **Pesenbachtal** und flussabwärts zur Schlagerbrücke. Wo der Weg bei der Brücke den Bach quert, stoßen wir auf die Abzweigung des Prälatensteigs (rechts zurück, auch Markierungen 190 und Donausteig; Anknüpfungspunkt Feld-

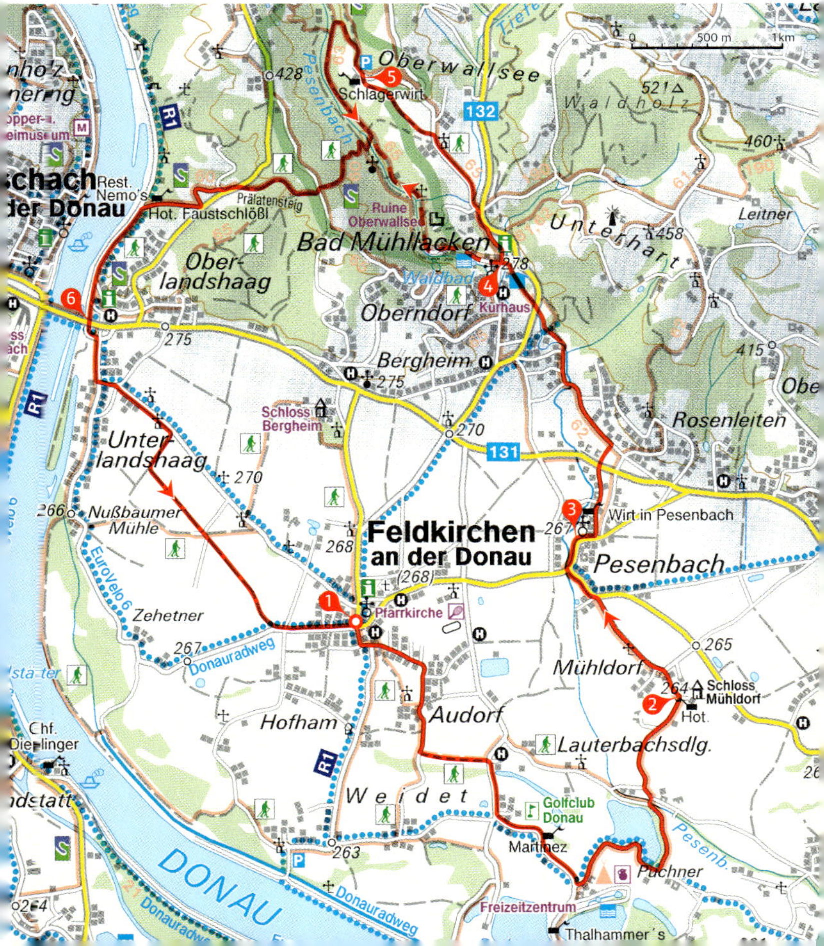

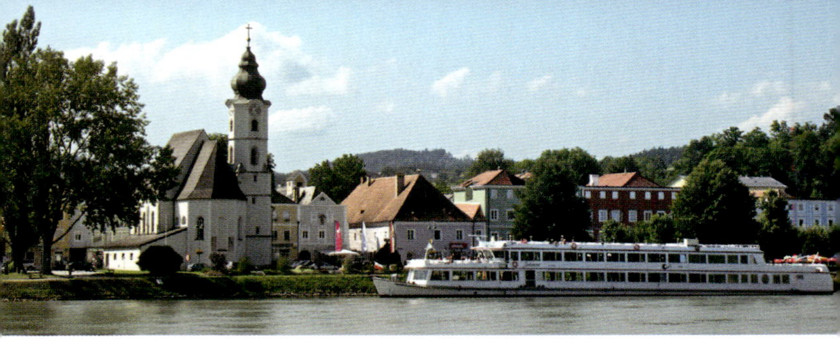

Malerisch liegt Aschach an der Donau.

kirchner Schlösserrunde). Er folgt rechts kurz dem breiten Weg aufwärts, zieht dann links als schmaler Pfad mit anfangs Stufen und Serpentinen steil aus dem Tal hinaus und erreicht links auf einem Forstweg die Hochfläche. Wir queren einen Fahrweg, biegen kurz darauf rechts talab in den Jungwald und kommen mit Linksbogen zur Straße nach St. Martin im Mühlkreis. Wir kreuzen diese (nicht nach rechts/Güterweg Veichthäusl, sondern in Richtung Haus auf der Anhöhe) und kehren in einem Linksbogen wieder zu ihr zurück, um bald dahinter wieder scharf nach rechts auf einen asphaltierten Güterweg abzubiegen. So gelangen wir auf der Zufahrt hinunter zum **Hotel-Restaurant Faustschlössl**.

Danach folgen wir dem Sträßchen weiter abwärts zur Donau, mit schönem Blick auf Aschach. Am Fluss angekommen wandern wir links donauabwärts weiter, vorbei an einem Gasthof mit Fischbrathütte nach **Oberlandshaag** zur **Donaubrücke Aschach** 6. Hier verlassen wir den Donausteig, der die Donau quert; unter der Brücke hindurch und nach einem Linksbogen nach rechts in Richtung Unterlandhaag. Bei der zweiten Querstraße nach links (Kirchenweg) queren wir den Landshaagerweg.

Nun gibt es die Möglichkeit, Feldwege zu benützen: bei der ersten Abzweigung nach rechts (Pulvermachersteig), und dann wiederum nach links auf einen Feldweg. Dieser mündet in den Müllnersteig. Der Lerchenweg geleitet uns schließlich zurück ins Zentrum von **Feldkirchen an der Donau** 1. Bei feuchtem und nassem Wetter empfiehlt es sich, für den Rückweg nach Feldkirchen die Straße (Kirchenweg) zu benutzen.

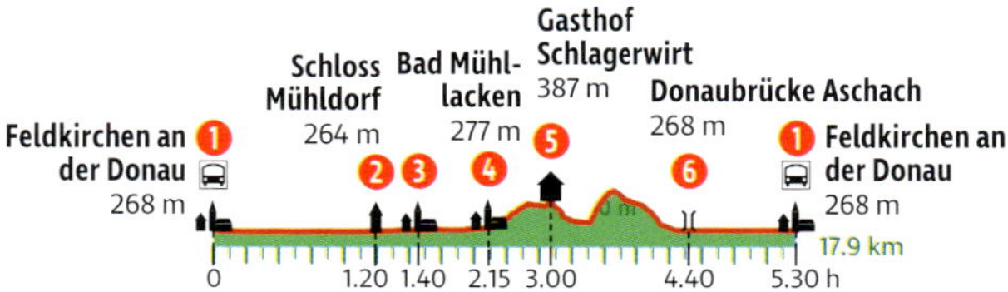

↗ 230 m | ↘ 230 m | 11.7 km

3.15 h

Zwischen Neußerling und Herzogsdorf

2

Unterwegs im Gebiet der Kleinen Rodl

Die Rundwanderung verläuft in großen Abschnitten auf naturbelassenen Wegen, typisch für das Mühlviertel ist speziell am Rückweg das Auf und Ab durch die sanfthügelige Wald- und Wiesenlandschaft.

Ausgangspunkt: Neußerling, Kirche, 594 m.
Mit ÖV: Busverbindungen von Linz Hbf. bis Haltestelle Neußerling Ortsmitte.
Mit PKW: Anfahrt über den Pöstlingberg (L581), Neulichtenberg, Gramastetten nach Neußerling; Parkmöglichkeit bei der Kirche.
Anforderungen: Durchgehend sehr gut markierte und problemlos begehbare Route; Feld- und Waldwege, Güterwege mit wenig Verkehr.
Einkehr: Neußerling, Herzogsdorf, Gasthaus Burgstallerhof.
Variante: Alternativer Ausgangspunkt: Kirchenplatz in Herzogsdorf ❸: Bus ab Linz Hbf. bis Haltestelle Herzogsdorf Ortsmitte; mit PKW B 127 über Ottensheim bis Gerling, dann L 1511 bis Herzogsdorf, Parken im Ortszentrum.

In der Ortsmitte von **Neußerling** ❶ folgen wir bei der Kirche der Markierung Herzogsdorf–Neußerling/H7 (rot-weiß-rot), die uns in einem Z an den Ortsrand bringt. Nach links führt uns ein Feldweg zur Straße nach Herzogsdorf, der wir nach rechts folgen. Durch **Stötten** biegen wir beim

Die sanften Hügel bei Herzogsdorf.

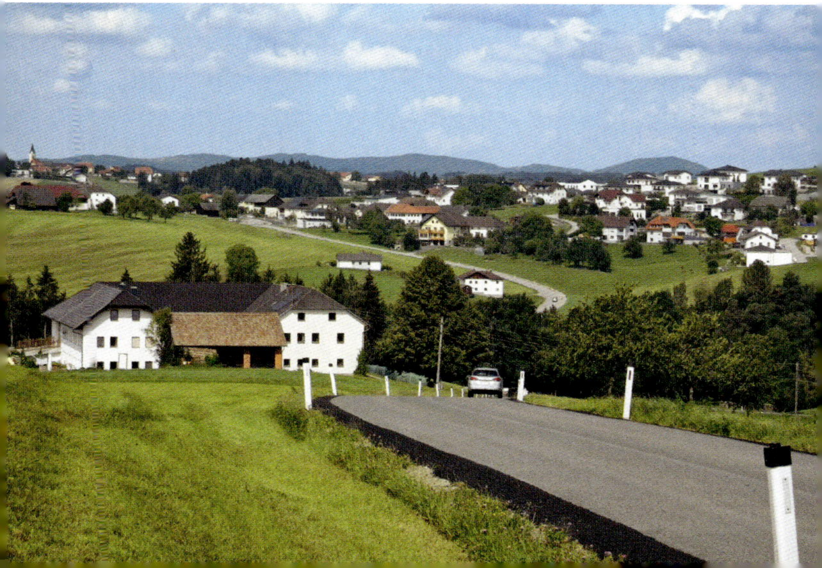

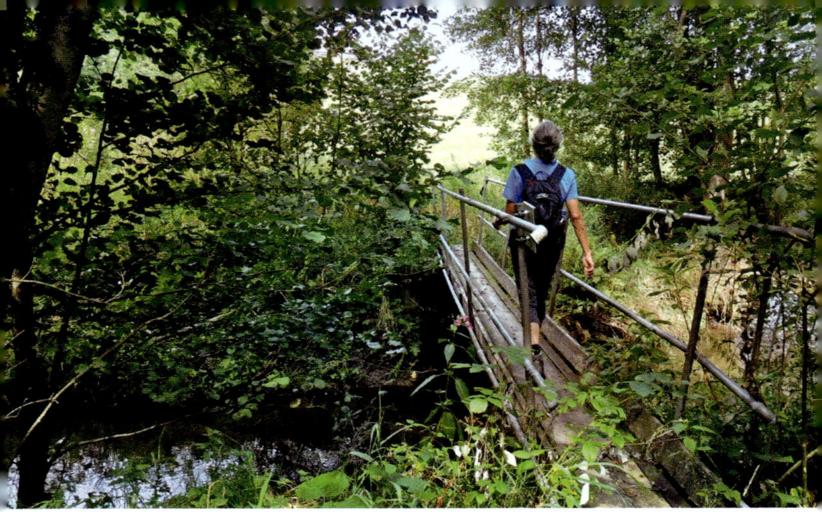

Auf schmalem Steg über die Kleine Rodl.

Wegweiser »Zur zentralen Kompostieranlage Herzogsdorf« nach links ab. Rechts am Hof vorbei führt der Weiterweg als Feld- und Waldweg hinab ins romantische Tal der **Kleinen Rodl**, die wir auf einem Steg queren.

Erst parallel zum Fluss leitet uns der Weg leicht bergan in einen Wald, nach links aufwärts erreichen wir die Landesstraße L 1510 und die Ortschaft **Eidendorf** ❷. Bei der Bushaltestelle Eidendorf/Mühlkreis Ortsmitte links entlang der Schlossstraße durch eine Senke über den Eschelbach verlassen

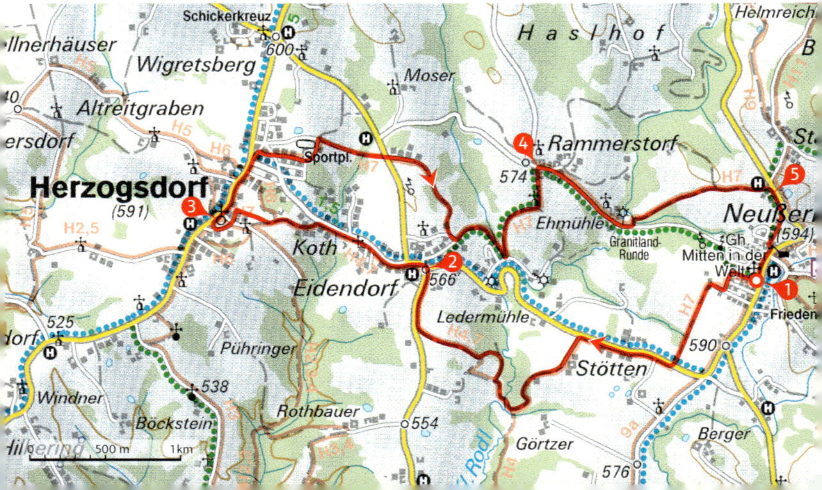

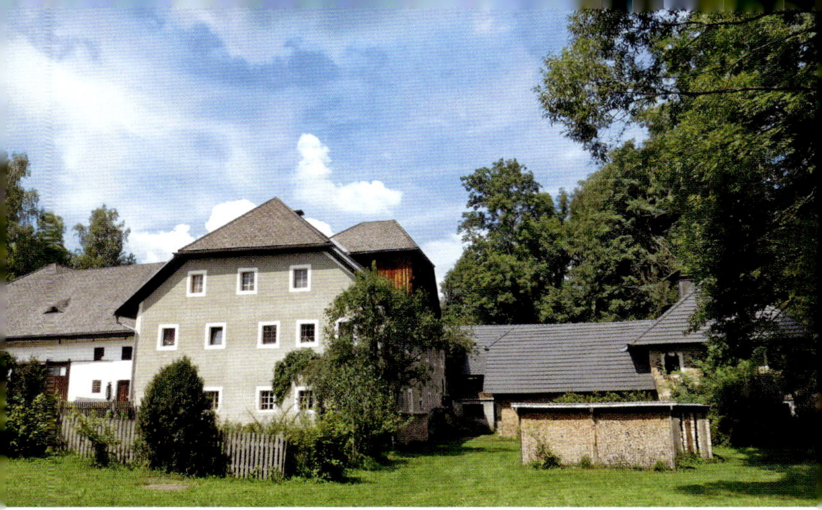

Die Ehmühle im Tal der Kleinen Rodl.

wir die Schlossstraße nach links in den Kapellenweg, der uns bergan ins Zentrum von **Herzogsdorf 3** leitet.
Der Rückweg, ebenfalls Markierung Herzogsdorf–Neußerling/H7, führt vom Kirchenplatz erst auf der Hauptstraße nach Norden, bei der Straßenkreuzung dann beim Spielplatz in den Mitterweg. Anschließend nach rechts und über die Ringstraße bergab durch eine Senke erreichen wir das Sportgelände. In Sichtweite eines Betriebes nach rechts wandern wir durch eine Senke mit einem Rinnsal, queren die Landesstraße L1510 und folgen dem Güterweg Luag/Bergweg. Ab dem nächsten Hof nun auf einem Wiesensteig, dann entlang des Waldes erreichen wir leicht bergan die schmucken Häuser am Rand von **Eidendorf**.
Der Wanderweg biegt zweimal nach links und taucht in den Wald ein, um nach Querung des Sauladbaches nach links bergan nach **Rammerstorf 4** zu gelangen. Im Weiler nach rechts passieren wir die **Ehmühle** an der Kleinen Rodl. Kurz nach dem Waldbeginn leitet uns ein Steig nach links, quert ein Bächlein und erst am Waldrand und führt dann als Feldweg zum **Gasthaus Burgstallerhof 5**. Vorbei am schönen Teich geht es auf einem Wiesenweg durch eine Senke und bergan erreichen wir wieder das Zentrum von **Neußerling 1**.

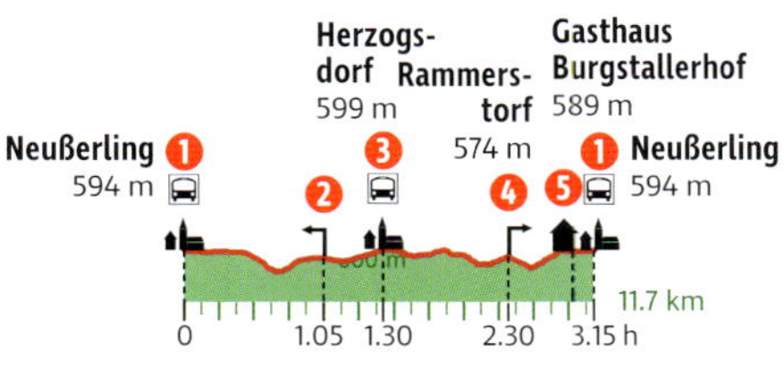

↗ 230 m | ↘ 230 m | 7.1 km

3 Zum Friedenskreuz und zu den Hügeln bei Neußerling

2.15 h

Eine gemütliche Wanderung nördlich von Neußerling

Die kürzere Rundwanderung mit schöner Aussicht beim Friedenskreuz und in der Landschaft im Norden von Neußerling ist eine ideale Halbtagstour. Eine anschließende Erfrischung bietet in den Sommermonaten das naturbelassene Bade-Teichbiotop Neußerling.

Ausgangspunkt: Neußerling, Kirche, 594 m.
Mit ÖV: Busverbindungen von Linz Hbf. bis Haltestelle Neußerling Ortsmitte.
Mit PKW: Anfahrt über den Pöstlingberg (L 581), Neulichtenberg, Gramastetten nach Neußerling; Parkmöglichkeit bei der Kirche.
Anforderungen: Die Route ist durchgehend gut markiert und problemlos begehbar; Feld- und Waldwege, Güterwege mit wenig Verkehr.
Einkehr: Neußerling, Gasthaus Burgstallerhof.

In der Ortmitte von **Neußerling** ❶ biegen wir vor dem **Gasthof Mitten in der Welt** nach rechts, queren beim Badebiotop Neußerling den Bach und folgen dem landwirtschaftlichen Zufahrtsweg (Luger) ein kurzes Stück nach links. Die Markierung Friedenskreuz/H8 (rot-weiß-rot) leitet uns dann scharf nach rechts in den Wald. Ein Waldweg und später ein Steig führen uns bergan zum **Friedenskreuz am Wirtsberg** ❷, das 1955 anlässlich des Staatsvertrages errichtet und 2005 erneuert wurde. Vom Kreuz aus bietet sich eine schöne Aussicht.

Der Rückweg nach Neußerling ist ident dem Hinweg, beim **Gasthof Mitten in der Welt** beginnt die Stamering-Buchholz-Runde. Links am Feuerwehrzeughaus vorbei durch eine Senke gelangen wir entlang der Markierung H9 (rot-weiß-rot) zum **Gasthaus Burgstallerhof** ❸, wo ein wunderschöner Teich zu bewundern ist. Nach einem kurzen Stück auf der Hansbergstraße folgen wir nach rechts dem Güterweg Stamering. Vorbei an einem Haus mit imposantem Pool rechter Hand, dann nach rechts im Wald bergan erreichen wir die Häuser von **Buchholz**.

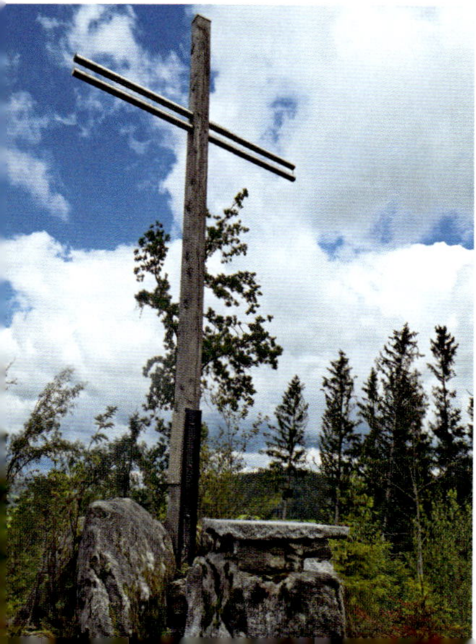

Das Friedenskreuz wurde anlässlich des Staatsvertrages 1955 errichtet.

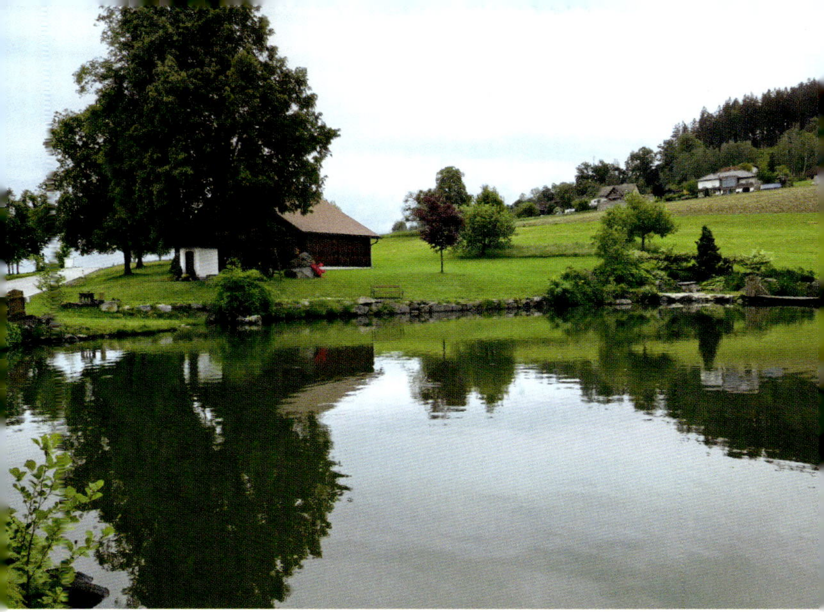

Der Burgstaller Teich beim Gasthaus Burgstallerhof.

Bei der nächsten Kreuzung, beim etwas vernachlässigten **Nopphof** 4, geradeaus nehmen wir beim nächsten Hof den rechten Güterweg. Kurz vor einem Linksbogen der Straße gehen wir nun nach rechts zum Wald und dann etwas steiler bergab zu einem Querweg, uns links haltend nach einer schmucken Kapelle wiederum nach rechts durch den Wald zum Güterweg Hofing. Nach rechts führt uns dieser wieder zur Hansbergstraße und nach links gelangen wir ins Zentrum von **Neußerling** 1.

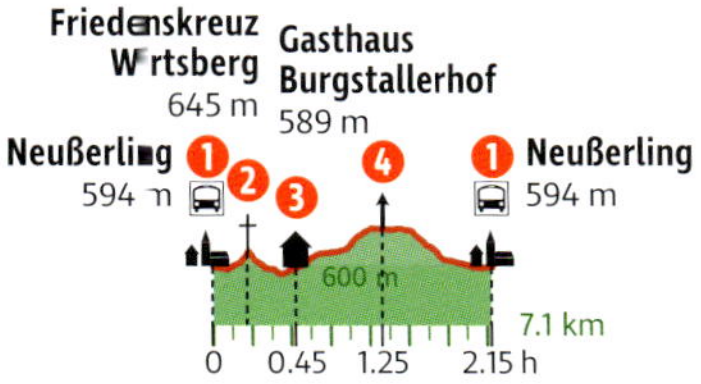

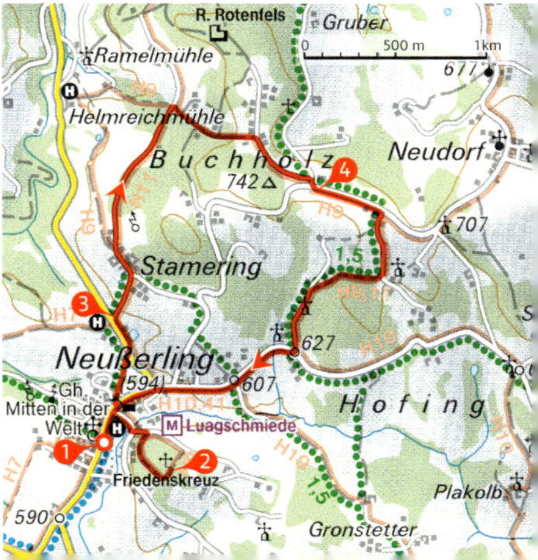

↗ 440 m | ↘ 440 m | 14.6 km

4 Das Tal der Großen Rodl

4.30 h

Wo die Rodl – ein markanter Fluss im Mühlviertel – im engen Tal der Donauebene zustrebt

Eine Rundwanderung zu den Höhen nördlich der Großen Rodl, der Badeplatz unterhalb von Gramastetten lädt im Sommer zur Abkühlung ein. Über die »Jahresstiege« geht es steil bergan in den Ort der »Gramastettner Krapferl« und im romantischen Tal der Großen Rodl wieder zurück.

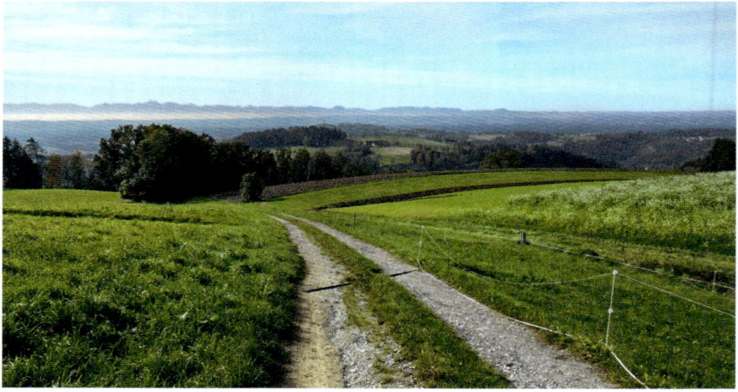

Ein weiter Ausblick vom Limberg bei Rottenegg.

Ausgangspunkt: Bahnhof Rottenegg, 269 m.
Mit ÖV: Zugverbindungen mit der Mühlkreisbahn von Linz-Urfahr.
Mit PKW: Anfahrt auf der B 127 über Ottensheim nach Rottenegg; Parkplätze beim Bahnhof und im Ort Rottenegg beim Sportplatz.

Anforderungen: Die Route ist durchgehend markiert, teilweise asphaltierte Güterwege mit wenig Verkehr, Feld-, Wald- und Forstwege. Gute Kondition und gutes Schuhwerk sind erforderlich, Trittsicherheit empfehlenswert (Legleitner Steig, Jahresstiege!).
Einkehr: Rottenegg, Gramastetten.

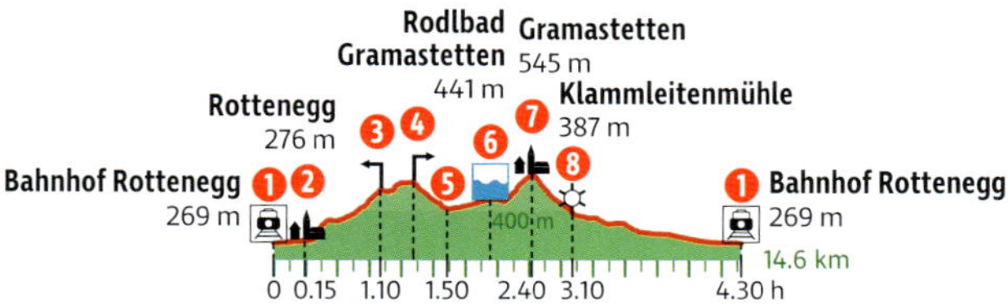

Ausgangspunkt der Tour ist der **Bahnhof Rottenegg ❶**. Erst auf der Eschlberger Straße nach **Rottenegg ❷**, rechts in der Rodlstraße leitet uns die Markierung 60 (rot-weiß-rot) dann nach einer Brücke bei einer Tischlerei links (Kleines Rodltal) hinauf zur **Ruine Rottenegg**. Nach einem kurzen Straßenstück dann nach rechts auf einem fast ebenen Waldweg oberhalb der Großen Rodl gelangen wir zu einem einsamen Hof. Nach links um den Hof geht es nun kurvenreich bergan zum **Hof Lierer ❸**, die Fernsicht hier ist gewaltig. Nun durch eine Senke nehmen wir den ländlichen Zufahrtsweg Legleitner, nach Süden hin haben wir in Limberg das Panorama der Alpenkette vor uns. Beim **Hof Legleitner ❹** geht es wieder hinunter ins Rodltal. Erst als Forstweg nach links in den Wald und nach einer Kapelle dann als Legleitner Steig vorbei am Kletterfelsen Burenkogel führt uns dieser hinab ins Rodltal. Hier mündet die Ranitz in die Rodl; nach deren Querung bleiben wir gegenüber der Kammleitenmühle beim **Bloarhäusl ❺** (hier wurde früher Leinen gebleicht, daher der Name) am westlichen Rodlufer. Auf einer Forststraße, vorbei an informativen Schautafeln (über das erste Kraftwerk, über Köhler, Rastelbinder und sagenumwobene Steinformationen), erreichen wir das **Rodlbad Gramastetten ❻**.

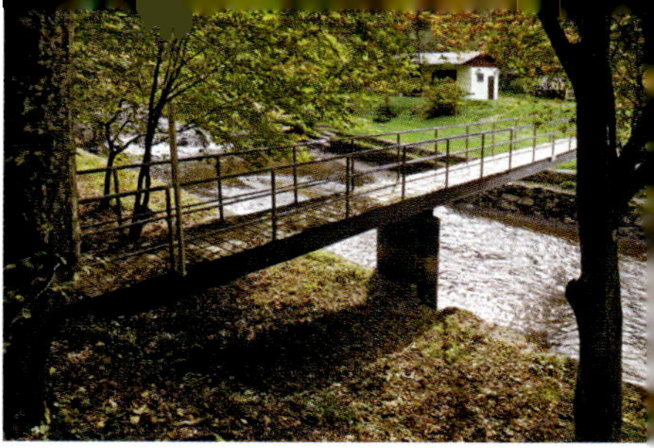

Der Badeplatz an der Großen Rodl.

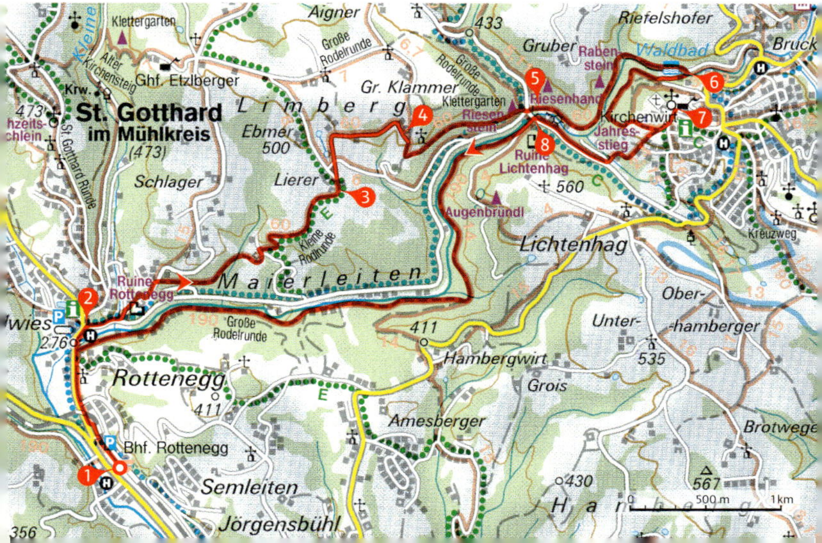

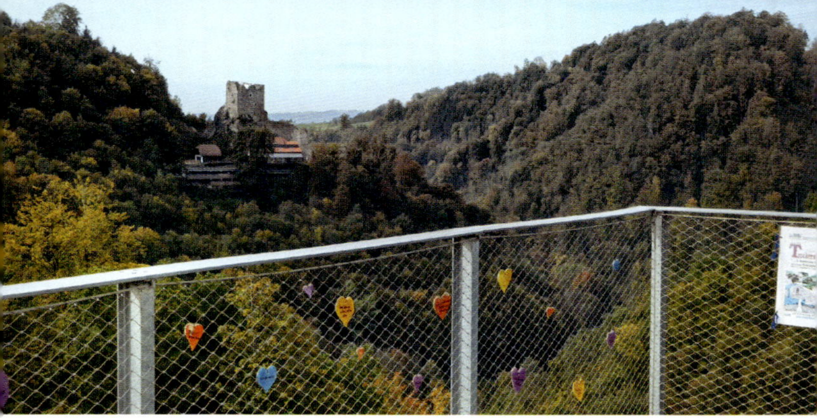

Blick von der Aussichtsplattorm auf die Ruine Lichtenhag hoch über der Großen Rodl.

Hier queren wir die Rodl, verlassen Weg 60 und erreichen flussabwärts nach rechts entlang eines Forstweges (Markierung Weg 5) die sogenannte **Jahresstiege**. 365 Stufen geht es nun steil hinauf zur **Aussichtsplattform** mit schönem Blick auf die Ruine Lichtenhag.
Vorbei am Oma-Opa-Enkelwald erreichen wir das Ortszentrum von **Gramastetten** 7. Wer Süßes liebt, kennt wahrscheinlich die »Gramastettner Krapferl«. Gegenüber dem **Gasthaus Kirchenwirt** leitet uns am Rückweg Markierung 190 erst in der Maximilianstraße, dann auf einem Wiesenweg an einer Siedlung vorbei den Krampusberg hinab zur Lichtenhager Straße, ein Stichweg gegenüber führt zur Burg Lichtenhag, die im Privatbesitz ist. Der Straße abwärts folgend erreichen wir die **Klammleitenmühle** 8 (Lichtenhagerstraße 23) und wandern am linken Ufer auf Weg Nr. 190 im blockübersäten Tal abwärts. Erst als Forststraße, dann als Steig, teils ansteigend, dann wieder direkt am Ufer, zuletzt vorbei an Wochenendhäusern führt uns der Weg nach **Rottenegg**. Wir bleiben auf dem linken Ufer, biegen beim Elektrizitätswerk links in die Eschelberger Straße ein und folgen ihr 800 m geradeaus zurück zum **Bahnhof Rottenegg** 1.

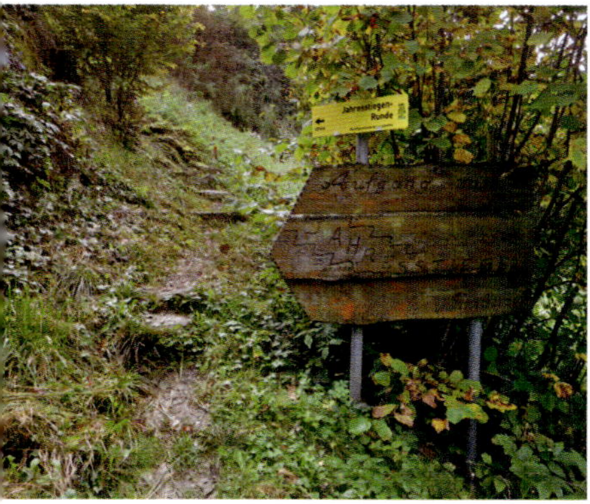

Schweißtreibende 365 Stufen bergan: die Jahresstiege.

↗ 340 m | ↘ 340 m | 8.6 km

2.45 h

Zur Giselawarte hoch über Linz

5

Unterwegs im Waldgebiet der Gis

Ein Rundwanderwanderweg mit herrlichen Fernblicken: erst auf das Eferdinger Becken, von der Warte auf der Gis scheint Linz und Umgebung vor uns zu liegen. Unterwegs ist man größtenteils auf angenehm zu begehenden Wald- und Feldwegen.

Ausgangspunkt: Eidenberg, Marktplatz, 635 m.
Mit ÖV: Busverbindungen von Linz Hbf. bis Haltestelle Eidenberg Ort.
Mit PKW: Anfahrt über den Pöstlingberg (L581) und Neulichtenberg nach Eidenberg (L1505); Parkmöglichkeit im Ort. Bei Anreise mit dem Auto kann die Runde auch beim Parkplatz unterhalb des Gasthauses zur Gis ❸ gestartet werden; Anfahrt auf der L581 und L1503 über Lichtenberg.
Anforderungen: Die Route ist durchgehend sehr gut markiert und problemlos begehbar; Feld- und Waldwege, nur kurze Stücke auf Asphalt.
Einkehr: Eidenberg, Gasthaus zur Gis (wenn geschlossen: Getränke- und Kaffeeautomat im Nebengebäude links), Hotel-Gasthof Eidenberger Alm.

Im Zentrum von **Eidenberg** ❶ gehen wir auf der Straße nach Gramastetten vorbei an Gemeindeamt und Bank auf Weg 16 (rot-weiß-rot) und »unserer« Markierung Eidenberger Höhenweg/E1 (grün-rot), dann beim Friedhof links auf die Zufahrt Schmiedweg. Wir queren nach links einen Bach und

Fernblick in Richtung Gramastetten.

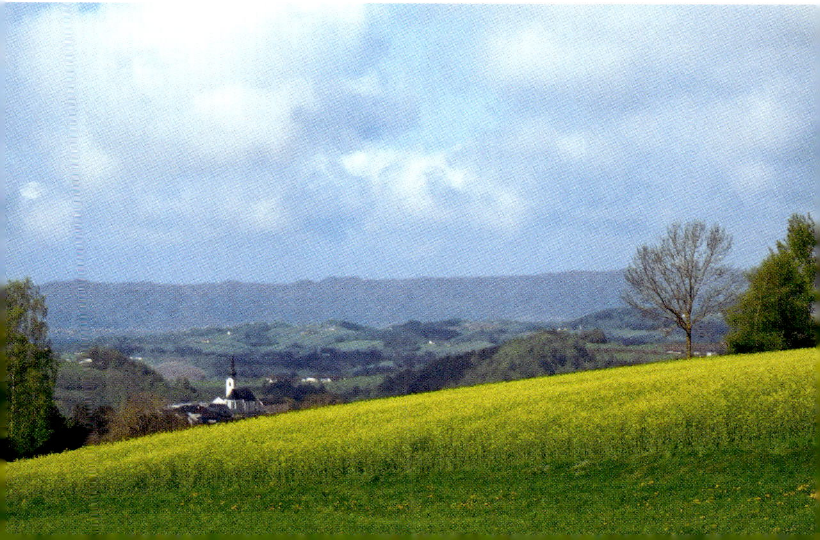

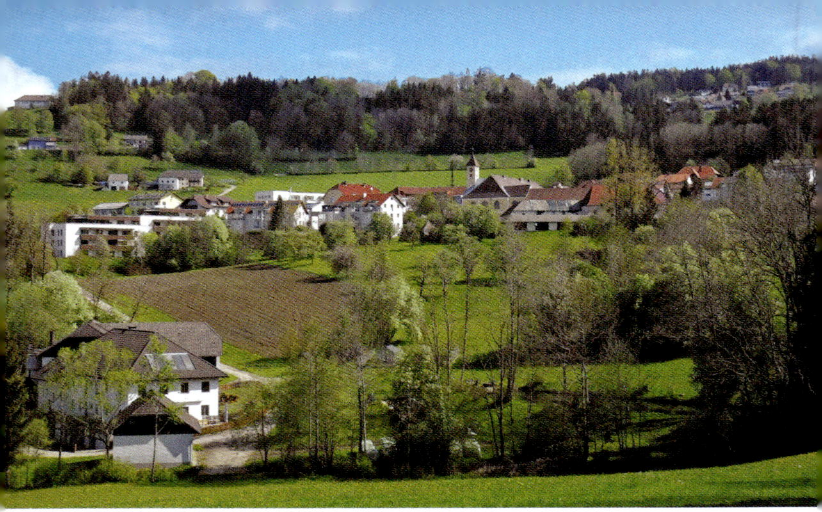

Ein netter, kleiner Ort: Eidenberg.

erreichen auf einem Steig und anschließendem Wiesenweg bergan zwei Höfe, Biberauer und Hofstetter; rechts herrlicher Fernblick in Richtung Gramastetten und ins Eferdinger Becken.
Auf dem Güterweg Ederweg gelangen wir zum **Hof Oberreisinger** ❷. Nun folgen wir Weg 24 (rot-weiß-rot) nach links bergan in den Wald. Wir treffen auf die Lichtenberger Straße nach Eidenberg und überqueren diese.

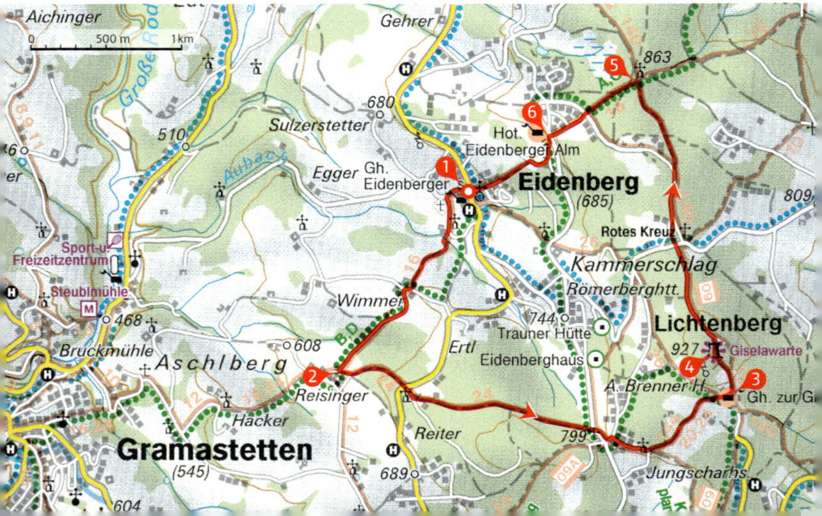

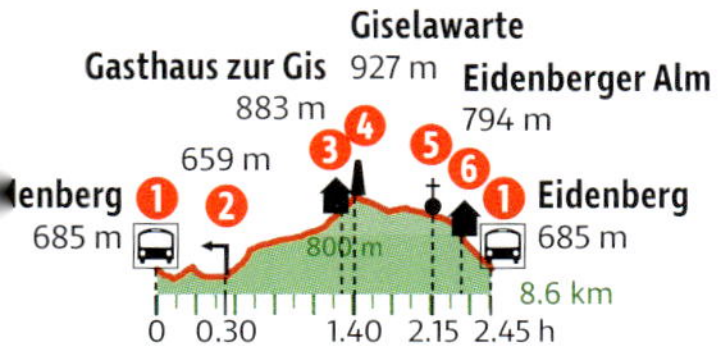

Vorbei an zwei schmucken Häusern führt uns dann die Markierung auf einem Waldweg bergan. Bei der Kuppe leicht nach links erreichen wir auf dem nun fast ebenen Waldweg einen Güterweg (Hofaustraße). Hier treffen wir auf den von Ottensheim kommenden Wanderweg, um dann nach der Querung der Straße dem Kramerweg zu folgen (rot-weiß-rot 20/109A). Kurz nach einem schönen Steinbloßhaus, bei einem steinernen Bildstock nach links bergan zieht der Wald- und Feldweg hinauf zum **Gasthaus zur Gis** 3, mit herrlicher Aussicht. Der Weiterweg über die Wiese führt uns vorbei am Sender hinauf zur **Giselawarte** 4, 927 m, auf dem **Lichtenberg**, dem höchsten Punkt unserer Wanderung (wenn geschlossen, Schlüssel im Gasthaus).

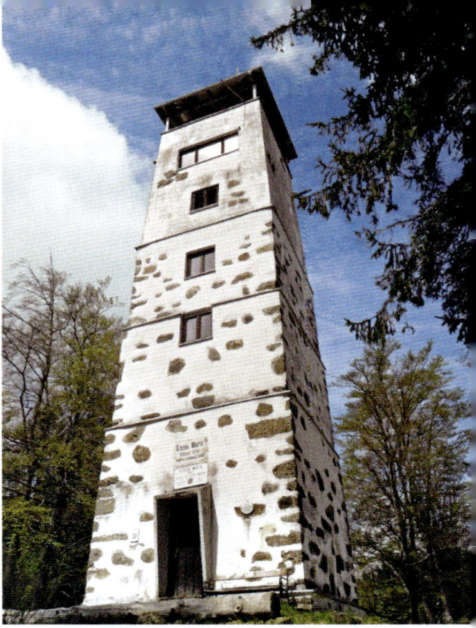

Die Giselawarte auf der Gis, einem Linzer »Hausberg«.

Nun geht es auf der Zufahrtsstraße zum Sender leicht bergab zur Kreuzung Kammerschlag/Austraße beim **Roten Kreuz** (rot-weiß-rot 10/109/140). Geradeaus auf Weg 140 (rot-weiß-rot E1/E4/E7) wandern wir auf einem Waldweg zu einer Wegkreuzung bei der **Schönanger-Kapelle** 5 und halten uns nach links auf Weg 16 (rot-weiß-rot). Er bringt uns zum **Gasthof Eidenberger Alm** 6, auch hier hat man eine herrliche Aussicht. Bergab geht es nun ziemlich gerade wieder nach **Eidenberg** 1.

Das Bankerl beim Roten Kreuz lädt zur Rast ein.

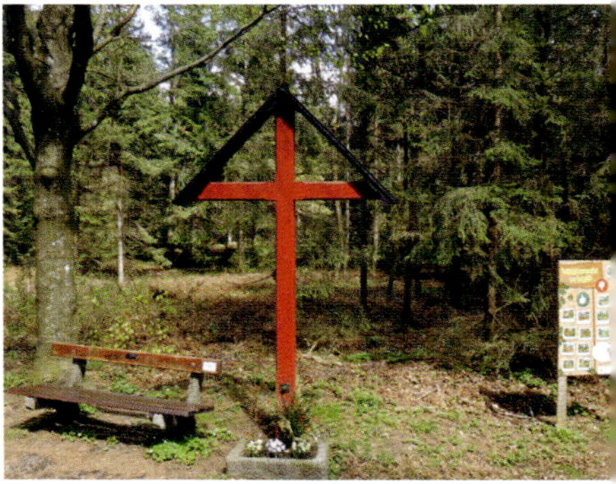

TOP

6 Der Bienenerlebnisweg im Distltal

↗ 80 m | ↘ 80 m | 3.5 km

1.15 h

Zur Biene – ein Erlebnisweg speziell für Kinder geschaffen

Ein kurzer Wanderweg, ideal für Kinder und Eltern: Neben Wissenswertem über die Bienen und andere Insekten laden eine Steinbiene und Spielmöglichkeiten zum Verweilen mit dem Nachwuchs ein, das Biotop ist ein Platz der Ruhe an der Distl.

Ausgangspunkt: Zwettl an der Rodl, Bienenmuseum (Obermühlweg 2), 616 m.
Mit ÖV: Busverbindungen von Linz Hbf. bis Haltestelle Zwettl/Rodl Linzer Straße.
Mit PKW: Von Linz über die B 126 nach Zwettl an der Rodl; Parkmöglichkeiten im Ort hinter dem Notarztstützpunkt, unweit des Bienenmuseums.

Anforderungen: Die Route ist durchgehend markiert; Feld- und Waldwege, nur im Ortszentrum Asphalt. Kinderwagentauglich.
Einkehr: Am Tourende in Zwettl an der Rodl.
Hinweis: Informationen zum Bienenmuseum, -erlebnisweg und zu Führungen sowie Flyer zum herunterladen: zwettl-rodl.at/Bienenmuseum.

Der Start des Bienenerlebnisweges ist in **Zwettl an der Rodl** am **Bienenmuseum** ❶, dem Gruberhäusl, wo Interessierte viel über die fleißigen Bienen erfahren können. Wir biegen nach rechts in den Obermühlweg ein, folgen hier der rot-weiß-roten Markierung des Weges 34. Nach der Leitnersäge begleitet uns der Mühlbach zur **Ambrosiuskapelle** mit der mächtigen Linde. Nach rechts erreichen wir das Bienenschauhaus, wo bei Führungen durch

Das Gruberhäusl beherbergt heute das Bienenmuseum in Zwettl an der Rodl.

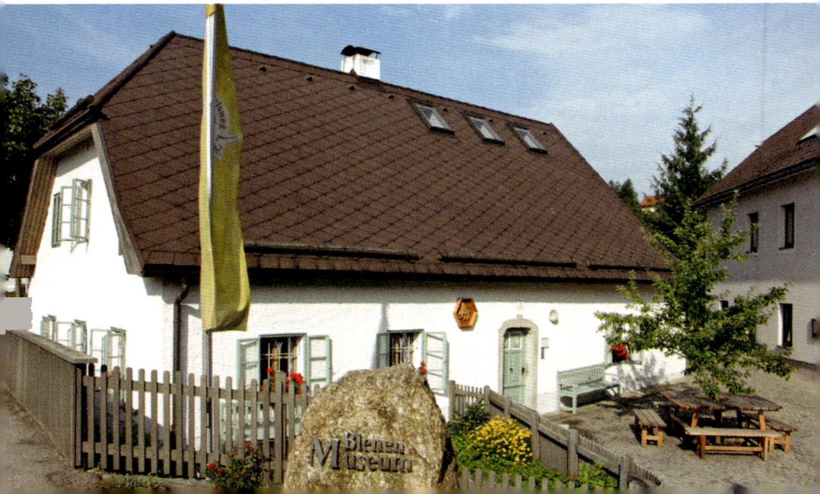

einen Imker die Bienen beobachtet werden können (die kostenpflichtigen Führungen werden von Familien im Tourismusbüro vereinbart).
Leicht bergab verlassen wir Weg 34 und folgen der Distl flussaufwärts, begleitet von tausenden kleinen von Kindern bemalten Steinen entlang des Weges. Wir erreichen die **Steinbiene** ②, hier bieten sich für Kinder zahlreiche Spielmöglichkeiten. Weiter vorbei an informativen Schautafeln mit Klappen können Kinder (und natürlich auch Erwachsene) ihr Wissen testen. Das Biotop mit seinen Bänken lädt zum Verweilen und Entspannen ein.
Nun etwas zurück sehen wir linker Hand eine Brücke. Wir queren die Distl und folgen dem schönen Waldweg leicht bergan. Vorbei an einer Futterstelle schwenkt der Weg nach links, verlässt den Wald und hält auf die ersten Höfe von **Langzwettl** zu. Bei einem Hochstand trifft man auf Weg 34. Wir folgen ihm nach rechts, um ihn beim **Moser-Bildstock** ③ nach links zur alten Langzwettler Salzstraße zu verlassen.
Dieser »Salzsteig« führte durch das systematisch angelegte Waldhufendorf Langzwettl Richtung Böhmen. Nun bergab erreichen wir die neue Straße nach Langzwettl und sind in wenigen Minuten am Marktplatz von **Zwettl an der Rodl** und beim **Bienenmuseum** ① angelangt.

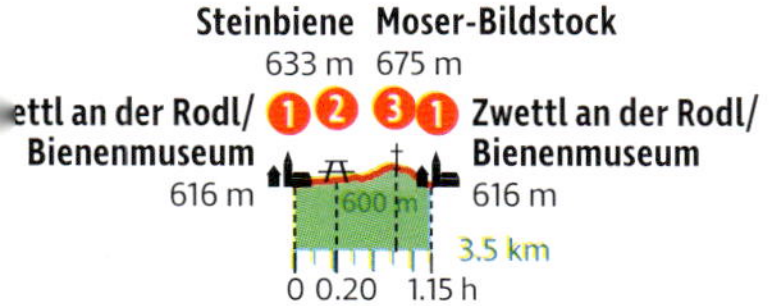

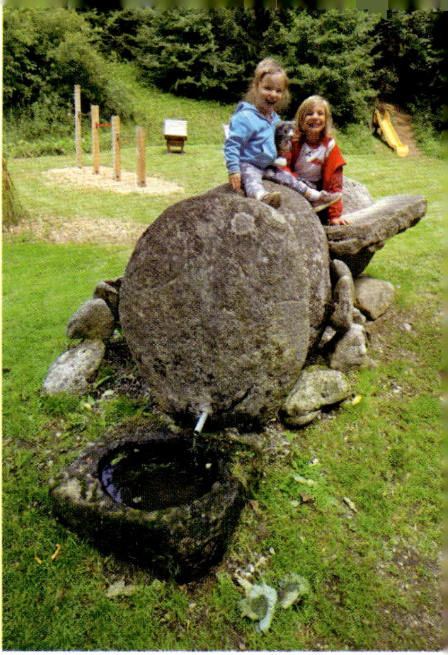

Bei den Kindern sehr beliebt: die Steinbiene und der Spielplatz.

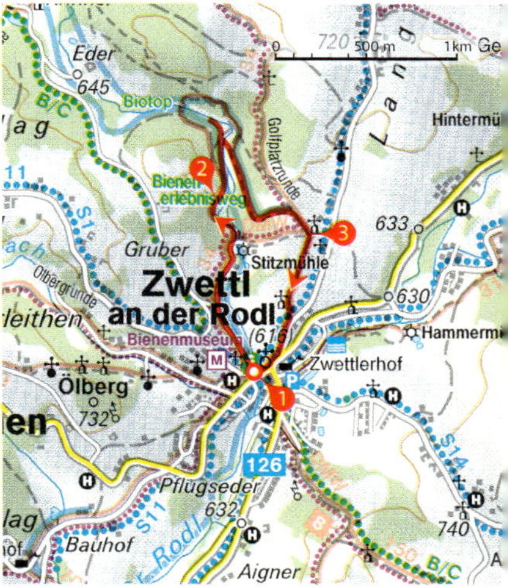

↗ 460 m | ↘ 460 m | 13.5 km

7 Im Gebiet südlich von Zwettl an der Rodl

4.15 h

Diesseits und jenseits der Großen Rodl

Eine abwechslungsreiche Wanderung mit herrlichen Ausblicken. In Auf und Ab auf Höhenrücken und in die Täler mit ehemaligen Mühlen und zur heute renovierten Burg Lobenstein führt dieser Rundweg südlich von Zwettl an der Rodl.

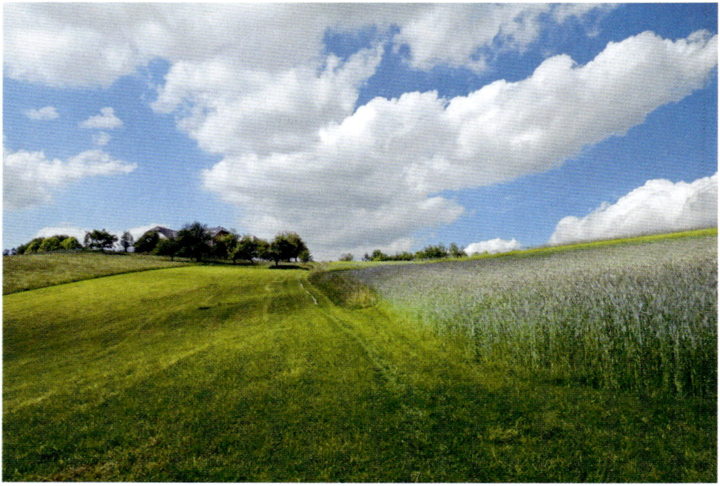

Wolkenstimmung beim Hof »Hoader« nahe der Ruine Lobenstein.

Ausgangspunkt: Zwettl an der Rodl, Marktplatz, 616 m.
Mit ÖV: Busverbindungen von Linz Hbf. bis Haltestelle Zwettl/Rodl Linzer Straße.
Mit PKW: Von Linz über die B 126 nach Zwettl an der Rodl; Parkmöglichkeiten im Ort hinter dem Notarztstützpunkt.
Anforderungen: Die Route ist durchgehend markiert; teilweise asphaltierte Güterwege mit wenig Verkehr, Feld-, Wald- und Forstwege, vor der Ruine Lobenstein etwas steilerer Anstieg, unschwer zu begehen.
Einkehr: Zwettl an der Rodl, Gasthaus Edlmühle Innernschlag.
Variante: Etwas kürzerer Rückweg: Wer im Rodltal zurückwandern möchte, wählt nach dem Gasthaus Edlmühle 4 nach rechts Weg 71. Erst leicht bergan wird der Weg im Wald zu einem Steig (Trittsicherheit bei Nässe!), um dann wieder entlang der Großen Rodl als Feldweg zu einer kleinen Brücke zu führen, dem sogenannten Kansteg. Nach links bergan (rot-weiß-rot 70) stößt man beim ehemaligen Gasthaus Sonnenhof auf Weg 150. Der Weiterweg nach Zwettl ist ident dem der längeren Tour.

Wir verlassen den **Marktplatz** ❶ von **Zwettl an der Rodl** über die Rodlbrücke und folgen erst der Donau-Moldau-Weg-Markierung (auch Weg 150), gegenüber der Tankstelle nach links. Zunächst geht es durch eine Siedlung und dann bergan durch ein Wäldchen, bis zu einem einsamen Haus unterhalb von Rudersbach. Hier verlassen wir den Donau-Moldau-Weg und wandern auf dem Mittellandweg (Markierung Nr. 150) bergan nach Rudersbach. Weg Nr. 72 zweigt dann nach rechts ab und im Wald bergab queren wir die Bundestraße B 126 und gelangen zur **Pöllersmühle** ❷. Hier erreichen wir die alte Salzstraße, rechts befinden sich eine Kapelle und ein Bründl mit kaltem Quellwasser. Markierung 72 leitet uns nun nach Querung der Salzstraße bergan nach **Davidschlag** ❸.

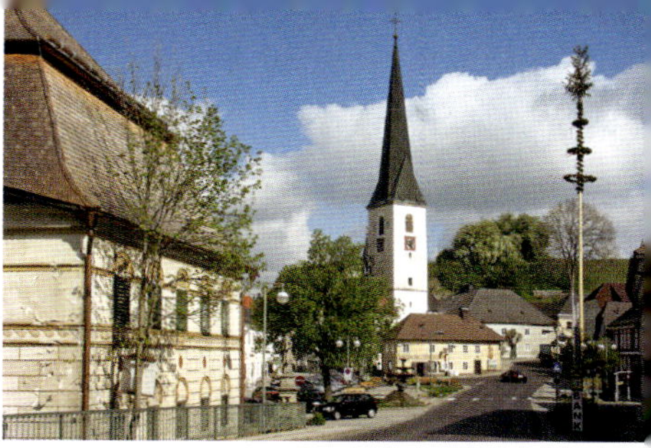

Zwettl an der Rodl: das Färberhaus und der Marktplatz.

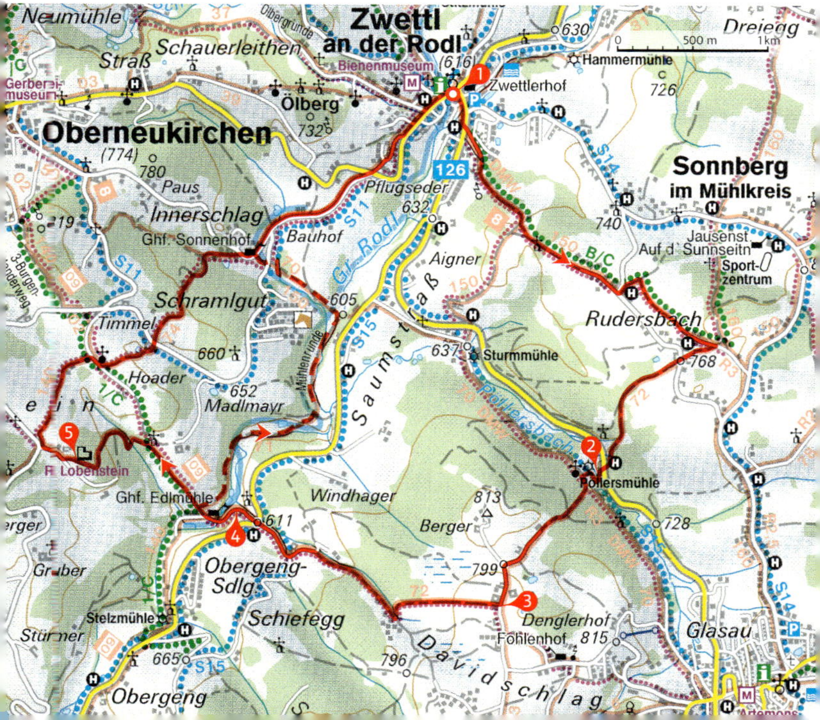

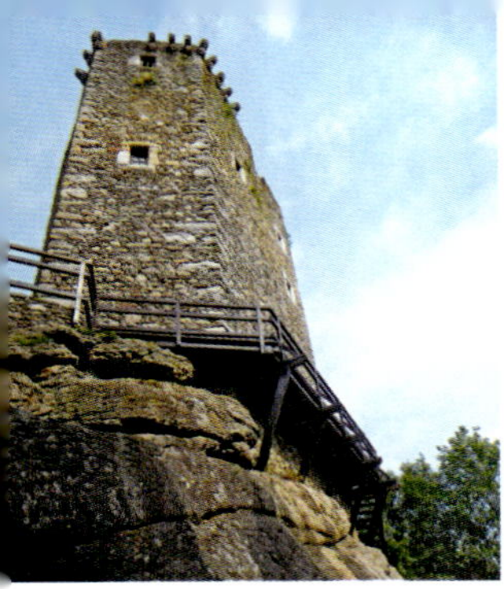

Heute liebevoll restauriert: die Burgruine Lobenstein.

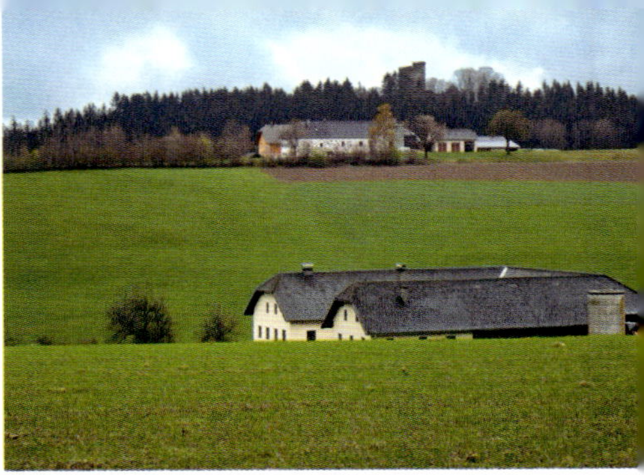

Unterwegs bei Innerschlag mit Blick auf die Ruine Lobenstein.

Beim schön renovierten Hof (Davidschlag 51, gegenüber einem Transformator) nun nach rechts, erst über eine freie Fläche, dann entlang und durch Wald mit Querung eines Bächleins bergab erreichen wir in Schiefegg das Rodltal, queren die Landesstraße und die Große Rodl und gelangen zum **Gasthaus Edlmühle** ❹. Bei diesem treffen wir nun auf Weg Nr. 140 (Weitwanderweg 9/Salzsteig), der sich beim nächsten Haus rechts wendet, dann nach links als Feldweg bergan zieht und unterhalb eines einsamen Hauses nach einem Linksbogen scharf rechts auf einen steilen Waldsteig biegt.
Den Wald rechts verlassend erreichen wir **Burg Lobenstein** ❺ (rechts oberhalb), den Maierhof und, auf seiner Zufahrt, einen Güterweg. Hier folgen wir einem Feldweg nach rechts bis zu einer Zufahrtsstraße zu einem Hof. Auf dieser kurz rechts und bei einer Kapelle vom Hof in einer Mulde links hinauf kommen wir zum Güterweg Innernschlag (Markierung 74). Wir queren diesen und wandern erst bergan, dann entlang des Waldrandes. Nach links biegt der Weg dann in den Wald ab und ein Waldweg leitet uns zum ehemaligen **Gasthaus Sonnenhof**.
Von hier folgen wir dem Güterweg durch eine Senke, vorbei am mächtigen Hof Bauhof, und queren die Landesstraße nach Oberneukirchen. Durch eine Siedlung mit schmucken Einfamilienhäusern führt Weg 150 schließlich vorbei an der Schule und am **Bienenmuseum** ins Zentrum von **Zwettl an der Rodl** ❶.

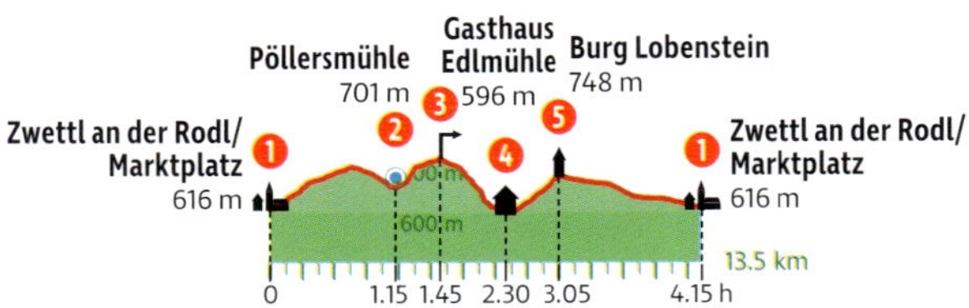

↗ 350 m | ↘ 350 m | 17.9 km

5.00 h

Durch den Brunnwald

8

Eine Tour in das weite Waldgebiet zwischen Groß-Traberg und Bad Leonfelden

Auf der ausgedehnten Runde wandert man von Zwettl an der Rodl durch das große Waldgebiet des Brunnwaldes mit seinem Heilmoor, am Schloss und an sagenumworbenen Kultstätten vorbei.

Ausgangspunkt: Zwettl an der Rodl, Marktplatz, 616 m.
Mit ÖV: Busverbindungen von Linz Hbf. bis Haltestelle Zwettl/Rodl Linzer Straße.
Mit PKW: Von Linz mit dem PKW über die B 126 nach Zwettl an der Rodl; Parkmöglichkeiten im Ort hinter dem Notarztstützpunkt.
Anforderungen: Die Route ist durchgehend markiert; teilweise asphaltierte Güterwege mit wenig Verkehr, Feld-, Wald- und Forstwege, unschwer zu begehen, gute Kondition ist notwendig.
Einkehr: Unterwegs keine Möglichkeit. Gastronomie in Zwettl an der Rodl

Vom **Marktplatz** ❶ in **Zwettl an der Rodl** gehen wir auf der Oberneukirchner Straße über die Distelbachbrücke und dahinter rechts mit Nr. 39/37 auf der Schauerschlagstraße 70 m ortsauswärts. Dann halten wir uns links in den Niedergarten und kurz darauf rechts auf dem Güterweg Schauerleithen taleinwärts (Nr. 37). Bei der Schaumühle nach links verlassen wir den Asphalt und bachaufwärts zuerst über Wiesen, dann durch Wald erreichen wir die **Neumühle** ❷. Mit Nr. 37 rechts über den Bach auf dem asphaltierten Güterweg in einer Linkskurve leicht bergan, nach dem ersten Hof linker Hand nach rechts auf einem Feldweg erreichen wir im Linksbogen eine

Schloss Brunnwald im gleichnamigen großen Waldgebiet.

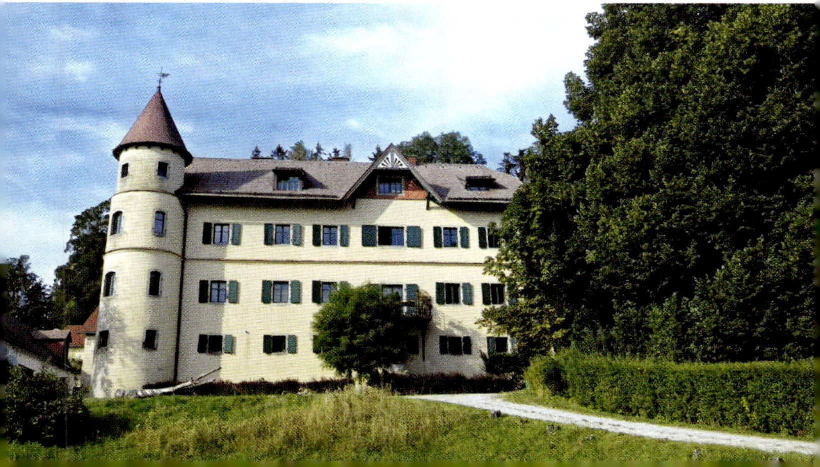

Wegkreuzung beim nächsten Güterweg und queren diesen. Auf einem Wiesenweg folgen wir nun der Markierung Nr. 109 (Salzsteig) und 142 rot-weiß-rot nach rechts durch eine Senke und einen kleinen Wald erreichen wir den Weiler **Amesschlag** ❸. Auf dem Zufahrtsweg geradeaus wenden wir uns bei der nächsten Kreuzung nach rechts.

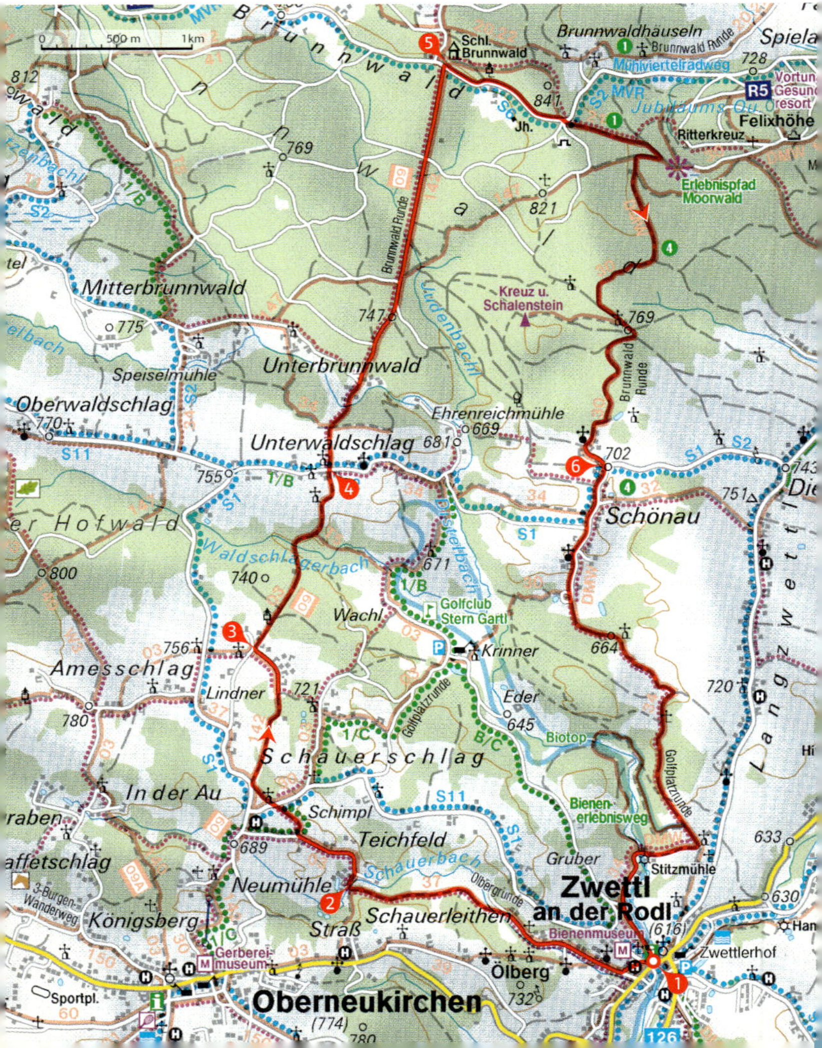

Im Wald abwärts geht es über den Waldschlägerbach und bergan erreichen wir **Unterwaldschlag** 4. Geradeaus weiter gelangen wir zu den Häusern von **Unterbrunnwald**, wo der Weg in den ausgedehnten Brunnwald eintaucht. Eine lange Gerade leitet uns zum **Schloss Brunnwald** 5. Hier verlassen wir den Salzsteig (Nr. 109) nach rechts auf der Landesstraße L490 und gehen bei einer markanten Linkskurve geradeaus in den Wald mit Markierung Nr. 21. Bei der Wegkreuzung kurz vor dem Heilmoor (ein Abstecher ist lohnenswert) scharf nach rechts leicht rückläufig folgen wir nun dem Donau-Moldau-Weg.

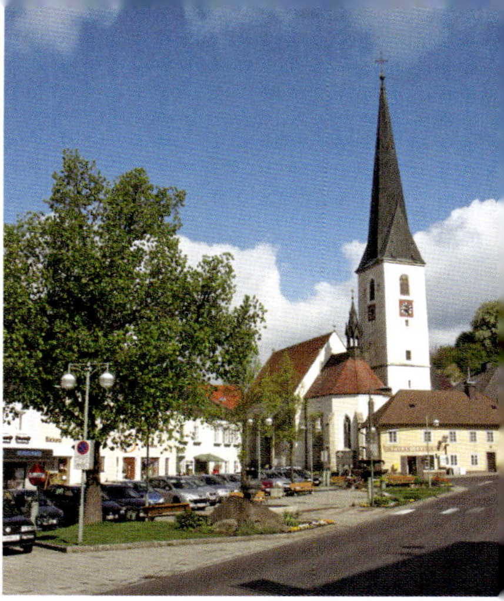

Der Marktplatz von Zwettl an der Rodl, überragt von der Pfarrkirche.

Durch den Steinwald rechts (Abstecher 10 Min., bez., zu Schalensteinen und zur Steinsetzung, alten Kultstätten) erreichen wir am Waldrand die ersten Häuser von **Schönau** 6. Hier halten wir uns links und auf dem Güterweg durch Schönau in südlicher Richtung. Bei den letzten Häusern folgen wir geradeaus auf Weg Nr. 34, dem ehemaligen Schul- und Kirchensteig, im Wald über einen kleinen Bach. Dann geht es im leichten Bogen bergan, erst rechts und dann links durch eine leichte Senke. Weg 34 biegt dann nach rechts und entlang eines Waldrandes streben wir wieder dem Wald zu.

Nach dieser Waldpassage am Waldrand nach rechts leicht abwärts erreichen wir das sogenannte **Moserkreuz** bei der alten Langzwettler Straße. Hier nun nach rechts bergab queren wir bei der **Stitzmühle** den Distlbach, folgen dem Stitzmühlweg vorbei an einer Bienenschauhütte und der Ambrosiuskapelle und entlang eines Mühlbaches gelangen wir wieder ins Zentrum von **Zwettl an der Rodl** 1.

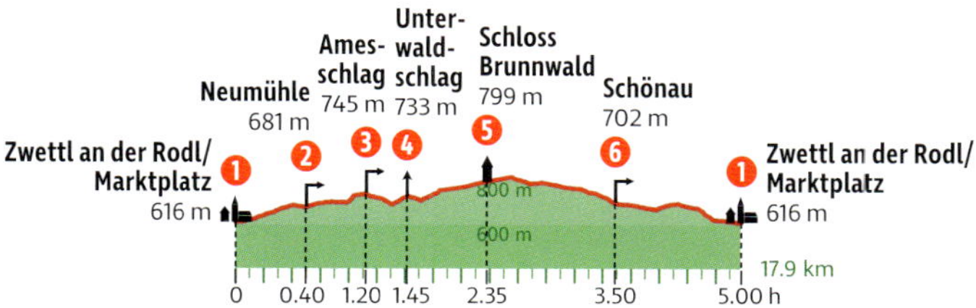

9 Von Bad Leonfelden zur Schwedenschanze

5.15 h

Durch den Miesenwald zum südlichsten Punkt Tschechiens

In den Bereich der Europäischen Wasserscheide, zur Schwedenschanze und zum südlichsten Punkt der Republik Tschechien führt diese abwechslungsreiche Rundwanderung.

Ausgangspunkt: Bad Leonfelden, Hauptplatz, 750 m.
Mit ÖV: Busverbindungen von Linz Hbf. bis Haltestelle Bad Leonfelden Stadtplatz.
Mit PKW: Von Linz über die B 126 nach Bad Leonfelden; Parkplatz an der B 38/Böhmerwaldstraße bei der Lebzelterei und der Tankstelle.
Anforderungen: Die Route ist nicht ganz durchgehend markiert, aber orientierungsmäßig unschwer; fast nur Feld- und Waldwege, nur sehr geringer Asphaltanteil.
Einkehr: Bad Leonfelden, Schanzstüberl – Jausenstation Rading.

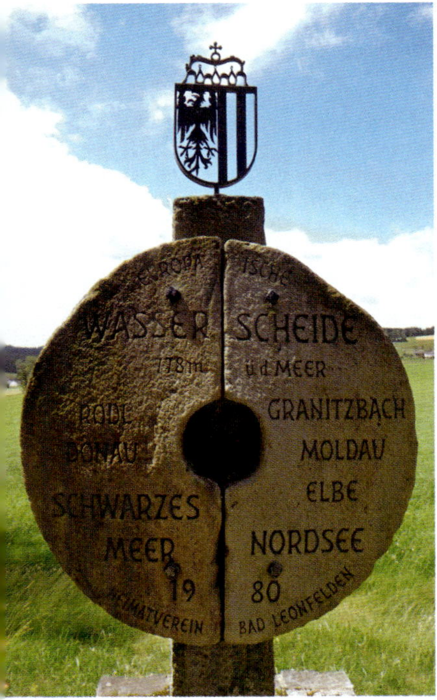

Die Hauptwasserscheide Schwarzes Meer–Nordsee.

Wir verlassen den Hauptplatz von **Bad Leonfelden** ❶ an dessen Nordseite durch die Bräuhausgasse und folgen dann der Salzstraße (Markierung Donau-Moldau-Weg) bis zur B 38 (Böhmerwaldstraße). Nach der Querung verlassen wir den Donau-Moldau-Weg nach rechts und folgen nun der Markierung 58 (rot-weiß-rot) in Richtung Reichenthal. Bei einem Fabrikgebäude im Gewerbepark nach rechts und im Linksbogen zu einem Autohaus. Nun folgen wir einem Feldweg parallel zur B 38 und queren im Weiler **Weinzierl** die Große Rodl, die hier ein Bächlein ist. Erst rechts und dann links nun bis zu einem Transformator auf dem Güterweg Weinzierlberg, den wir nach rechts verlassen.
Beim nächsten Hof (Ferienhof Grasböck) nach der Kapelle leitet uns nun ein Feldweg links leicht bergan zum Miesenwald, hinter uns bietet

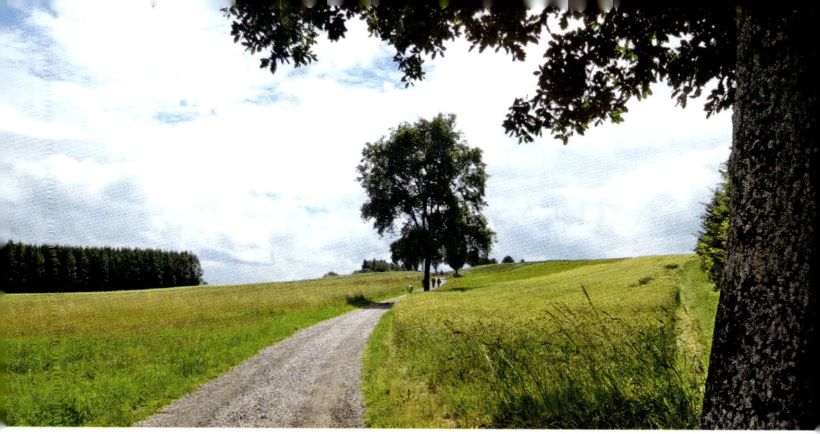

Eine Wanderung mit nur wenig Asphaltanteil.

sich ein schöner Blick auf Bad Leonfelden. Bei der Gabelung an einem alten Bildstock nach links durch den Wald und weiter leicht bergan erreichen wir nach einer Kuppe eine weitere Gabelung am Waldrand. Nun nach rechts bergab sehen wir am Waldende in der Ferne den Kirchturm von Reichenthal. In der Senke vorbei an Fischteichen halten wir uns in Sichtweite eines großen Fabrikgebäudes links, um in eine Einfamilienhaussiedlung am Rand von **Reichenthal** ❷ zu gelangen.

Wir verlassen hier den Weg 58, der ins Zentrum von Reichenthal führt. Nach links folgen wir dem Güterweg in Richtung Miesenbach und biegen vor

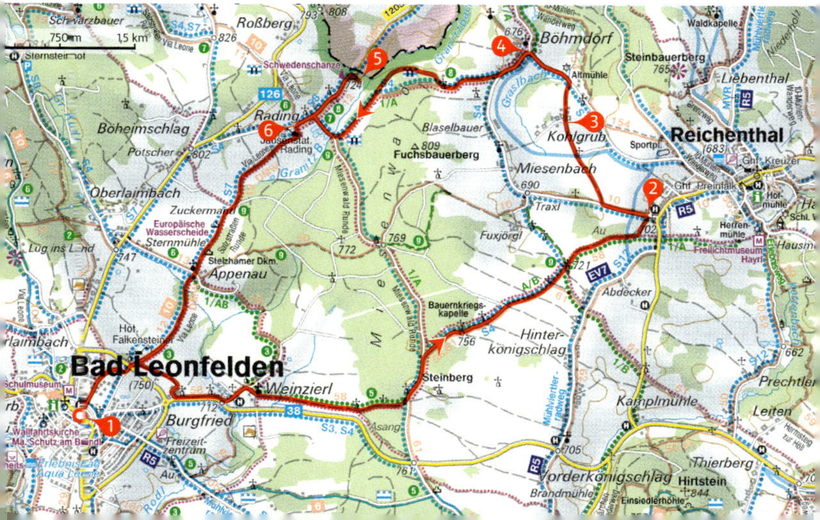

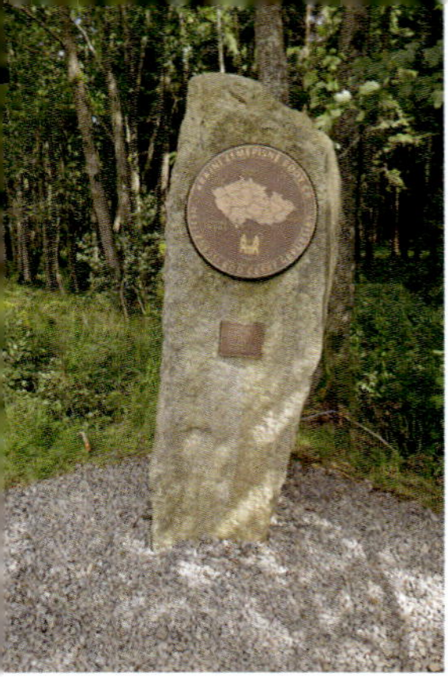

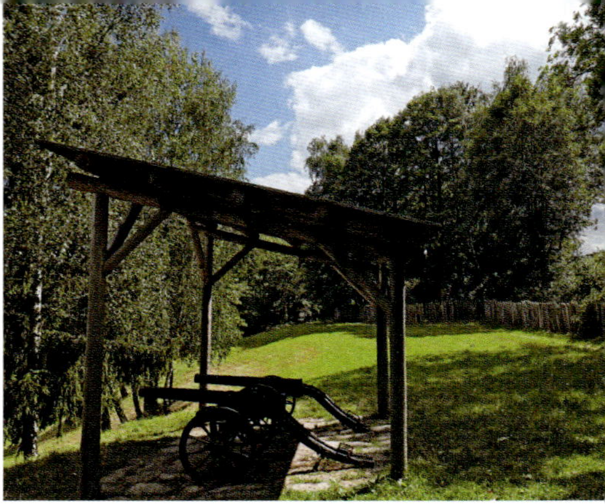

Die Schwedenschanze (Bild rechts) nahe dem südlichsten Punkt Tschechiens (Bild links).

dem Wald nach rechts auf einen Feldweg ab, der uns in den Weiler **Kohlgrub** ❸ bringt. Zwischen einem Bauernhof mit einem Pavillon und einem Biohof geradeaus bringt uns ein Feldweg zu einer Straße. Nach links über den Graslbach bergan kommen wir nach **Böhmdorf** ❹. Bei der schmucken Kapelle am Dorfteich nach links verlassen wir den Güterweg am Ortsende, die Markierung 57 (rot-weiß-rot) leitet uns nach rechts, der Feldweg erreicht nach einem S-Verlauf den Miesenwald, den wir uns leicht rechts haltend queren. Am Waldrand entlang und nach rechts durch die Senke über den Granitzbach, vorbei an zahlreichen Fischteichen linker Hand bietet sich nun in **Rading** die Möglichkeit, die sogenannte **Schwedenschanze** ❺ und an der Staatsgrenze den südlichsten Punkt Tschechiens zu besuchen. Dazu biegen wir nach rechts und wandern bis zur Staatsgrenze.
Von dort zurück der Donau-Moldau-Weg Markierung folgend erreichen wir in **Rading** ❻ die **Jausenstation Schanzstüberl**, nach links leitet uns ein Feldweg – die alte Salzstraße nach Böhmen – zur **Europäischen Hauptwasserscheide**. Bergab vorbei an Beispielen, was alles aus Granit gefertigt wurde; am Stelzhamer-Denkmal queren wir in der Senke wieder die Große Rodl. Mäßig bergan führt der Weg wieder zur B 38 und entsprechend dem Hinweg über die Salzstraße und die Bräuhausgasse auf den Stadtplatz von **Bad Leonfelden** ❶.

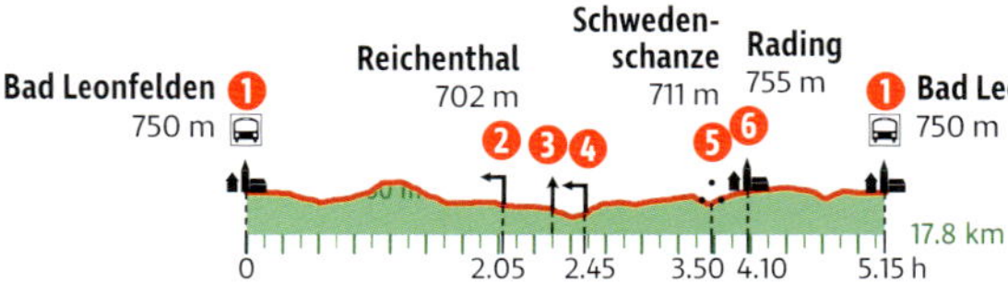

↗ 240 m | ↘ 240 m | 8.3 km

2.30 h

Der Koglerauer Spitz

10

Eine Wanderung »hinter« dem Pöstlingberg auf einen markanten Höhenrücken

Mehrere Markierungen und ein kleiner Umweg leiten uns bei dieser kürzeren, aber sehr schönen Tour mit wenig Asphaltanteil und weiten Ausblicken vom Koglerauer Spitz. Eine ideale Halbtagstour.

Ausgangspunkt: Neulichtenberg, am Holzpoldlgut, 615 m.
Mit ÖV: Busverbindungen von Linz Hbf. bis Haltestelle Neulichtenberg Ort.
Mit PKW: Anfahrt über den Pöstlingberg (L 581) nach Neulichtenberg; Parkmöglichkeiten.
Anforderungen: Die Route ist nicht ganz durchgehend markiert, die Orientierung aber einfach; teilweise asphaltierte Güterwege mit wenig Verkehr, Feld-, Wald- und Forstwege, etwas steilerer Waldweg beim Aufstieg zum Koglerauer Spitz. Problemlos auch mit Kindern begehbar.
Einkehr: Neulichtenberg, Köglerhof in Großamberg (Abstecher ca. 200 m, auch Hofladen).

In **Neulichtenberg** ❶ folgen wir auf der Pöstlingbergstraße (Landesstraße L 581) in südlicher Richtung der Markierung 5 (blauer Punkt auf weißem Grund), um gegenüber dem **Café Gust** nach rechts in den Zehentweg einzubiegen. Erst im Linksbogen leitet uns der Weg an schmucken Einfamilienhäusern leicht bergab zum Aignergut (Familie Durstberger, Aignerstraße 16), wo der Asphalt endet. Nun auf einem Feldweg bis zum nächsten Hof, wo wir nach links abbiegen.

Weit reicht der Blick zur Donau und ins Eferdinger Becken.

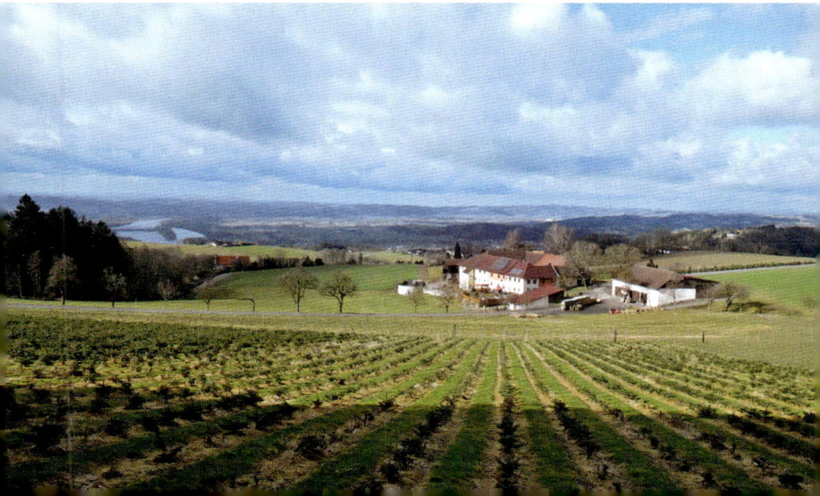

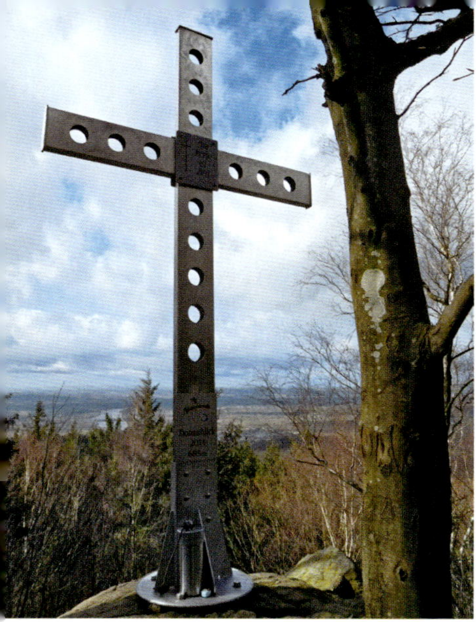

Das Gipfelkreuz am Koglerauer Spitz.

Beim nächsten Haus rechter Hand mit einem alten Granitbildstock nun nach rechts in die asphaltierte Schlagbergstraße und bei der nächsten Straßengabelung nach links (Jagaweg/Auweg). Bergan erreichen wir den Waldrand, wo wir nach rechts die Markierung 5 verlassen und kurz Markierung 18 folgen. In westlicher Richtung auf der Straße Hagenau durch eine Siedlung biegen wir nach dem letzten Haus nach links auf einen Feldweg. Leicht bergan entlang einer Fichtenhecke halten wir uns am Waldrand rechts, ein herrlicher Fernblick vom Donaukraftwerk Ottensheim bis hin ins Eferdinger Becken und weiter ins obere Mühlviertel macht diese Tour zu einem Genuss.

Am Waldrand entlang vorbei an einer Christbaumplantage wendet sich der Weg leicht in den Wald und parallel zum Waldrand erreichen wir bei zwei modernen Häusern die Markierung des Donausteiges (zudem Markierungen rot-gelb-rot 12, rot-weiß-rot 30 und blau-weiß), rechts unter uns der Köglerhof. Nun nach links auf dem Donausteig zügig bergan wenden wir uns am Kamm nach rechts und sehen rechts schon das Gipfelkreuz am **Koglerauer Spitz** ❷, 685 m, mit Donaublick.

Bergab leitet uns die Donausteig-Markierung erst auf einem Waldsteig und dann auf einer Forststraße mit Blick auf das Linzer Becken und auf die Pöstlingbergkirche. Nach dem Waldrand strebt der Feldweg den Häusern der **Kapellenhöhe** ❸ zu. Vor diesen, nach einem Betonwasserbecken linker Hand, verlassen wir den Donausteig nach links, queren ein Bächlein und erreichen einen großen Hof (hier wuchs Vincent Kriechmair auf, der Schiweltmeister in der Abfahrt und im Super-G 2021). Nun auf einem Zufahrtsweg nach links leicht bergan leitet uns die Markierung 18 auf dem Koglerauerweg durch eine

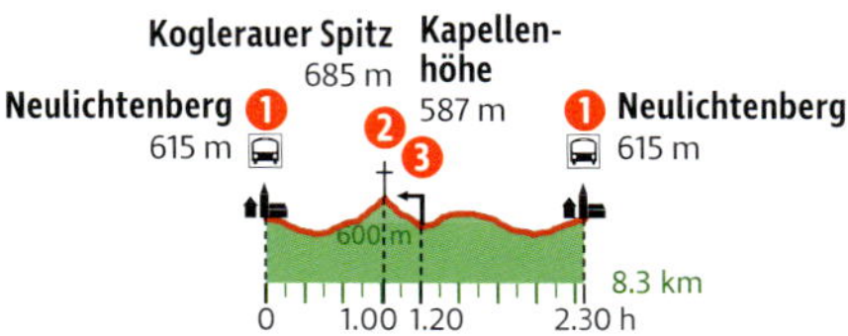

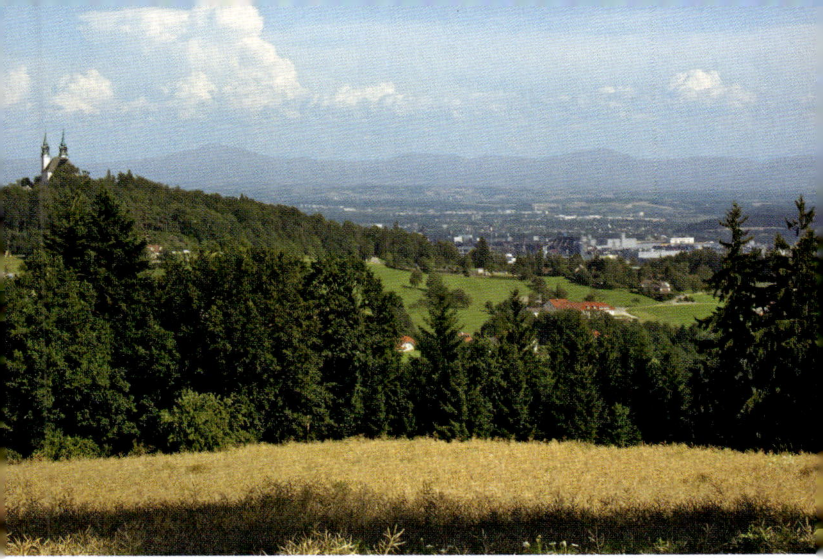

Der Pöstlingberg und Linz von der Kapellenhöhe.

Siedlung in den Wald östlich des Koglerauer Spitzes. Bei einer Wegkreuzung (links geht es wieder zum Koglerauer Spitz) erst geradeaus (Markierung 5) halten wir uns dann leicht nach links auf einen Waldweg, am Waldrand treffen wir wieder auf unseren Hinweg, entlang der Fichtenhecke nach rechts nun hinab zur Straße Hagenau. Vor uns am Horizont sieht man die markante Kalvarienbergkirche von Gramastetten.
Nun nach links und bei der nächsten Kreuzung nach rechts in der Schlagbergstraße erreichen wir wieder das Haus mit dem alten Granitbildstock. Nach links ist der Rückweg nun ident mit dem Hinweg, bergan am Hof Aigner vorbei und den Zehentweg entlang biegen wir gegenüber dem **Café Gust** links in die Pöstlingbergstraße ein und gelangen zurück zum Ausgangspunkt in **Neulichtenberg** ❶.

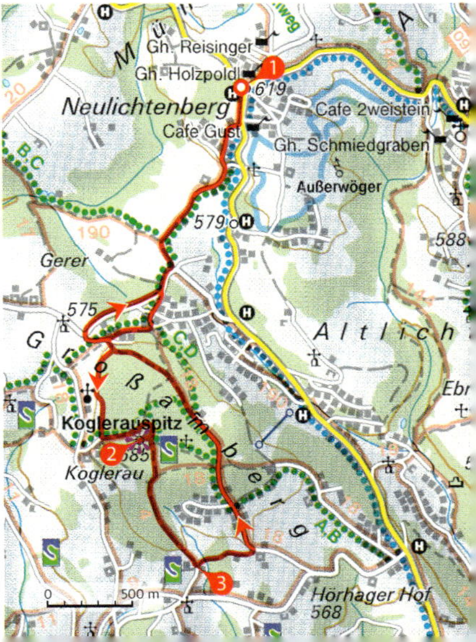

↗ 870 m | ↘ 880 m | 30.9 km

11 Der große Bogen im Norden von Linz

10.30 h

Lange, Kondition fordernde Wanderung nördlich der Landeshauptstadt

Die ausgedehnte, abwechslungsreiche Streckenwanderung wird begleitet von herrlichen Ausblicken über die Höhen nördlich der Landeshauptstadt zur Donau sowie auf Linz bis hin zu den Alpen. Zurück geht es durch das große Waldgebiet südlich des Flusses.

Ausgangspunkt: Linz, Straßenbahnhaltestelle St. Magdalena, 265 m. LinzAG Straßenbahnlinien 1 und 2.
Endpunkt: Linz-Urfahr Zentrum, 262 m, Straßenbahnhaltestelle Rudolfstraße; LinzAG Straßenbahnlinien 1,2,3und 4. Alternativ Linz-Harbach, 271 m, Straßenbahnhaltestelle Harbach; LinzAG Straßenbahnlinien 1 und 2.
Anforderungen: Die Route ist durchgehend markiert (verschiedene Markierungen); teilweise asphaltierte Güterwege mit wenig Verkehr, Feld-, Wald- und Forstwege. Gute Kondition und Ausdauer sind notwendig.
Einkehr: Oberbairing, Hellmonsödt, Kirchschlag bei Linz, Gasthaus zur Gis, Lichtenberg, Wia z'haus Lehner, Urfahr.
Hinweis: Diese Tour kann auch in Etappen begangen werden, denn die Anbindungen an öffentliche Verkehrsmittel sind mit Ausnahme der Gis sehr gut.

In **Linz-Urfahr** beginnt bei der **Straßenbahnhaltestelle St. Magdalena** ❶ Weg Nr. 160 sowie der Donau-Moldau-Weg (von Linz nach Krumau/Český Krumlov). Dieser folgt zuerst bergan der Straße in den Ort, biegt gegenüber einer Kapelle nach rechts und führt nach Querung der Straße (rechts Abstecher zur Kirche von St. Magdalena, 313 m, Blick auf Linz von der Trasse der ehemaligen Pferdeeisenbahn Linz–Budweis) links über Stufen steil aufwärts. Am Treppenende biegen wir links auf die Oberbairinger Straße, bei der nächsten Querstraße rechts. Zwischen Häusern links aufwärts überqueren wir den Schatzweg und gelangen in einen Buchenwald. Danach geht es stets bergan durch eine Siedlung, dann zu einem Haus am Waldrand und wieder in den Wald. Mit Weg Nr. 160 die Straße queren und hinter Häusern

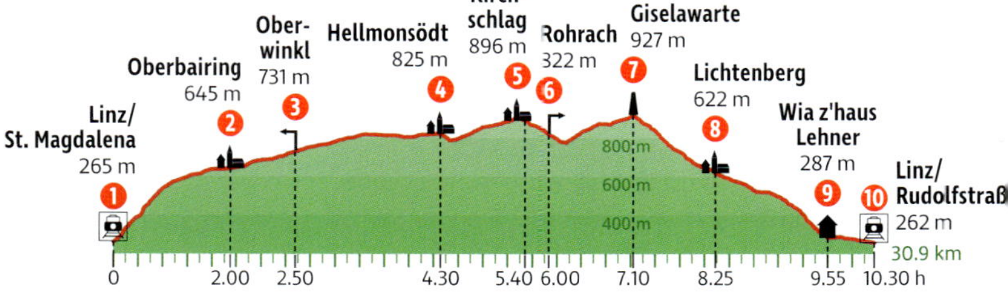

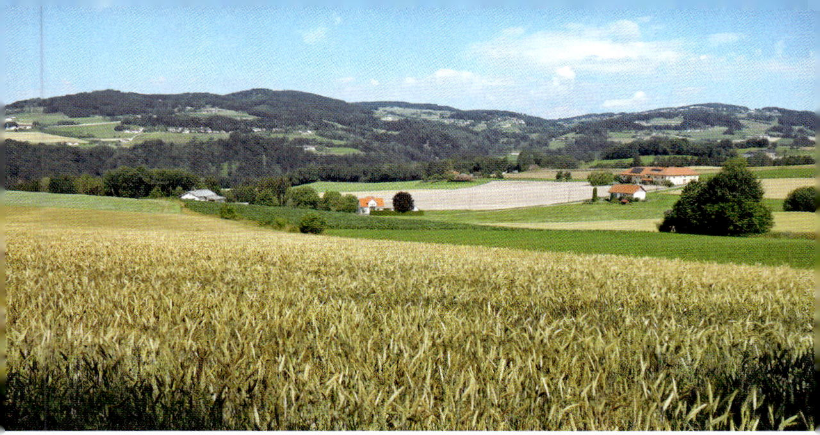

Blick über den Haselgraben nach Lichtenberg und Kirchschlag.

durch Felder und Wiesen bergan zu einem Hof in **Windpassing**; dort links auf einen Güterweg und 500 m weiter mit Nr. 160 rechts am Wald entlang zu einer Siedlung. Kurz auf der Zufahrt, dann geradeaus weiter auf einem Feldweg zu einer Tischlerei in **Oberbairing** ❷. Links weiter auf der Straße vorbei am **Gasthaus Wirt z'Bairing** bis zu einer Linkskurve; dort gerade bergan durch die Siedlung Am Hochtann. Auf einem Feldweg leicht steigend durch Wiesen und Felder, bis wir neuerlich die Straße erreichen; auf ihr kurz rechts und nach 70 m links nach **Oberwinkl** ❸. Am Ortsende (Norden) auf den schräg links abzweigenden Güterweg, bei einer Kreuzung geradeaus, leicht ansteigend an einem Hof vorbei und durch Wald nach Auedt. Zuerst rechts, danach scharf links weiter (geradeaus Abstecher auf Nr. 162 zum Freilichtmuseum Pelmberg, 10 Min.; von dort auf Weg Nr. 18 zurück zum Hauptweg; ca. 15 Min. länger).

Im Breitlüsserwald vom Güterweg rechts auf einen Waldweg und zu einer Lichtung (Siedlung Hölzl), dann auf dem Weg erst gerade, später steil bergan nach Althellmonsödt. Auf der Straße links in wenigen Minuten zum Marktplatz von **Hellmonsödt** ❹. Am unteren Ende des Platzes rechts mit Nr. 12 auf dem steilen Marktberg, die Straße querend, hinab nach **Glasau**, 780 m, Passhöhe am Ende des steil zur Donau abfallenden Haselgrabens. Geradeaus nehmen wir die zweite Straße rechts (Tafernerweg) und folgen der Markierung Nr. 12 (rot-weiß-rot) durch den Wald und über eine Wiesenfläche bergan, bis wir in einer Siedlung auf die Straße Am Breitenstein stoßen, der wir links ins Zentrum folgen. (Nach rechts empfiehlt sich ein Abstecher zum Breitenstein-Gipfel, 956 m, mit Aussichtswarte, insgesamt 20 Min., beschildert, herrlicher Rundblick).

Am Ortsplatz von **Kirchschlag** ❺ gehen wir mit der Nr. 10 (rot-weiß-rot) talabwärts – vor uns liegt Linz, an klaren Tagen herrlicher Blick auf die

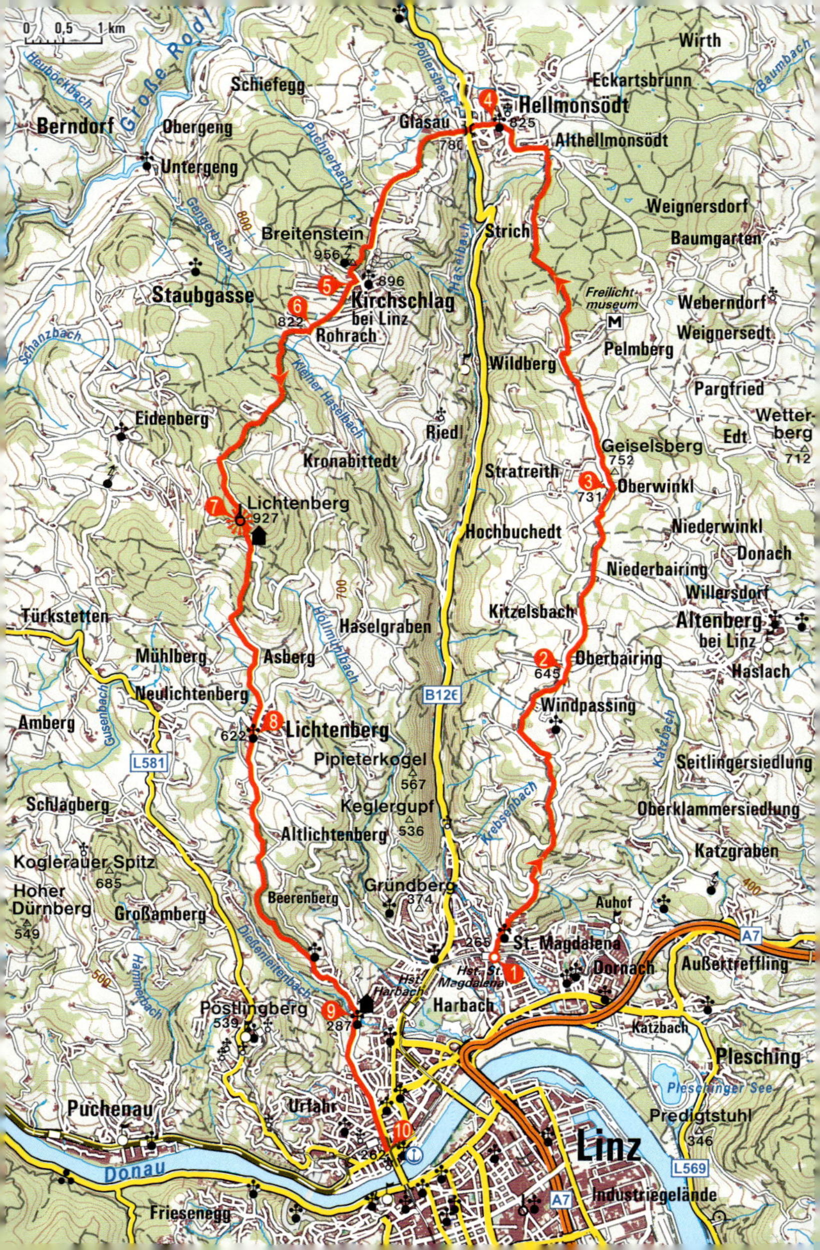
0 0,5 1 km
Hellmonsödt
Wirth
Eckartsbrunn
Schiefegg
Berndorf
Obergeng
Untergeng
Glasau
Althellmonsödt
Breitenstein
Strich
Weignersdorf
Baumgarten
Staubgasse
Kirchschlag bei Linz
Rohrach
Freilichtmuseum
Weberndorf
Weignersedt
Pelmberg
Wildberg
Eidenberg
Riedl
Pargfried
Kronabittedt
Edt
Wetterberg
Geiselsberg
Stratreith
Oberwinkl
Lichtenberg
Hochbuchedt
Niederwinkl
Donach
Niederbairing
Willersdorf
Türkstetten
Haselgraben
Kitzelsbach
Altenberg bei Linz
Mühlberg
Asberg
Oberbairing
Haslach
Neulichtenberg
B126
Windpassing
Amberg
Lichtenberg
Pipieterkogel
L581
Seitlingersiedlung
Schlagberg
Keglergupf
Oberklammersiedlung
Altlichtenberg
Koglerauer Spitz
Katzgraben
Hoher Dürnberg
Gründberg
Großamberg
Beerenberg
Auhof
St. Magdalena
A7
Dornach
Außertreffling
Hst. St. Magdalena
Hst. Harbach
Harbach
Pöstlingberg
Katzbach
Plesching
Pleschinger See
Puchenau
Urfahr
Predigtstuhl
Linz
Donau
L569
Industriegelände
Friesenegg
Große Rodl
Heubockbach
Pöllersbach
Puchinerbach
Baumbach
Gengerbach
Haselbach
Schanzbach
Kleiner Haselbach
Höllmühlbach
Gusenbach
Katzbach
Krebsenbach
Dießenleitenbach
Hammerbach

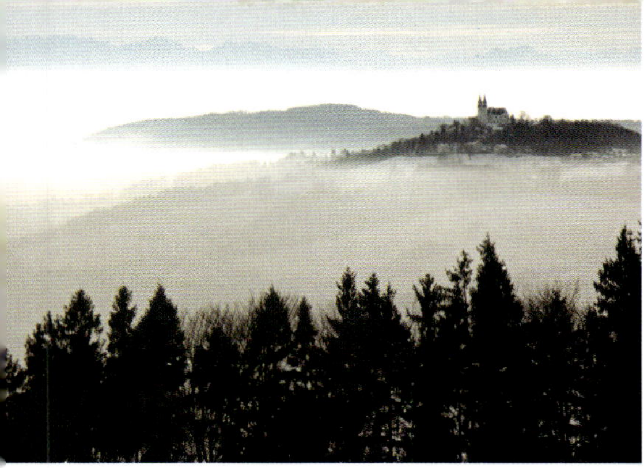

Nebelschleier über Linz, aus dem die Wallfahrstkirche am Pröstlingberg herausragt.

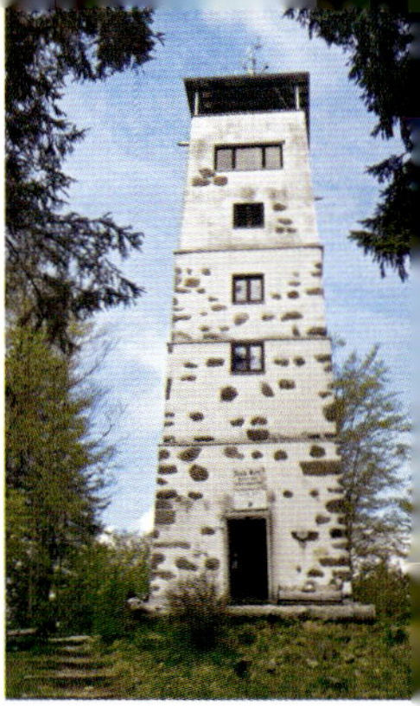

Die Giselawarte am Lichtenberg.

Alpenkette. Auf einem Wiesenweg zweimal über die Straße kommen wir nach **Rohrach** 6, vorbei am **Hotel Alpenblick**, und wandern rechts von ihm bergab. Kurz nach der Überquerung eines Baches zweigt der Weg Nr. 16 in Richtung Eidenberg ab; wir bleiben auf dem Weg Nr. 10, der im Wald bergauf zieht. Nach einem Stück Forststraße auf dem Steig mit der Nr. 10 rechts weiter über eine Lichtung und nach einem Waldstück zur Straße beim Roten Kreuz; auf ihr kurz rechts und nach etwa 50 m mit Nr. 109/140 (rot-weiß-rot) links bergan. Rechts empfiehlt sich ein kurzer Abstecher zum **Lichtenberg**, auf dem neben dem ORF-Sender die **Giselawarte** 7 (»Gis«), 927 m, steht. Kurz dahinter gelangt man zum **Gasthaus zur Gis**, 880 m (schöne Aussicht, Schlüssel zur Warte, falls diese verschlossen ist). Falls der Gasthof geschlossen ist, rechts im Schuppen steht ein Getränkeautomat.

Vom Gasthof nun bergab vorbei am Parkplatz und dem Jungscharhaus leitet uns ein Waldweg (Markierung Nr. 109) nach **Asberg**. Am Waldrand dann nach links und über einen Wiesensteig an einem Wasserhochbehälter vorbei zu einem Güterweg (Hametnerstraße) und bei der nächsten Kreuzung nach rechts ins Zentrum von **Lichtenberg** 8.

Geradeaus führt uns der Weiterweg Nr. 109 (rot-weiß-rot) mit herrlicher Aussicht auf Linz an einem Kriegerdenkmal vorbei, bald verlassen wir die Straße nach rechts (Bauernhof Ebner), durch einen Mischwald erreichen wir den Linzer Stadtteil **Bachlberg** und folgen dem Bachlbergweg. Beim **Wia z'haus Lehner** 9 links in die Harbacher Straße abbiegend erreicht man die Straßenbahnhaltestelle Harbach.

Um ins Zentrum von Linz zu gelangen, bleiben wir leicht rechts haltend dem Bachlbergweg treu. Weiter über den Diesenleitenweg und vorbei am Petrinum kommen wir über die Knabenseminarstraße und die Hauptstraße ins Zentrum von **Urfahr** und zur **Straßenbahnhaltestelle Rudolfstraße** 10.

↗ 530 m | ↘ 540 m | 16.4 km

12 Die Anhöhen nördlich von Urfahr

5.00 h

Eine Wanderung zum »Balkon von Linz« mit Blick über die Landeshauptstadt

Eine Strecken- oder Rundwanderung, ideal mit der Straßenbahn zu erreichen, bringt uns auf die Mühlviertler Hügel nördlich von Linz. Beim Rückweg von Altenberg nach Linz-Dornach bietet sich ein herrlicher Blick auf die Landeshauptstadt.

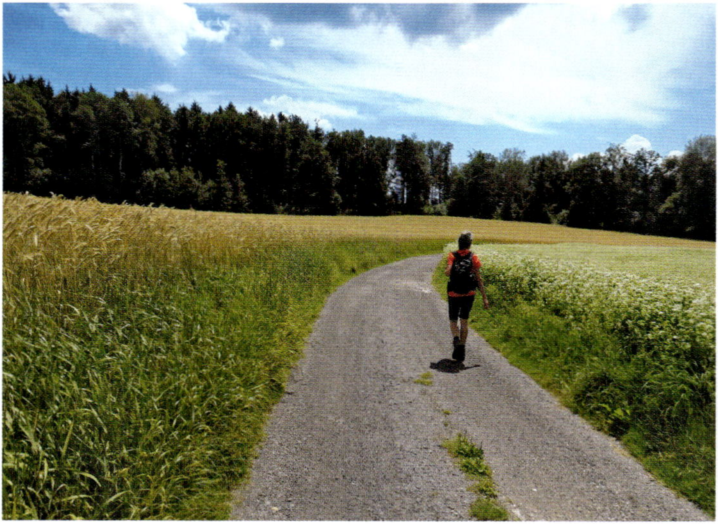

Auf dem Wanderweg vor Oberwinkl.

Ausgangspunkt: Linz-Urfahr, Straßenbahnhaltestelle St. Magdalena, 265 m. LinzAG Straßenbahnlinien 1 und 2.
Endpunkt: Linz-Dornach, Straßenbahnendhaltestelle JKU (Johannes-Kepler-Universität), 262 m. LinzAG Straßenbahnlinien 1 und 2.
Anforderungen: Die Route ist durchgehend markiert (verschiedene Markierungen), zu Beginn etwas steilerer Weg Richtung Oberbairing; teilweise asphaltierte Güterwege mit wenig Verkehr, Feld-, Wald- und Forstwege, lediglich entlang der Altenberger Straße gegen Ende der Tour ist mit mehr Verkehr zu rechnen.
Einkehr: Oberbairing, Altenberg.
Variante: Alternative als Rundwanderung: Bei der Landesstraße über den Katzbach und bei der Bushaltestelle Abzweigung Elmberg 5 folgt man der Markierung des Pferdeeisenbahnweges zurück nach St. Magdalena (siehe Tour 21). Dann insgesamt 17,8 km, 640 Hm, 5.30 Std. Gehzeit.

In **Linz-Urfahr** beginnt bei der Straßenbahnhaltestelle **St. Magdalena** ❶ Weg Nr. 160 sowie der Donau-Moldau-Weg (von Linz nach Krumau/Cesky Krumlov). Dieser folgt zuerst bergan der Straße in den Ort, biegt gegenüber einer Kapelle rechts ab und führt nach Querung der Straße (rechts Abstecher zur Kirche von St. Magdalena, 313 m, Blick auf Linz von der Trasse der ehemaligen Pferdeeisenbahn Linz–Budweis) links über Stufen steil aufwärts. Am Treppenende biegen wir links auf die Oberbairinger Straße, bei der nächsten Querstraße (Donauerstraße) rechts. Zwischen Häusern links aufwärts überqueren wir den Schatzweg und gelangen in einen Buchenwald. Danach stets bergan durch eine Siedlung, dann zu einem Haus am Waldrand und wieder in den Wald. Mit Nr. 160 queren wir die Straße und wandern hinter Häusern durch Felder und Wiesen bergan zu einem Hof in **Windpassing**; dort links auf einen Güterweg und 500 m weiter mit Nr. 160 rechts am Wald entlang zu einer Siedlung. Kurz auf der Zufahrt, dann gerade weiter auf einem Feldweg zu einer Tischlerei in **Oberbairing** ❷. Links weiter auf der Straße vorbei am **Gasthaus Wirt z'Bairing** bis zu einer Linkskurve; dort gerade bergan durch die Siedlung Am Hochtann. Auf einem Feldweg leicht steigend durch Wiesen und Felder queren wir bei einem markanten Baum die Straße nach Niederbairing. Nach einer kurzen Waldpassage verlassen wir bei einer Rastbank Weg 160 und den Donau-Moldau-Weg nach rechts. Auf einem Feldweg folgen wir nun der Markierung 41 (rot-weiß-rot) in östlicher Richtung und erreichen nach einem Wald einen Reiterhof in **Niederwinkl** ❸. Im Rechtsbogen um den Hof dann auf dem Feldweg ostwärts und bei der nächsten Abzweigung nach links. Nach einem Erbhof biegt Weg 41 nach links in den Eichenweg, bei

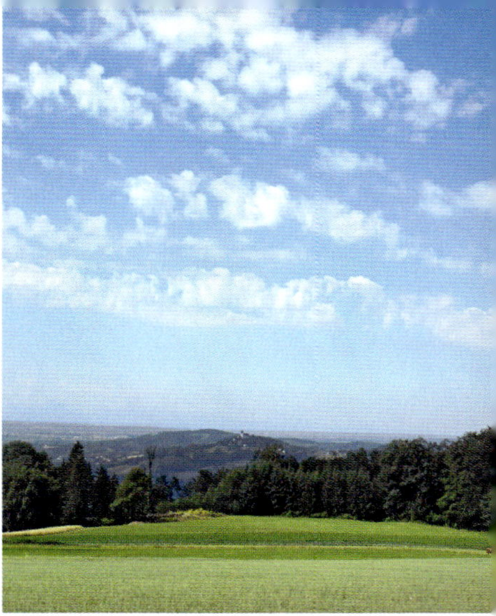

Weit scheift der Blick Richtung Pöstlingberg.

Liebevoll gepflegtes Bauernhaus bei Altenberg.

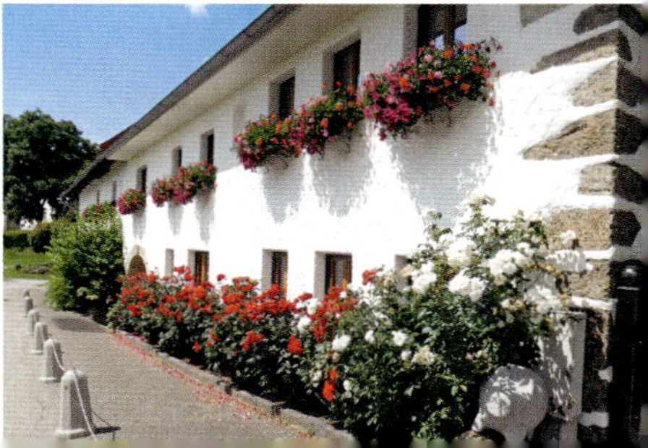

der Ortstafel **Donach** rechts folgen wir dieser bis zur Reichenauer Straße. Kurz nach links, dann verlassen wir diese nach der Bushaltestelle Niederwinkl und am Ende einer Lärmschutzwand nach rechts Im Graben. Nach rechts abwärts, bei den Bauernhöfen geradeaus und durch die Senke geht es am Lerchenweg dann hinauf ins Ortszentrum von **Altenberg** ❹. Markierung 40 (rot-weiß-rot) leitet uns nun in südlicher Richtung, bergab über den Feichtnerberg, bei der Gabelung am mittleren Weg, den Waldweg bergan bis zur Kulmer Straße, der wir ein kurzes Stück nach links folgen, um sie dann nach rechts wieder bei einem Transformator und der Zufahrt

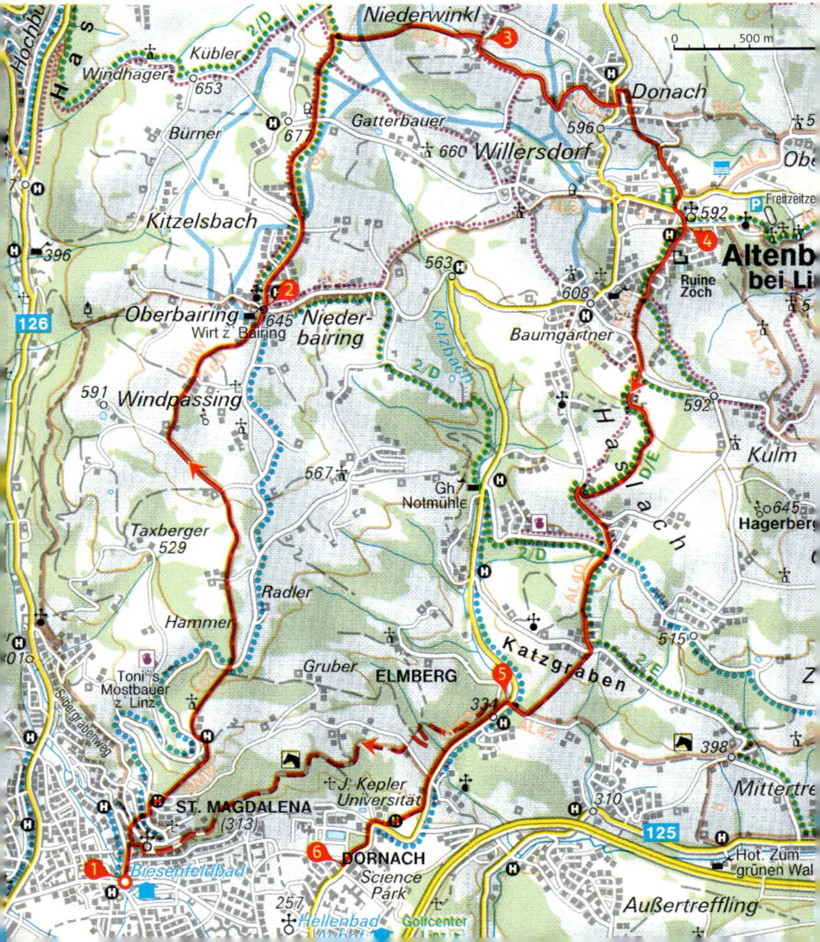

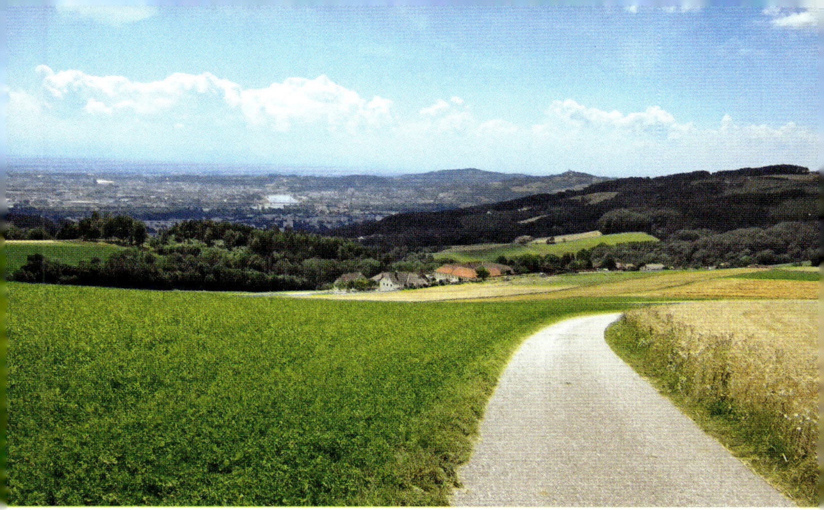

Altenberg wird nicht umsonst »der Balkon von Linz« genannt.

zum Abbrandtnergut zu verlassen. Nach Süden bergab haben wir einen wunderschönen Blick auf Linz, ein Feldweg führt an einem Waldrand und einem alleinstehendem Haus vorbei zu einem Bauernhof; hier nach links und bei der nächsten Straßenkreuzung nach rechts in die **Alpenblick-Siedlung**. Vor einem schmucken Vierkanthof queren wir die Straße in Richtung Katzgraben, bergab gelangen wir in die **Wagenleitner-Siedlung**. Über eine Querstraße zum Bauernhof rechter Hand nun etwas steiler bergab stoßen wir dann beim Kalkgruberweg auf den Pferdeeisenbahnweg, dem wir nach rechts bis zur Altenberger Straße folgen.
Bei der Landesstraße über den Katzbach und bei der **Bushaltestelle Abzweigung Elmberg** 5 geht es nun entlang der Altenberger Straße. Der Wanderweg wendet sich dann nach rechts und kürzt im Wald die Kurve ab. Wir erreichen den Campus der **Johannes-Kepler-Universität** 6 und die Endhaltestelle der Straßenbahnlinien 1 und 2.

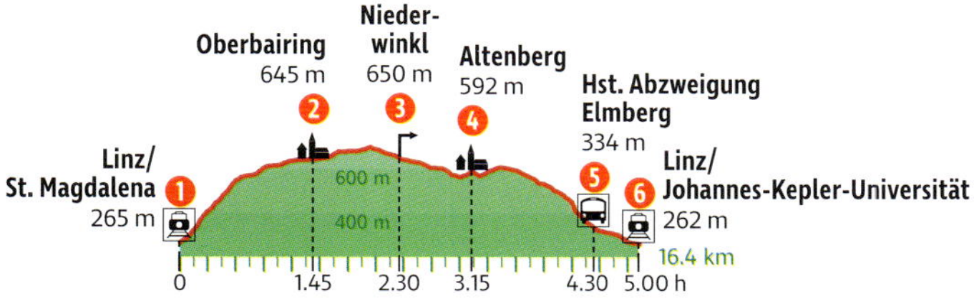

TOP 13

↗ 350 m | ↘ 350 m | 10.7 km

Zwischen Reichenau im Mühlkreis und Ottenschlag

3.15 h

Europäische Hauptwasserscheide und Steinbloßhöfe

Die schöne Rundwanderung mit weiten Ausblicken geleitet uns zum südlichsten Punkt der europäischen Hauptwasserscheide und zu den malerischen Steinbloßhöfen in Ottenschlag – Musterbeispiele für die traditionelle Mühlviertler Bauweise.

Ausgangspunkt: Reichenau im Mühlkreis, Marktplatz, 667 m.
Mit ÖV: Busverbindungen von Linz Hbf. bis Haltestelle Reichenau/Mühlkreis Marktplatz.
Mit PKW: Von Linz über B 126 nach Glasau, Hellmonsödt und weiter nach Reichenau bzw. über die Altenberger Straße (L 1501) über Altenberg nach Reichenau; Parkplätze im Ort hinter dem Amtshaus.

Anforderungen: Die Route ist nicht ganz durchgehend markiert, die Vielzahl der Markierungen ist teilweise etwas verwirrend, die Orientierung unterwegs ist aber kein Problem; teilweise asphaltierte Güterwege mit wenig Verkehr, Feld- und Forstwege, etwas steilerer Waldweg im letzten Drittel von Ottenschlag hinab zur Straße Reichenau–Ottenschlag.
Einkehr: Reichenau, Ottenschlag.

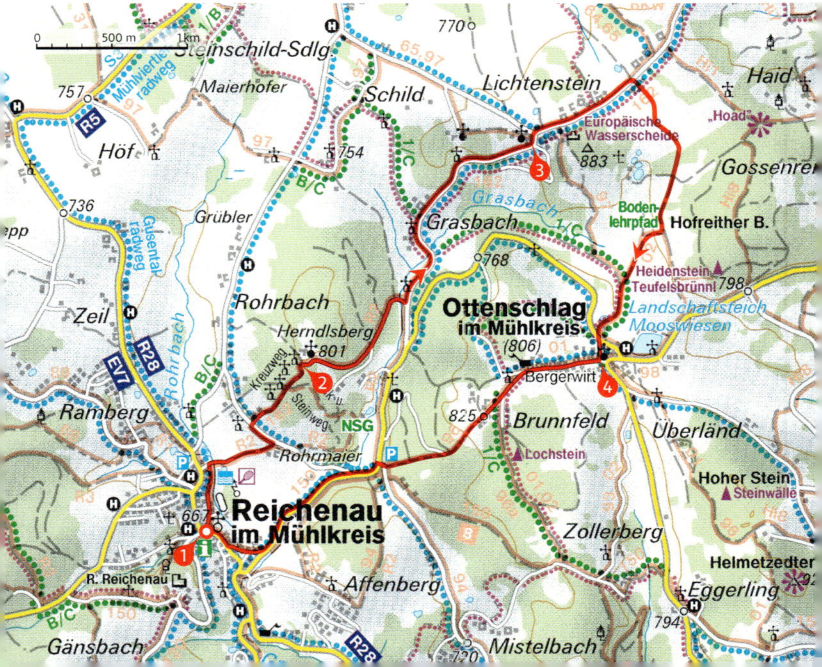

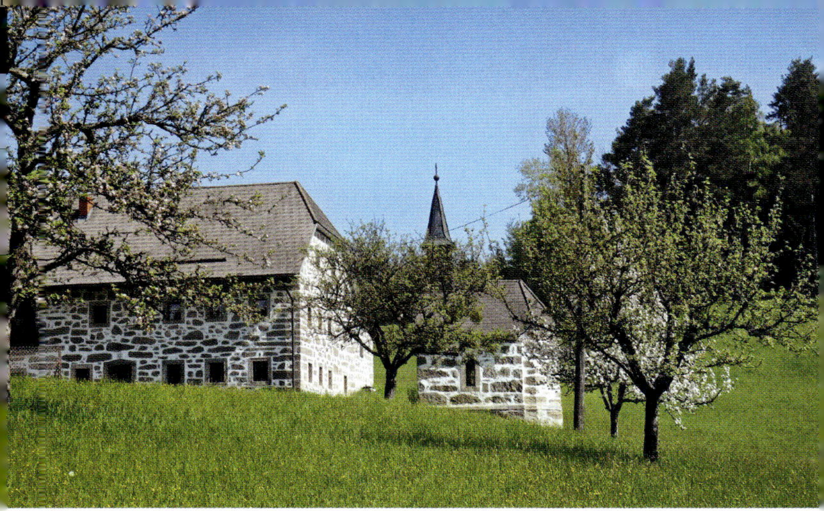

Der Steinbloß-Hof und das Kirchlein am Herndlsberg.

Am Marktplatz in **Reichenau** ❶ gehen wir hinter dem Amtshaus und dem Haus der Musik über den Badsteig (zu Beginn Markierungen R1/R2) in nördlicher Richtung erst in einer Siedlung und dann leicht rechts entlang des Rohrbaches. Anschließend nach rechts über den Bach (Markierung rot-weiß-rot 162) bergan erreichen wir den Hof Rohrmaier, wo wir nach links auf einen Güterweg einbiegen (R2 biegt nach rechts); unter uns liegt Reichenau. Schon bei der nächsten Gelegenheit verlassen wir den Güterweg nach rechts und halten bergan durch den Wald entlang eines Kalvarienberges auf den Steinbloßhof und das Kirchlein am **Herndlsberg** ❷ zu.
Nun den landwirtschaftlichen Zufahrtsweg nach rechts bergab, nach der ersten Querung des Grasbaches nach links, wo wir nach der erneuten Querung bergan auf dem Güterweg die Ortschaft **Lichtenstein** ❸ erreichen. Hier ist der südlichste Punkt der Wasserscheide Schwarzes Meer und Nordsee. Im Norden sehen wir Bad Leonfelden, den Sternstein und Schenkenfelden. Zwischen zwei Landwirtschaftsgebäuden hindurch und dann nach rechts geht es nun leicht bergan. Nach der Kuppe biegen wir beim ersten Hof rechter Hand (Hausnummer 4) nach rechts auf einen Wiesenweg. Der Feldweg (unmarkiert) wendet sich dann nach links dem Wald zu, durchquert diesen, nach einer erneuten kurzen Waldpassage

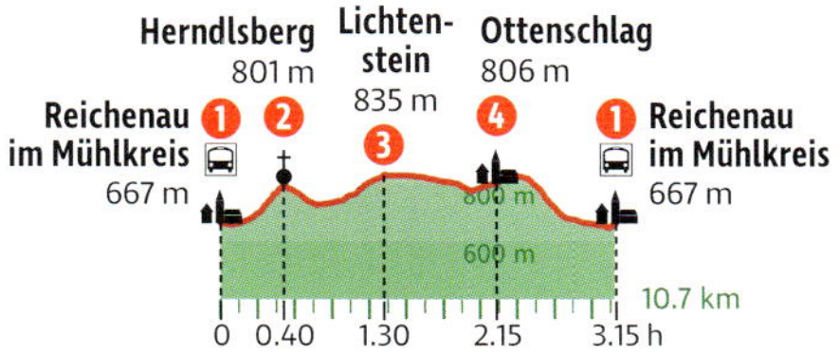

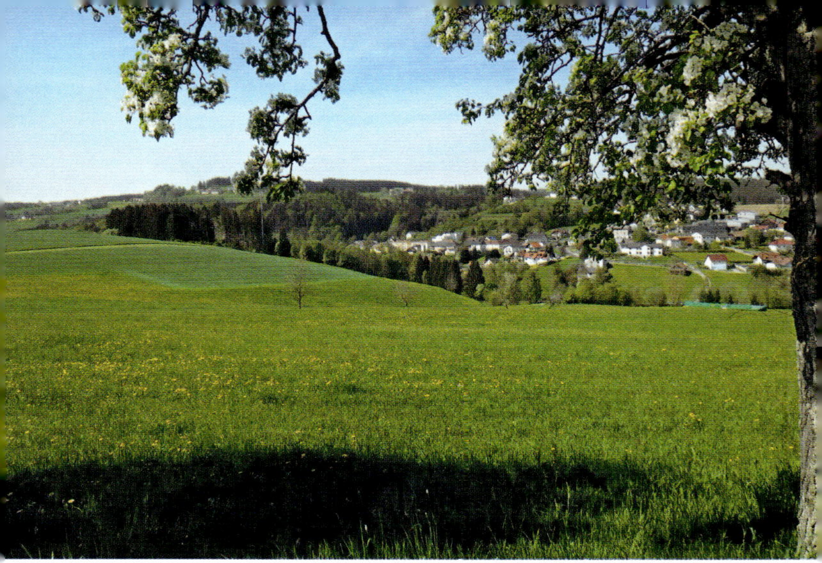

Blick auf Reichenau im Mühlkreis.

stoßen wir auf eine Strauch- und Baumreihe quer zum Weg. Nach rechts in die Senke und anschließend links aufwärts geleitet uns der Weg in das malerische Dorf **Ottenschlag** ❹ mit seinen gepflegten Steinbloßhöfen. In westlicher Richtung erst leicht bergan durchwandern wir Ottenschlag. Vorbei am **Gasthaus Berger**, uns dann links haltend weist uns die Markierung 96 (rot-weiß-rot) beim Brunnenfeld nun etwas steiler bergab im Wald zur Straße Reichenau–Ottenschlag, rechts ist das Naturschutzgebiet Stadlerwiese. Wir folgen der Straße (L1498) auf der Markierung des Mittellandweges (rot-weiß-rot 150) nach links, queren den Grasbach und verlassen die Straße beim Seyrlberg nach rechts aufwärts. Vorbei am **Gasthaus Seyrlberg**, dann steil bergab durch die Penngasse erreichen wir bergan wieder unseren Ausgangspunkt am Marktplatz von **Reichenau** ❶.

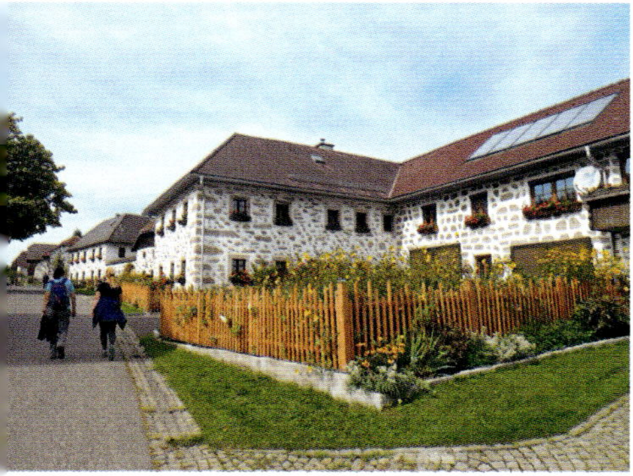

Die Steinbloßhöfe von Ottenschlag stehen unter Denkmalschutz.

↗ 250 m | ↘ 250 m | 11.8 km

3.15 h

Im Westen von Freistadt

14

Auf der Trasse der Pferdeeisenbahn zu den gotischen Kirchen hoch über Freistadt

Im Bereich der alten »freien Stadt« führt uns eine schöne, geschichtsträchtige Wanderung zum Soldatenfriedhof Jaunitzbachtal, entlang der Trasse der Pferdeeisenbahn mit historischen Bauwerken und hinauf zum einmaligen Kirchenensemble von St. Peter. Eine ideale Halbtagstour.

Ausgangspunkt: Freistadt, Brauhaus, 560 m.
Mit ÖV: Busverbindungen von Linz Hbf. bis Haltestelle Freistadt Busterminal (Stifterplatz). Alternative Anreise mit der Bahn, dann Start und Ende beim Bahnhof Freistadt.
Mit PKW: Anfahrt auf der A7 und S10 nach Freistadt; Parkmöglichkeiten nahe dem Busterminal Freistadt.
Anforderungen: Die Route ist durchgehend sehr gut markiert (mehrere unterschiedliche Markierungen); teilweise asphaltierte Güterwege mit wenig Verkehr, ein kurzes Stück auf der B 38 erfordert Aufmerksamkeit, Feld- und Forstwege, schmaler Feld- und Waldsteig vor St. Peter (für Kinderwagen nicht geeignet!), etwas steilerer Waldweg im letzten Drittel hinunter nach Freistadt.
Einkehr: Freistadt, Landgasthaus Brunngraber in St. Peter (Abstecher ca. 400 m).

Die Stadtmauer und das Linzertor der historischen Altstadt von Freistadt.

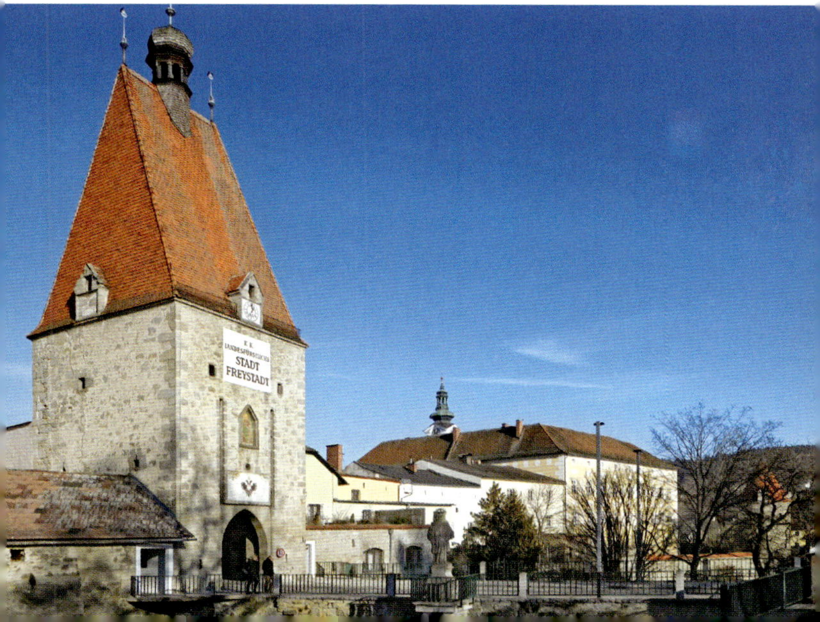

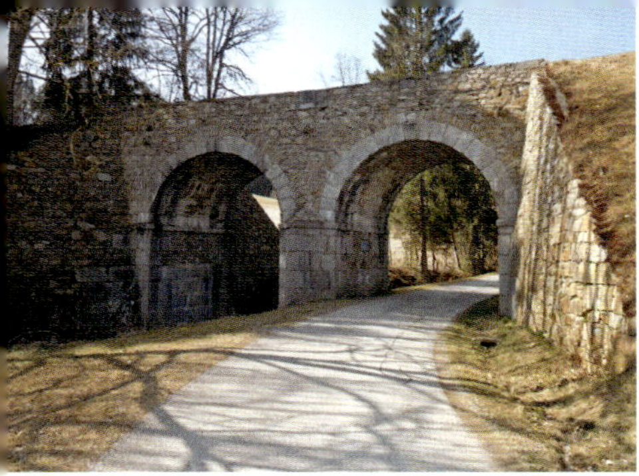

Die zweibogige, gut erhaltene Kronbachbrücke der Pferdeeisenbahn.

Vom **Freistädter Brauhaus** 1 aus folgen wir der Bahnhofsstraße vorbei am Busterminal und der Reischekstraße (Markierung Bahnhof) südwärts zur Bundesstraße B 38 (Böhmerwaldstraße). Wir queren diese nach rechts und biegen in die Straße in Richtung des **Soldatenfriedhofs Jaunitzbachtal** 2 ein. Durch den Friedhof (Markierungen Fr 10, Bahnbrücke, Gotikrunde) gelangen wir zu einem Durchlass unter der Umfahrungsstraße, dann nach links und rechts über die Bahnlinie Linz–Budweis. Nun gehen wir parallel zur Bahnlinie (Bahnhof Freistadt), durch den Ortsteil **Trölsberg**. Am Beginn des Güterweges Trölsberg nach rechts wandern wir auf der Originaltrasse (Markierung Pferdeeisenbahn-Wanderweg), queren einen gut erhaltenen Wasserdurchlass und erreichen über die Straße nach Hirschbach den Güterweg Marreith/Hofbauer.

Nun weiter entlang der Bahnlinie, dann leicht nach links und hinunter zur **Bodenmühle** 3, wo wir auf den Nordwaldkamm-Weg treffen. Dessen Markierung (blau-weiß) begleitet uns nun bis Freistadt. Nach rechts durch

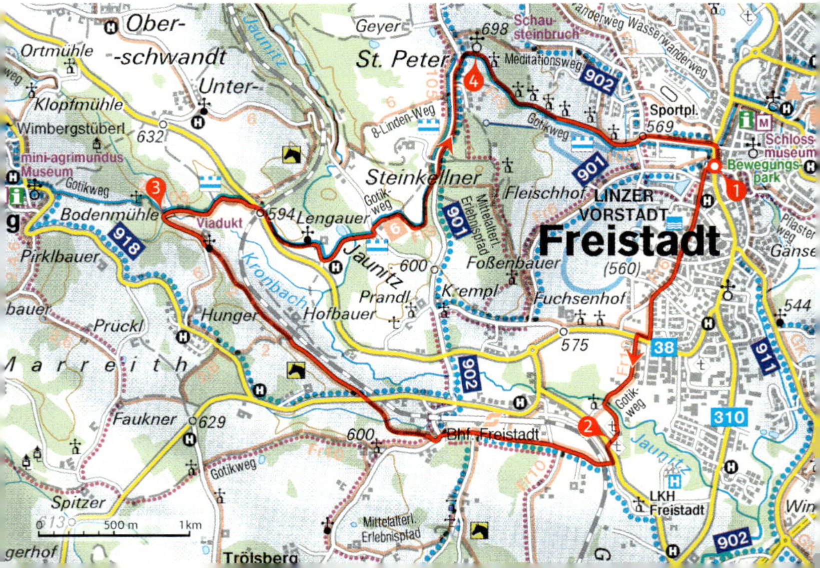

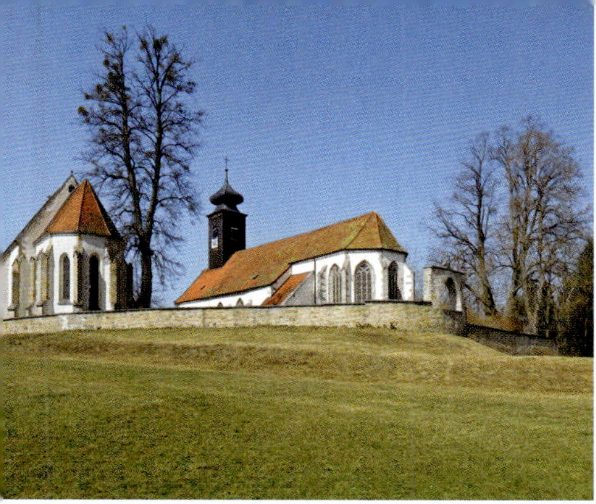

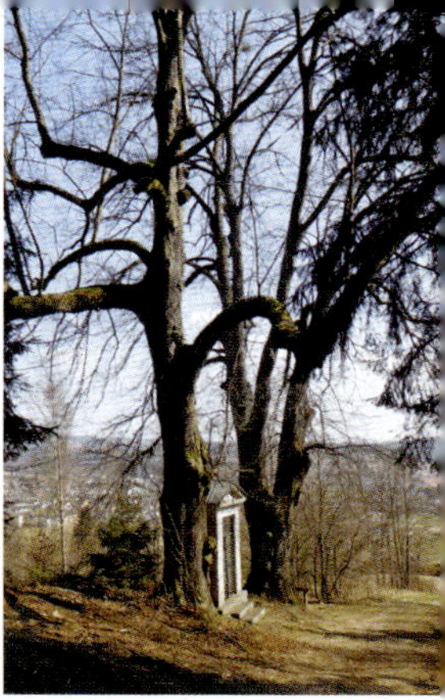

Das gotische Kirchenensemble von St. Peter (linkes Bild), von dem der Abstieg auf dem Kreuzweg (rechtes Bild) nach Freistadt führt.

die noch sehr gut erhaltene **zweibogige Brücke** über den **Kronbach**, eine Pionierleistung beim Bau der Pferdeeisenbahn, bergan geht es zur Bundesstraße B 38. Hier verlassen wir die Markierung des Pferdeeisenbahn-Wanderweges, ein kurzes Stück entlang der Bundesstraße gilt es auf den Verkehr aufzupassen. Nach links führt die Zufahrt zum Hof Lengauer, nach rechts weiter in Richtung B 38 und vor dieser nach links an einem Badeteich vorbei über die schmale Jaunitz zu einer kleinen Siedlung. Bergan wird der Weg zu einem schmalen Wiesen- und dann Waldweg, der uns in einem Linksbogen hinauf in Richtung St. Peter leitet (schöne Fernsicht in Richtung Sternstein und Waldburg). Wir treffen unweit des Hofes Steinkellner auf eine Straße, der NWK-Weg (= Nordwaldkammweg) führt noch ein Stück im Wald parallel zur Straße, um dann auf dieser Straße das **Kirchenensemble von St. Peter** 4 mit seinen zwei malerisch gelegenen gotischen Kirchen zu erreichen.
Der Abstieg von St. Peter entlang des Kreuzweges führt uns etwas steiler vorbei am Schilift Freistadt und dem Denkmal für den Schöpfer des NWK-Weges, Dipl. Ing. Hellmuth Feix, wieder in das Zentrum der Bezirksstadt **Freistadt** und zum **Brauhaus** 1.

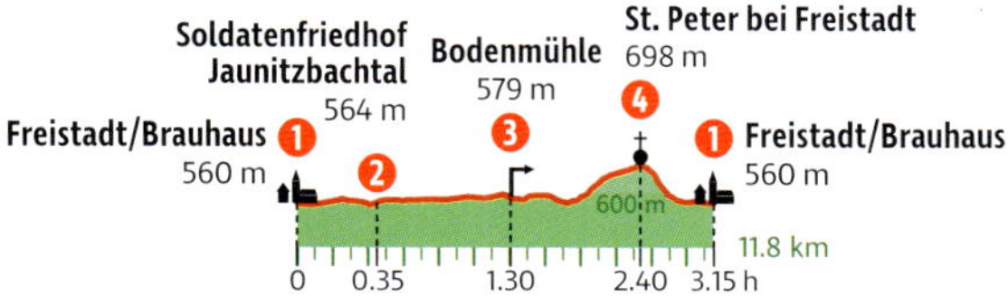

↗ 450 m | ↘ 450 m | 17.0 km

15 In der Riedmark westlich von Alberndorf

5.00 h

Eine Tour östlich und westlich der Gusen

Von Alberndorf in der Riedmark verläuft die Runde mit sehr geringem Asphaltanteil und größeren Abschnitten im Wald. Einkehrmöglichkeiten liegen am Wegesrand und man genießt unterwegs herrliche Ausblicke.

Ausgangspunkt: Alberndorf in der Riedmark, Zentrum, 570 m.
Mit ÖV: Busverbindungen von Linz Hbf. bis Haltestelle Alberndorf/Riedmark Ortsmitte.
PKW.: Anfahrt auf der A 7 und B 125 bis Gallneukirchen, dann L 1467 nach Alberndorf; Parken im Zentrum von Alberndorf oder beim Sportplatz etwas außerhalb.
Anforderungen: Fast zur Gänze markiert (unterschiedliche Nummern der Wege), problemlos begehbar. Wald- und Feldwege, sehr geringer Asphaltanteil.
Einkehr: Alberndorf, Jausenstation Poscher, Gasthaus Stoabåch.

Vom Ortszentrum **Alberndorf in der Riedmark** 1 in westlicher Richtung auf Markierung A5 in Richtung Weikersdorf, von der Hauptstraße nach rechts in den Schwemmweg und über den Zeurzerweg verlassen wir Alberndorf. Voraus sehen wir den Glockenturm von Weikersdorf, zuerst aber geht es auf dem Kirchensteig hinunter ins Gusental zur **Buchmühle**. Wir

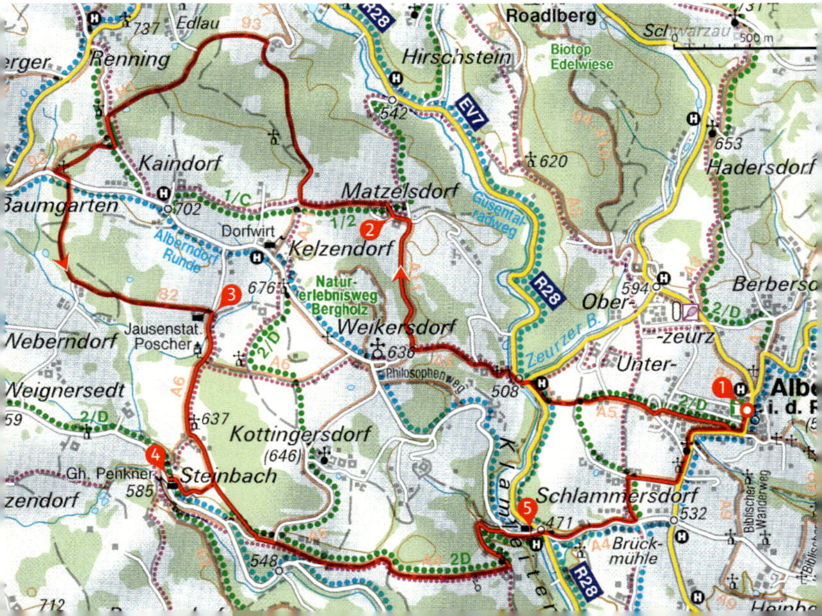

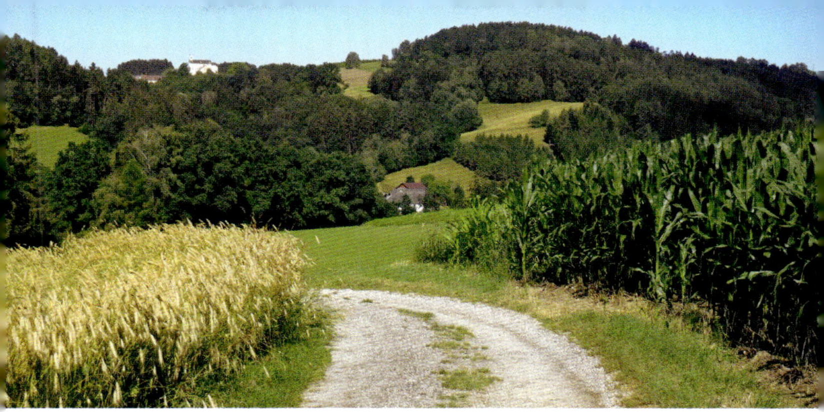

Der Wanderweg kurz vor dem Abstieg ins Tal der Gusen.

queren die Straße nach Reichenau (L 1463) und den Fluss, nach links an einem schmucken Einfamilienhaus vorbei leitet uns ein Steig zu einem Bauernhof. Wir bleiben auf A5 und bergan sehen wir Weikersdorf vor uns, hinter uns ein schöner Blick zurück auf Alberndorf.

Bei der Kreuzung vor Weikersdorf halten wir uns aber rechts und folgen der Markierung A11 nach **Matzelsdorf** ❷. Durch den Weiler weiter auf einem Feldweg bergan erreichen wir eine asphaltierte Zufahrtsstraße, verlassen A11 und halten unmarkiert auf einen gepflegten Hof zu. Um den Hof herum nehmen wir am Waldrand dann den rechten Weg, ziemlich eben auf kühlem Weg durch den Wald erreichen wir erst eine Keusche und dann einen einsamen Hof. Hier nun nach links auf Markierung 93 (rot-weiß-rot) zum Waldrand bietet sich nach hinten der Blick hin zum Aussichtsturm am Roadlberg.

Wieder durch den Wald mäßig bergan, an dessen Ende wir bei einem Güterweg nach links abbiegen, um diesen aber schon bei der nächsten Baumgruppe nach rechts in Richtung Steinbach (rot-weiß-rot 93) zu verlassen. Uns am Waldrand leicht links haltend nun auf einem Steig bergab durch das Gehölz verlassen wir bei der Straße am Waldrand Markierung 93 und flogen nun Markierung 82 (rot-weiß-rot) nach links. Schon am Ende der Waldpassage scharf nach rechts, nun wieder auf ei-

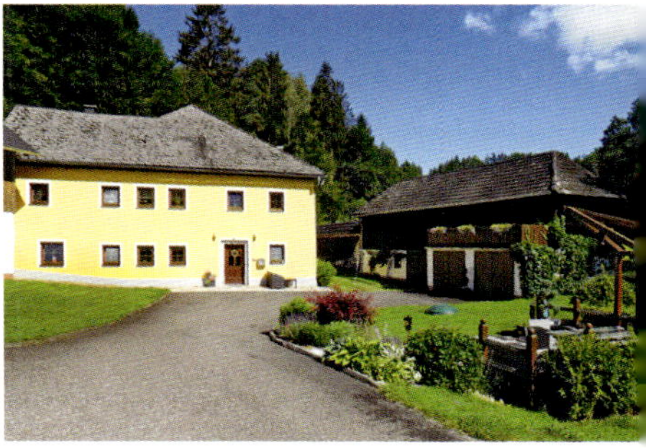

Die Buchmühle an der Gusen.

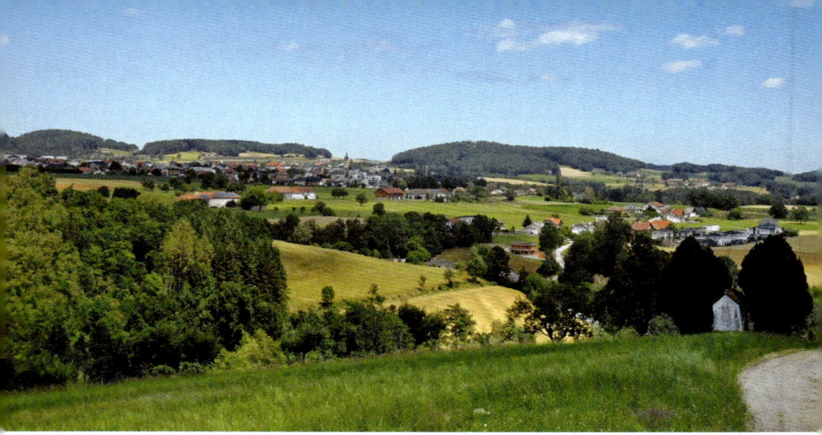

Blick vom Wirschenhof auf Alberndorf in der Riedmark.

nem unbefestigten Weg geradeaus haltend bergab, kommen wir zuerst am Waldrand und dann durch den Wald bis zum ersten Haus. Dort führt der Weg nach links und im Wald bei der Gabelung links haltend weiter. Als Feldweg leitet der Wanderweg zum Poscherweg beim Vierkanthof der **Jausenstation Poscher** ❸. Hier nach rechts folgen wir dem Güterweg Poscherweg und der Markierung A6 in Richtung Steinbach. Ein Abzweig nach rechts bringt uns zum **Gasthaus Stoabåch** ❹.

Wieder retour über den Steinbachweg/Güterweg Punz folgen wir der Markierung A6 nach rechts. Der Weiterweg auf dem asphaltierten Güterweg bietet schöne Fernsichten, beim nächsten großen Hof endet der Asphalt, ein Feldweg zwischen Feldern und über eine Kuppe endet beim mächtigen **Wirschenhof**, vor uns ein herrlicher Blick auf Alberndorf. Nun nach links bergab und in einem Rechtsbogen erreichen wir die Gusen bei der **Bruckmühle** ❺. Wir queren den Fluss und die Straße nach Reichenau, bergan vorbei an Einfamilienhäusern in **Schlammersdorf** biegen wir bei einem Transformator nach links auf einen Feldweg.

Leicht bergan dann in Schlammersdorf bei einem schönen Steinbloßhof linker Hand nach rechts zur Alberndorfer Straße und auf dieser nach links wieder ins Zentrum von **Alberndorf in der Riedmark** ❶.

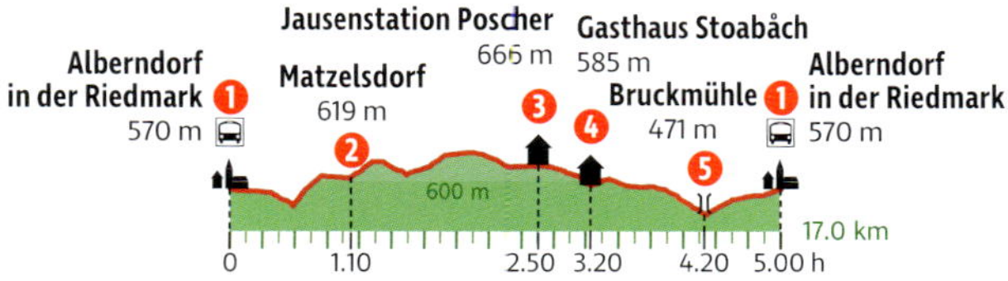

↗ 630 m | ↘ 630 m | 15.1 km

5.00 h

Zum Hoh-Haus am Buchberg und zur Braunberghütte

16

Bergige Rundwanderung zu einem Aussichtsturm und einer Alpenvereinshütte

Eine schöne, wenngleich etwas anstrengende Tour, führt uns vom idyllischen Lasberg vorbei an der Burg Dornach hinauf zum am Gipfel des Buchberges gelegenen Hoh-Haus und weiter zur einzigen Alpenvereinshütte im unteren Mühlviertel.

Ausgangspunkt: Lasberg, Marktplatz, 574 m.
Mit ÖV: Busverbindungen von Linz Hbf. bis Haltestelle Lasberg Schulen.
Mit PKW: Anfahrt auf der A7 und S10 nach Freistadt, Süd, weiter auf der L1476a und L1476; Parkmöglichkeiten am Teichweg hinter der Musikschule sowie beim Sport- und Freizeitpark.
Anforderungen: Die Route ist durchgehend gut markiert (unterschiedliche Markierungen); teilweise asphaltierte Güterwege mit wenig Verkehr, Feld-, Wald- und Forstwege, etwas steilere Waldwege im Bereich Buchberg und nach der Braunberghütte, hier sind festes Schuhwerk und Trittsicherheit von Vorteil.
Einkehr: Lasberg, Hoh-Haus (Getränkeautomat), Braunberghütte.
Variante: Alternativer Start für Bahnreisende: Bahnhaltestelle Lasberg-St. Oswald der Summerauerbahn, Gasthof Stadler »Zur Haltestelle«. Von dort entweder im Tal der Feistritz aufwärts zur Burg Dornach ❷ oder der Landesstraße L1471 ein Stück in Richtung Kefermarkt folgen und dann vor der 70-km/h-Beschränkung nach links auf einem Waldweg bergan nach Siegersdorf ❸. Jeweils ca. 1,1 km hin/zurück.

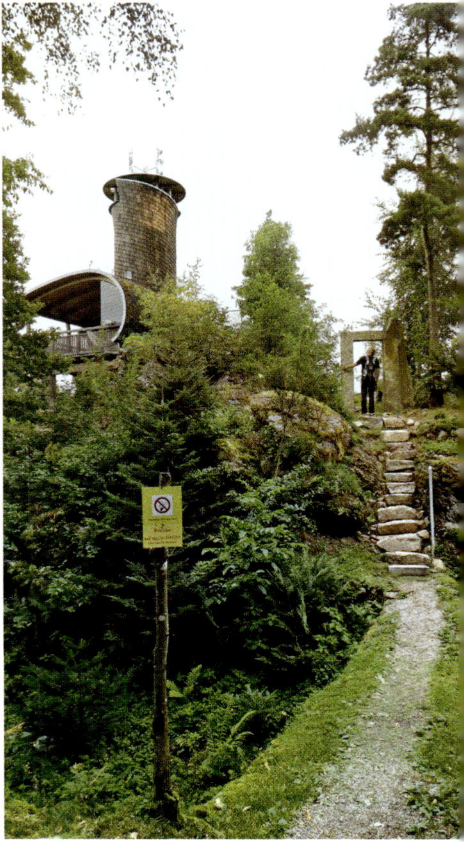

Das Hoh-Haus mit dem Aussichtsturm am Buchberg.

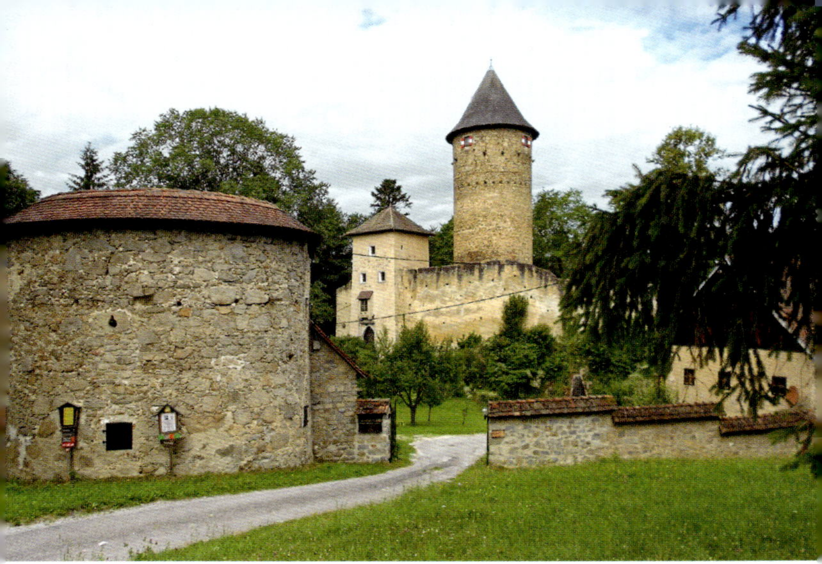

Die bewohnte Burg Dornach ist die einzige Burg im Feistritztal.

Wir verlassen das Zentrum von **Lasberg** ❶ mit der Markierung L1, rechts vorbei am **Gasthaus Hofer** in Richtung der Burg Dornach. Nach einem Bildstock vor dem Güterweg Hartmair halten wir uns rechts, vorbei am **Freilichtmuseum Fürstenhammer** in Siegelsdorf (Markierung BSW = Burgen- und Schlösserweg) und passieren einen kleinen Stausee der Feistritz. Nach Querung der Straße dann bergan vorbei an der **Burg Dornach** ❷ kommen wir über die Markierung BSW nach **Siegelsdorf** ❸. Im Ort nach links und bei der zweiten Abzweigung nach rechts den Markierungen La 5, 8 und 9 folgend wandern wir auf einem Feldweg bergan.

Bei einem kleinen Wald in spitzem Winkel nach links, La 8 biegt nach rechts (Richtung Elz) weg, wandern wir auf La 5/9 weiter. Auf dem Güterweg Grieb dann beim Haus Punkenhof Nr. 9 scharf nach rechts beginnt der Anstieg zum **Buchberg**. Erst am Waldrand und dann im Wald geht es steiler werdend zum **Hoh-Haus** ❹, einem Aussichtsturm aus Holz auf einem historischen Burgfelsen. Für Boulderer bietet sich hier die Gelegenheit zu üben.

Der Weiterweg auf Markierung 170 (rot-weiß-rot) leitet uns steil bergab aus dem Wald. Wir queren die Landes-

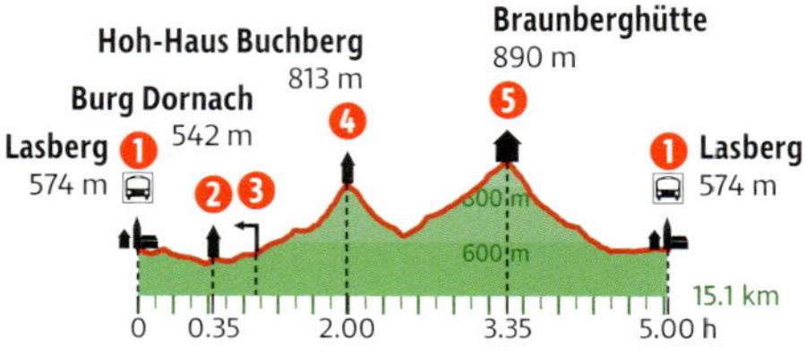

straße L1473 und umgehen im Rechtsbogen einen Hof. Im Talgrund über den Bach wandern wir zum nächsten Hof hinauf. Auf dem Zufahrtsweg nun bergan und dann auf dem Güterweg nach rechts erreichen wir die Häuser von **Vorholz**, wo Markierung 170 uns vor dem Hof (»Urlaub beim Hiaslbauer«) nach links und dann rechts haltend bergan zum etwas abgelegenen Hof in **Witzelsberg** bringt. Auf dem für den allgemeinen Verkehr gesperrten Zufahrtsweg wandern wir zur malerisch gelegenen **Braunberghütte** 5 des Alpenvereins, wo sich bei klarem Wetter eine schöne Fernsicht bietet.

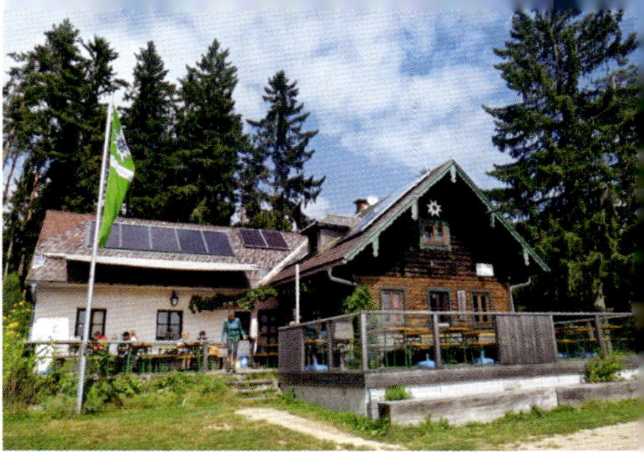

Die urige Alpenvereinshütte auf dem Braunberg.

Auf unserem Weiterweg nach Lasberg folgen wir der Markierung La 7, im Wald geht es wiederum steiler bergab, beim Bauernhof mit Marienkapelle dann nach rechts auf den Güterweg Grensberg, den wir nach rechts auf einem Zufahrtsweg verlassen. Ein schöner Wanderweg verlässt den Wald, der Blick reicht schon bis Lasberg in der Ferne. In **Pilgersdorf** vorbei am Feinschmeckertreff »la putia sicilia« wandern wir im Tal der Feistritz, queren bei modernen Einfamilienhäusern die Feistritz und gelangen wieder ins Zentrum von **Lasberg** 1.

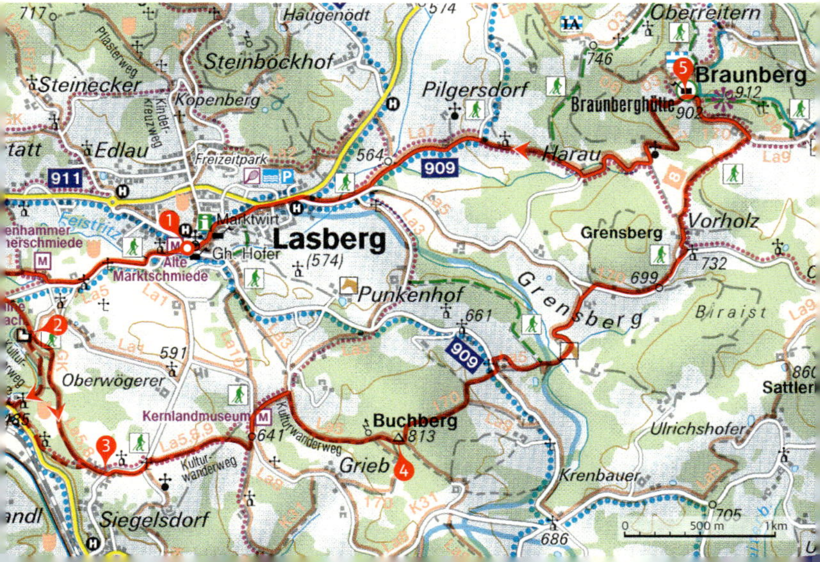

↗ 300 m | ↘ 300 m | 10.4 km

17 Ottenschlag und der Helmetzeder Berg

3.15 h

Durch schattige Wälder und einsame Gegenden

Auf meist schattigen Wegen wandern wir zu den Steinbloßhöfen von Ottenschlag und über den Helmetzeder Berg wieder retour. Beim Gasthof Roadlhof in Wintersdorf tummeln sich zahlreiche Tiere, der Abstecher zum Aussichtsturm ist lohnenswert.

Ausgangspunkt: Wintersdorf, 726 m. Mit ÖV: Busverbindungen von Linz Hbf. bis Haltestelle Wintersdorf Ort. Mit PKW: Anfahrt auf der A 7 und B 125 bis Gallneukirchen, dann über die L 1467 nach Alberndorf und weiter nach Wintersdorf; Parken im Ort oder beim Gasthof Roadlhof.

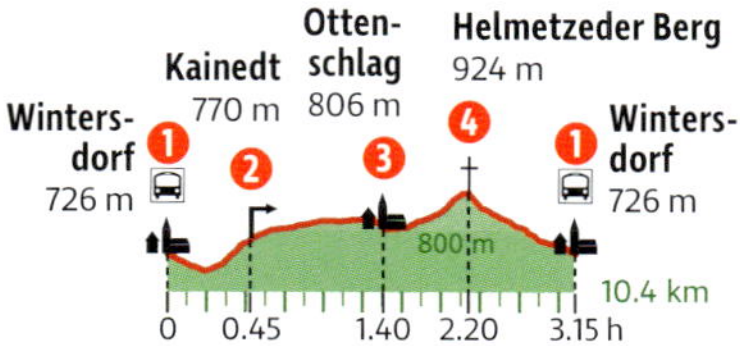

Anforderungen: Die Route ist durchgehend markiert, orientierungsmäßig kein Problem; teilweise asphaltierte Güterwege mit wenig Verkehr, Wald-, Feld- und Forstwege, etwas steilere Waldwege im Bereich Helmetzeder Berg.

Einkehr: Wintersdorf, Ottenschlag.

Variante: Beim Bauernhof in Haid kann man geradeaus wandern (nicht markiert); sich nach einem Bildstock dann am Waldrand rechts haltend durchquert man den Wald, erst mäßig bergan und dann wieder rechts bergab gelangt nach Wintersdorf und verkürzt so den Asphaltanteil.

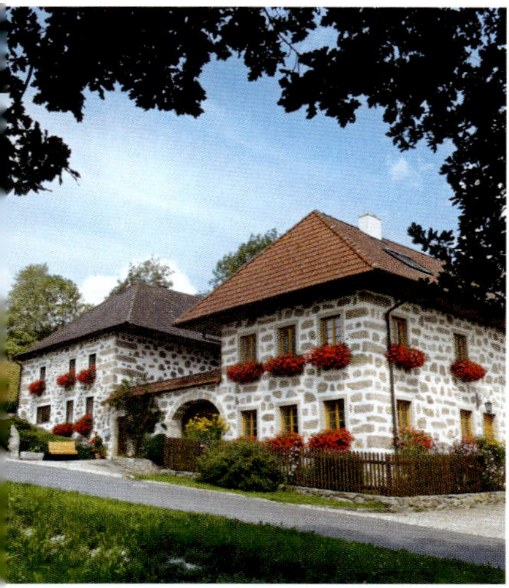

Vom Feuerwehrdepot **Wintersdorf** ❶ auf dem Güterweg Mistelbach folgen wir der Markierung in Richtung Reichenau (Markierung rot-weiß-rot 94), in einer Spitzkurve durch die Senke verlassen wir kurz nach den Häusern beiderseits der Straße diese nach rechts. Nach dem Rechtsknick führt nun Wanderweg (Markierung rot-weiß-rot 93) nach links über einen Wiesenpfad zu zwei Gehöften in **Kainedt** ❷ und taucht dann in den Wald ein. Nach einer längeren Waldpassage erreichen wir den Güterweg in **Zollerberg**. Der Weiterweg nach Ottenschlag ist

Typisch für das Mühlviertel: die Steinbloßbauweise in Ottenschlag.

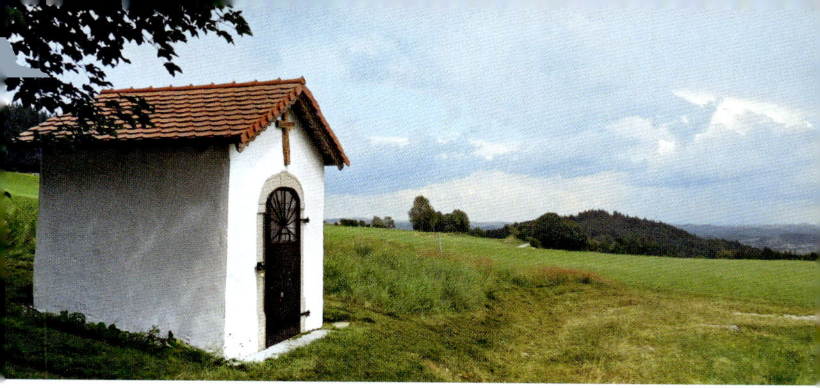

Gewitterstimmung bei Wintersdorf.

hier nach rechts angeschrieben. Schöner ist aber, der Markierung Sterngartlrunde nach links zu folgen. Der Wanderweg biegt nach einer kurzen Gerade nach rechts ab, erst als Feld- und dann als Waldweg bringt er uns nach **Ottenschlag** ❸. Vorbei am **Gasthaus Bergerwirt** und an den schönen Steinbloßhöfen bei der Dorfkapelle nach rechts, verlassen wir die Straße nach Wintersdorf nach links auf den Güterweg Helmetzedt.

Bei einem Bildstock leitet uns nun ein Feldweg nach rechts in Richtung Wald. Wir folgen nun der Markierung 96 (rot-weiß-rot) erst am Waldrand und dann durch den Wald, vorbei am sogenannten Hohen Stein, zu einer Anhöhe. Bei einem einsamen Haus linker Hand beginnt der »Aufstieg« zum **Helmetzeder Berg** ❹, 924 m; beim Gipfelkreuz ist die Aussicht eher gering.

Der Weiterweg aus dem Wald hinaus bringt uns zur Kreuzung mit Weg 150/Mittellandweg. Geradeaus auf dem Güterweg Haidörgl, dann beim nächsten Bauernhof in **Haid** nach rechts (Variante geradeaus) und auf dem Güterweg im Linksbogen zur Wintersdorfer Straße und nach links wieder retour nach **Wintersdorf** ❶.

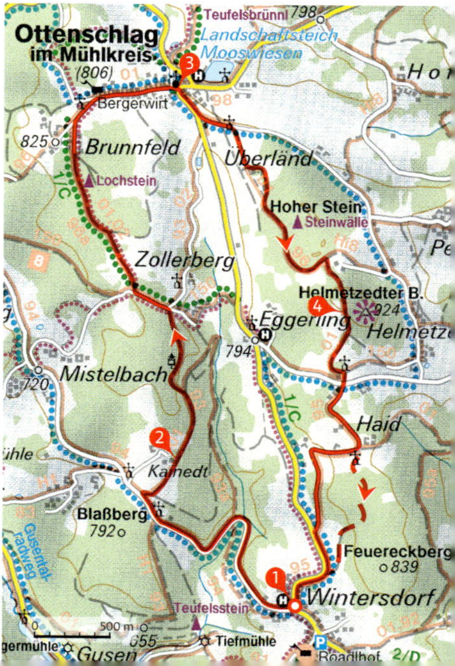

↗ 170 m | ↘ 170 m | 7.7 km

18 In der Riedmark östlich von Alberndorf

2.00 h

Schöne Fernblicke, am Weg ein Kinderlager und eine Mariengrotte

Alberndorf bietet Wandernden ein Netz von gut markierten Wegen, wie etwa diese abwechslungsreiche Rundwanderung von Pröselsdorf nahe Alberndorf aus, die sich ideal als Halbtagestour eignet. Allerdings ist die Route in dieser Wanderrichtung nicht markiert.

Ausgangspunkt: Pröselsdorf, Gasthaus Glockerwirt, 602 m. Mit ÖV: Busverbindungen von Linz Hbf. bis Haltestelle Alberndorf/Riedmark Pröselsdorf. PKW.: Anfahrt auf der A 7 und B 125 bis Gallneukirchen, dann L 1467 nach Alberndorf und weiter nach Pröselsdorf; Parken im Ort.
Anforderungen: Nur teilweise folgt dieser Weg den bestehenden Markierungen, stellt aber keine Orientierungsprobleme dar. Güter-, Wald- und Feldwege, geringer Asphaltanteil.
Einkehr: Pröselsdorf, Alberndorf.

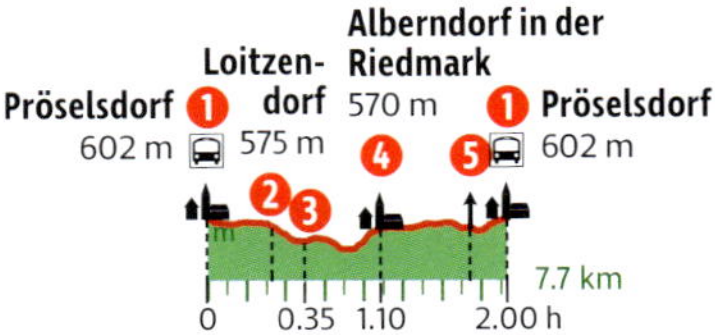

In **Pröselsdorf** ❶ am **Gasthaus Glockerwirt** links vorbei über den Glockerweg durch eine Senke biegen wir nach rechts auf den Jägersteig (Markierung A 2/Alberndorf über Pröselsdorf – rückläufig). Uns vor einem einsamen Haus rechts haltend erreichen wir auf einem Steig den Hof Stroblmaier und folgen nun dem Güterweg nach **Loitzendorf** ❷. Beim sogenannten Alpenblick bergab und bei der nächsten Kreuzung nach rechts passieren wir die Höfe in **Oberweitersdorf** ❸ (nach links führt ein Abstecher zur Whisky-Destillerie Peter Affenzeller), um nach einem kleinen Wald linker Hand in den Tipiweg nach links einzubiegen.

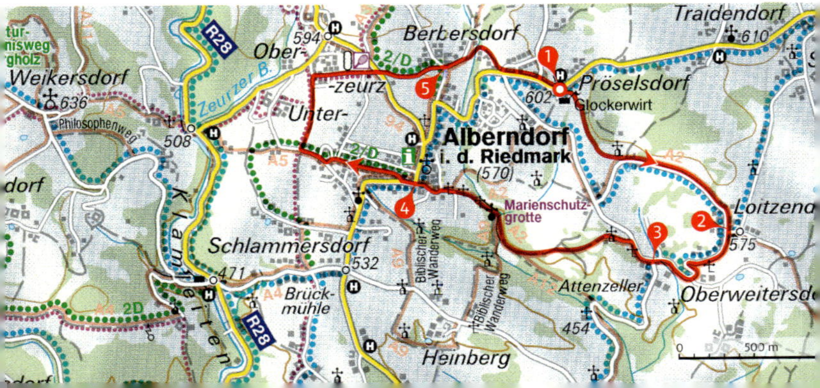

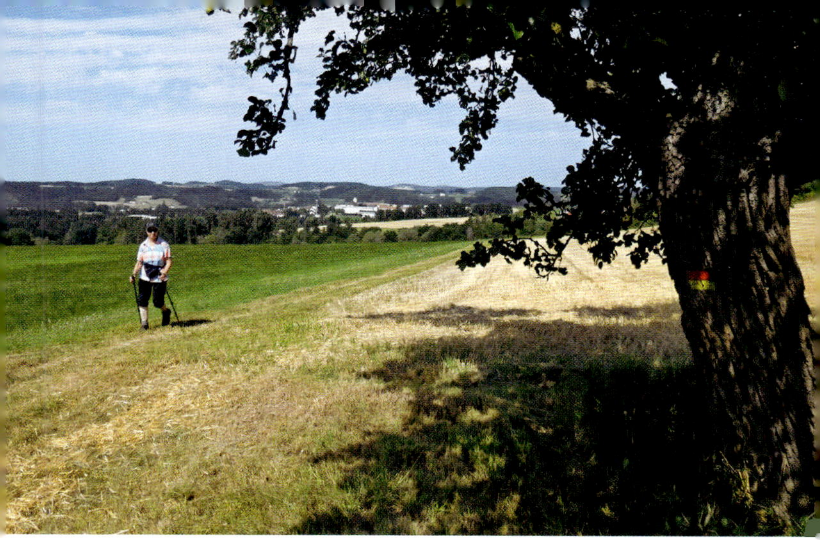

Auf dem Jägersteig bei Pröselsdorf.

Ein Feld- und Waldweg leitet uns in westlicher Richtung bergab zur einem Kinderlager und dem Zeltplatz mit Tipis. Den Gusenbach aufwärts (Markierung A15) erreichen wir eine Mariengrotte. Wir folgen dem Kreuzweg bergan und gelangen über den Hammerleitenweg ins Zentrum von **Alberndorf in der Riedmark** 4. Von hier in westlicher Richtung auf Markierung A5 in Richtung Weikersdorf, von der Hauptstraße nach rechts in den Schwemmweg und über den Zeurzerweg verlassen wir Alberndorf.

Unmittelbar nach den letzten Einfamilienhäusern dann nach rechts bergan nehmen wir in **Oberzeurz** den Sportplatzweg nach rechts. Am Sportgelände vorbei queren wir bei den Parkplätzen die Wintersdorfer Straße, passieren eine BMX-Bahn, um durch eine Senke mit Teichen den Weiler **Berbersdorf** 5 zu erreichen. Geradeaus im Blumental biegt der Talweg dann nach rechts und in einem Rechtsbogen bergan gelangen wir zur Hauptstraße und auf dieser nach links wieder zu unserem Ausgangspunkt in **Pröselsdorf** 1.

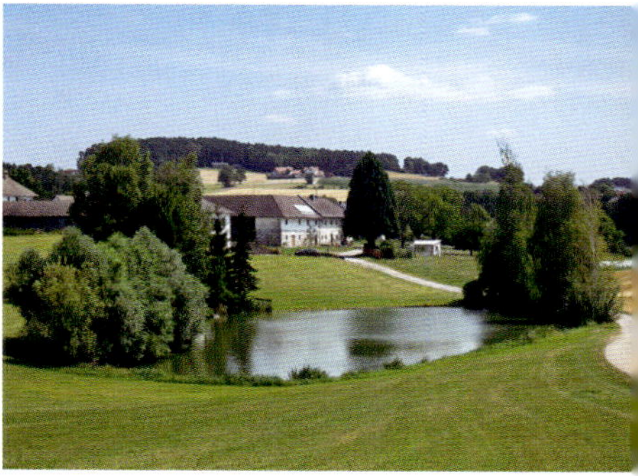

Gepflegte Landschaft bei Berbersdorf.

↗ 320 m | ↘ 320 m | 11.6 km

19 Zu den Steinbloßhöfen von Hirschbach

3.15 h

Steinbloßhöfe – typisch für das Mühlviertel

Zahlreiche Steinbloßhöfe und Steinbloß-Nebengebäude sowie die Verwendung von Granit beim Hausbau und als Grenzsteine zeigen, wie verschiedenartig der Stein eine Rolle hier in der »stoanigen« Gegend gespielt hat. Eine Wanderung in einer recht einsamen, aber sehr reizvollen Landschaft.

Ausgangspunkt: Hirschbach im Mühlkreis, Marktplatz, 640 m.
Mit ÖV: Busverbindungen von Linz Hbf. bis Haltestelle Hirschbach/Mühlkreis Ortsmitte.
Mit PKW: Anfahrt auf der A 7 und S 10 nach Freistadt Süd, Richtung Bahnhof Freistadt und auf der L 1498 nach Hirschbach, Parkplätze im Ort.
Anforderungen: Durchgehend sehr gut markiert; teilweise asphaltierte Güterwege mit wenig Verkehr, Feld- und Forstwege, problemlos begehbar.
Einkehr: Unterwegs keine Möglichkeit. Kräuterbäckerei-Café Freudenthaler in Hirschbach.

Start der Tour ist im Zentrum von **Hirschbach** ❶, Heimat der Mühlviertler Bergkräuter. Am Weg geben ovale Informationstafeln immer wieder interessante Details zu Höfen, der Entstehung von Bildstöcken usw. preis. Im Unterhirschgraben verlassen wir Hirschbach auf der Straße nach Neumarkt im Tal der Kleinen Gusen in südlicher Richtung. Wir folgen der Steinbloß-Mauer-Markierung und der Markierung Hi 10. Linker Hand wird das **Bauern-**

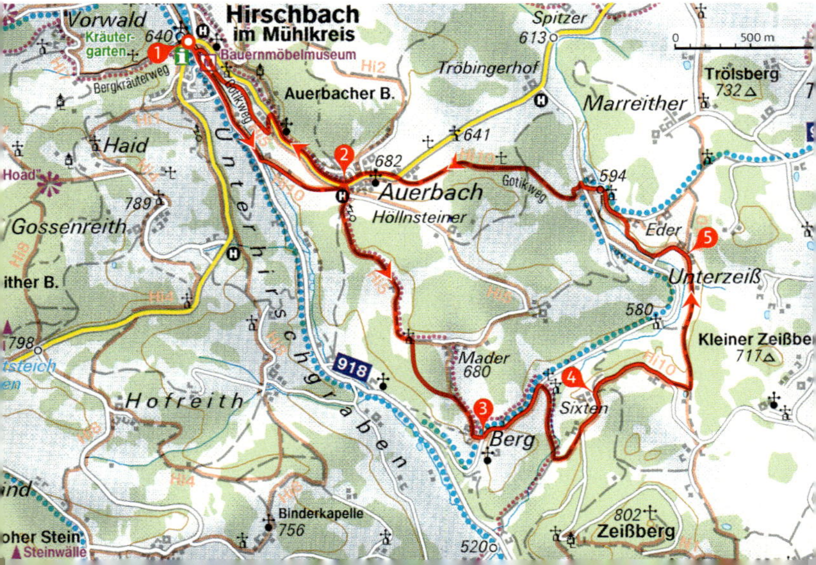

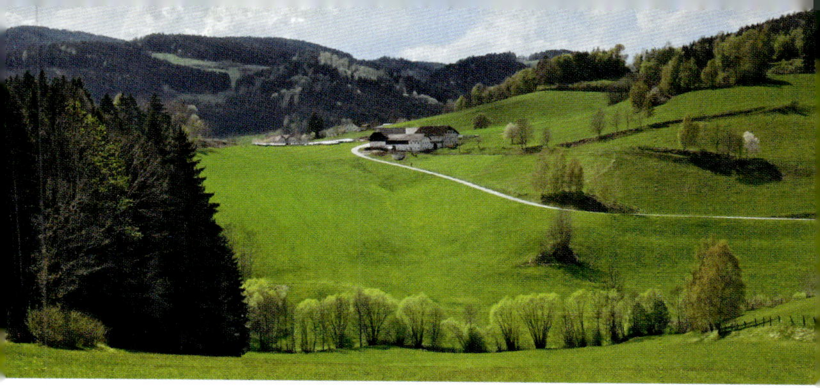

Eine recht einsame Gegend: das Tal des Tröbinger Baches.

möbelmuseum als erster Steinbloßbau passiert. Nach ca. 900 m biegen wir nach links über die Kleine Gusen (Zufahrt Luger) und erreichen zügig bergan auf dem Alten-Schmied-Weg **Auerbach** ❷. Hier halten wir uns rechts auf den Güterweg Hollersteiner. Geradeaus endet der Asphalt, bei der nächsten Gabelung nach links vorbei an einem Sendemast und einem Granitsitzstein leitet uns der Weg zum einsamen Reiterseder Bloßsteinhof. Weiter führt ein Wiesenweg zum Mader-Bildstock, benannt nach dem nahegelegenen Bauernhof. Der Wanderweg führt nach rechts in den Wald, bergab erreichen wir die Steinbloßhöfe von **Berg** ❸. Nun nach links, vorbei am Hof **Roithen am Berg** und dem »Steinsofa« am Wegrand biegt der Weg bei einem Wegkreuz, dem sogenannten **Sixt'n Kreuzstöckl**, umrahmt von zwei Bäumen, nach rechts zum Tröbinger Bach ab. Bachabwärts queren wir diesen am Waldrand (hier ist auch die Gemeindegrenze Hirschbach/Neumarkt), wenden uns anschließend nach links in Richtung Wald und passieren bergan den schön renovierten **Raidlhof**. (Von hier besteht die Möglichkeit, auf den Zeißberg, 802 m, zu wandern; 1 Std. Aufstieg.)

Das Sixt'n Kreuzstöckl am Wegesrand.

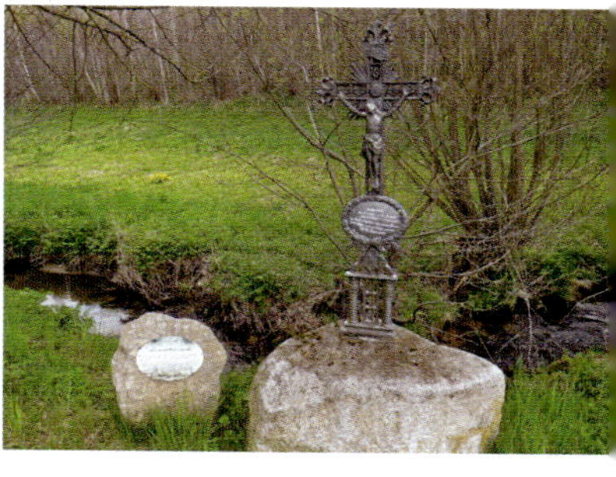

Auf dem Güterweg gelangen wir zum imposanten Steinbloßhof **Sixt'n in Zeißberg** ❹. Hier vereinen sich hohe Steinmauern und Steinbloßbauweise. Kurz nach dem nächsten Hof rechter Hand verlassen wir nach links den Güterweg, durchschreiten eine Senke, am Waldrand ist bei einer Granitbank die Wegmitte des Steinbloß-Mauer-Weges erreicht. Der Sage nach hat der Teufel mit den hier liegenden mühlsteinartigen Granitblöcken Geld gemahlen.

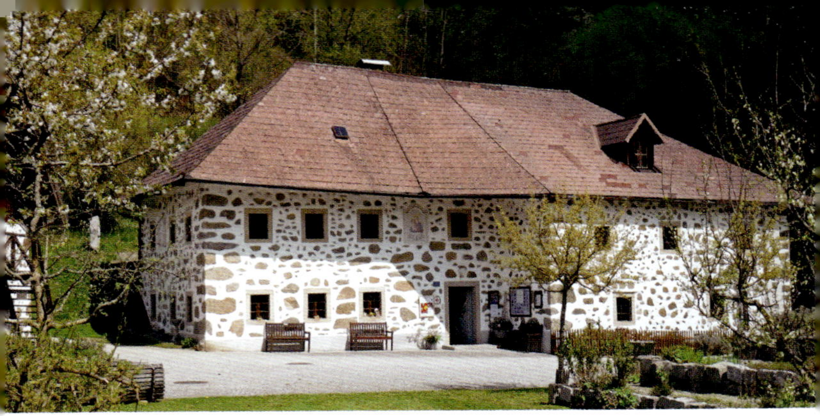

In der Edelmühle in Hirschbach ist heute ein Bauernmöbelmuseum untergebracht.

Der Weiterweg im Tal des Tröbinger Baches führt uns zu einem weiteren Hof in **Unterzeiß** ❺, wo der Wanderweg nach Freistadt abzweigt. Nun nach links wieder in Richtung Bach wandern wir dann nach rechts auf einem Gehweg erst bachaufwärts, nach einem kurzen Anstieg bringt uns die Zufahrtsstraße Obereder zum Dreigemeindeeck beim **Lieb-Hof**. Nach der Bachquerung vorbei am mächtigen Hof (beim Wagenschuppen ist eine Labestelle für durstige Wanderer) und über die Straße wandern wir nun bergan zum sogenannten **Liebenkreuz** am Waldrand. Die Markierung leitet uns nun nach links auf einen Forstweg, bei einem Baumkreis-Horoskop rechter Hand kann man in der Ferne den mächtigen Hof Tröbinger in Tröbing sehen, der schon im Jahr 1115 erwähnt wurde.
Nach Verlassen des Waldes streben wir auf den Ort **Auerbach** ❷ zu, passieren ein kleines Kirchlein und wandern auf dem Gehweg entlang der Straße Richtung Hirschbach. Kurz nach der **Grünbrunn-Kapelle** queren wir nach links die Straße, bergab geht es ein kurzes Stück durch eine Weide (Weidezaun bitte wieder schließen!) und nach rechts leitet uns nun der Hopfenweg weiter, wobei sich ein schöner Blick auf Hirschbach eröffnet. Am Ende des Hopfenweges nach links in den Tiefen Weg, der ursprünglichen Straße nach Hirschbach bis 1918, und vorbei am **Bauernmöbelmuseum** in der Edelmühle erreichen wir wieder das Zentrum von **Hirschbach** ❶.

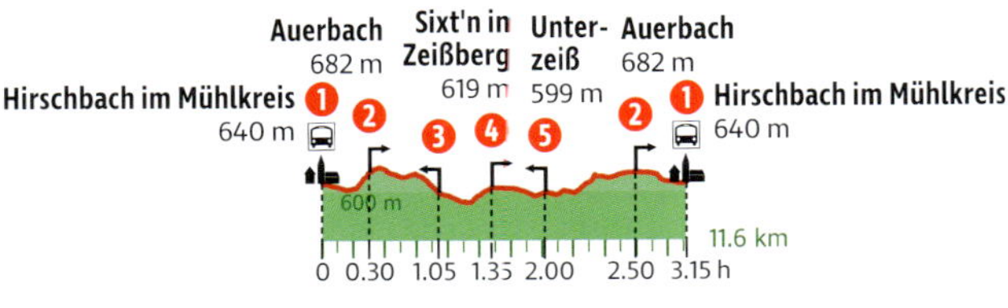

↗ 410 m | ↘ 410 m | 17.3 km

5.00 h

Von Neumarkt nach Kefermarkt

TOP **20**

Kultur und Genuss an der Feldaist – zum weltberühmten Flügelaltar und zur Schlossbrauerei

Vom weithin sichtbaren Ort Neumarkt im Mühlkreis geht es ins Feldaisttal, zum weltberühmten gotischen Flügelaltar in Kefermarkt und nach der Mittagsrast in der Schlossbrauerei Weinberg wieder retour nach Neumarkt.

Ausgangspunkt: Neumarkt im Mühlkreis, Marktplatz, 632 m.
Mit ÖV: Busverbindungen von Linz Hbf. bis HaltestelleNeumarkt/Mühlkreis Ortsmitte.
Mit PKW: Anfahrt auf der A7 und S10 bis zur Abfahrt Neumarkt und dann auf der B125 ins Zentrum; Parkmöglichkeit im Ort.
Anforderungen: Die Route ist nicht durchgehend markiert, aber problemlos begehbar; einige Abschnitte auf schwach befahrenen Güterwegen, Feld- und Waldwege.
Einkehr: Neumarkt im Mühlkreis, Kefermarkt, Schlossbrauerei Weinberg.
Variante: Bei Regen oder rutschigen Bodenverhältnissen empfiehlt sich von der Klammühle ❷ der Weg von uns aus gesehen rechts der Feldaist. Hier quert man den Fluss bei der Mühle, dann folgt man nach links der Markierung K38, Weitwanderweg 170 und Burgen- und Schlösserweg auf einer engen Straße zwischen der Bahnlinie Linz–Budweis und dem Fluss; bei einer ehemaligen Mühle trifft man wieder auf die Hauptroute.

Wir verlassen das Zentrum von **Neumarkt im Mühlkreis** ❶ mit seiner weithin sichtbaren Kirche auf der Linzer Straße in Richtung Süden, vorbei am alten Pranger, biegen in Sichtweite eines großen Bauernhofes rechter Hand nach links in den Lindenweg ein und folgen diesem; bei einer S-Kurve geradeaus bergan bis zu einer Kreuzung mit einem Bildstock (Hl. Florian) rechts. Nun der Markierung Rudersdorf (N2) nach rechts folgend gelangen wir auf einen schönen Waldweg. Erst leicht bergan geht es nach einem Wegkreuz bergab, vorbei an einem einsamen Haus erreichen wir einen Steinbloßhof (Matzeldorf 19). Um den Hof im Linksbogen herum und bergab queren wir die Landesstraße nach Kefermarkt (L1471) und wandern

Im Tal der Feldaist liegt Kefermarkt vor uns.

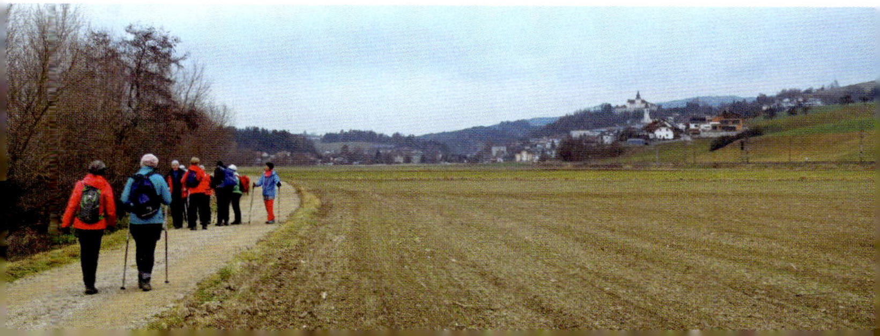

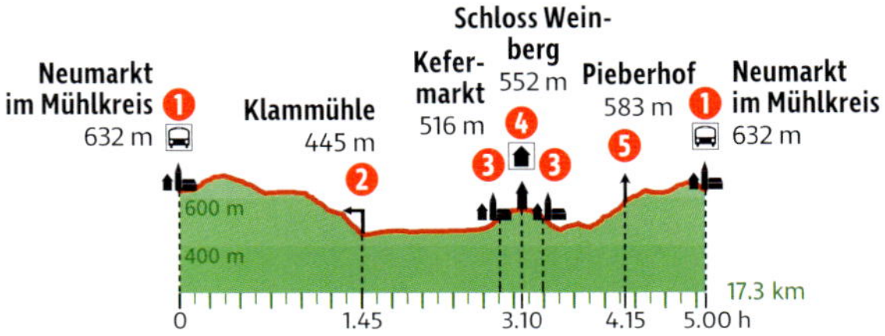

auf dem Güterweg Dingdorf weiter. Bei den nächsten Häusern wenden wir uns nach links (Zufahrt Oberndorfer, Markierungstafel N2 Kempfendorfer Berg). Vor dem nächsten Bauernhof (Rudersdorf 22) biegt dieser Weg bei einem Marienmarterl nach rechts, wir bleiben geradeaus und erreichen nach dem Hof nach links eine kleine Hochfläche, wo sich ein schöner Blick auf Kefermarkt und Schloss Weinberg in der Ferne bietet.
Der Feldweg mündet in den asphaltierten Güterweg nach rechts bergab. Vorbei am Haus Rudersdorf 19A verlassen wir den Asphalt, um in einem Rechtsbogen wiederum auf einen landwirtschaftlichen Zufahrtweg

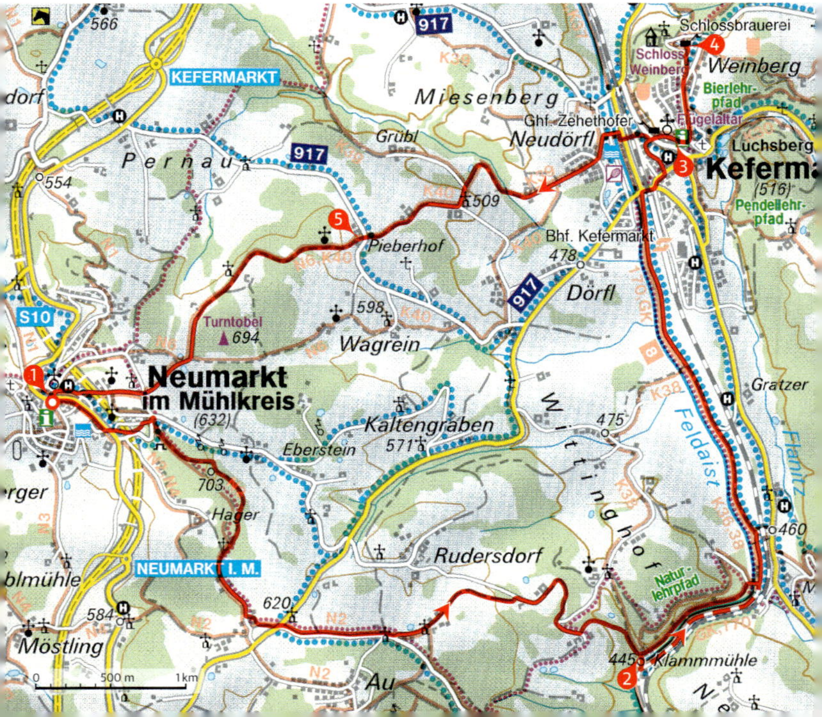

zu stoßen; hier nun nach rechts, aber schon kurz danach beim Hochspannungsmast nach links. Steil bergab auf einem Steig queren wir im Wald ein Bächlein und gelangen im Tal zur **Klammühle** ❷ (Schiefer, Wittinghof 4), wo auch heute noch Brot gebacken wird. Hier stehen uns zwei Routen zur Auswahl: am linken oder rechten Ufer (siehe Variante) der **Feldaist** entlang. Für erstere führt uns noch vor Querung der Feldaist zwischen den Mühlengebäuden ein Waldweg nach links, der Naturlehrpfad Pienkenhof, an mächtigen Granitwänden und informativen Schautafeln vorbei flussaufwärts.

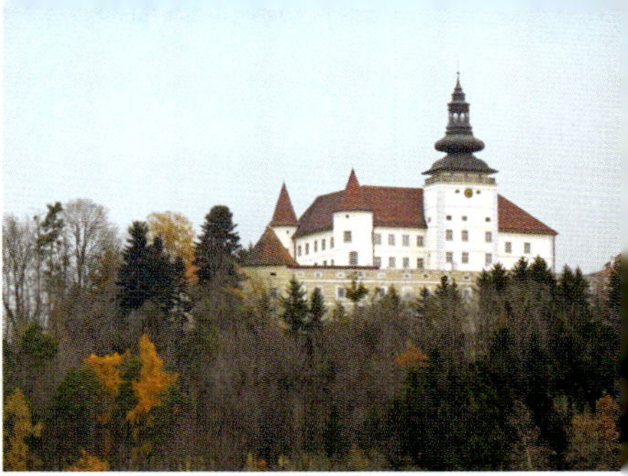

Schloss Weinberg thront auf einem Höhenrücken über Kefermarkt.

An dessen Ende queren wir die Feldaist nach rechts und gelangen nach links zwischen den Gebäuden einer **ehemaligen Mühle** (Hausnummer 8, Einmündung Variante) zu einer Bahnunterführung. Uns vor dieser links haltend streben wir auf einem Feldweg entlang der Feldaist auf **Kefermarkt** ❸ zu, vor uns ein schöner Blick auf Schloss Weinberg. Am Ende des Feldweges queren wir nach rechts die Bahnlinie, halten uns links vom Lebensmittelmarkt bergan und biegen nach links in den Unteren Markt (Wegweiser Gehweg zum Schloss und zum Flügelaltar). Im Rechtsbogen erreichen wir die **Pfarrkirche** mit dem weltberühmten gotischen Flügelaltar. An ihr vorbei stets bergan, dann nach links dem Kirchfeld folgend erreichen wir **Schloss Weinberg** ❹ und die Schlossbrauerei und Gastwirtschaft. Der Rückweg nach Neumarkt führt uns wieder durch **Kefermarkt** ❸ an der Kirche vorbei bergab. Beim ehemaligen Gasthof Zehethofer/Zur Goldenen Sense leiten uns Stufen hinab zur Brücke über die Bahnlinie (Markierungen K 40, N 6). Danach führt der Weiterweg beim Haus Im Tal 17 nach links über die Feldaist zum Freibad. Hier nach links leicht bergan durchwandern wir **Neudörfl**. Uns beim nächsten Hof geradeaus haltend leitet uns ein idyllisches Brücklein aus Granit über den Lesterbach und auf einem Steig erreichen wir einen mächtigen Hof. Bei der Kapelle nun nach rechts bergan überqueren wir beim **Pieberhof** ❺ eine Landstraße, bei der Kapelle am Waldrand bietet sich dann ein wunderschöner Blick zurück auf Kefermarkt und Schloss Weinberg. Nun wendet sich der Weg in den Wald, an dessen Ende wir zu einem einsamen Haus (Pernau 14) gelangen.

Unser Weiterweg ist ein Güterweg in Richtung Neumarkt, durch eine Senke bergan in Richtung Kalvarienberg sehen wir nach Querung einer Zufahrtsstraße auf der Kuppe schon den Kirchturm von **Neumarkt** und bergab durch die Bindergasse und den Salzweg gelangen wir wieder auf den **Marktplatz** ❶.

↗ 220 m | ↘ 290 m | 16.6 km

21 Vom Gallneukirchner Becken nach Sankt Magdalena

4.45 h

Unterwegs auf der historischen Trasse der Pferdeeisenbahn zur St.-Magdalena-Kirche

Die Streckenwanderung verläuft entlang der ehemaligen Pferdeeisenbahntrasse von Gallneukirchen nach Linz-St. Magdalena, mit herrlichen Ausblicken unterwegs. Speziell im letzten Streckenteil sind noch sehr gut erhaltene Bauwerke der ehemaligen Pferdeeisenbahn zu sehen.

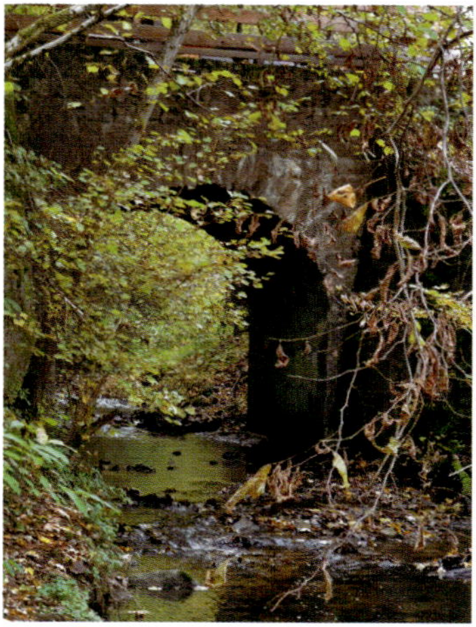

Ausgangspunkt: Gallneukirchen, Bushaltestelle Marktplatz, 337 m, Busverbindungen von Linz Hbf.
Endpunkt: Linz-St. Magdalena, Straßenbahnhaltestelle St. Magdalena, 266 m, der LinzAG Linien 1 und 2.
Anforderungen: Die Route ist durchgehend sehr gut markiert, im Abschnitt Gallneukirchen–Mittertreffling mehr Asphalt, dann wenig Asphalt und schöne Wiesen-, Wald- und Feldwege, teilweise auf der Originaltrasse, speziell im letzten Teil mit gut erhaltenen Durchlässen und Brückenbauwerken.
Einkehr: Unterwegs keine Möglichkeit. Gastronomie in Gallneukirchen und St. Magdalena.

Die gut erhaltene Pferdeeisenbahnbrücke über den Mirellenbach.

Vom Marktplatz in **Gallneukirchen** ❶ aus vor der Bundesstraßenbrücke über die Gusen nach rechts der Lederergasse folgend gehen wir nach der Brücke über die Gusen in die zweite Straße links über den Mirellenbach und gelangen zu einem kleinen **Wanderparkplatz**. Ein Abstecher bachaufwärts führt zu der gut erhaltenen **Pferdeeisenbahnbrücke** ❷ über den **Mirellenbach** am Anfang des Mirellentals (Schautafel, Schienenstück). Hier, bei Oberndorf, beginnt, von der tschechischen Grenze her gerechnet, der vierte Abschnitt des Pferdeeisenbahn-Wanderweges.
Wieder zurück am kleinen **Wanderparkplatz** wandern wir zuerst entlang eines Steiges bachabwärts, dann kurz nach rechts in der Gusenstraße und wieder nach rechts auf dem Bachweg in südwestlicher Richtung bergan. Bei der nächsten Kreuzung verlassen wir den Bachweg nach rechts (Zum Linzerberg 11). Nun parallel zu einem Bächlein, das Haus Linzerberg 11 wird bergseitig links umgangen durch den Wald bis zum Güterweg Gallusberg,

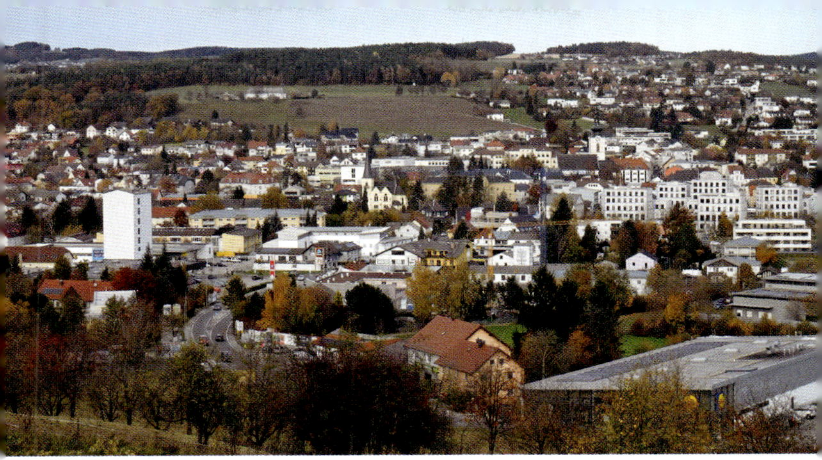

Blick vom Diakoniezentrum Linzerberg auf Gallneukirchen.

hier links-rechts-links in den Güterweg Linzerberg. Auf der Hochebene mit Blick auf Gallneukirchen bis hin nach Wartberg ob der Aist erreichen wir das **Diakoniezentrum Linzerberg**. Erst nach links, dann in einem Rechtsbogen, vorbei am **Streichelzoo** ❸, wandern wir um das Zentrum, folgen nach den Lehrwerkstätten auf der Anhöhe nach links dem Moserweg und nach einer Senke der Klingergasse und wenden uns nach rechts ins Reith. Nach einem Bauernhof (Linzerberg 6) links abwärts erreichen wir die Freistädter Bundesstraße (B 125), folgen dieser nach rechts und queren sie bei der Bushaltestelle Innertreffling/Am Teich, um dann unter der Mühlkreisautobahn (A 7) hindurch, dann nach rechts auf dem Heideweg und wiederum rechts auf dem Wanderweg nach **Innertreffling** ❹ zu gelangen. Nach rechts entlang der Katsdorfer Straße, vorbei am Hotel Kreuzwirt und am Feuerwehrzeughaus, gelangen wir über die Autobahn wieder zur B 125. Nach deren Querung führt ein Steig die Böschung hinauf, erst nach links verlassen wir nach rechts den Asphalt und wandern die ursprüngliche Trasse der Pferdeeisenbahn entlang, mit schönem Blick auf den Pöstlingberg. Durch einen Laubwald, dann in leichtem Rechtsbogen kommen wir zu den Häusern »Pferdepromenade«.

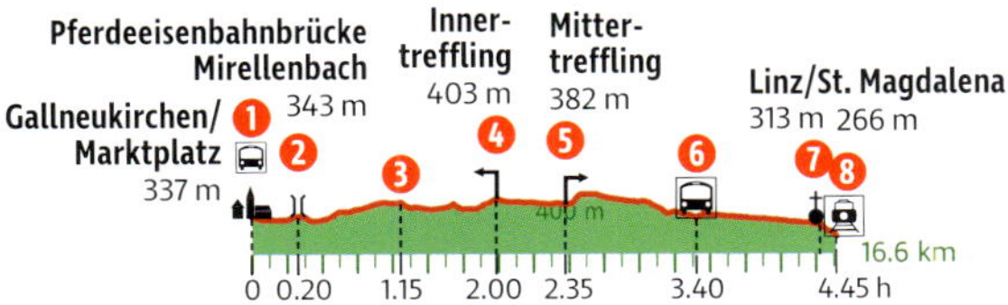

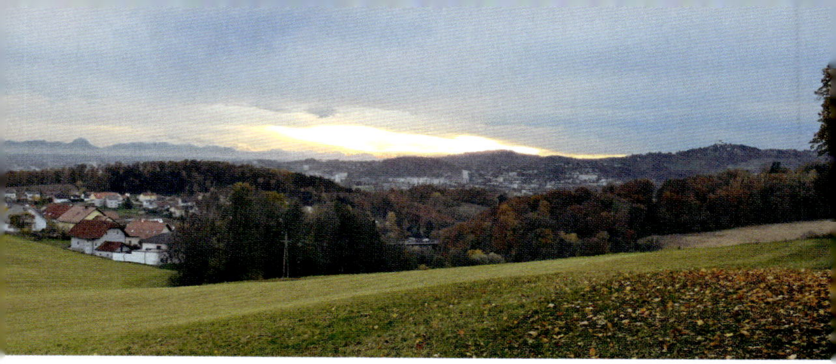

Panorama von der ehemaligen Pferdeeisenbahn-Trasse aus.

Nun ein Stück Feldweg und vor den nächsten Häusern nach rechts leicht bergan ersparen wir uns bis **Mittertreffling** 5 den Asphaltweg. Im Ort halten wir uns rechts bergan, vor der Ortsendetafel scharf nach links und kurz danach auf einem Steig im Wald bergan. Am Waldrand geradeaus schwenkt der Wanderweg am Güterweg in **Zinngießing** zweimal nach links. Nach einer kurzen Waldpassage, hier öffnet sich der Blick bereits in Richtung Linz und bei schönem Wetter bis hin zu den nördlichen Kalkalpen, im nächsten Weiler geradeaus haltend leitet uns die Markierung bergab zum ländlichen Zufahrtsweg Kroiss und anschließend auf einen Feldweg rechts. Unter uns die A 7/Mühlkreisautobahn, wird uns bewusst, wie sich die Transportmittel und die Transportwege seit der Pferdeeisenbahn weiterentwickelt haben. Westwärts vorbei an einem Bauernhof quert der Wanderweg im Wald zwei Bächlein und gelang bei einem weiteren Hof zum Kalkgruberweg, dem wir

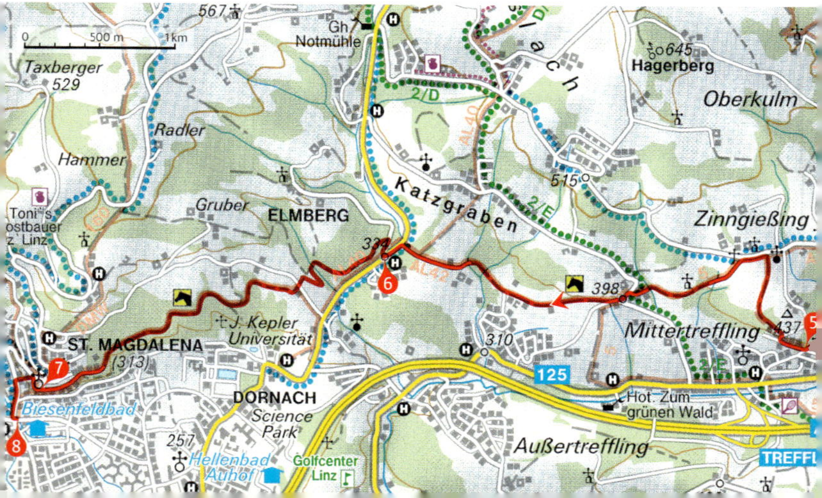

hinab zur Landesstraße nach Altenberg folgen. Hier mündet der Wanderweg von Altenberg kommend ein. Bei der Landesstraße über den Katzbach und bei der **Bushaltestelle Abzweigung Elmberg** 6 nach rechts ein Stück bergan auf dem Elmbergweg, der Zufahrt zur HBLA Elmberg für Landwirtschaft und Ernährung.

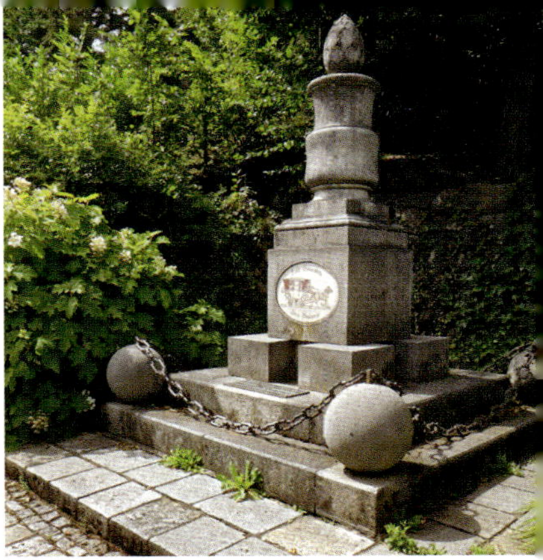

Das Pferdeeisenbahn-Denkmal in St. Magdalena.

Nach links wandern wir im Laubwald nun auf der Originaltrasse, unterhalb der Schule ist ein gut erhaltender Damm mit Wasserdurchlass zu finden. Am Waldrand dann schweift der Blick nun über Linz bis hin zum Gebirge. Erst nach rechts am Waldrand leicht bergauf, folgt dann ein Linksknick. Bergab über den Schatzweg, nach einem Einfamilienhaus nach rechts einem Steig entlang, erreichen wir den ausgezeichnet erhaltenen Abschnitt der Pferdeeisenbahn. Der Wanderweg schlängelt sich hier fast eben durch den Mischwald. Mit seinen Brückenbauten, Einschnitten und Stützmauern zählt dieser sehr gepflegte Abschnitt sicherlich zu den Highlights der ehemaligen Trasse.

Bei der Kirche von **St. Magdalena** 7 bietet sich ein herrlicher Blick auf Linz, über Stufen nach links oder unter der Trasse hindurch geht es steil bergab und nach links haltend zur **Straßenbahnhaltestelle** 8.

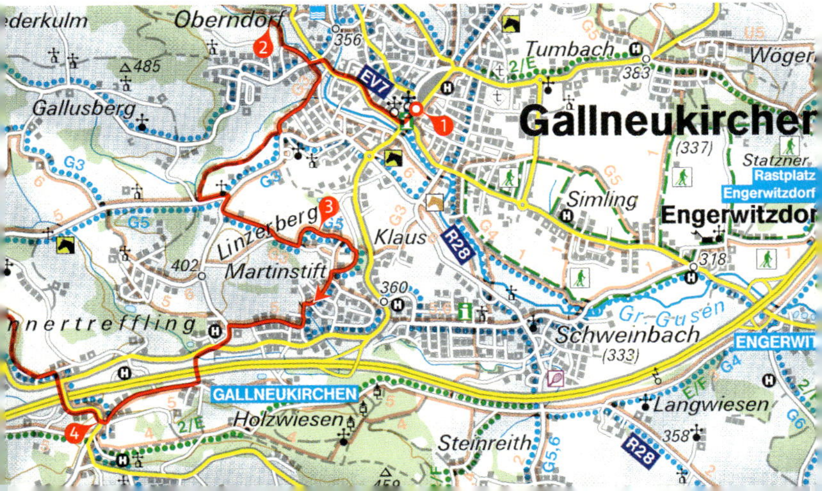

↗ 360 m | ↘ 360 m | 14.7 km

22 Vom Gusental hinauf nach Altenberg

4.30 h

Das romantische Mirellental und tolle Ausblicke unweit des Hager Berges

Die Rundwanderung führt von Gallneukirchen aus durch das weitgehend naturbelassene Mirellental nach Altenberg, dem »Balkon von Linz«, der Rückweg über Kulm bietet herrliche Ausblicke.

Ausgangspunkt: Gallneukirchen, Marktplatz, 337 m.
Mit ÖV: Busverbindungen von Linz Hbf. bis Haltestelle Gallneukirchen Marktplatz.
Mit PKW: Anfahrt auf der A 7 und B 125, die Ledererergasse Richtung Altenberg, Parken beim kleinen Wanderparkplatz Gallneukirchen-Oberndorf. Von hier insgesamt 13 km, 4.30 Std. Gehzeit

Anforderungen: Im Mirellental durchgehend sehr gut markiert, im Abschnitt Altenberg–Gallneukirchen nicht zur Gänze markiert, aber problemlos begehbar. Wald- und Feldwege, sehr geringer Asphaltanteil.
Einkehr: Gallneukirchen, Altenberg, Mirellenstüberl Niederkulm (Abstecher ca. 800 m).

Vom **Marktplatz** in **Gallneukirchen** ❶ aus vor der Bundesstraßenbrücke über die Gusen nach rechts der Ledererergasse folgend gehen wir nach der Brücke über die Gusen in die zweite Straße links über den Mirellenbach und gelangen zu einem kleinen **Wanderparkplatz**. An diesem rechts bachaufwärts führt der Wanderweg auf der seinerzeitigen Trasse zu der gut erhaltenen **Pferdeeisenbahnbrücke** ❷ über den Mirellenbach am Anfang des Mirellentals (Schautafel, Schienenstück).

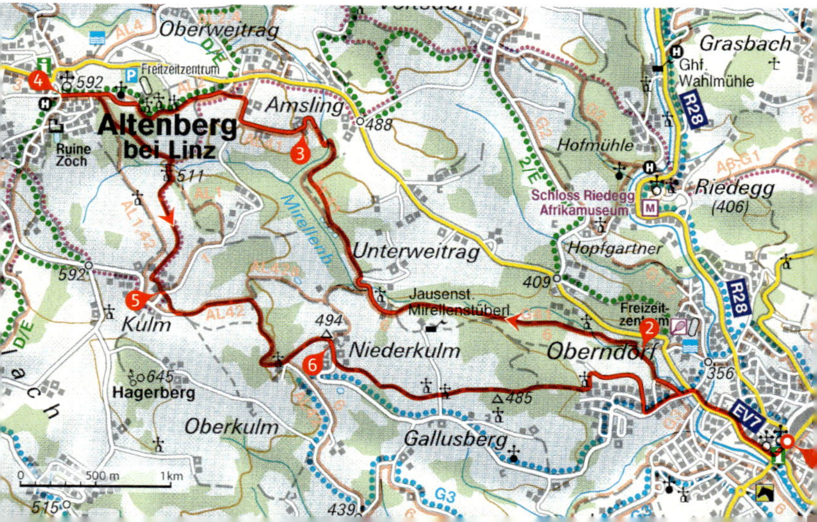

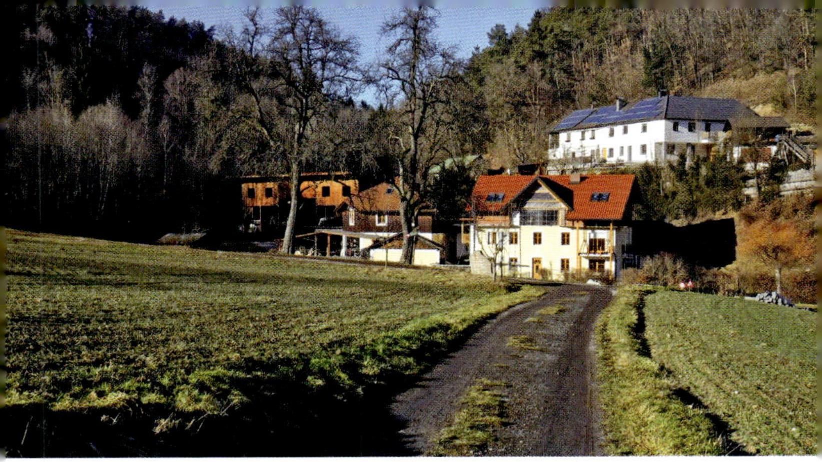

Die ehemalige Mirellenmühle im Mirellental.

Der Weiterweg in das Tal (rot-weiß 41 und gelb E6 rückläufig) quert den Bach, nun bachaufwärts erst auf einem Güterweg und anschließend nach erneuter Bachquerung stetig leicht bergan auf einem Waldweg (links zweigt ein Weg zur Jausenstation Mirellenstüberl ab). Parallel zum Bachverlauf dann nach einer Kuppe bei **Anglerteichen** nach rechts etwas abwärts (links bergan liegt das Mirellenstüberl) biegt E6 rückläufig nach links, im Tal befindet sich das Gebäude der ehemaligen **Mirellenmühle** (Niederkulm 10). Wir queren den Bach, am Gebäude vorbei auf einem Waldweg bergan sehen wir nun linker Hand mehrere Fischteiche. Der Wanderweg biegt nach einer erneuten Steigung nach rechts ins Tal des Grubbaches, ein Steig überquert in einer Linkskurve den Bach und bergauf erreichen wir einen stattlichen Bauernhof in **Amsling** ❸. Auf dessen Zufahrtsweg, vorbei an einem weiteren Hof, wenden wir uns bei der nächsten Kreuzung nach rechts. Beim nächsten Hof verlassen wir nach links den Asphalt und streben auf einem Wiesenweg einer kleinen Anhöhe zu. Dort bietet sich bei den Kreuzwegstationen und einer Rastbank ein schöner Blick ins Land. Durch das Wäldchen entlang des Kreuzweges und an einem Waldspielplatz vorbei

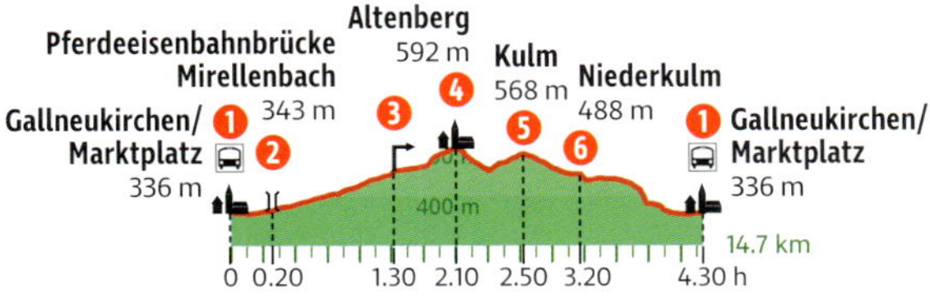

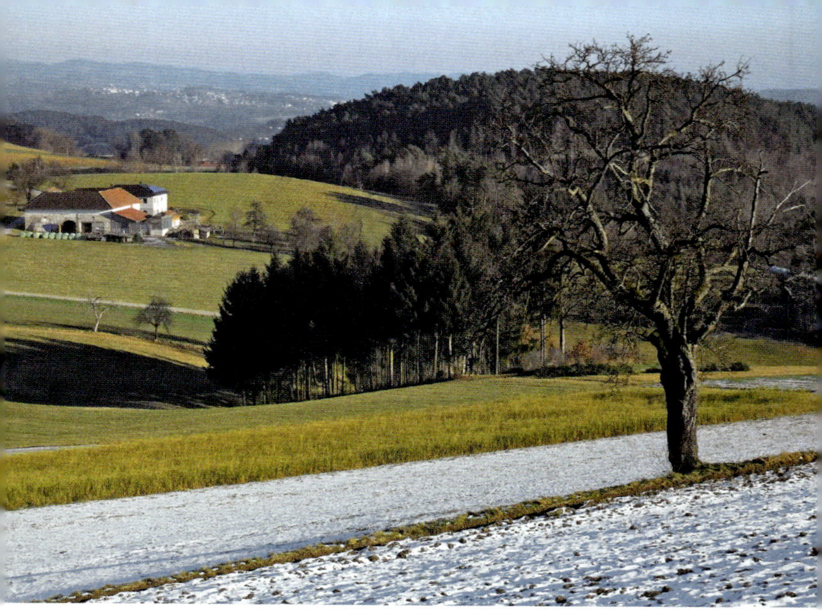

Vor Altenberg schweift der Blick ins weite Land.

gelangen wir zu Sportanlagen, einem weiteren Kinderspielplatz sowie zur Kirche und ins Zentrum von **Altenberg** ❹.
Der Rückweg führt uns wiederum in Richtung Sportzentrum, vor diesem aber geleitet uns ein Waldweg (rot-weiß-rot 42) nach rechts in den Wald und bergab wandern wir auf einem Steig oberhalb des Mirellenbaches. Dann scharf nach rechts hinab zum Mirellenbach, der hier noch ein kleines Bächlein ist (Markierung rot-weiß-rot 1). Nach der Querung bei der nächsten Weggabelung bei einem **Granitbildstock** (Madonna mit Kind, 1848) nach rechts bergan gelangen wir auf einem Wiesenweg in den Weiler **Kulm** ❺; hinter uns ein schöner Blick zurück auf Altenberg. In Kulm verlassen wir Weg Nr. 1, der nach rechts abbiegt. Wir wandern leicht bergan, zwischen den Häusern Kulm Nr. 11 und 12, beides schöne Steinbloßhöfe, hindurch, anschließend nach links, um schon beim Wagenschuppen wieder nach rechts auf einen Zufahrtsweg mit grandioser Fernsicht zu gelangen. Bei der nächsten Kreuzung nach links auf dem Güterweg Kulm links haltend bergab scheint das ganze Land vor uns zu liegen.
Am Waldrand leitet eine Markierung wieder hinab ins Mirellental (wer den Rückweg durch das Tal bevorzugt, wendet sich nach links). Wir bleiben aber auf dem Zufahrtsweg nach rechts (rot-weiß-rot 42), passieren nach links abwärts den Parkplatz bei einem Jugendheim und nach einer kleinen

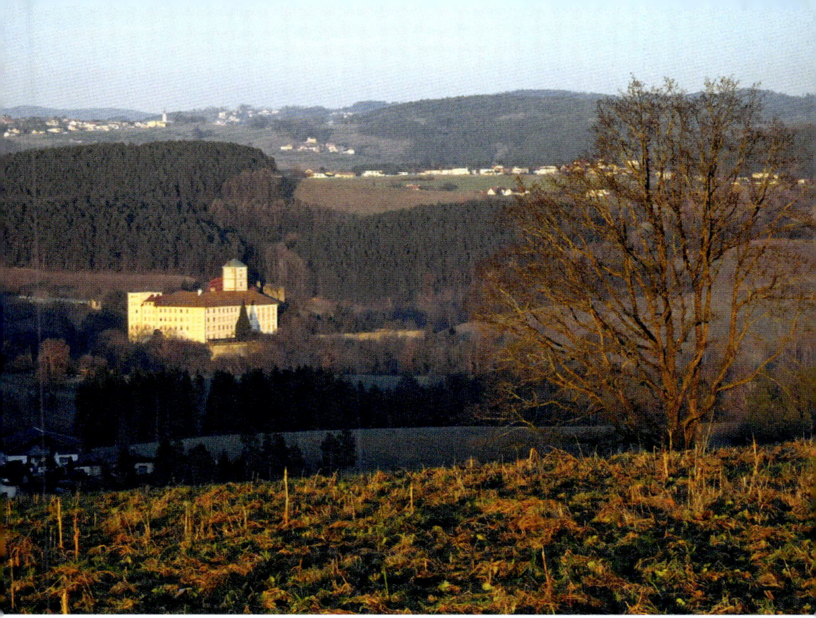

Schloss Riedegg und Alberndorf in der Ferne.

Kuppe entlang eines Bächleins geht es in eine Senke. Gegenüber einem einsam stehenden Haus geleitet uns die Markierung E6 nach links zu den Häusern von **Niederkulm** ❻. E6 biegt hier nach links und erreicht den Mirellenbach im Bereich der Mirellenmühle (ein Rückweg durch das Mirellental ist auch hier noch möglich).

Unser Weiterweg biegt nach dem letzten Hof in Niederkulm nach links auf einen Feldweg. Nach der Senke nähert dieser sich dem Wald, biegt dort nach links, und um einen A-Mast der Stromleitung herum erreichen wir die Anhöhe, wiederum mit herrlichen Fernblicken. Wir queren eine Zufahrtsstraße, die nach links zur Jausenstation Mirellenstüberl führt. Erst geradeaus und uns dann links haltend folgen wir der Forststraße Pfarrwald, links im Tal grüßt Schloss Riedegg. Im Wald bei der Weggabelung nach links, hier endet die Forststraße, auf einem Waldweg geradeaus verlieren wir Höhe, um am Waldrand angekommen ganz Gallneukirchen vor uns zu haben. Nun nach links zur Zufahrtsstraße, und in einem großen Rechtsbogen (Liftstraße) erreichen wir bei schmucken Einfamilienhäusern die Kulmstraße. Nach links abwärts kommen wir zum kleinen **Wanderparkplatz** an der Gusen. Wer ins Zentrum weiterwandert, quert die Gusen und folgt der Lederergasse ins Stadtzentrum und der B 125 nach links zum **Marktplatz** von **Gallneukirchen** ❶.

↗ 400 m | ↘ 400 m | 22.4 km

23 Die große Runde in Engerwitzdorf

6.45 h

Vom Gebiet der Kleinen und Großen Gusen zu den Hügeln südlich von Schweinbach

Auf dieser Rundwanderung wird die flächenmäßig sehr großen Gemeinde Engerwitzdorf erkundet. Eine schöne, aussichtsreiche, wenngleich sehr ausgedehnte Wanderung.

Ausgangspunkt: Engerwitzdorf-Schweinbach, Gemeindeamt Engerwitzdorf, 333 m.
Mit ÖV: Busverbindungen von Linz Hbf. bis Haltestelle Schweinbach Volksschule.
Mit PKW: Anfahrt von Linz auf der A7, Ausfahrt Gallneukirchen, dann bei der Tankstelle rechts ins Zentrum von Schweinbach (Engerwitzdorf); Parkmöglichkeit. Alternativer Ausgangspunkt beim Gasthaus Plank (Schweinbacher Str. 40, 4209 Engerwitzdorf), wo auch reichliche Parkplätze vorhanden sind.
Anforderungen: Die Route ist durchgehend sehr gut markiert (Nr. 3); teilweise asphaltierte Güterwege mit wenig Verkehr, Feld- und Forstwege, im Bereich der Kleinen Gusen sehr naturbelassener, steiniger Weg, steilere Waldwege vor dem Ägidikirchlein.
Einkehr: Unterwegs keine Möglichkeit. Gasthaus Plank in Schweinbach.

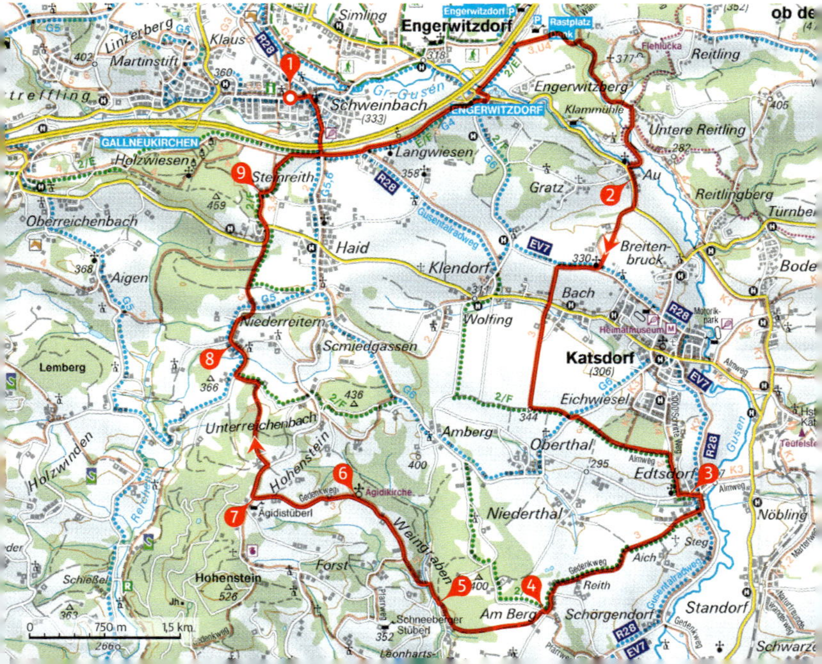

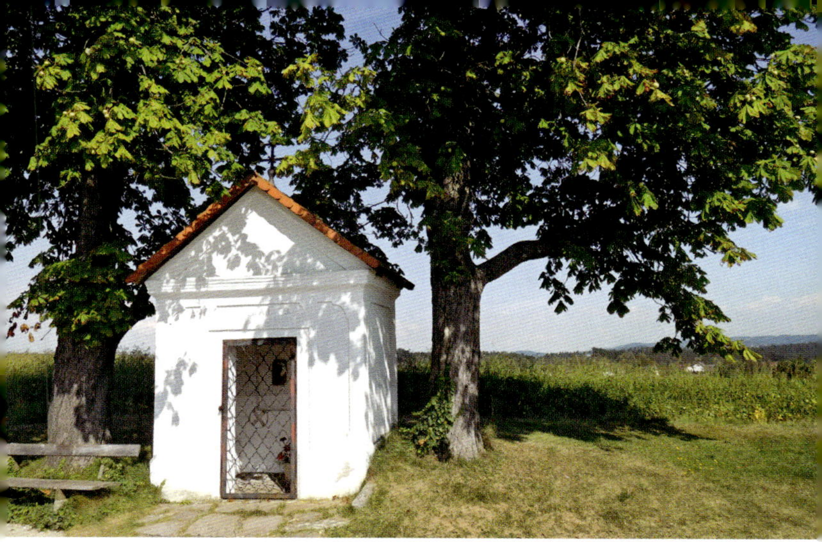

Die Lehner-Kapelle in Gratz.

Die Route E3 des örtlichen Wandernetzes startet beim Gemeindeamt Engerwitzdorf in **Schweinbach** ❶. Wir gehen zuerst ostwärts in der Gusenbachstraße, nach rechts in der Schweinbacher Straße am Feuerwehrdepot und am **Gasthaus Plank** vorbei unter der Autobahn durch und nach links auf den Güterweg Langwiesen. Diesem folgen wir nun entlang der Autobahn, queren bei der Autobahnanschlussstelle die Gusental-Bezirksstraße und wenden uns vor dem Rastplatz Denk nach rechts weg. Vorbei an einer Ranch bergab hinunter zur Kleinen Gusen, über eine Brücke und nach rechts folgen wir auf einem romantischen Weg dem Fluss.
Bei einer Hauszufahrt in **Reitling** nach rechts wieder über die Kleine Gusen und in **Au** ❷ über die Große Gusen. Nach links ein kurzes Stück entlang der Gusental-Bezirksstraße, beim Linksknick der Straße dann nach rechts, bergan auf einem schmalen Feldweg erreichen wir die schmucke **Kapelle** beim Zufahrtsweg Lehner in Gratz. Nach rechts in der Mühlholzstraße biegen wir bei einer Mostbirnbaumreihe nach links abwärts in den Lilienweg,

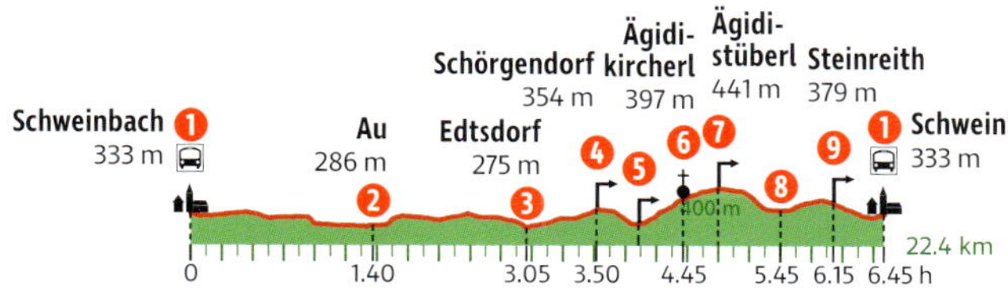

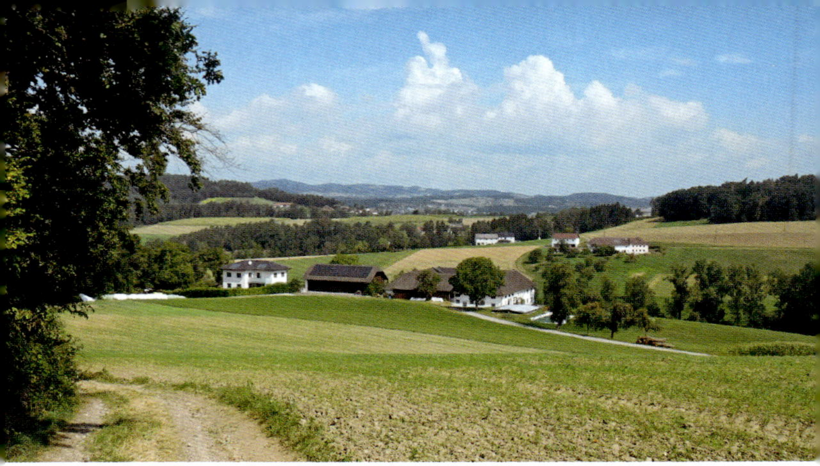

Sanfte Mühlviertler Hügel bei Niederreitern.

queren in der Senke die Straße nach Katsdorf und folgen dem Güterweg Haunschmied. Auf der Anhöhe nach links liegt Katsdorf unter uns, in der Ferne sieht man Wartberg ob der Aist. Wir queren eine Straße und wandern auf dem Feldweg am Waldrand bis zu einem Güterweg, wo wir auf die Markierungen K3, K4 und K6 treffen. Nach rechts geht es in den Weiler **Edtsdorf** ❸, der trotz der Nähe zu Katsdorf zur Gemeinde Engerwitzdorf gehört, nach links in Richtung Großer Gusen und dann zweimal nach rechts. Ein Weg durch die ausgedehnten Felder führt uns nun leicht bergan nach **Schörgendorf** (Am Berg), das wir durchschreiten, um am höchsten Punkt beim **Bauernhof** ❹ (Schörgendorf 13) nach rechts und gleich nach links auf einen Feldweg zu biegen. Dieser leitet uns hinab ins **Tal des Retzbaches** ❺. Beim Bankerl »Freudis Rast« uns rechts haltend bis zur Brücke über den Bach, geht es nach dessen Überquerung auf einem Steig ziemlich steil bergan. Der anschließende Güterweg Hohenstein führt uns am **Ägidikircherl** ❻ vorbei hinauf zum **ehemaligen Gasthaus Ägidistüberl** ❼.
Nach rechts verlassen wir den Güterweg, beim nächsten Bauernhof linker Hand auf dem asphaltierten Zufahrtsweg nach links, beim Sender geht es in den Wald und abwärts bieten sich wiederum schöne Fernblicke. Von der Zufahrtsstraße des Hofes biegen wir dann nach rechts und erreichen **Niederreitern** ❽. Nach dem Weiler geht der Wanderweg nach rechts in den Wald, quert die Straße und nach einer Anhöhe nochmals durch eine Senke gelangen wir zur Straße nach Katsdorf (L1464).
Ein kurzes Stück geradeaus führt uns der Weiterweg durch **Steinreith** ❾ hinunter zur Biogasanlage, nach rechts und dann unter der Autobahn durch entspricht das letzte Stück dem ersten Teil des Hinweges und wir erreichen unseren Ausgangspunkt, das Zentrum von **Schweinbach** ❶.

↗ 300 m | ↘ 300 m | 11.9 km

3.00 h

Rundweg Mahnmal bei Engerwitzdorf-Aigen

24

Eine wenig bekannte Tour mit geschichtlichem Hintergrund

Wenig Asphaltanteil und weite Ausblicke prägen diese abwechslungsreiche Rundwanderung in der Gemeinde Engerwitzdorf, auf der ein Mahnmal zum Nachdenken anregt. Eine ideale Halbtagstour.

Ausgangspunkt: Engerwitzdorf-Schweinbach, Gemeindeamt Engerwitzdorf, 333 m.
Mit ÖV: Busverbindungen von Linz Hbf. bis Haltestelle Schweinbach Volksschule.
Mit PKW: Anfahrt von Linz auf der A 7, Ausfahrt Gallneukirchen, dann bei der Tankstelle rechts ins Zentrum von Schweinbach (Engerwitzdorf); Parkmöglichkeit. Alternativer Ausgangspunkt beim Gasthaus Plank (Schweinbacher Str. 40, 4209 Engerwitzdorf), wo auch reichliche Parkplätze vorhanden sind. Vom Gasthaus nach Süden unter der Autobahn A 7 durch, dann nach rechts, bei der Biogasanlage trifft man auf die Markierung E4. Beim Rückweg hält man sich nach der Autobahnunterführung in der Flussgasse parallel zum Schweinbach und gelangt so zum Gasthaus Plank.
Anforderungen: Die Route ist durchgehend sehr gut markiert (Nr. 4); teilweise asphaltierte Güterwege mit wenig Verkehr, Feld- und Forstwege, etwas steilerer Waldweg im letzten Drittel hinunter zur Autobahn.
Einkehr: Unterwegs keine Möglichkeit. Gasthaus Plank in Schweinbach.

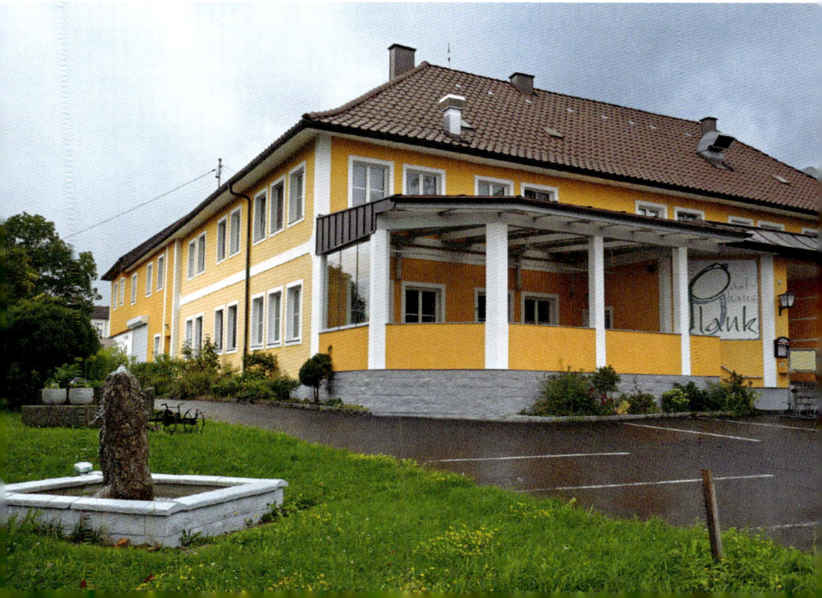

Das Gasthaus Plank in Schweinbach.

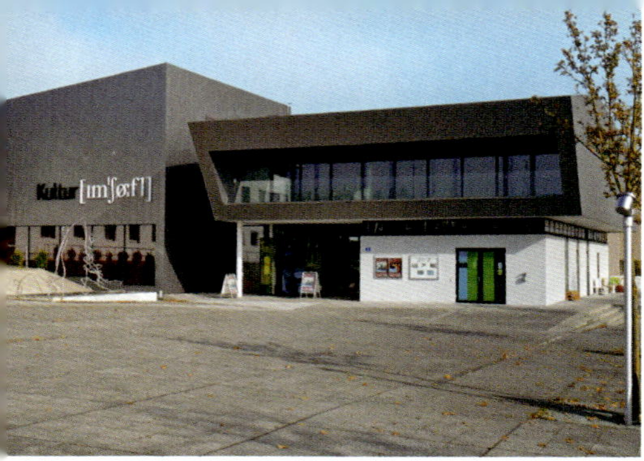

Das moderne Ortszentrum in Schweinbach mit dem Kulturzentrum »Im Schöffl«.

Die Tour verläuft auf der Route E4 des örtlichen Wandernetzes, der Beginn des Weges ist beim Gemeindeamt Engerwitzdorf in **Schweinbach** ❶. Wir folgen der Ahornstraße nach Süden, queren den Schweinbach und gelangen zur Autobahnunterführung. Nun unter der Autobahn A7 hindurch, nach links und bei der Biogasanlage nach rechts auf dem Güterweg Steinreith leicht bergan durch den Weiler **Steinreith** ❷ zur Straße nach Katsdorf (L1464). Dieser folgen wir etwa 50 m geradeaus und verlassen sie schon bei der nächsten Kurve, um in ein sanftes Tal zu gelangen.

Nach der Querung eines kleinen Bächleins biegt der Weg nach rechts in den Wald und führt sanft abfallend in Richtung Westen. Der Waldweg wendet sich dann nach links und führt in eine Senke, wo wir den Wald verlassen und nach erneuter Querung des Bächleins, das später als Reichenbach nach Pulgarn und in Richtung Donau fließt, geht es bergan nach **Aigen** ❸. In dem Weiler kurz nach der Engstelle der Straße scharf nach links, vorbei an einem mächtigen Hof, folgen wir einem schönen Wiesenweg mit Obstbäumen. Nach einer kurzen, etwas steileren Waldpassage erreichen wir beim Truppenübungsplatz den Güterweg Lachstatt, eine Straße nach

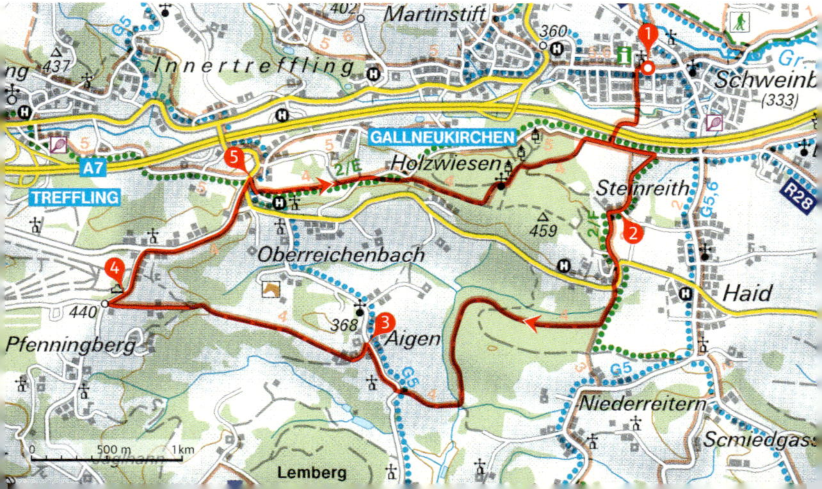

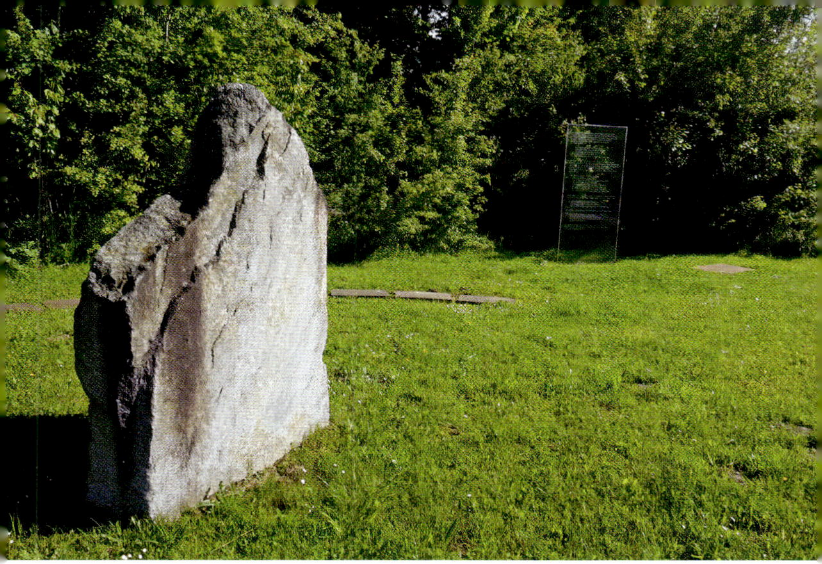

Mahnmal in Treffling für Opfer des Nationalsozialismus.

Steyregg. Wir biegen nach rechts ab und finden linker Hand eine Gedenkstätte, das **Mahnmal Treffling** 4. Hier wurden unmittelbar vor Kriegsende noch Bürger aus Peilstein im Mühlviertel von der SS erschossen, weil diese eine ohnehin sinnlos gewordene Panzersperre weggeräumt hatten.
Der nun folgende Teil verläuft leider auf der Straße, diese ist allerdings wenig befahren. Bei der nächsten Kreuzung nach rechts auf der Alten Linzerstraße durch eine leichte Senke kommen wir zu einer markanten Straßenkreuzung in **Innertreffling** 5. Noch ein kurzes Stück geradeaus und dann nach rechts in eine Siedlung. Im Linksbogen (Sonnenpromenade, Kaminweg) verlassen wir diese und bei einem Wasserhochbehälter bietet sich ein schöner Blick zurück von Mittertreffling bis hin zum Pöstlingberg. Nun folgen wir zuerst einem Wiesenweg, rechts am nächsten Hof vorbei geht es leicht bergan in den Wald. Dort biegt der Weg dann rechtwinkelig nach links und windet sich, gut markiert und an religiösen Motivtafeln an einigen Bäumen vorbei, durch den Wald bergab. In Sichtweite der Autobahn verlassen wir den Wald, um dann unter der Autobahn hindurch wieder retour zum Gemeindeamt Engerwitzdorf in **Schweinbach** 1 zu wandern.

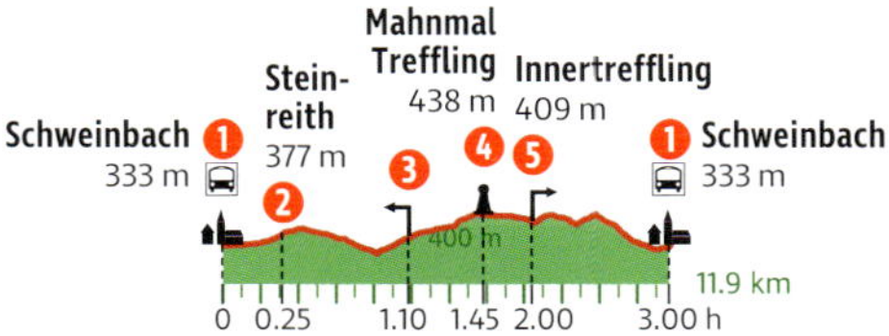

↗ 120 m | ↘ 120 m | 8.3 km

25 Im Gebiet der Großen Gusen bei Gallneukirchen

2.15 h

Eine kurze Rundwanderung im Gallneukirchner Becken

Die schöne, kürzere Tour südlich von Gallneukirchen verläuft etwas mehr auf Asphalt. Dafür ist die Runde auch bei Schlechtwetter gut begehbar und für Kinderwagen geeignet.

Ausgangspunkt: Engerwitzdorf-Schweinbach, Gemeindeamt Engerwitzdorf, 333 m.
Mit ÖV: Busverbindungen von Linz Hbf. bis Haltestelle Schweinbach, Volksschule.
Mit PKW: Anfahrt von Linz auf der A 7, Ausfahrt Gallneukirchen, dann bei der Tankstelle rechts ins Zentrum von Schweinbach (Engerwitzdorf); Parkmöglichkeit.
Anforderungen: Die Route ist durchgehend sehr gut markiert (Nr. 1); teilweise asphaltierte Güterwege mit wenig Verkehr, Feld- und kurze Waldwege.
Einkehr: Gasthaus Plank beim Ausgangspunkt in Schweinbach.

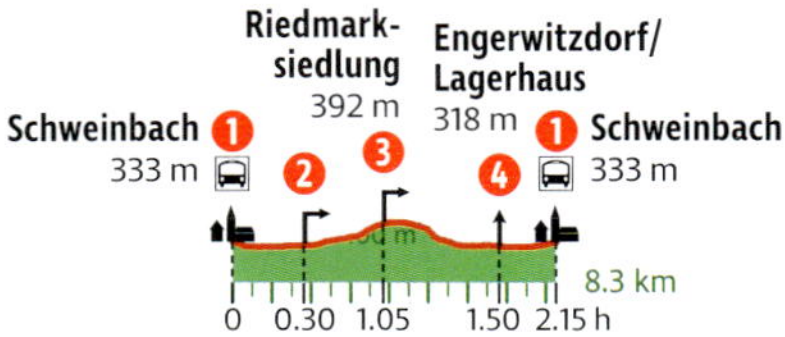

Vom Gemeindeamt Engerwitzdorf in **Schweinbach** ❶ leitet uns die Markierung Nr. 1 auf der Amtshausstraße in nördlicher Richtung zur Gallneukirchner Straße. Auf dieser nach links wird nach 100 m die Große Gusen überquert. Wir wandern zuerst flussaufwärts, dann rückläufig parallel zum Fluss bis zu einer rechtwinkeligen Abzweigung. Hier nach links bringt uns der Weg, anschließend die Straße »Simlingweg« in den Ortsteil **Simling** ❷ und zur Engerwitzdorfer Straße, der wir nach rechts für etwa 600 m folgen. Nach links führt uns nun die Markierung 1 über den Falkenweg erst auf einem Feldweg und dann auf einem Waldweg nach Norden zur **Riedmarksiedlung** ❸. Am Beginn der Siedlung erst links zum Kornweg, nach rechts bergan und wiederum nach rechts in den Oberen Maisweg, eine Spielstraße. Der Maisweg mündet in die Riedmarkstraße, die Markierung weist nach rechts, beim Bauernhof Bauer auf der Höh (Riedmarkstraße 28) wieder rechts haltend entlang der Weinbergstraße bietet sich ein schöner Blick auf Wartberg ob der Aist und Pregarten.

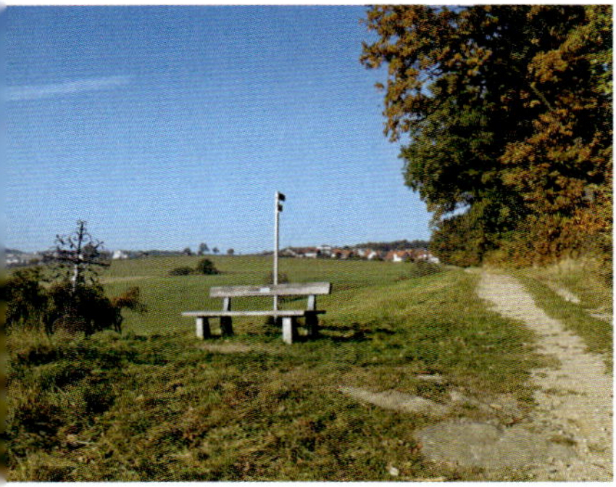

Ein Bankerl bei Simling lädt zur Rast ein.

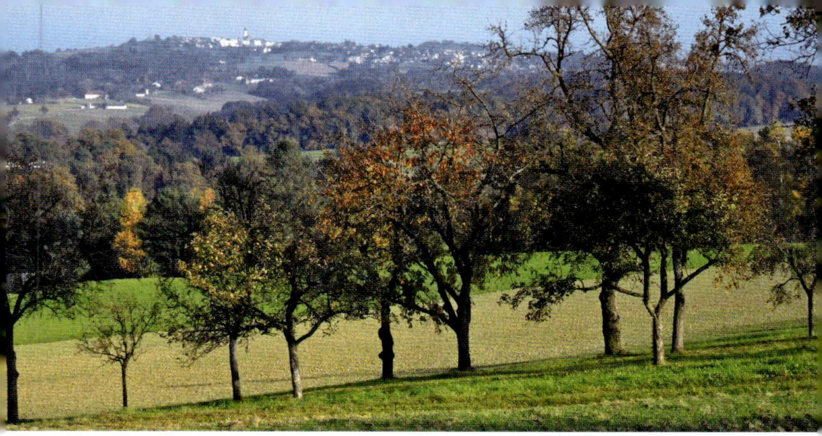

In der Ferne: Wartberg ob der Aist.

Bei der nächsten Straßenkreuzung geradeaus auf den Güterweg Statzner/Karlinger, dann nach links erreichen wir beim Hof Oberstatzner (Weinbergstraße 30) die Mühlkreisautobahn. Der Weiterweg leitet uns nun nach rechts entlang der A 7, bei der Autobahnunterführung halten wir uns rechts und erreichen die ersten Häuser in **Engerwitzdorf**, einem ursprünglich landwirtschaftlichen Weiler, aus dem die große Gemeinde entstanden ist. Nun vom Engerwitzdorfweg nach links in die Weinbergstraße, dann nach rechts an einer Kapelle vorbei leicht bergab zur Kreuzung beim **Lagerhaus** 4 und der Tankstelle. Nach Querung der Engerwitzdorferstraße weiter auf der Straße Zur Mühle über die Große Gusen und den Mühlbach, dann über den Schweinbach nach rechts dem Straßenverlauf folgend erreichen wir wieder das neue Zentrum von **Schweinbach** 1 mit Schule, Kindergarten und Gemeindeamt.

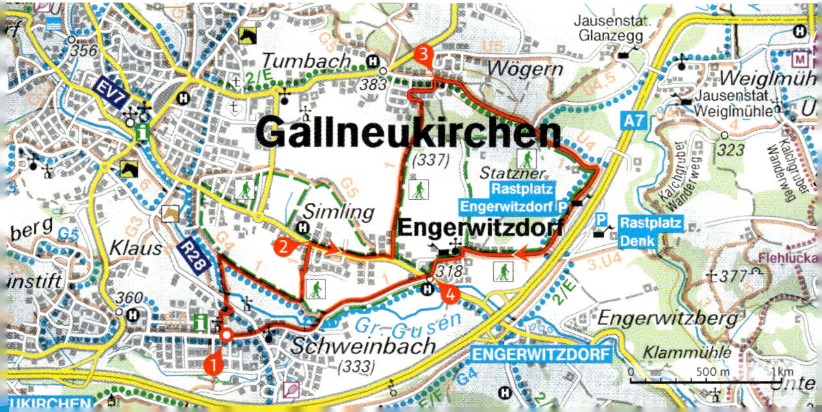

↗ 150 m | ↘ 150 m | 8.1 km

26 Ins Naturschutzgebiet der Feldaist

2.30 h

Eine Tour durch eines der beeindruckendsten Flusstäler des Mühlviertels

Die schöne, aussichtsreiche Wanderung hat im ersten Teil die idyllisch gelegene Kriemühle zur Rast als Ziel, auf dem Rückweg lädt das naturbelassene, romantische Naturschutzgebiet Aisttal mit idyllischen Plätzen im Sommer zum Baden und Entspannen ein.

Ausgangspunkt: Pregarten, Bahnhof, 418 m.
Mit ÖV: Bahn- und Busverbindungen von Linz Hbf. zum Bahnhof Pregarten, Bus auch zum Stadtplatz Pregarten.
Mit PKW: Anfahrt von Linz auf der A 7, Ausfahrt Pregarten, Bundesstraße B 124; Parkplatz beim Bahnhof Pregarten.
Anforderungen: Hinweg spärlich markiert (P6 rückläufig), aber die Orientierung ist einfach, Rückweg durch das Aisttal sehr gut markiert (Nr. 170); teilweise asphaltierte Güterwege mit wenig Verkehr, Feld- und kurze Waldwege; im Feldaisttal Vorsicht bei Nässe, im Winter bei Eis und Schnee nicht empfehlenswert.
Einkehr: Pregarten, Gasthaus Kriemühle.

Vom **Bahnhof Pregarten** ❶ erreichen wir über die Bahnhofsstraße den **Stadtplatz** in **Pregarten** ❷. Von hier in östlicher Richtung bei der ersten Gelegenheit in der Tragweiner Straße nach rechts (Tragweiner Straße 10) und über einen Fuß- und Radweg (Lippertgasse) weiter in Richtung Süden. Der Achsengraben leitet uns zur Althauser Straße. Vorbei am Bildungszentrum und am Bad queren wir die Umfahrungsstraße, zwischen Straßenmeisterei und einem Autohaus geradeaus nach **Silberbach** ❸. Hier erreichen wir den Stadtrand von Pregarten (spärlich markiert mit rot-weiß-rot).
Nun durch eine Senke und ein Wäldchen lassen wir die Stadt hinter uns, links und rechts des Weges sind große Felder und schöne Bauernhöfe. Vorbei am Hof Aist 1 (Radweg 915) geht es bergab zur **Giemböcksiedlung/Altenhaus**, wo wir auf die Markierung 170/Naturfreundeweg treffen und ihr nach rechts folgen. Über die Feldaist und beim **Wanderparkplatz Aisttal** ❹ nach rechts am westlichen Ufer im **Naturschutzgebiet** flussaufwärts, die Aist ist hier ein rauschender Fluss mit großen Steinblöcken und gerundeten Wollsackfelsen an beiden Ufern. Das **Gasthaus Kriehmühle** ❺ lädt dann zur Einkehr ein, auf einer Brücke queren wir wieder die Feldaist.

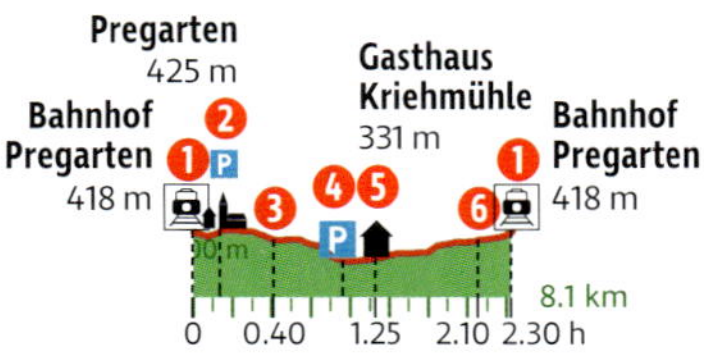

Weiter mit Nr. 170/Naturfreundeweg (auch Aisttalweg 2, 3) flussaufwärts, zuerst am östlichen Ufer (schöner Badeplatz), vorbei an den Ruinen der Burg Neuaist (Zugang: Hohlweg 200 m nach der Infotafel), dann hinauf zu einem

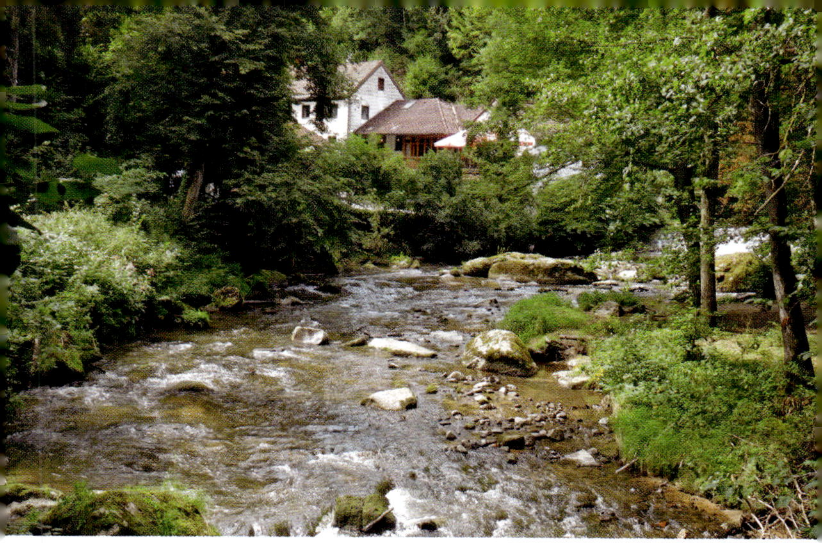

Das Gasthaus Kriehmühle im wildromantischen Aisttal.

Durchstieg zwischen den Felsen. Auf schattigem Waldpfad weiter in stetem Auf und Ab hoch über dem rauschenden Fluss, dann wieder direkt am steinigen Flussbett wandern wir im malerischen Tal. Felsen im Fluss locken zu einem Sonnenbad, Kinder plantschen gern im sauberen Wasser, an schönen Rastplätzen ist kein Mangel.

Auf dem Jahnsteg über den Fluss geht es nun empor zur ehemaligen Notmühle (Hinweistafel über die Sage vom Jungfernsprung), bei der **Klausmühle** ❻ (mit Keramikatelier) auf der Asphaltzufahrt im Tal weiter zur eindrucksvollen Teufelsmauer. Bald danach unter der großen Brücke der Pregartner Umfahrung durch und östlich kommen wir zurück zum Ausgangspunkt am **Bahnhof Pregarten** ❶.

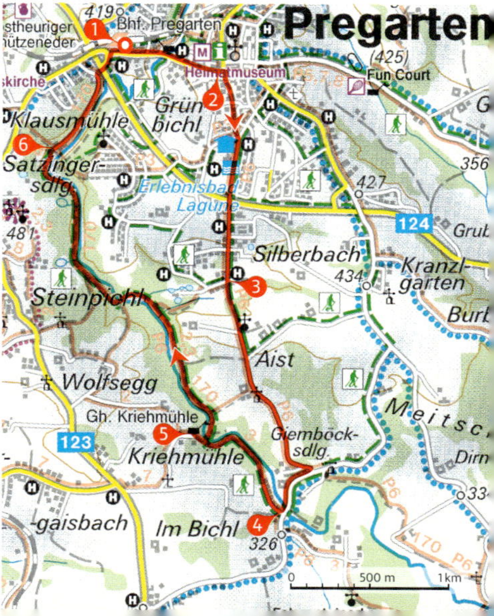

↗ 400 m | ↘ 410 m | 13.6 km

27 Der Pfenningberg und Kloster Pulgarn

4.45 h

Die kleine Stadt Steyregg, ein Gipfel und ein idyllisch gelegenes ehemaliges Koster

Die Streckenwanderung in der Gemeinde Steyregg, als Alternative auch als Rundwanderung, bietet im ersten Teil sehr schöne Ausblicke erst auf Linz und in Richtung Enns, bei klarer Sicht bis hin zu den Alpen. Speziell beim Gasthaus Daxleitner eröffnet sich ein wunderbarer Weitblick ins Mühlviertel.

Ausgangspunkt: Steyregg, Bahnhof, 253 m.
Mit ÖV: Bahnverbindungen von Linz Hbf. zum Bahnhof Steyregg, Busse bis Haltestelle Steyregg Linzer Straße.
Mit PKW: Anfahrt auf der B 3 nach Steyregg; Parken beim Bahnhof bzw. in der Stadt.
Endpunkt: Pulgarn, Bahnhaltestelle, 251 m. Rückfahrt nach Steyregg bzw. Linz.
Anforderungen: Die Route ist nicht durchgehend markiert, aber unschwer zu begehen; teilweise asphaltierte Güterwege mit wenig Verkehr, Feld- und Forstwege. Beim steilen Direktaufstieg zum Pfenningberggipfel ist Trittsicherheit angebracht. Die alternative Route ist problemlos zu begehen.
Einkehr: Steyregg, Gasthaus Daxleitner am Pfenningberg.
Varianten: 1) Der alternative, weniger steile Weiterweg zum Pfenningberggipfel folgt geradeaus der Donausteig-Markierung. Dann durch eine Senke und im Wald links haltend verlässt man die Donausteig-Markierung nach links bei einer Schranke der Forststraße (Schild »Zum Gipfel«). Auf dieser Forststraße nun bergan, ein kurzer Abstecher scharf nach links führt auf dem Abstiegsweg der Hauptroute zum Gipfel.
2) Rundwanderung: Wer den PKW beim Bahnhof Steyregg abgestellt hat, wandert von Pulgarn 7 auf der Pulgarner Straße nach Westen, erreicht die alte Bundesstraße, ein Abstecher ins Zentrum ist lohnenswert, und weiter zum Bahnhof Steyregg. Dann insgesamt 16,8 km, 590 Hm und 5.30 Std. Gehzeit.

Pulgarn: das ehemalige Kloster, in der Kirche eine funktionsfähige gotische Orgel.

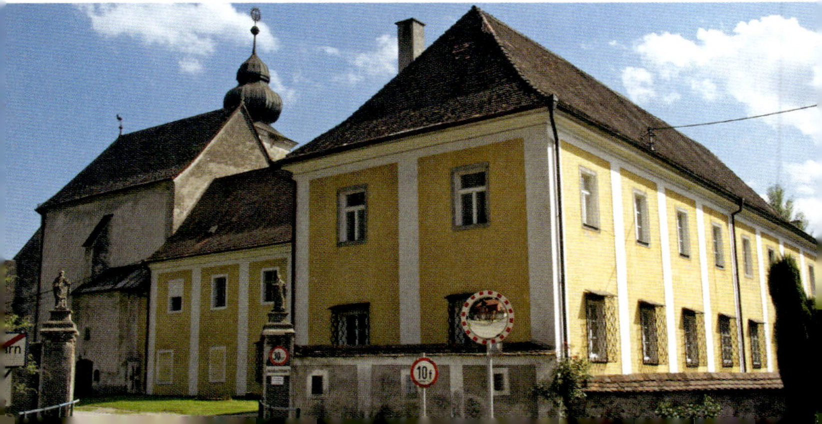

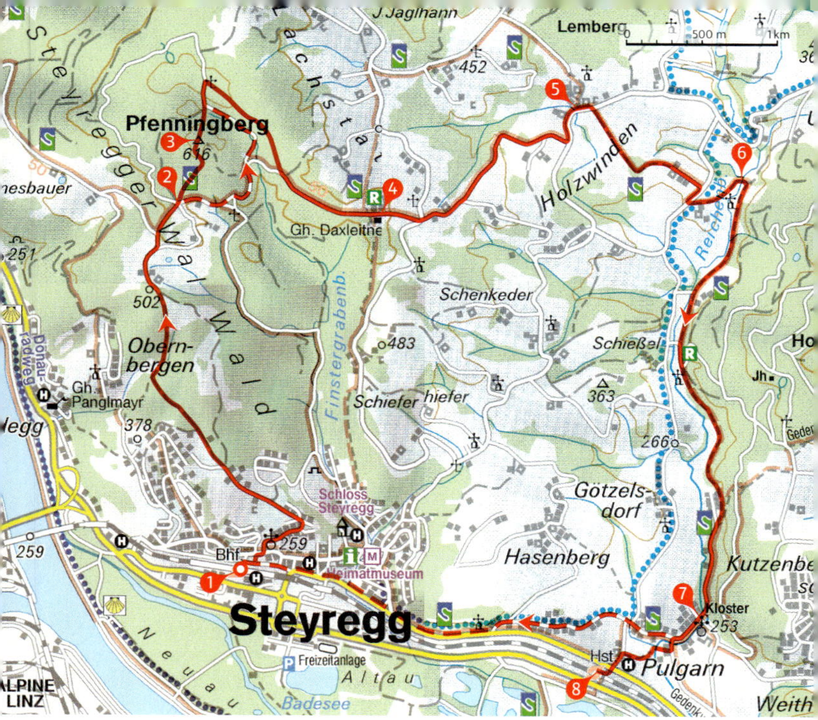

Vom **Bahnhof Steyregg** ❶ (Bahnlinie Linz–Freistadt–Budweis) gehen wir zuerst auf der Bahnhofsstraße in Richtung Zentrum und dann beim Friedhof nach links, entlang der Friedhofsmauer vorbei am Pfarrheim zur Kirche. Nach links geleitet uns ein moderner Kreuzweg mit Stahlskulpturen (Markierung Pfenningberg-Gipfelwanderweg, rot-weiß-rot) bergan durch die Bergsiedlung am Hochwasserbehälter vorbei (herrliche Aussicht nach Süden) bis zum Kreuzwegende, einem großen Steinkreis.

Uns links haltend bergan in den Wald folgen wir dem Pfenningberg-Gipfelwanderweg (rot-weiß-rot) und treffen im Wald auf die Markierung 51 (rot-weiß-rot), auf der wir ein kleines Bächlein querend aufwärts zum Hof Burger-Brauner gelangen. In einem Rechtsbogen treffen wir auf den Donausteig und die AV-Markierung 50 und folgen dem Güterweg erst leicht bergan. Bei einer **Kreuzung** ❷ mit einer mächtigen **Eiche** rechter Hand biegt der Pfenningberg-Gipfelwanderweg nach links ab (die weniger steile Variante 1 verläuft weiter geradeaus). Dieser führt ziemlich steil bergan direkt zum **Pfenningberg-Gipfel** ❸, 616 m, wo die Aussicht aufgrund der Bewaldung eingeschränkt ist.

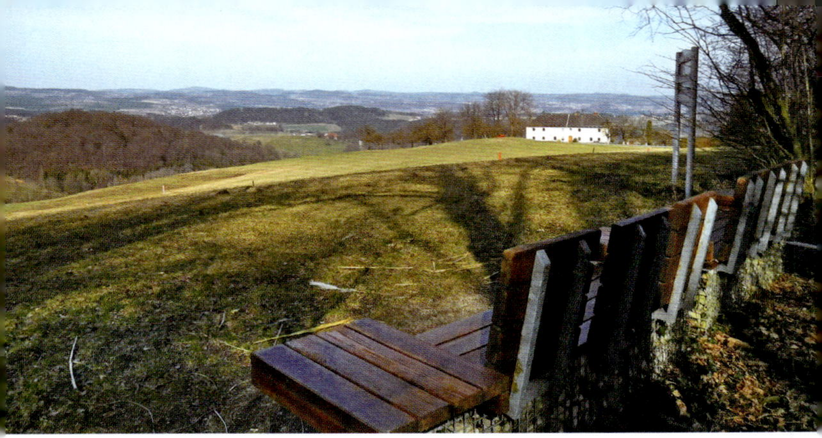

Wunderbarer Blick ins untere Mühlviertel am Rastplatz Mühlviertelblick des Donausteiges.

Ein kurzer Abstieg nach Norden bringt uns zum **Dreibuchenkreuz**. Ein alter Waldweg nach rechts erreicht dann eine breitere Forststraße mit der Donausteig-Markierung. Auf dieser nach links, vorbei am **Rastplatz Mühlviertelblick**, gelangen wir zum **Gasthaus Daxleitner** ❹, wo sich herrliche Fernblicke ins Mühlviertel eröffnen.

Beim ehemaligen Feuerwehrdepot nun bergab und die Straße nach Steyregg querend halten wir uns nach einem liebevoll renovierten Bauernhof links. Vorbei an einem Gestüt gelangen wir nach links in den Weiler **Holzwinden** ❺ und treffen wiederum auf den Donausteig. Wir folgen der Donausteig-Markierung, nach etwa 100 m geht es auf einem Feldweg rechts weiter bergab in Richtung Reichenbachtal. Wo wir auf einen Güterweg stoßen, halten wir uns zuerst rechts. Vor dem nächsten Bauernhof schwenken wir links hinunter zur Brücke über den **Reichenbach** ❻, dem wir nun nach rechts auf dessen linker Seite folgen.

Wir gelangen so in die Ortschaft **Pulgarn** ❼ mit dem ehemaligen **Kloster** (In der Kirche befindet sich eine gotische Orgel). Hier streben wir hinaus zur Bundesstraße in Richtung Donau, d.h. auf der Ortsstraße links (Variante 2 geradeaus) südwärts über die Brücke bei der Kapelle. So kommen wir zur Bahnlinie Linz–Freistadt–Budweis bei der **Bahnhaltestelle Pulgarn** ❽. Von hier kann man einen Zug in Richtung Bahnhof Steyregg bzw. zum Hauptbahnhof Linz nehmen.

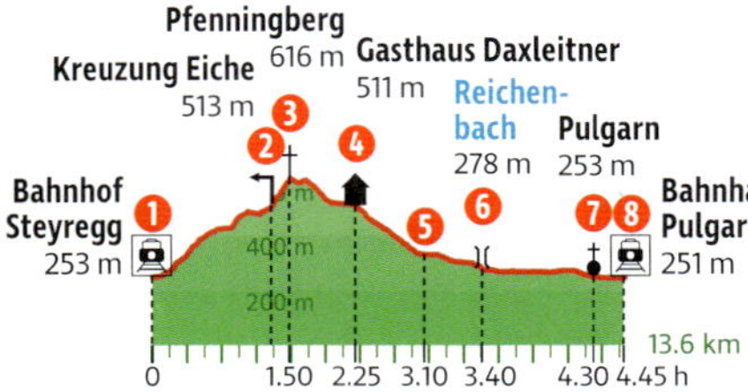

Rund um den Luftenberg

Zahlreiche Legenden in und um Luftenberg an der Donau

Die Rundwanderung führt um den Golfplatz und um den Luftenberg, auf dem sich die Ruine der gleichnamigen Höhenburg erhebt, und passiert sagenumwobene Plätze am Wegesrand.

Ausgangspunkt: Statzing bei Luftenberg an der Donau, Zentrum, 303 m. Mit ÖV: Busverbindungen von Linz Hbf. bis Haltestelle Statzing/Luftenberg Landesstraße.
Mit PKW: Anfahrt auf der B 3 bis Pulgarn, weiter in Richtung Luftenberg und Statzing; Parkplatz beim Sportzentrum.
Anforderungen: Durchgehende Markierung vorhanden, gelber Pfeil auf rotem Grund und gelbe Sagenweg-Tafeln; Güterwege und kurze Strecken auf Straßen, meist Feld-, Wiesen- und Waldwege, rund um den Luftenberg ein kurzer Pfad, hier ist etwas Trittsicherheit notwendig.
Einkehr: Luftenberg, Restaurant Pacino an der B3, Statzing, Café-Restaurant Luftenberger Hof (Linzer Golf Club).

In Statzing vom Parkplatz beim Sportzentrum an der Luftenberger Straße ins Zentrum von **Statzing** ❶, bei der Bushaltestelle Landesstraße nach rechts vorbei am Einkaufszentrum in der Oberfeldstraße wandern wir nach Süden. Nach einer Kuppe dann beim Bauernhof Resch nach rechts, hier bietet sich ein herrlicher Blick in Richtung Enns und Mauthausen, führt ein Feldweg bergab in die kleine Siedlung **Steining**. Dort unter der Bahnstrecke Linz–Budweis hindurch und dann nach links parallel zur Bahn in der Ederstraße passiert man das **Restaurant Pacino** ❷.

Das Donaukraftwerk Abwinden-Asten, vom Luftenberg aus gesehen.

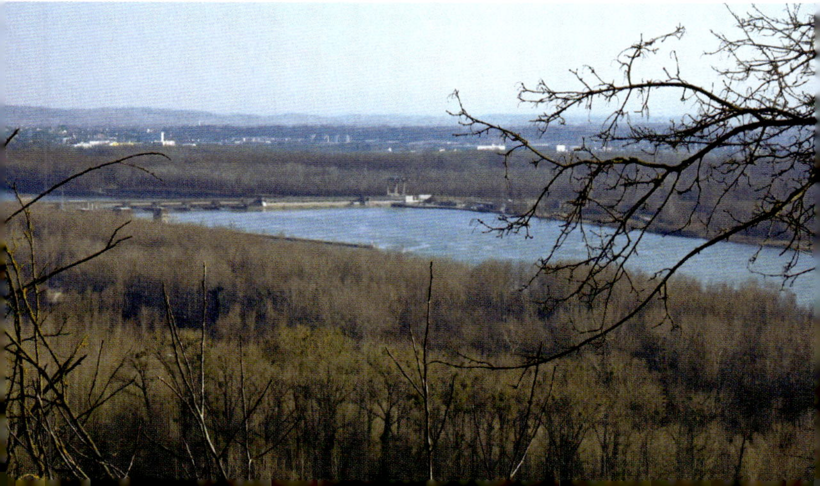

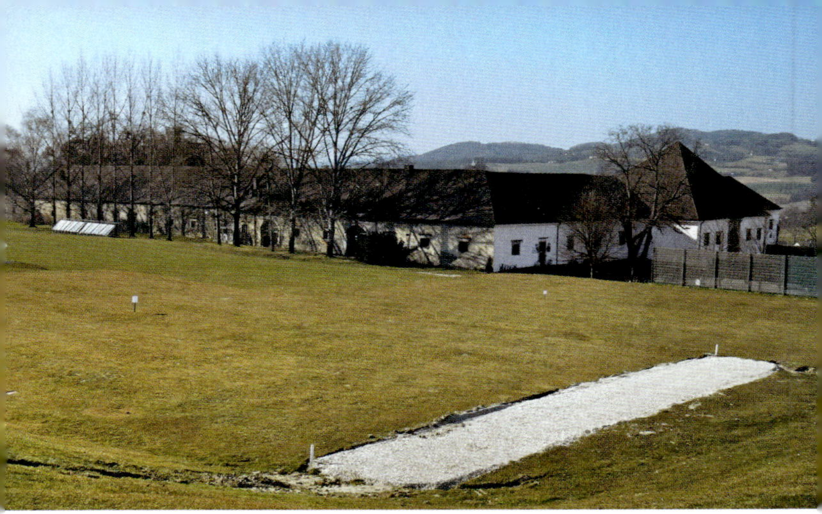

Golfplatz Luftenberg: der Meierhof.

Nun unter der Bundesstraße B 3 durch und beim kleinen Parkplatz trifft man auf den Weg am Nebengerinne der Donau. Eine Tafel am Weiterweg flussaufwärts entlang des noch naturbelassenen Teiles der Au erzählt von Sagen über »Schiffsleut und der Teufel«. Entlang der B 3 rechter Hand geht es dann unter der Bundesstraße und der Bahn hindurch. Beim Bahnviadukt weisen Markierungen auf die teilweise enormen Hochwasserstände der Donau hin. In der Steininger Straße nähern wir uns der **Luftenberger Straße** ❸. Vor dieser nach rechts nun bergan in der Alten Straße erreichen wir diese, um aber gleich wieder nach rechts in die Hofleiten einzubiegen. Dann nach links erinnert uns der Burgweg an die Ruine Luftenberg, von der allerdings kaum mehr etwas übriggeblieben ist.

Nun endet der Asphalt, links des Weges beginnt der Golfplatz. Rund um den **Luftenberg** führt uns nun ein Waldweg, dieser verjüngt sich an einer Stelle zu einem Steig, hier ist etwas Trittsicherheit vonnöten. Beim Hof Neubauer verlassen wir den Wald, auf der linken Seite gibt es wieder eine Sage zu erzählen: Etwas abseits vom Weg ist der Teufelsbrunnen. Der Teufel war über ein eitles Mädchen so erzürnt, dass er mit ihr in die Tiefe fuhr. Der Fels spaltete sich und bildete eine Quelle. Am Luftenberg sind zudem noch prähistorische Wallanlagen erkennbar.

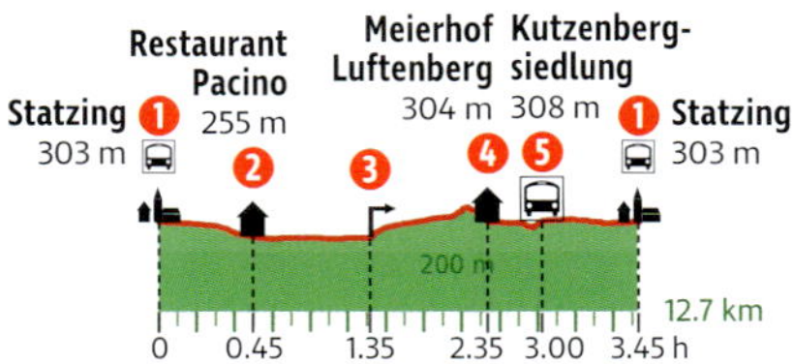

Vorbei am historischen **Meierhof Luftenberg** ❹, heute das Klubhaus des Linzer Golf Clubs mit dem Restaurant Luftenberger Hof, wenden wir uns bei zwei Teichen rechts und queren die Luftenberger Straße bei der Haltestelle Luftenberg Ortsmitte. Neben der **Nepomuk-Kapelle** wandern wir nun in der Wella-Straße weiter, in einem S durchqueren wir die Senke im Weih und erreichen bergan eine Umkehrschleife bei der **Haltestelle Kutzenbergsiedlung** ❺. Hier, beim **Gasthaus Harry's Schmankerl und Trankerl**, nach rechts vorbei an Obstplantagen geleitet uns die Markierung erst rechts, dann links zur etwas stärker befahrenen Statzinger Straße. Auf ihr nach rechts leicht bergab verlassen wir diese beim nächsten Feldweg nach rechts, um eine Obstkultur herum dann wieder nach rechts und schließlich, gut beschildert, scharf nach links führt die Wanderung zu den Sportplätzen und ins Zentrum von **Statzing** ❶. Hier soll der Sage nach einmal ein Kirchlein gestanden sein, dass in einem See versunken ist. Der junge Graf durfte die anmutige Tochter der Hexe nicht heiraten. Als der Vater dies in der Kirche mit dem Schwert verhindern wollte, verschlang ein furchtbares Unwetter das Gotteshaus. Geblieben ist ein kleines Moor neben dem Golfplatz rechts des Weges unweit der Sportplätze.

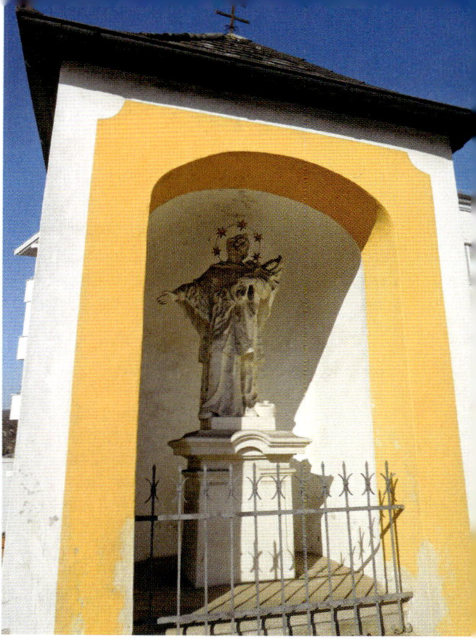

Die Nepomuk-Kapelle in Luftenberg.

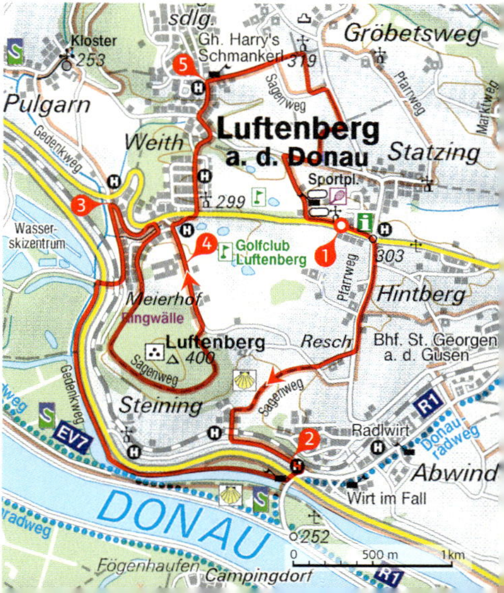

↗ 400 m | ↘ 400 m | 16.7 km

29 Aus dem Reichenbachtal zum Ägidikircherl

5.30 h

Vom ehemaligen Kloster vorbei am Hohenstein zum romantischen Kirchlein

Die Wanderung führt vom ehemaligen Kloster in Pulgarn über den markanten Hohenstein vorbei am idyllisch gelegenen einsamen Ägidikircherl und durch den naturbelassenen Weingraben nach St. Georgen an der Gusen und – als Streckenwanderung und als Rundwanderung – über Statzing retour nach Pulgarn.

Ausgangspunkt: Bahnhaltestelle Pulgarn, 251 m.
Mit ÖV: Bahnverbindung von Linz Hbf. Richtung Freistadt, Bahnstation Pulgarn.
Mit PKW: Anfahrt auf der B 3 ab Linz bis 3 km östlich von Steyregg; Parken bei der Bahnstation Pulgarn oder beim ehemaligen Kloster Pulgarn.
Anforderungen: Die Route ist nicht durchgehend markiert, teilweise asphaltierte Güterwege mit wenig Verkehr, Feld-, Wald- und Forstwege, etwas steilerer Abstieg vom Ägidikircherl in den Weingraben.
Einkehr: St. Georgen an der Gusen.
Varianten: 1) Wer die Schleife über Schörgendorf abkürzen will, kann 2 km nach dem Ägidikircherl bei der Rastbank auf der Weingrabner Straße weiter talauswärts wandern. Vorbei am Bauhof erreicht man die Gusentalstraße nahe der Knollmühle. Dann insgesamt 15,2 km, 340 Hm, 5.00 Std. Gehzeit.
2) Die Tour kann am Bahnhaltepunkt St. Georgen an der Gusen beendet werden, von wo Züge nach Pulgarn bw. nach Linz verkehren. Dann insgesamt 11,6 km, 410 Hm, 4.30 Std. Gehzeit.

Von der **Bahnhaltestelle Pulgarn** ❶ biegen wir von der Straße in den Ort nach 100 m rechts auf einen Feldweg ab, über den Reichenbach gelangen wir zum ehemaligen **Kloster Pulgarn**. Dort nun am Reichenbach entlang (nicht den rechts abbiegenden Gedenkweg Hohenstein/Ägidikircherl nehmen!) und knapp vor einer Siedlung rechts mit der grün-weiß-blauen Markierung (Pfeil »Lungitz, St. Georgen«) durch Wald bergan zu einer Forststraße. Diese verlassen wir gleich wieder rechts und wandern nach dem

Beim Anstieg zum Hohenstein genießt man eine großartige Fernsicht.

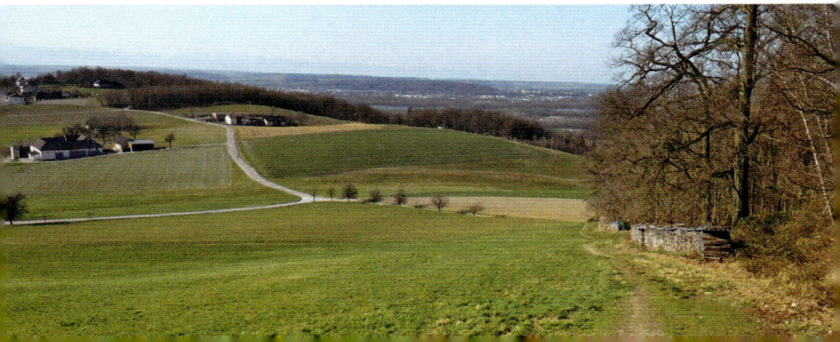

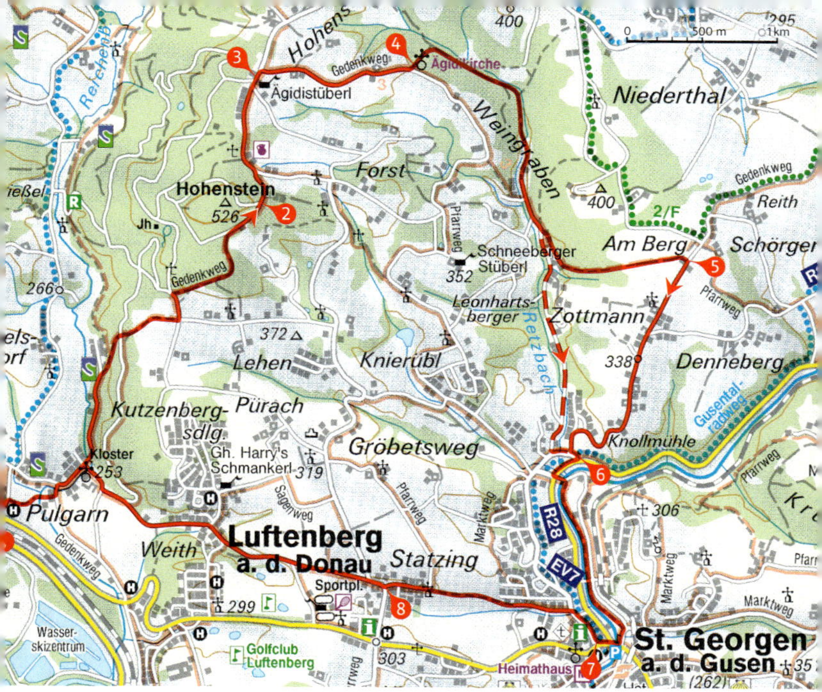

Waldrand auf einem Feldweg weiter; direkt vor einem Güterweg links bergan und auf den Donauhöhenweg. Nach 100 m halten wir uns rechts am Waldrand, dann im Wald nach rechts führt der Wanderweg stetig bergan zum **Hohenstein** 2, 526 m (Gipfel etwas links des Weges, keine Fernsicht, kein Gipfelkreuz, kein Bankerl).

Leicht bergab gelangt man auf einen Güterweg. Auf ihm nach links durch die Siedlung Forst erreichen wir das **ehemalige Gasthaus Ägidistüberl** 3; der Name verweist aufs nahe Ägidikircherl. Wir biegen nach rechts auf den Güterweg Hohenstein ein und leicht bergab sehen wir dann linker Hand

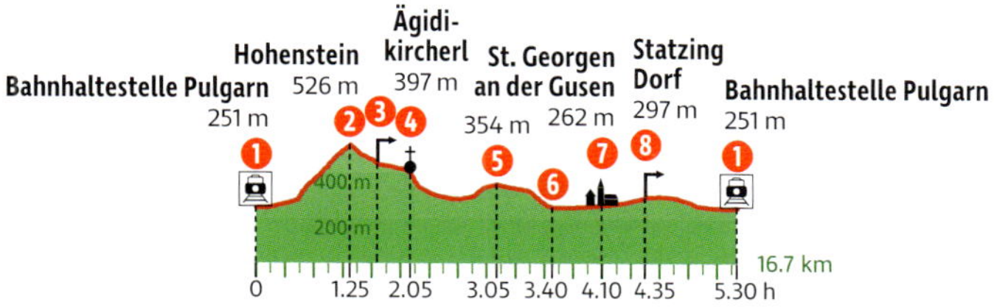

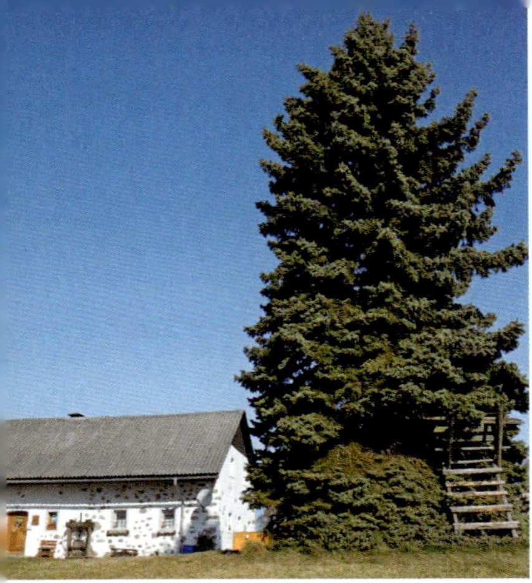

Beim Ägidikircherl.

Die ehemalige Klosterkirche in Pulgarn.

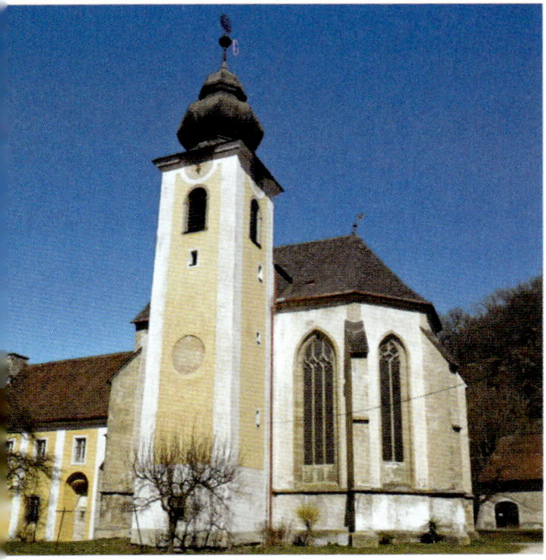

das **Ägidikircherl** ❹. Hier nach links auf einem etwas steileren Pfad hinunter in den Weingraben folgen wir dem sehr naturbelassenen Graben nach rechts talauswärts. Wir erreichen die ersten Häuser nach einer leichten Straßenkuppe (Gemeindegrenze Engerwitzdorf / St. Georgen an der Gusen, Weingrabener Straße 21) beim Bankerl »Freudis Rast«. Hier bietet sich nun die Möglichkeit, direkt nach St. Georgen an der Gusen abzukürzen (siehe Variante 1).

Bei guter Fernsicht wandern wir aber der Markierung blaues Rechteck mit schwarzen Pfeil folgend nach links (E3 rückläufig), am Ende der Sackgasse dann entlang eines Bächleins im Wald in einem Linksbogen bergan. Wir verlassen den Wald, bei einem Einfamilienhaus im Weiler **Schörgendorf** ❺ (Am Berg) biegen wir nach rechts auf den Güterweg und über **Zottmann** (herrlicher Blick auf das Gebirge) und die Dahabergstraße erreichen wir bergab die **Gusentalstraße** ❻ nahe der **Knollmühle**. Wir queren die Gusen, biegen nach rechts, und wandern auf auf der linken Flussseite bis zur Mauthausener Straße (hier nach links erreicht man den Bahnhaltepunkt St. Georgen an der Gusen, von wo die Rückfahrt möglich ist, siehe Variante 2).

Rechts über die Gusenbrücke gelangen wir ins Zentrum von **St. Georgen an der Gusen** ❼. Am Marktplatz nach rechts durchwandern wir den Oberen Markt, biegen nach links in den Köhlerweg und geradeaus leicht bergan erreichen wir die Häuser von **Statzing Dorf** ❽. Nun weiter geradeaus an Obstkulturen und dem nördlichen Golfplatzende vorbei nach Luftenberg, Ortsteil Weih, wo nach links der Pulgarner Weg uns wieder zum ehemaligen **Kloster Pulgarn** und weiter zur **Bahnstation Pulgarn** ❶ leitet.

↗ 280 m | ↘ 280 m | 14.8 km

3.45 h

Im Tal der Gusen bei Katsdorf

Entlang der Summerauerbahn und der Gusen

Bei der gemütlichen Gusental-Runde werden zwei Wanderwege kombiniert: der Katsdorfer Panoramaweg, der diesen Namen wahrlich verdient, und der Naturfreundeweg Katsdorf–Lungitz.

Ausgangspunkt: Katsdorf, Ortsplatz, 306 m.
Mit ÖV: Busverbindungen von Linz Hbf. bis Haltestelle Katsdorf Ortsplatz. Alternativ kann bei Anreise mit der Bahn der Start beim Bahnhof Lungitz 7 oder von der Bahnhaltestelle Katsdorf aus bei Wegpunkt 5 erfolgen.
Mit PKW: Anfahrt auf der A 7 bis Ausfahrt Engerwitzdorf und weiter auf der Gusentaler Bezirksstraße nach Katsdorf; Parkmöglichkeiten in Katsdorf bzw. gegenüber dem ASKÖ-Sportzentrum.
Anforderungen: Durchgehend sehr gut markiert, nur geringe Höhenunterschiede, im Abschnitt Lungitz–Katsdorf auf dem Naturfreundeweg eine längere Strecke auf Asphalt – hier ist eine Alternative beschrieben.
Einkehr: Katsdorf, Jausenstation Deisinger Hof bei Katsdorf, Mostheuriger Punzenberger in Schörgendorf.

Wir verlassen den Ortsplatz von **Katsdorf** 1 auf der Straße in Richtung Lungitz. Bergab über den Baderberg biegen wir nach der Brücke über die Gusen nach links auf den Panoramaweg K5 und passieren den ASKÖ-Sportplatz und den Motorik Park. Ein Steig nach links geleitet uns zum ehemaligen **Schloss Bodendorf** 2. Hier folgen wir in einem Rechtsbogen der Straße, um bei einem Transformator nach links abzubiegen. Bergan entlang der sogenannten »Panzerfelde« (so wurden schwer bearbeitbare Böden bezeichnet) erreichen wir die Bahnlinie Linz–Budweis und folgen dieser bis zu einer Unterführung. Unter der Bahntrasse hindurch, dann nach links erreichen wir einen Bildstock. Nun wendet sich unser Weg nach rechts weg von der Bahn, am rechten Waldrand und dann in den Wald gelangen wir zum Bauernhof **Schmid in Ödt**, wo wir Interessantes über die ehemalige Salzstraße erfahren. Immer wieder herrliche Ausblicke, nach links erreichen wir

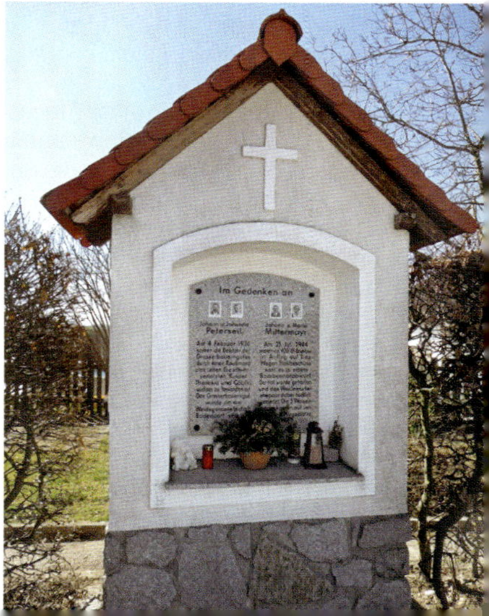

Kleine Gedenkkapelle in Weidengut.

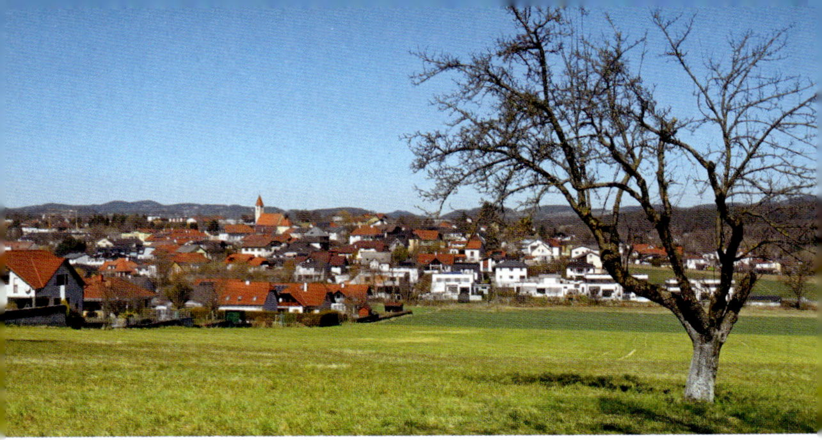

Blick auf Katsdorf, wo die Gusental-Runde startet.

Ruhstetten ❸. Nun nach rechts bergab zur **Jausenstation Deisinger Hof**, wo der Wanderweg nach links vorbei an Obstbäumen als Wiesenweg im Zickzack nach **Weidegut** ❹ führt. Bei der Bushaltestelle Katsdorf Weidegut nach rechts bergab, vorbei an einer **Gedenkkapelle** beim Hof Weidegut, gehen wir in Richtung der Brücke (sie würde über die Bahnlinie und zur Bahnhaltestelle Katsdorf führen). Wir aber biegen vor der Brücke (Haus Weidegut 1) nach links auf den **Naturfreundeweg Lungitz** ❺ ab.
Nun verlassen wir die Markierung Panoramaweg, dieser führt zurück nach Katsdorf, und biegen vor der Brücke (Haus Weidegut 1) nach links auf den ab. Links haltend erst über eine Anhöhe mit wiederum toller Fernsicht, dann parallel zur Bahnlinie, ein kurzer Schwenk zu den nächsten Häusern und durch eine Senke zu einem Viadukt. Geradeaus heißt es dann aufpassen: ein Steig vor einem Jägerhochstand und einem einzelnen Baum leitet uns nach rechts wieder zur Bahnlinie, der wir bis **Standorf** ❻ folgen. Im Ort queren wir beim Viadukt die Straße und folgen dann einem Güterweg nach links leicht bergan. In einem Rechtsbogen erreichen wir auf einem Feldweg **Schwarzendorf** und in Folge die Straße nach Ried in der Riedmark beim Feuerwehrzeughaus und dem Motorik Park Lungitz. Unter der Bahn hindurch und nach links gelangen wir zum **Bahnhof Lungitz** ❼ und dem ehemaligen Gasthaus Scheuchenegger. Gegenüber erfahren wir auf einer Schautafel Interessantes über die Karden: Hierbei handelt es sich um Disteln, die zur Wollbearbeitung verwendet wurden. Eine Karde ist auch heute noch im Wappen von Katsdorf zu finden. Ein Besuch des Heimatmuseums Katsdorf bietet weitere Informationen.
Der Rückweg führt ein kurzes Stück auf der Gusental-Bezirksstraße in Richtung Katsdorf, dann nach links vorbei an der Kläranlage über die Gusen wenden wir uns in **Schörgendorf** ❽ nach rechts. Hier ist die schwach

befahrene Straße unser Wanderweg, linker Hand der **Mostheurige Punzenberger**. Wer der Markierung des Naturfreundeweges treu bleibt, gelangt so direkt nach Katsdorf. In **Edtsdorf** ⑨ bietet sich aber eine Alternative an: Nach der Brücke über das Bächlein nach links in Richtung Niederthal/Oberthal, unmittelbar nach dem Hof Edtsdorf 8 rechter Hand nach rechts in eine Sackgasse.

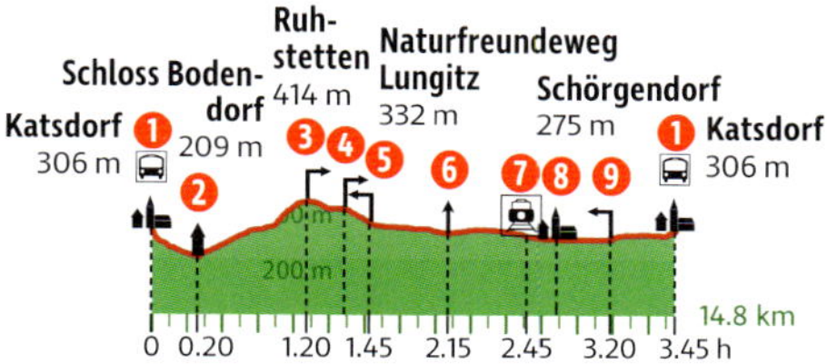

Der Weiterweg bietet schönen Blick auf Wartberg ob der Aist, entlang eines Waldes biegen wir dann beim Hof Kranewitter nach links und erreichen die Einfamilienhäuser von **Eichwiesel**. Bei der Ortsende-Tafel Katsdorf nun nach rechts entlang der Eichwiesel-Straße, die wir bei den letzten Häusern nach rechts auf einem Fußweg mit der Markierung K4 verlassen. Über den Klenbach gelangen wir auf diesem Fußweg wieder ins Zentrum von **Katsdorf** ①.

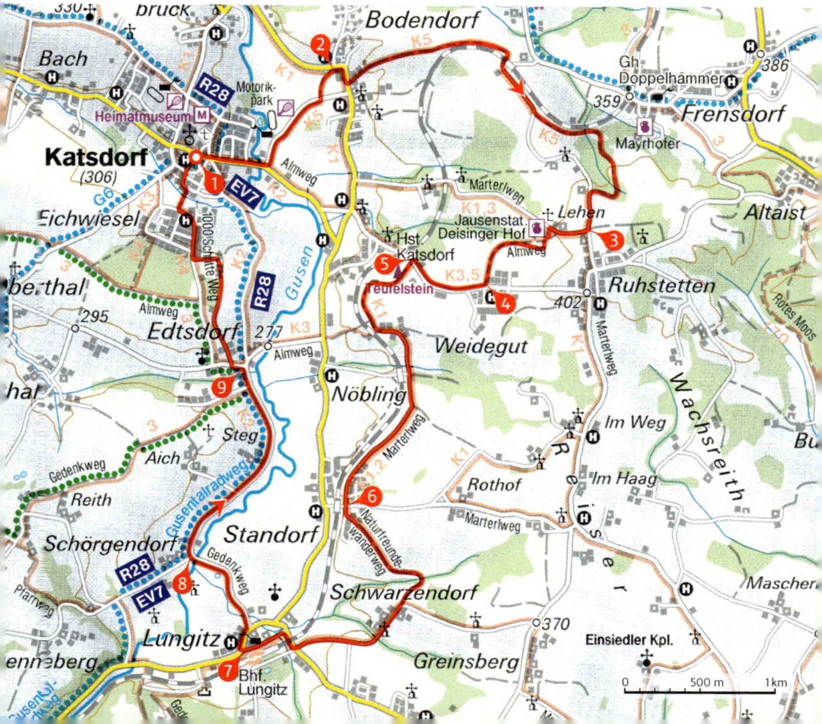

↗ 260 m | ↘ 260 m | 11.3 km

31 Von St. Georgen an der Gusen auf den Frankenberg

3.15 h

Auf den aussichtsreichen Höhenrücken östlich von Sankt Georgen

Auf dem schönen Rundwanderweg in Gebiet östlich von St. Georgen an der Gusen eröffnen sich bei klarem Wetter weite Fernblicke in Richtung Alpen vom Ötscher bis zum Traunstein.

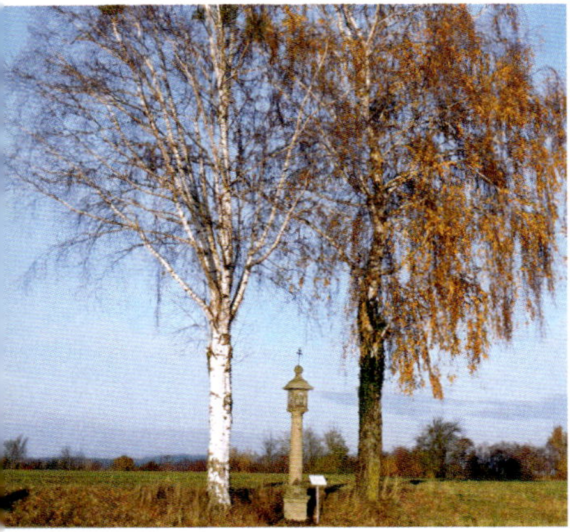

Zwei Birken schmücken den Bildstock.

Ausgangspunkt: St. Georgen an der Gusen, Bahnhaltestelle Ort, 254 m. Mit ÖV: Bahnverbindungen von Linz bis Bahnhaltestelle St. Georgen/Gusen Ort. Mit PKW: Anfahrt auf der Bundesstraße B 3 bis Abzweigung Abwinden, nach links durch Abwinden nach St. Georgen an der Gusen; wenige Parkmöglichkeiten bei der Bahnunterführung.

Anforderungen: Markierungen vorhanden, aber nicht durchgehend markiert, dennoch problemlos begehbar; einige Abschnitte auf schwach befahrenen Güterwegen, Feld- und Waldwege.

Einkehr: Unterwegs keine Möglichkeit. Gastronomie in St. Georgen an der Gusen.

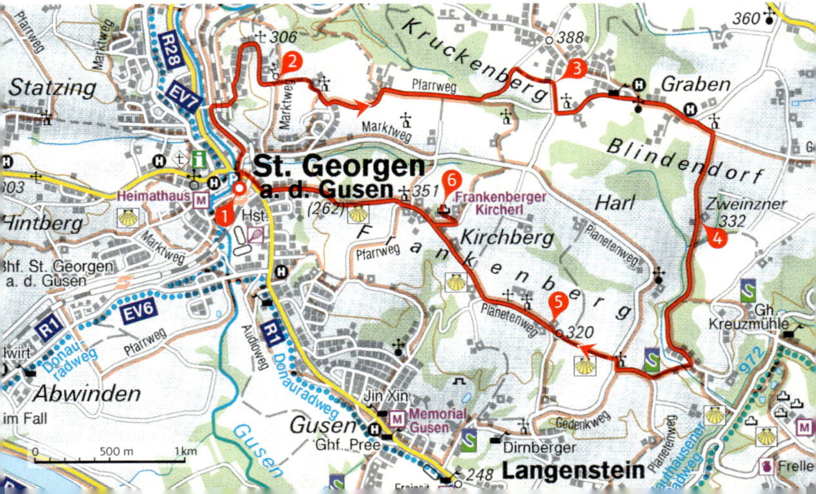

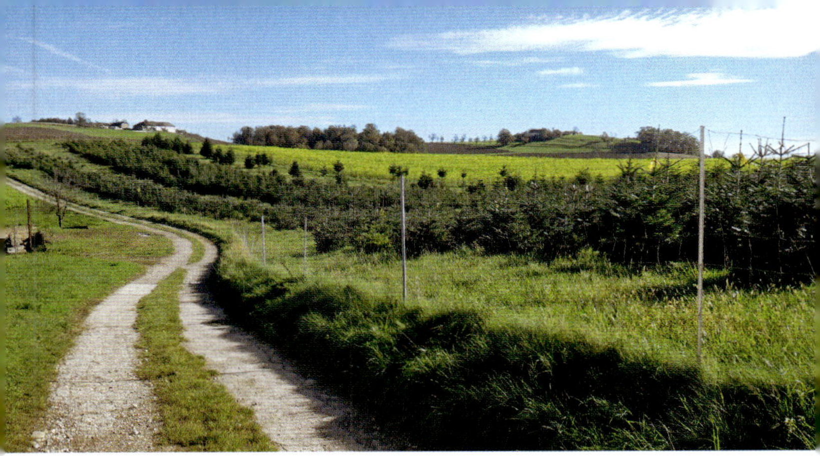
Entlang einer Christbaumplantage in Kruckenberg.

Von der **Bahnhaltestelle St. Georgen/Gusen Ort** ❶ folgen wir der Mauthausener Straße, bei der Gusenbrücke dann geradeaus zum Derntlgraben. Entlang des Flusses und der Bahnlinie wandern wir auf einem Fußgänger- und Radweg bis zur zweiten Bahnunterführung. Nun unter der Bahnstrecke zum **Staffelberg** ❷ und im Rechtsbogen bergan durch eine Siedlung. Nach zwei Gehöften führt der nun unbefestigte Güterweg in östlicher Richtung zum Sperlhof, einem Gestüt. Nach rechts halten wir uns bei der nächsten Kreuzung links in die Gillhofstraße (Markierungen: Marktweg, IVV-Wanderweg, Donau-Höhen-Rundwanderweg, Kruckenbergweg). Beim zweiten großen Hof nun nach rechts entlang einer Christbaumplantage auf einem Feldweg und bei der nächsten Abzweigung geradeaus auf dem Kruckenberger Rundweg R7 durch einen kleinen Wald. Nach einem kurzen Anstieg bei einem Strommast nach rechts leitet uns die Markierung zu schmucken Häusern in **Blindendorf** ❸.

Bei der Kreuzung kommen wir nun nach rechts an der Ortsendetafel vorbei zur **Schuhmayrhofersäule**. Diese zeigt sakrale Bilder wie den Hl. Florian, Maria mit Kind, Josef mit Kind und die Hl. Dreifaltigkeit. Von den russischen Besatzungssoldaten als Zielscheibe verwendet, sind die Einschusslöcher noch heute zu erkennen. Wir biegen nach links zum Hof (Schuhmayrhoferkapelle, aus Dankbarkeit für die glückliche Heimkehr aus dem Zweiten Weltkrieg errichtet) ab, passieren diesen und leicht bergab erreichen wir bei einem ehemaligen Gasthaus die Landesstraße. Der Straße folgend bei der Bushaltestelle Blindendorf/Riedmark Zweinzner geradeaus, bei einem **Bildstock** umrahmt von zwei Birken dann nach rechts auf dem Zufahrtsweg Zweinzner in Richtung Süden, vorbei am **Hof Zweinzner** ❹ in ein Bachtal.

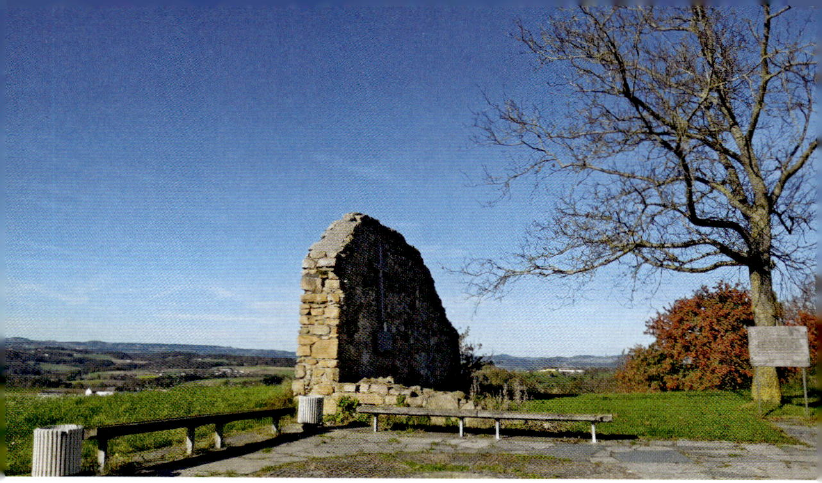

Erinnert an die Bauernkriege: der Rest des Frankenberger Kircherls.

Hier stoßen wir auf die Donausteig-Markierung, der wir in entgegengesetzter Richtung folgen. Wir verlassen den Laubwald und gelangen zu den Häusern von **Frankenberg** 5. Beim Haus Nr. 77 dann nach rechts bergan (Frankenberg-Gedenkweg) durch einen Hohlweg, vorbei am Scherzgütl zu einer T-förmigen Wegkreuzung. Bei der Gaspumpstation nach rechts und unmittelbar dahinter nach links am Modellflugplatz vorbei erreichen wir auf einem Feldweg beim Reitverein Kesselberg (Frankenberg 26, »Böhm im Kesselberg«) den Güterweg Frankenberg und folgen diesem leicht bergan in Richtung St. Georgen. An einer Obstplantage vorbei bietet sich nach links ein wunderschöner Fernblick bis hin zu den Kalkalpen.
Beim kleinen Feuerwehrdepot Frankenberg nach rechts geht ein Abstecher zum Mauerrest des **Frankenberger Kircherl** 6, das Denkmal an die letzte Schlacht der oberösterreichischen Bauernkriege im Jahr 1636. Wir aber folgen nun der Markierung »Pfarrweg« hinab zum **Hof Frankenberg** (Nr. 1). Hier nach links und bei der Kapelle nach dem Hof geradeaus durch einen kleinen Wald erreichen wir bergab wieder die Mauthausener Straße und die **Bahnhaltestelle St. Georgen/Gusen Ort** 1

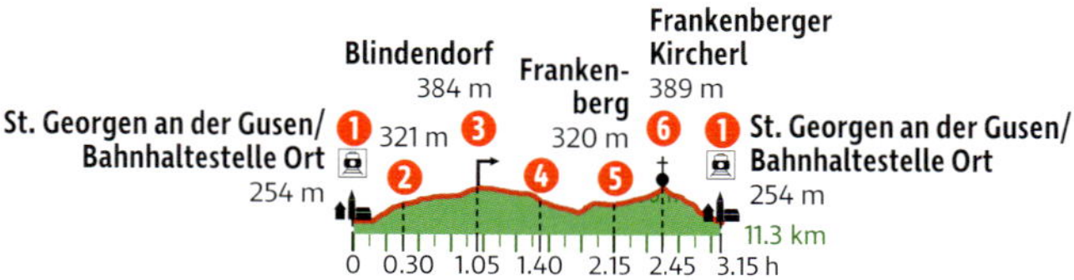

↗ 250 m | ↘ 250 m | 14.6 km

3.45 h

Von St. Georgen an der Gusen zum Ägidikircherl

32

Die aussichtsreiche Runde zum romantischen Kirchlein

Bei dieser Wanderung geht es auf die Anhöhen nördlich von St. Georgen an der Gusen, wo man schöne Weitblicke bis hin zu den Alpen genießt. Eine ganz besondere Atmosphäre erlebt man am sagenumwobenen Ägidikircherl, das auf einem alten Kultplatz steht.

Ausgangspunkt: St. Georgen an der Gusen, 254 m, Bahnhof.
Mit ÖV: Bahnverbindungen von Linz. Alternativ Bahnhaltestelle St. Georgen/Gusen Ort.
Mit PKW: Anfahrt auf der Bundesstraße B 3 bis Abzweigung Abwinden, nach links durch Abwinden zum Bahnhof St. Georgen an der Gusen; Parkmöglichkeit beim Bahnhof.
Anforderungen: Markierungen vorhanden, aber nicht durchgehend markiert, dennoch problemlos begehbar; einige Abschnitte auf schwach befahrenen Güterwegen, etwas mehr Verkehr auf dem kurzen Stück Gusentalstraße/Quarzwerke, Feld- und Waldwege. Beim Ägidikircherl kurzer, etwas steilerer Abstieg in den Weingraben.
Einkehr: Unterwegs keine Möglichkeit. Gastronomie in St. Georgen an der Gusen.

Vom **Bahnhof St. Georgen an der Gusen** ❶ folgen wir der Bahnhofstraße unter der Bahnlinie hindurch (links über den Brunnenweg erreicht man die KZ-Gedenkstätte »Bergkristall«) und vorbei am Heimathaus ins Zentrum von **St. Georgen an der Gusen**, dann entlang der Mauthausener Straße

Weite Ausblicke ins Mühlviertel.

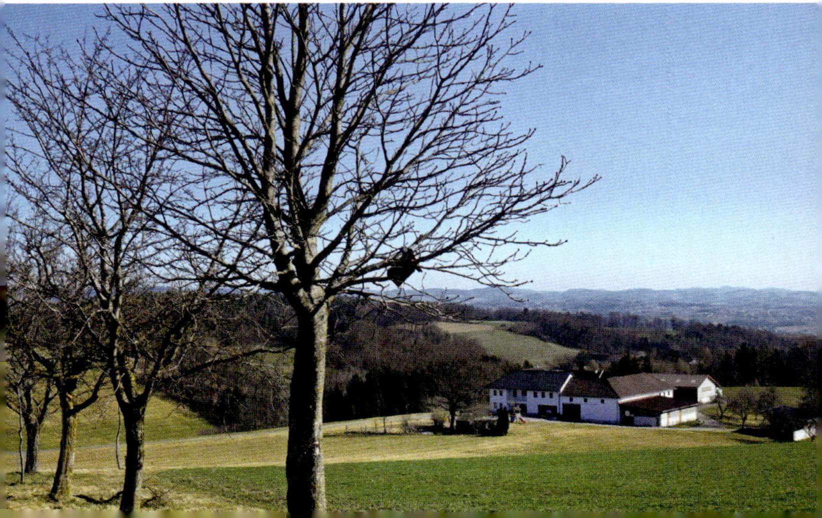

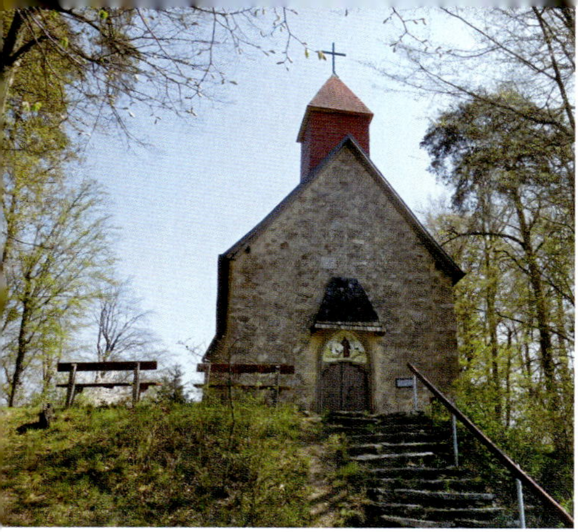

Die St.-Ägidi-Kirche soll bereits im Jahr 885 errichtet worden sein.

über die Gusen und unmittelbar nach der Brücke links zum Derntlgraben. Entlang der Gusen wandern wir auf einem Fußgänger- und Radweg unter einer Brücke hindurch bis zur Brücke über die Gusen in Sichtweite der Knollmühle.

Wir queren die Gusen und die Gusentalstraße und biegen nach ca. 100 m an der **T-Kreuzung** ❷ in die **Lungitzer Straße** nach links ab in Richtung Quarzwerke. Diese leitet uns nach **Knierübl**. Vor dem Güterweg Gröbetsberg nach rechts folgen wir der Knierübler Straße und erreichen bald Wiesen und Felder, der Blick zurück ist lohnenswert. Nach einem Vierkanthof rechter Hand mit einer Kapelle links des Weges verlässt die Markierung des Donau-Höhen-Rundwanderweges (grün-weiß-blau) den Güterweg bei dessen Rechtsknick geradeaus, quert im Wald einen Bach und bergauf erreichen wir die Häuser von **Forst** ❸.

Bei der X-förmigen Kreuzung nehmen wir den linken Güterweg (Donau-Höhen-Rundwanderweg), in einem großen Bogen östlich des **Hohensteins** gelangen wir mit schöner Fernsicht zum **ehemaligen Gasthof Ägidistüberl** ❹. Dort nach rechts auf dem Güterweg Hohenstein (auch Markierung Gedenkweg) liegt das Ägidikircherl dann linker Hand auf einem kleinen Hügel. Beim **Ägidikircherl** ❺ nach links auf einem etwas steileren Pfad hinunter in den Weingraben folgen wir dem sehr naturbelassenen Graben nach rechts talauswärts. Wir erreichen die ersten Häuser nach einer leichten Straßenkuppe (Gemeindegrenze Engerwitzdorf / St. Georgen an der Gusen, Weingrabener Straße 21). Beim Bankerl »Freudis Rast« wandern wir auf der Weingrabner Straße dem Retzbach folgend talauswärts, vorbei am

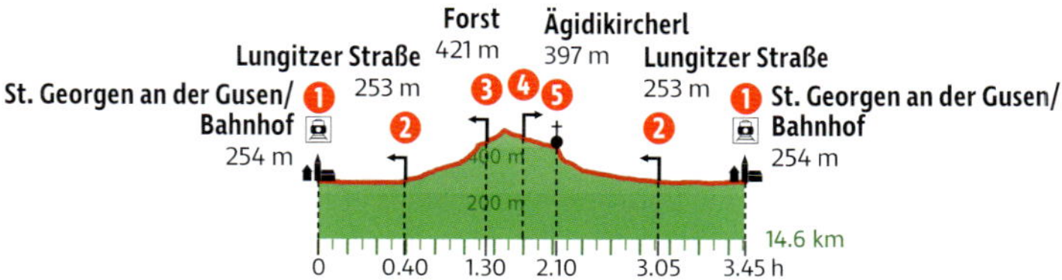

Bauhof erreichen wir die **Lungitzer Straße** und nach links abbiegend hinter der Brücke die vom Hinweg bekannte **T-Kreuzung** ❷.
Von hier nach links entspricht der Rückweg dem Hinweg, die Gusentalstraße wird nahe der Knollmühle gequert. Hinter der Brücke nach rechts geht es an der Gusen entlang nach **St. Georgen an der Gusen** und zum **Bahnhof** ❶ bzw. zur Haltestelle St. Georgen an der Gusen Ort.

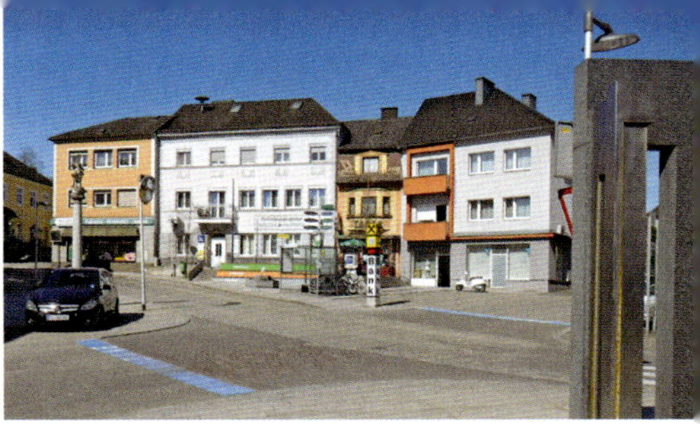

Am Marktplatz von St. Georgen an der Gusen.

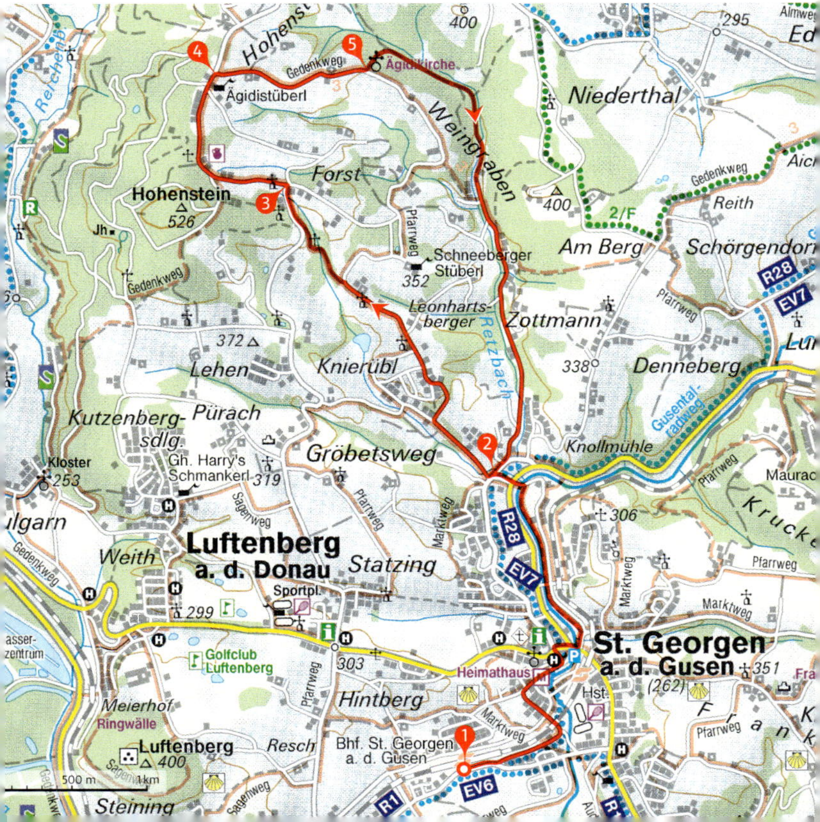

↗ 220 m | ↘ 220 m | 17.7 km

33 Donauebene und Hochfläche bei Mauthausen

5.00 h

Durch die Ebene nördlich des schmucken Donauortes und hinauf auf aussichtsreiche Höhen

Ein abwechslungsreicher Rundwanderweg führt von der Donauebene bei Mauthausen über Schwertberg nach Ried in der Riedmark und über die letzte Etappe des Naturfreundeweges 170 wieder retour nach Mauthausen. Unterwegs genießt man schöne Fernblicke.

Ausgangspunkt: Mauthausen, Schloss Pragstein, 245 m.
Mit ÖV: Busverbindungen von Linz Hbf. bis Haltestelle Mauthausen Marktplatz. Bei Anreise mit der Bahn Ausgangspunkt alternativ beim Bahnhof Mauthausen.
Mit PKW: Anfahrt auf der B 3 nach Mauthausen; Parkmöglichkeit beim Schloss Pragstein.
Anforderungen: Markierungen vorhanden, aber nicht durchgehend markiert, dennoch problemlos begehbar; einige Abschnitte auf schwach befahrenen Güterwegen, Feld- und Waldwege.
Einkehr: Mauthausen, Obenberg, Ried in der Riedmark.

Der erste Teil dieser Wanderung führt uns von **Mauthausen** bis Althart auf dem sehr gut markierten Donausteig. Vom Gedenkstein an der Mauthausener Fähre beim **Schloss Pragstein** ❶ wandern wir auf der Vormarktstraße in Richtung Osten, vorbei an der Heinrichskirche. Bei der Zufahrt zum Einkaufszentrum Donaupark biegen wir links ab. Ein Fußweg (Sackgassenzeichen) führt uns zügig bergan. In einer Siedlung halten wir uns rechts (Krokusweg) und erreichen auf dem Eschenweg den Höhenrücken über der Donau. Am Ende der Straße geht es nach links auf einem Feldweg zuerst nach Norden. Bergab kommen wir zum sogenannten **Heinrichsbrünndl**. Wir folgen der Straße bergab. Bei einem mächtigen Vierkanthof biegen wir links in die Gutshofstraße. Anschließend queren wir die Bahnstrecke Mauthausen–Perg–Grein und die Bundesstraße B 123. Wir halten uns geradeaus, bis wir in leichtem Rechtsbogen in der Kindergartenstraße auf die Machlandstraße treffen. Entlang dieser geht es nun nach links bis zur nächsten Abzweigung. Hier nun nach links, darauf gleich wieder nach rechts folgen wir der Prof.-Gerstmayr-Straße. Links passieren wir den **internationalen Soldatenfriedhof Mauthausen** ❷, dann die

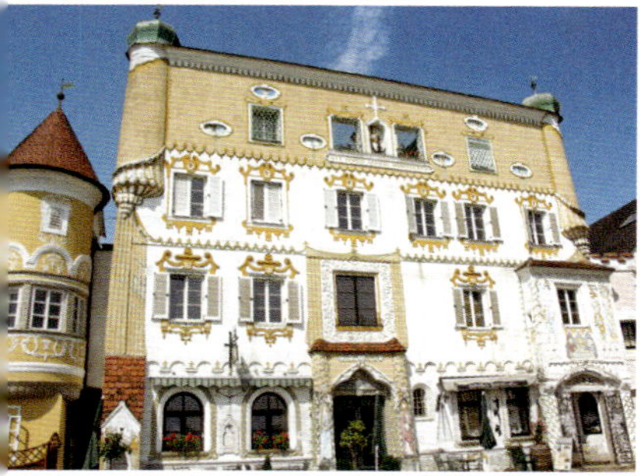

Schmucke Häuser an der Donau in Mauthausen.

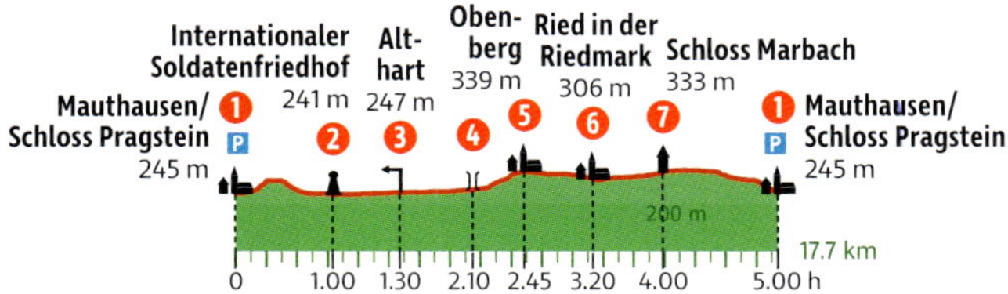

Ortschaften Hinterholz und Neuhart und gelangen nach **Althart** ❸. Wir verlassen den Donausteig links haltend und wandern nordwestwärts bis zum beschrankten Bahnübergang der Donauuferbahn. Hier nun erst nach rechts entlang der Bahnlinie und dann nach einem Linksknick auf dem Feldweg erreichen nach einem großen Betrieb rechter Hand den Schwertberger Ortsteil **Poneggen** ❹. Auf der Ponegger Straße nach rechts, vorbei

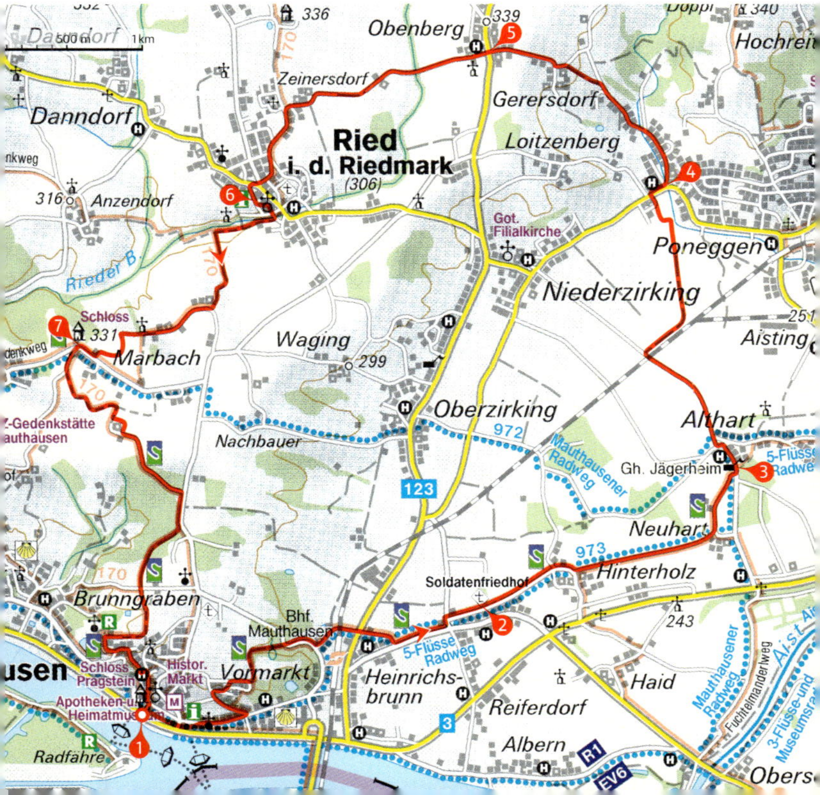

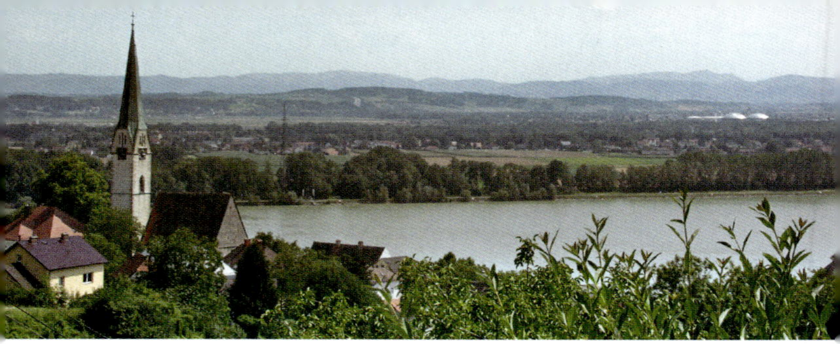

Mauthausen und der Blick über die Donau.

an der Haltestelle Poneggen, biegen wir nach der Brücke nach links in die Bachstraße. Leicht bergan folgen wir dieser durch die Siedlung, queren den Bach erneut nach links und erreichen nun etwas steiler bergan das Ortsende von Schwertberg. Nach dem Ortsende-Schild nun nach links auf einem Feldweg (Markierung Ried Rundweg R 3 rückläufig) bergan gelangen wir zu den Bauernhöfen von **Gerersdorf**, wir durchqueren den Weiler auf der rechten Straße und gelangen nach **Obenberg** 5. Beim **Gasthaus Bach** queren wir die Straße, geradeaus durch eine Senke über den Rieder Bach geht es vorbei an einem mächtigen Hof (Zeinersdorf 20) nach Zeinersdorf und von dort nach Ried in der Riedmark.

Beim Kindergarten nach links über die Klosterstraße erreichen wir den Marktplatz von **Ried in der Riedmark** 6. Unterhalb der Kirche führt uns nun nach Querung des Rieder Baches die Markierung des Naturfreundeweges 170 an den Sportplätzen vorbei parallel zum Bach. Im rechten Winkel biegen wir auf einen Steig und bergan, dann um den Bauernhof herum zu einer Güterweg-Gabelung. Nach rechts nun durch Wimm endet bei einer Kapelle der Asphalt. Nach einem kurzen Stück geradeaus, dann nach links bergan gelangen wir zum **Schloss Marbach** 7, wo wir auf den Donausteig treffen.

Beim Schloss biegen wir links leicht bergauf ab, um nach ca. 200 m einen Wiesenweg (leicht nach links, auf Weg 170) einzuschlagen. Wir wandern an einem Aussichtspunkt vorbei, links sehen wir nochmals die markante Kirche von Ried in der Riedmark, rechts das Lager des ehemaligen KZ Mauthausen. Auf einem Steig bergab vorbei an einem Hof gelangen wir über die Zufahrt nach links zu einer Straße, halten uns auf ihr ein Stück rechts, verlassen den Asphalt aber schon bald wieder rechts. Wir durchschreiten einen kleinen Wald, queren eine Straße (Brunngraben) und halten uns südwärts, um unmittelbar vor **Mauthausen** nochmals nach rechts zu schwenken. Nun folgen wir der sehr guten Donausteig-Markierung über die Kalvarienbergstraße, die Straße Mayr am Berg und die Brunngasse ins Zentrum des Markts, wo sich beim **Schloss Pragstein** 1 unsere Runde schließt.

↗ 500 m | ↘ 500 m | 14.2 km

4.45 h

TOP

34 Von Grein an der Donau in die Stillensteinklamm

Der malerische Donauort und die rauschende Klamm

Von Grein geht es in die romantische Stillensteinklamm und weiter zum Gasthaus Aumühle. Beim Rückweg über Panholz eröffnen sich schöne Blicke auf Grein und das Donautal.

Ausgangspunkt: Grein an der Donau, Hauptplatz, 239 m.
Mit ÖV: Bahnverbindungen von Linz Hbf. bis Grein Stadtbahnhof oder Bahnstation Grein-Bad Kreuzen.
Mit PKW: Anfahrt auf der B3 donauabwärts bis Grein; Parkmöglichkeiten neben der Landesstraße L 573 in Richtung Bad Kreuzen, von dort Fußweg ins Zentrum von Grein.
Anforderungen: Die Route ist durchgehend markiert (Donausteig und lokale Markierungen), am Rückweg asphaltierte Güterwege mit kaum Verkehr, Feld- und Waldwege, in der Stillensteinklamm ist bei Nässe etwas Vorsicht geboten.
Einkehr: Grein, Hotel Aumühle in Panholz, Jausenstation St. Nikola.

Wir verlassen den Hauptplatz von **Grein** ❶ entlang der Donausteig-Markierung. Donauabwärts halten wir uns am Ortsende links an die Hauptstraße und wenden uns bei der Jubiläumsstraße nach rechts. Unter der Bahn hindurch geht es nun leicht bergan. Jetzt folgen wir rechts dem Wienerweg und biegen dann links in den Thannluß ein. Am Ende der Straße bei einer Baumreihe schwenken wir nach rechts, durchwandern die Baumreihe und queren die Straße, um beim nächsten Weg nach links abzubiegen (Zufahrtsweg Rammersböck). Auf diesem Zufahrtsweg geht es nun bergan. Vor dem

Mühlräder der Gießenbachmühle am Eingang zur Stillensteinklamm.

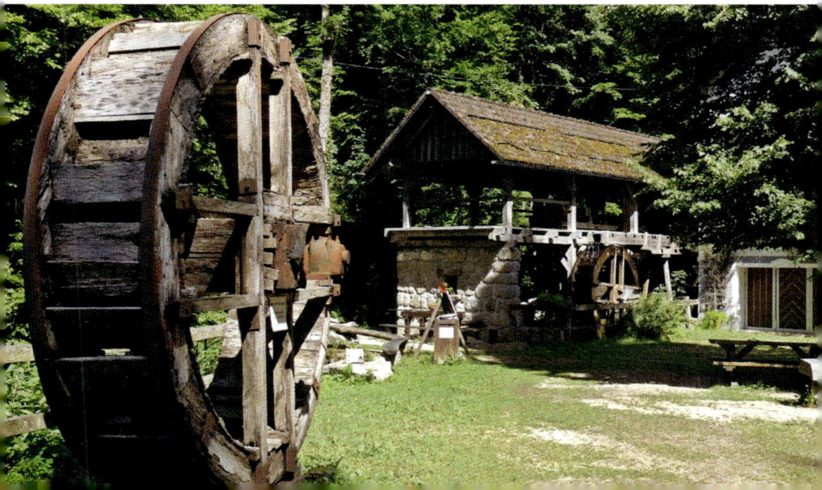

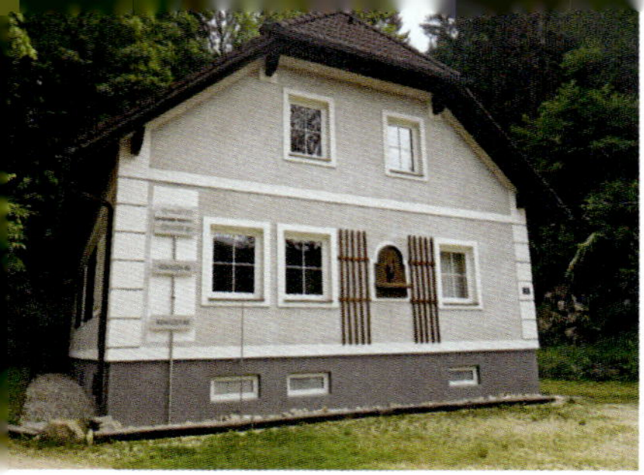

Die Markierungen am Haus zeigen frühere Hochwasserstände an.

nächsten Bauernhof halten wir uns links. Der Feldweg macht eine Spitzkehre, wir wandern weiter auf dem Forstweg Kreuzleiten, bis der Weg einem Taleinschnitt nach links folgt. Am Scheitel einer Rechtskurve verlassen wir den Forstweg und folgen dem Waldweg zuerst rechts haltend (parallel zum Forstweg), dann bergauf zum **Werfensteinblick** ❷ – wie der Name sagt mit schönem Blick auf Burg Werfenstein sowie die Donau mit der Insel Wörth.

Zügig bergab erreichen wir die Bahnlinie. Wir queren den Gießenbach und wenden uns nach links. Bei der **Gießenbachmühle** ❸ (mit Mühlrad) beginnt der Weg in die **Stillensteinklamm**. Der Donausteig führt zuerst östlich als Straße, später westlich als Steig entlang des Baches. Eine Brücke quert den Bach und mittels Stufen, gesichert durch Geländer, gelangen

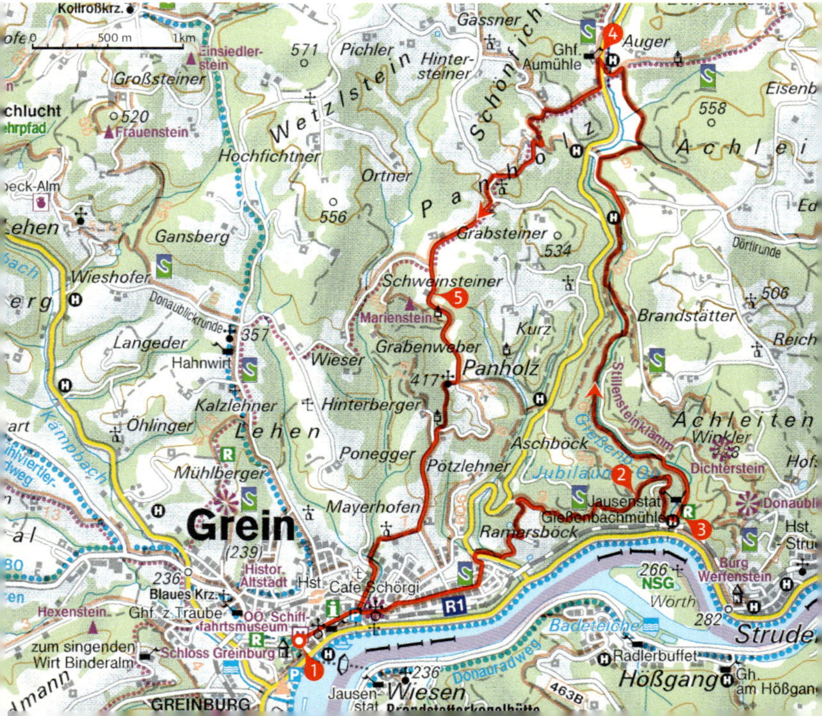

wir durch den romantischsten Teil zu einem mächtigen, über den Weg reichenden Felsen. Unter diesem hindurch verlassen wir nun den Donausteig, der nach rechts abbiegt, und bleiben vorerst in der Schlucht. Nach Querung des Baches nun bergan endet die eigentliche Klamm, der Weg wird flacher, am aufgestauten Gießenbach entlang erreichen wir nach einer weiteren Brücke einen Güterweg. Vor der nächsten Brücke leitet uns die Markierung nach rechts leicht bergan. Wir bleiben parallel zum Bach, bis wir rechtwinkelig auf einen weiteren Güterweg treffen. Nun nach links sehen wir gegenüber bereits das **Hotel Aumühle** 4.

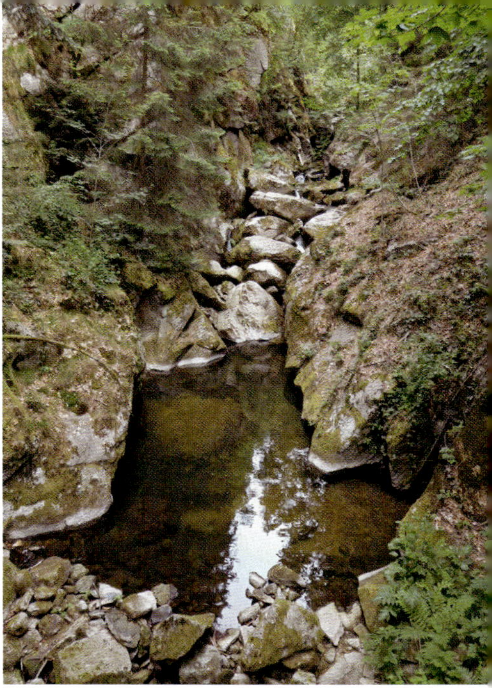

Wild und romantisch: die Felsenlandschaft in der Stillensteinklamm.

Der Rückweg, erst als kurzes Stück auf der Bundesstraße B 119 nach Süden, wendet sich anschließend als Wanderweg Nr. 6 nach rechts. Auf der Kuppe dann nach links und durch eine Senke zum nächsten Hof und auf dessen Zufahrt bergan. Bei der nächsten Kreuzung (Transformator) nach links (Güterweg Schönfichten) und bei der nächsten Abzweigung nach rechts bergab lädt eine Sitzgruppe zur Rast ein. Der Weg führt uns in Panholz nun nach Süden vorbei an den Höfen Grabweber und **Schweinsteiner** 5. Nach einer kurzen Waldpassage liegen bereits das Donautal und Grein mit seinem dominanten Schloss vor uns. Bei einem markanten Hof linker Hand (Mayerhofer, Nr. 2) weist uns Weg 7 nach rechts, wir gelangen in das Tal des Greinerbaches, unter der Bahntrasse hindurch und nach rechts erreichen wir wieder unseren Ausgangspunkt, den Hauptplatz von **Grein an der Donau** 1.

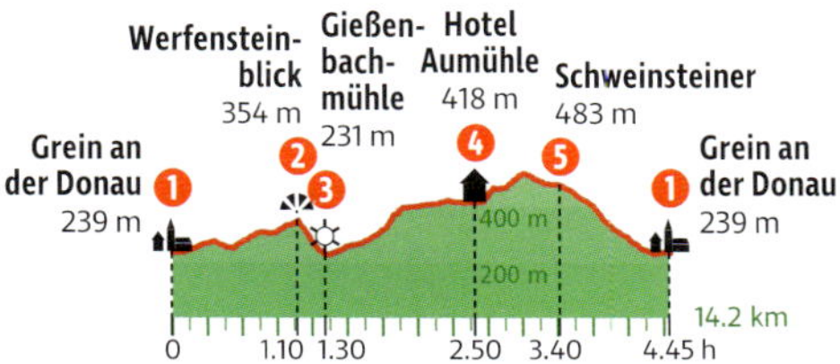

TOP

35 Die Schlögener Schlinge

↗ 150 m | ↘ 150 m | 15.2 km

4.30 h

Immer mehr als ein Foto wert: herrliche Tiefblicke auf den wunderschönen Donauverlauf bei Schlögen

Diese Rund- bzw. Streckenwanderung auf dem Hochplateau führt uns zu dem wohl bekanntesten Donauabschnitt in Oberösterreich, der Schlögener Schlinge, und entlang des Steilabfalls zum weniger bekannten Steiner Felsen mit toller Fernsicht. Diese hat man auch auf dem Rückweg.

Ausgangspunkt: Haibach ob der Donau, Kirchenplatz, 528 m.
Mit ÖV: Busverbindungen von Linz Hbf. bis Haltestelle Haibach ob der Donau Ortsmitte.
Mit PKW: Anfahrt von Linz über die B 127 und Ottensheim, dann auf der B 131 bis Hartkirchen und weiter auf der B 130 oder die B 130 über Wilhering, Eferding nach Haibach; Parkmöglichkeiten im Ort.
Anforderungen: durchgehend markiert (verschiedene Markierungen), Orientierung unschwer, am Rückweg asphaltierte Güterwege mit kaum Verkehr, Feld- und Waldwege.
Einkehr: Haibach ob der Donau, Mosthof 3er Berg.
Variante: Alternative Streckenwanderung: Vom Steiner Felsen 4 nach Norden Abstieg nach Inzell (Vorsicht: fast ein alpiner Steig, Trittsicherheit erforderlich!). Von Inzell zuerst an der Donau und dann auf der schwach befahrenen Straße donauaufwärts nach Schlögen. Dann insgesamt 14,3 km, 390 m Aufstieg, 625 m Abstieg, 4.00 Std. Gehzeit. Rückfahrt mit dem Bus (Haltestelle Schlögen Donauschlinge) Richtung Linz; fährt allerdings nicht den Ort Haibach an, sondern hält am Scheitelpunkt der Nibelungen-Bundesstraße in Sieberstal (Haltestelle Haibach ob der Donau Sieberstal). Etwa 1,5 km Fußweg ins Zentrum von Haibach.

Ein Fotomotiv ersten Ranges: die Schlögener Schlinge.

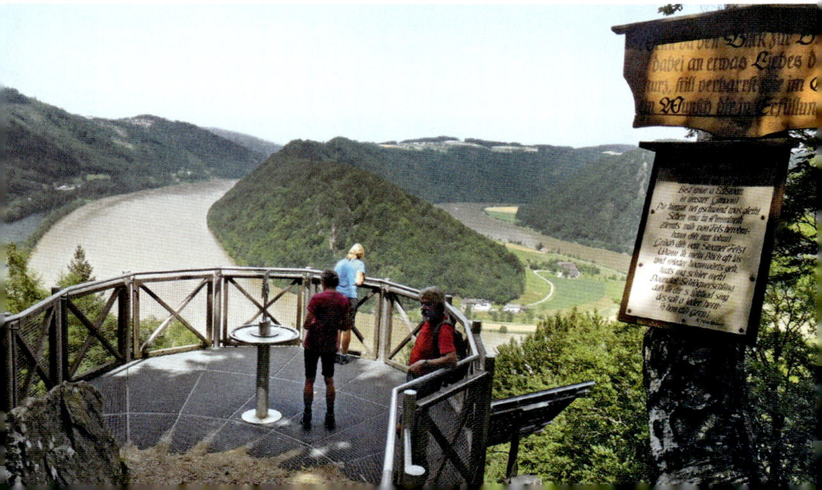

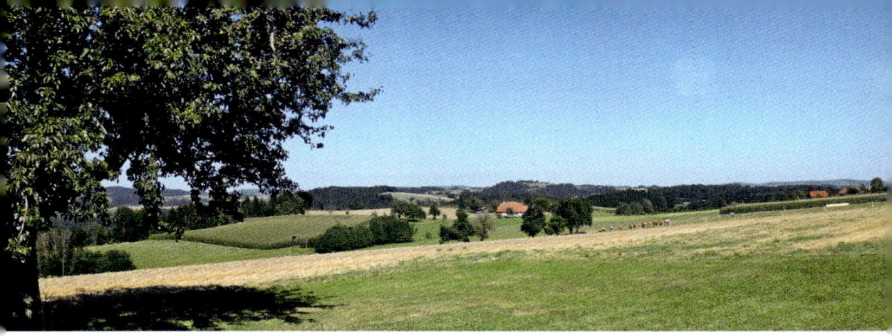

Der Wanderweg bei Haibach weist nur geringe Höhenunterschiede auf.

Wir verlassen das Zentrum von **Haibach ob der Donau** ❶ auf der Römerstraße in nördlicher Richtung (Markierung Schlögener Blick), bei einem neuen Einfamilienhaus in **Dorf** linker Hand nach links entgegen der Markierung des Donausteiges. Bei einem kleinen Teich durch ein Wäldchen auf einen Feldrain und anschließend auf einem Feldweg nach links in eine Senke. Diese durchschreiten wir mit Querung eines kleinen Baches auf einem Waldweg. Bei den nächsten Häusern nun nach links. Auf dem wenig befahrenen Güterweg erreichen wir in einem ausgedehnten Rechtsbogen einen kleinen Parkplatz. Von hier leitet uns die Markierung in den Wald und zum beliebten **Aussichtspunkt** ❷ oberhalb der **Schlögener Schlinge**, wo sich ein herrlicher Blick auf das Donautal bietet.
In einer Schleife nach rechts wandern wir weiter, nach einem kurzen Bergabstück bleiben wir links und gelangen zum Ciconaweg. Nach einer Waldpassage, vorbei an kleinen Teichen in der Senke, biegen wir beim Güterweg in **Linetshub** ❸ nach links ab, verlassen diesen aber schon nach einem Bauernhof wieder. In einem Links-Rechts-Schwenk folgen wir der Markierung »Steiner Felsen«, erst auf einem Feldweg und dann nach rechts entlang des Steilabfalles zum Strom (der Weg selber ist ungefährlich). Vorbei am Rastplatz Au erreichen wir den weniger bekannten **Aussichtpunkt Steiner Felsen** ❹ mit imposantem Tiefblick auf die Schlögener Schlinge.
Vom Steiner Felsen wandern wir nun retour zum kleinen Parkplatz beim Bauernhof und dann in östlicher Richtung entlang der Markierung 60/ Donau-Höhen-Rundwanderweg, mit schönen Blicken ins Mühlviertel im Norden und St. Agatha im Süden. Über **Eckersdorf** ❺ kommen wir zum

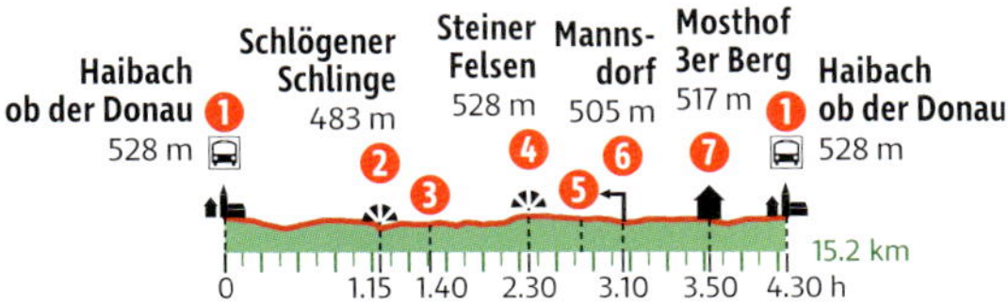

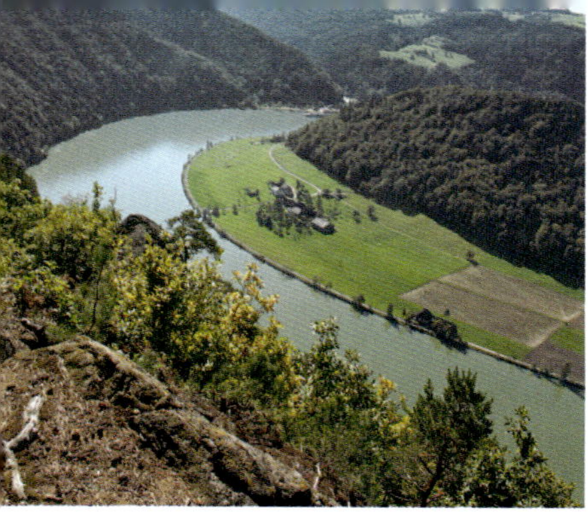

Die weniger bekannte Aussicht vom Steiner Felsen auf die Donauschlinge.

Weiler **Mannsdorf** 6, wo wir beim Haus Mannsdorf 4 nach links in Richtung der Häusern von **Lehen** abbiegen. In Lehen nach rechts erreichen wir eine T-förmige Kreuzung. Nach links erreichen wir den Wald, nun scharf nach rechts (dies ist das einzige unasphaltierte Stück des Rückweges!) und fast rückläufig passieren wir in Oberhub den Weiler Berg mit dem **Mosthof 3er Berg** 7. Die Markierung 60 leitet uns auf Güterwegen zur Römerstraße und ins Zentrum von **Haibach** 1.

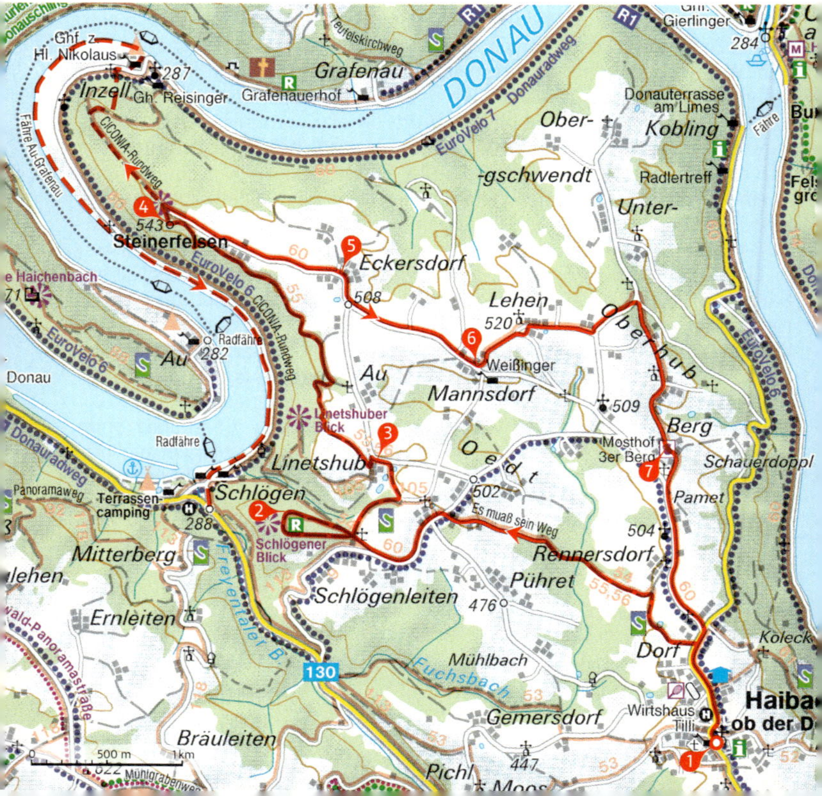

↗ 300 m | ↘ 300 m | 21.7 km

6.15 h

Ottensheim, Kürnberger Wald und Donaukraftwerk

36

Erst über die Donau, dann durch Wald und die fruchtbare Ebene südlich von Ottensheim

Von Ottensheim aus geht es per Drahtseilbrücke genannten Fähre über die Donau in den Kürnberger Wald und weiter nach Schönering, durch die Donauebene beim Innbach wieder an die Donau bei Fall und über das Kraftwerk vorbei an der Rodlmündung wieder retour.

Ausgangspunkt: Ottensheim, Bahnhof, 263 m.
Mit ÖV: Mühlkreisbahn ab Urfahr bis Bahnhof Ottensheim, Busverbindungen von Linz.
Mit PKW: Anfahrt von Linz über die B 127 nach Ottensheim bis Bahnhofstraße; Parkmöglichkeit. Parkplatz und alternativer Start auch beim Rodlgelände.
Anforderungen: Ab Wilhering Ufer durchgehend als Bauern- und Holzknecht-Runde markiert; teilweise Feld- und Waldwege, die Güterwege sind schwach befahren. Ab dem Kraftwerk Ottensheim etwas Vorsicht, da sich hier Radfahrer und Wanderer den Weg teilen.
Variante: Ausgangspunkt Stift Wilhering bzw. Haltestelle Ufer an der B 129, Busverbindung ab Linz Obere Donaulände (Nibelungenbrücke); Parkplätze für PKW beim Stift Wilhering. Von dort Zustieg beim Weiler Höf 3 über die Höfer Straße möglich. Beim Rückweg ab der Brücke über den Innbach der Markierung des Donausteiges bis zum Stift Wilhering folgen. Dann insgesamt 17,1 km, 300 Hm, 4.45 Std. Gehzeit.
Einkehr: Ottensheim, Wilhering, Schönering.

Wer von Urfahr mit der Mühlkreisbahn angereist ist bzw. am Bahnhof geparkt hat, wandert vom **Bahnhof Ottensheim** 1 über die Bahnhofstraße und den Marktplatz zur **Drahtseilbrücke** 2 (Fähre Ottensheim–Wilhering) und überquert die Donau mittels der Fähre. Bei der Bushaltestelle Wilhering Ufer auf der B 129 ein kleines Stück in Richtung Wilhering biegt der Wanderweg der Bauern- und Holzknechtrunde nach rechts ab.

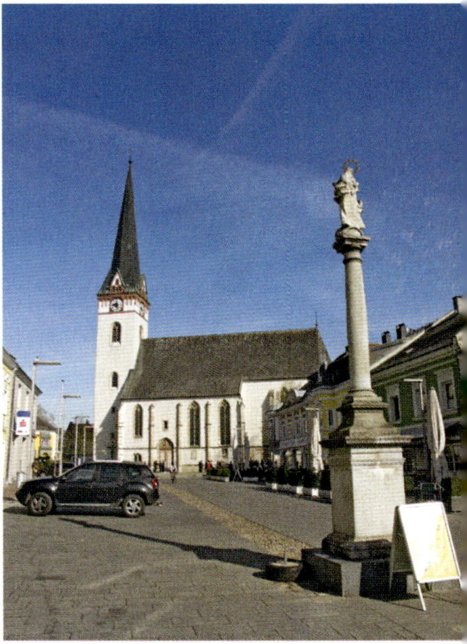

Im Ortszentrum von Ottensheim.

Über einen Feldweg mit schönem Blick zurück auf Ottensheim erreichen wir den Weiler **Höf** 3, wo der Weg in den Wald führt. Nun folgen wir der Markierung Weitwanderweg 09A. ein Stück nach rechts und zweigen dann bei einem Wegweiser scharf nach rechts (nach 3,5 km Walddurchquerung) gegen Westen Richtung Mühlbach ab. Der Weg führt nun abwärts in die lang gezogene Siedlung **Mühlbach**. Das letzte Stück vor den Häusern leitet ein schöner Hohlweg ins **Tal des Mühlbaches** 4, den wir in der Lindengasse queren.

Der Weiterweg führt auf einem Feldweg bergan, nach der Kuppe windet sich der Weg in ein kleines Tal (Winkeln) und geleitet uns ins Zentrum von **Schönering** 5, wo wir unter der Bundestraße hindurchgehen. Nach kurzem Stück geradeaus auf der Schulstraße wenden wir uns nach links und auf der Schöneringer Straße vorbei am **Gasthaus Übleis** geht es in Schönering immer geradeaus weiter bis zu einer Kapelle. Bei dieser nun nach

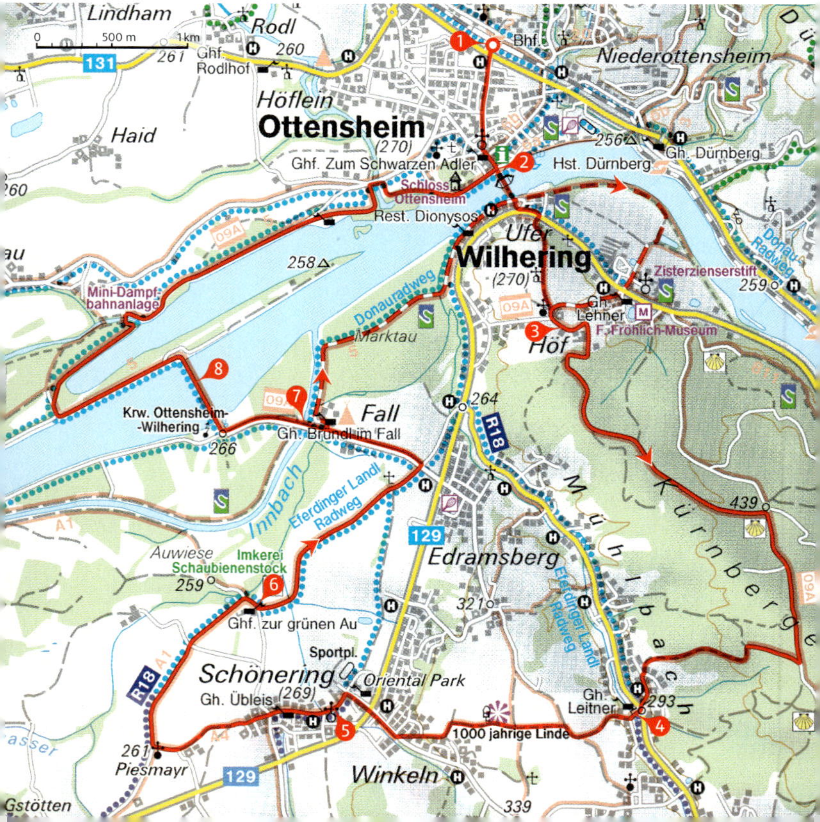

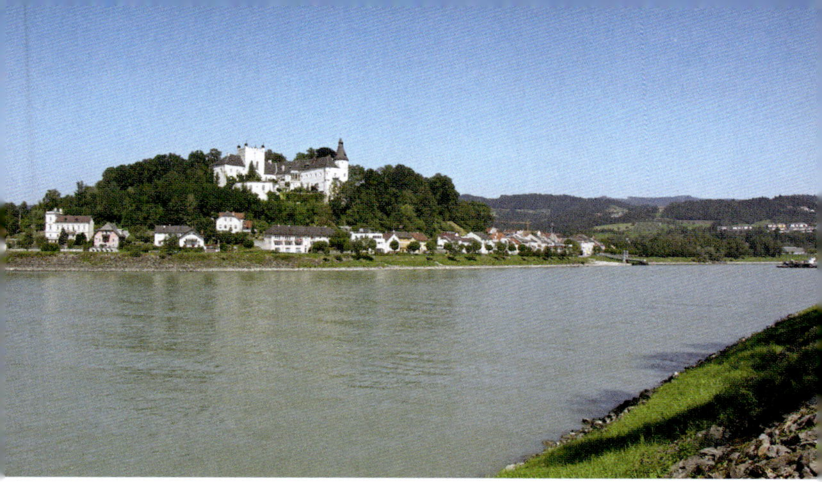

Am gegenübeliegenden Ufer erhebt sich das Schloss imposant über Ottensheim.

rechts wandern wir durch fruchtbares Ackerland bis zur Brücke über den Ofenbach. Vor dieser nach rechts und beim **Gasthaus Hollaus** 6 (Zur Grünen Au) wieder links bringt uns die Alte Landstraße zur Faller Straße. Hier nun nach links bis zur Brücke über den **Innbach** 7, geradeaus erreichen wir das **Kraftwerk Ottensheim** 8, wo wir die Donau queren. Nun ein Stück flussaufwärts und dann nach rechts auf den Radweg R1 (Donauradweg; Vorsicht, im Sommer fahren hier doch etliche Radtouristen). Wir folgen dem ehemaligen Verlauf der Donau, heute eine international bekannte Regattastrecke, queren den Pesenbach bei dessen Mündung und gelangen zum Leistungszentrum für Rudern und Kajak. Am Weiterweg ist im Sommer ein Abstecher nach rechts zur sogenannten Gatschinsel, einem Badestrand an der Donau, möglich (Wasserstand der Donau beachten!). Wir queren die **Große Rodl**, halten uns dann rechts und gelangen zur deren Mündung. Hier befindet sich das Rodlgelände mit vielen Freizeitmöglichkeiten, über uns thront das Schloss Ottensheim. Der Weiterweg führt nun zur **Drahtseilbrücke** 2, dann links hinauf ins Zentrum von Ottensheim und rechts an der Kirche vorbei leitet uns die Bahnhofsstraße wieder zum **Bahnhof Ottensheim** 1.

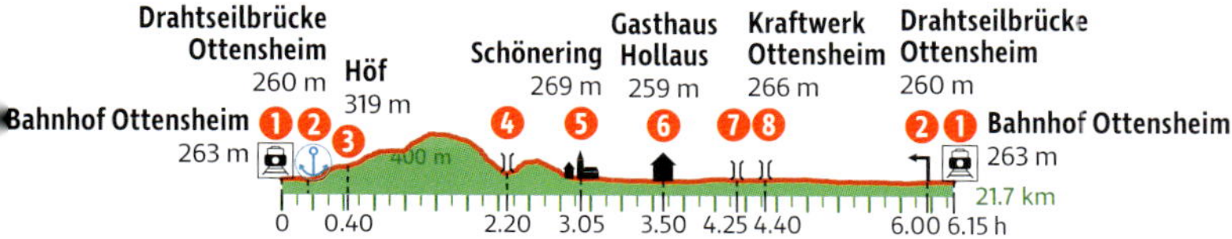

↗ 50 m | ↘ 50 m | 10.6 km

37 Wandern und Baden bei Ottensheim

2.45 h

Eine gemütliche Runde mit Bademöglichkeiten an der Donau

Bei der Tour an der Donau bieten sich im Sommer Bademöglichkeiten. Diese abwechslungsreiche und auch für Kinder interessante Rundwanderung wird auch Amerika-Runde genannt, denn die Marktau war nach dem Zweiten Weltkrieg amerikanische Besatzungszone.

Ausgangspunkt: Ottensheim, Bahnhof, 263 m.
Mit ÖV: Mühlkreisbahn ab Urfahr bis Bahnhof Ottensheim, Busverbindungen von Linz.
Mit PKW: Anfahrt von Linz über die B 127 nach Ottensheim bis Bahnhofstraße; Parkmöglichkeit. Parkplatz und alternativer Start auch beim Rodlgelände.
Anforderungen: Leichte Tour, keine besonderen Anforderungen. Ab der Drahtseilbrücke durchgehend, wenn auch sparsam als Amerika-Runde 5 markiert. Speziell im Sommer sind hier etliche Radfahrer unterwegs, daher ist etwas Vorsicht geboten. Beim Baden ist auf den aktuellen Wasserstand der Donau zu achten.
Einkehr: Ottensheim, Wilhering.
Hinweis: Diese Tour ist kinderwagentauglich, wenn man den Steig bei der Rodlmündung auf der Straße umgeht.

Vom **Bahnhof Ottensheim** ❶ unter der Umfahrungsstraße hindurch und über die Bahnhofsstraße ins Zentrum und vom Marktplatz bergab zur **Drahtseilbrücke**. Davor rechts donauaufwärts entlang der Donaulände, über uns zur Rechten das majestätisch gelegene Schloss Ottensheim und dann über einen Wiesenweg kommen wir zur **Rodlmündung** ❷. Ein Steig

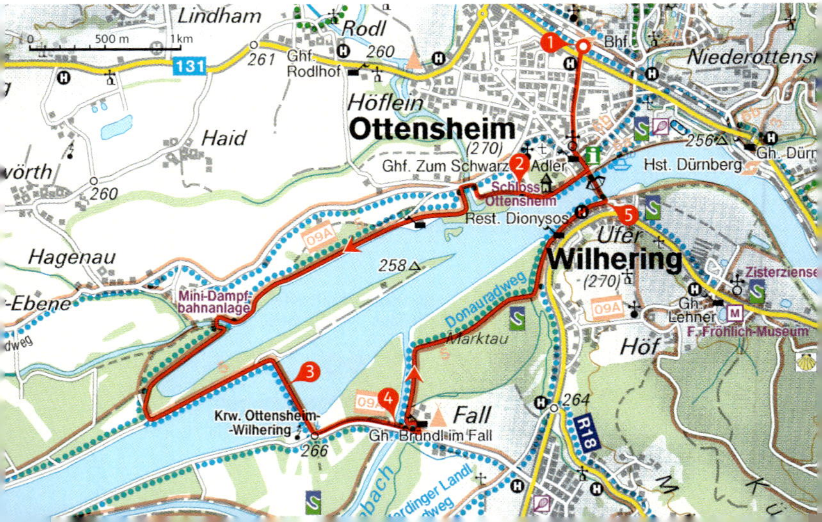

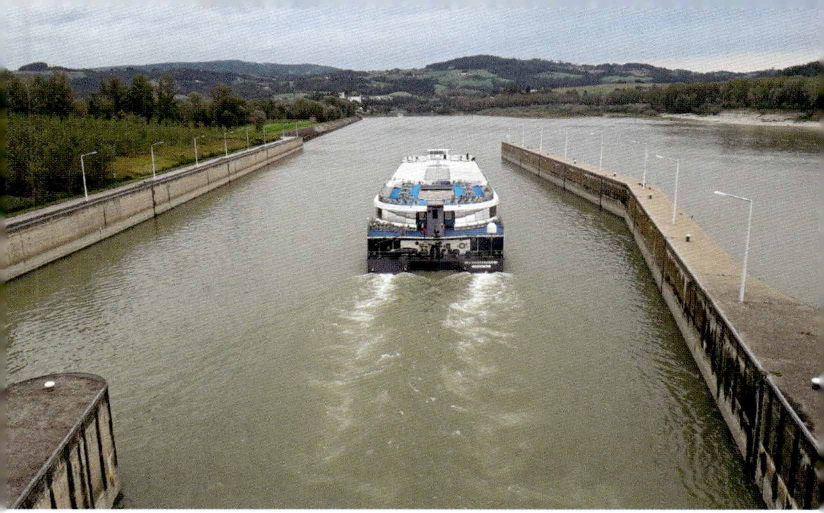

Die Schleuse beim Donaukraftwerk Ottensheim.

führt dann entlang der wieder naturnah rückgebauten Rodl, rechts befindet sich das Rodlgelände mit vielen Freizeitmöglichkeiten.

Wir gelangen zur architektonisch gut gelungenen Holzbrücke über den kleinen Fluss, nach dessen Querung nach links auf der Zufahrtsstraße zur Regattastrecke (Radweg R1/Donauradweg; Vorsicht, im Sommer fahren hier viele Radtouristen). Hier beim Rechtsknick geradeaus gibt es bei der sogenannten Gatschinsel im Sommer die Möglichkeit, in der Donau zu baden (Wasserstand der Donau beachten!). Der ehemalige Verlauf der Donau wurde hier zu einer international bekannten **Regattastrecke** mit Leistungszentrum für Rudern und Kajak. Wir folgen dem Nebenarm vorbei an den Gebäuden des Wassersportvereins Ottensheim, queren den Pesenbach bei dessen Mündung und erreichen am westlichen Ende der Regattastrecke wieder den Donaustrom.

Nun nach links nähern wir uns dem **Kraftwerk Ottensheim** ❸ und gelangen über die Kraftwerksbrücke ans südliche Ufer. Hier nach links bei der Schranke in die Faller Straße, wo der Donausteig einmündet. Vor der Brücke über den **Innbach** ❹ biegt ein unbefestigter Weg nach links ab.

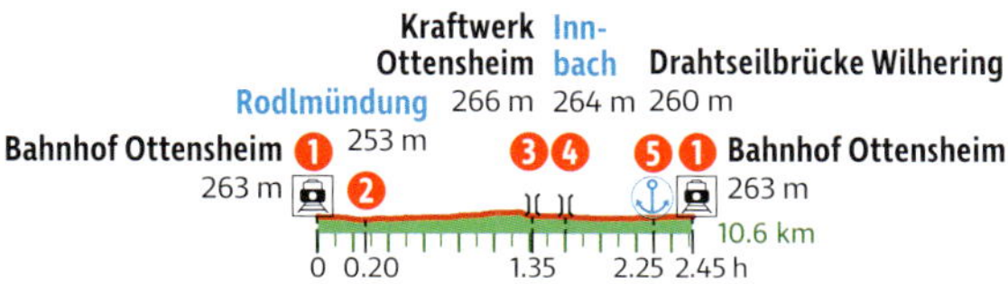

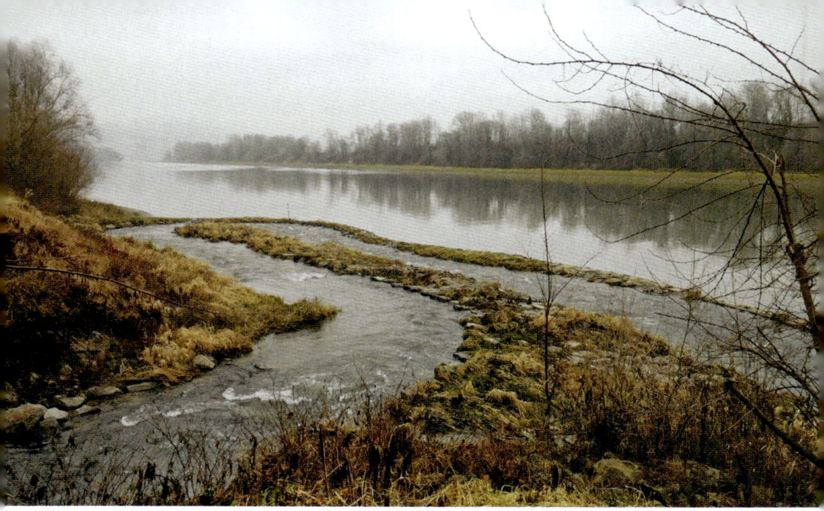

Bei der Mündung des Pesenbaches wurde eine Fischaufstiegshilfe angelegt.

Entlang des Baches bietet sich bei dessen Mündung wiederum eine Bademöglichkeit in der Donau, das Ufer ist hier flach, daher können auch Kinder plantschen.

Unser Weiterweg führt uns aber über den Innbach, wo wir im Weiler **Fall** nach links abwärts der Donausteigmarkierung folgen und am Innbach wieder in Richtung Strom wandern. Der Innbach ist Teil der mit 14,2 km längsten europäischen Fischwanderhilfe, der Wilheringer Fischlehrpfad mit interessanten Schautafeln begleitet uns rechter Hand. Der Donausteig wendet sich vor der Donau in der Marktau nach rechts. Entlang eines künstlichen Nebenarmes und über zwei kleine Brücken erreichen wir die **Fähre Wilhering–Ottensheim 5**. Mit der sogenannten Drahtseilbrücke erreichen wir wieder **Ottensheim** und gehen auf dem bekannten Weg zurück zum **Bahnhof 1**, unserem Startpunkt. (Alternativ ist auch einen Rückfahrt per Bus von der Haltestelle Wilhering Ufer an der B 129 möglich.)

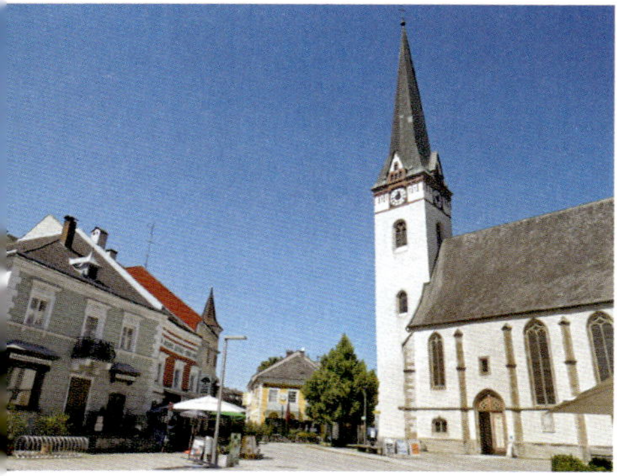

Heute verkehrsberuhigt: der Marktplatz in Ottensheim.

↗ 800 m | ↘ 800 m | 27.3 km

8.45 h

Die westliche Runde beim Donaudurchbruch

38

Ein- oder Zweitagestour im Westen der Landeshauptstadt

Diese Rundwanderung beiderseits der Donau stellt an die Kondition hohe Ansprüche. Sie kann aber leicht in zwei Teilen bewältigt werden, denn die Anbindungen an öffentliche Verkehrsmittel sind sehr gut.

Ausgangspunkt: Linz, Hauptplatz, 258 m.
Mit ÖV: Linz AG Linie 26 bzw. Straßenbahn Linien 1, 2, 3 und 4, Haltestelle Linz Hauptplatz.
Mit PKW: Parkmöglichkeit u. a. in den Tiefgaragen Pfarrplatz und Hauptplatz.
Anforderungen: Sehr anspruchsvolle und konditionsfordernde Tour. Speziell beim Prinzensteig ist Trittsicherheit und Schwindelfreiheit erforderlich. Wald- und schwach befahrene Güterwege, zu Beginn und am Ende Stadtstraßen. Im ersten Abschnitt Linz–Ottensheim nicht ganz durchgehend markiert; da auf Teilstrecken im ersten Teil nach Ottensheim verschiedene Markierungen parallel vorkommen, sind nur die effizienten erwähnt.
Einkehr: Ottensheim, Wilhering, St. Margarethen, Linz.
Variante: Bei Unterteilung in zwei Etappen: Endpunkt erste Etappe: Bahnhof Ottensheim, Rückfahrt mit der Bahn oder Bus. Startpunkt zweite Etappe: Stift Wilhering, Busverbindung ab Haltestelle Linz Obere Donaulände (Nibelungenbrücke).

Linz an der Donau: die Donaulände mit Blick Richtung Altstadt und Schloss.

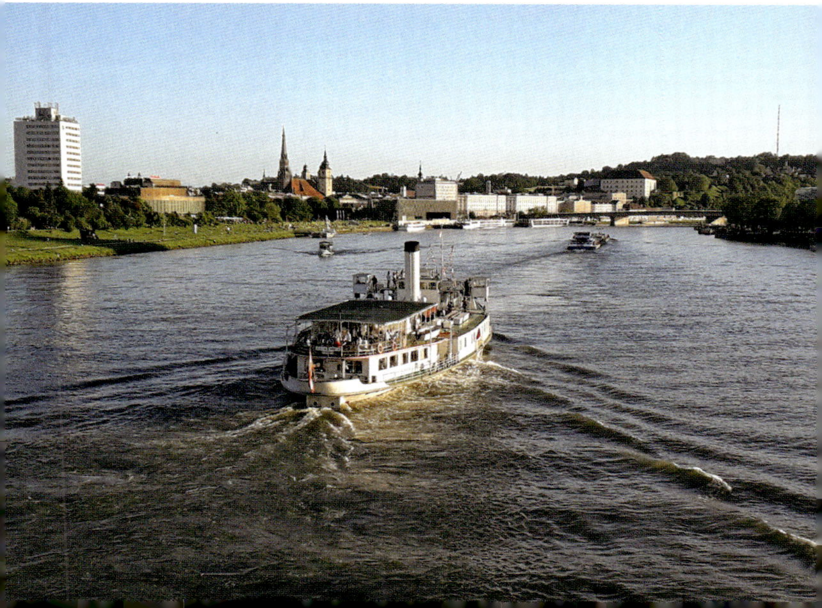

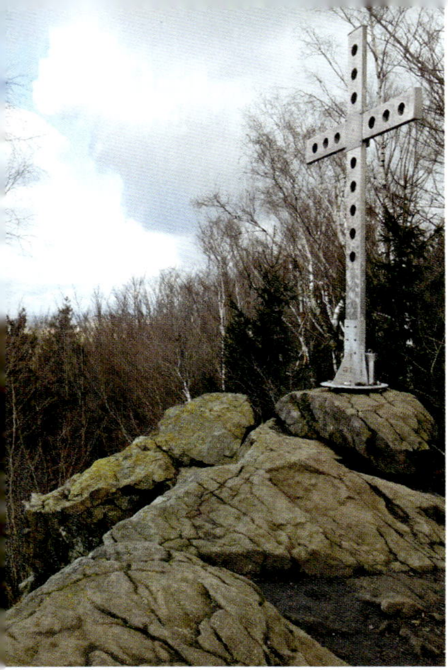

Das Gipfelkreuz am Koglerauer Spitz.

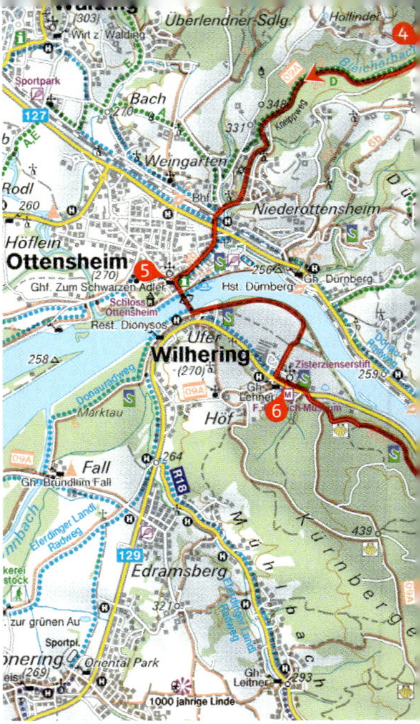

Für den Hinweg nördlich der Donau nach Ottensheim verlassen wir den **Linzer Hauptplatz** ❶ und queren die Donau. Der Weiterweg über die Hauptstraße und die Knabenseminarstraße nach Norden führt uns zum Dießenleitenweg (144/190 rot-weiß-rot). Entlang des Dießenleitenbaches gewinnen wir Höhe, der Wanderweg in Richtung Giselawarte/Gramastetten biegt in einer Siedlung nach rechts über den Bach ab. Wir bleiben geradeaus, vorbei am Grubmüllerhof erreichen in einem Linksbogen die Landesstraße L 581 Richtung Pöstlingberg bzw. Neulichtenberg.

Nach Querung der Straße auf einem Forstweg bergan, dann nach rechts und wo dieser an Höhe verliert auf einem Steig linker Hand in Serpentinen zum Waldrand. Am Waldrand rechts entlang führt uns der Steig nach der nächsten Häusergruppe zur Stadlergutststraße und auf Markierung 30 bergan in den Wald in Großamberg. Uns geradeaus haltend queren wir eine Straße und erreichen das Gipfelkreuz und die Sitzgelegenheit am **Koglerauer Spitz** ❷, 685 m.

Markierung 30 (rot-weiß-rot) biegt nach links ab, wir nehmen nun Markierung 12/5 (blau-weiß) in Richtung Neulichtenberg/Giselawarte. Der Weiterweg bergab stößt auf einen Querweg, hier nach links und bei einem Reitverbotsschild mit Markierung 5 dann leicht nach links auf einen Wald-

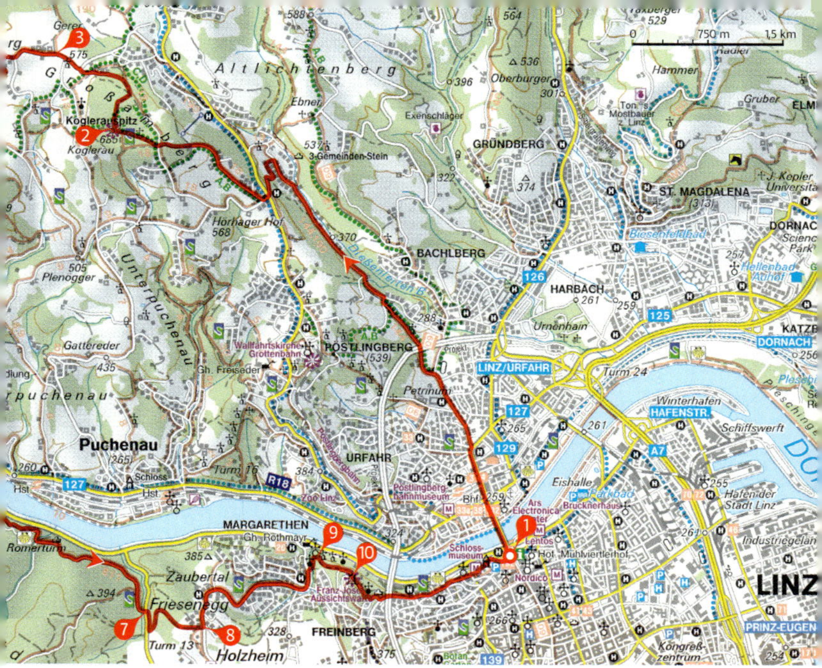

weg. Am Waldrand entlang der Fichtenhecke nach rechts nun hinab zur Straße Hagenau. Vor uns am Horizont sieht man die markante Kalvarienberg-Kirche von Gramastetten am Horizont. Nun nach links strebt der Güterweg dem Weiler **Schlagberg** ❸ zu, vorbei am Hof Unterrogler und am Feuerwehrzeughaus Koglerau biegen wir dann nach rechts ab in Richtung Bleicherbachtal auf Markierung 17. Dieser Weg biegt vor dem nächsten Hof scharf nach links und etwas steiler bergab passieren wir drei Teiche. Markierung 17 leitet uns dann hinab ins **Bleicherbachtal** ❹, wo wir auf die Markierung 20/109A (rot-weiß-rot) stoßen und dieser nach links folgen.

Den Bleicherbach entlang geht es kurz auf der Straße durch eine Siedlung, dann rechts auf einen markierten Waldweg (Zusatzmarkierung »Donauhöhenwanderweg«). Auf dem Weg Nr. 109A/20 stets bachabwärts quert dieser den Bach, ein Steig führt dann nach links abwärts. Ein Denkmal erinnert an die ehemalige Schmiede, der Mühlenweg und die Hambergstraße leiten uns zur Mühlkreisbahn und zur Umfahrungsstraße, wo es rechts zum Bahnhof Ottensheim geht. In Richtung Zentrum von **Ottensheim** ❺ überquert man die B 127 und gelangt über die Weingartenstraße und die Linzer Straße zum Marktplatz, zur Schiffsanlegestelle an der Donau und links zur **Drahtseilbrücke**, der Fähre über die Donau.

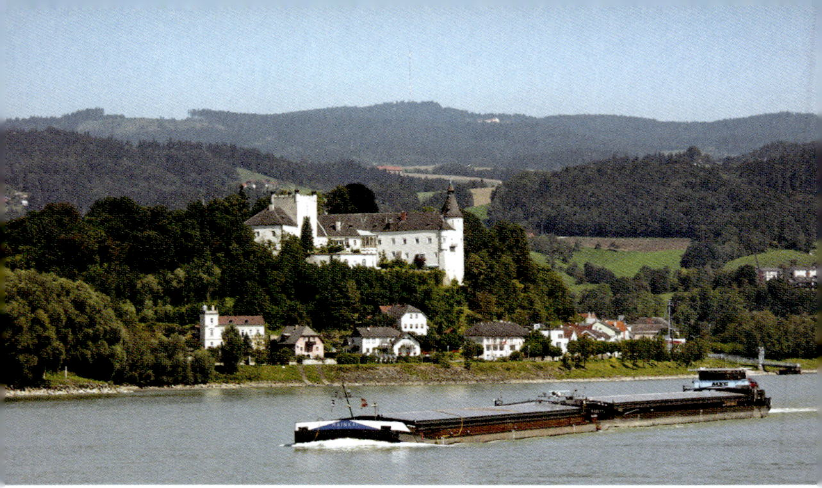

Die Donau bei Ottensheim mit der Schlossanlage.

Für den Rückweg südlich der Donau nach Linz folgen wir nach Querung der Donau mit der Fähre nun nach links dem Donausteig zum Stift Wilhering. Dies ist eine der Südetappen des Donausteiges und sehr gut markiert. Beim **Stiftsportal** in **Wilhering** 6 wandern zuerst ein Stück auf der B 129 in Richtung Linz (links) und biegen nach der Bräuhausstraße rechts bergauf ab. Bei schmucken Häusern halten wir uns nach links in Richtung Wald. Hier beginnt der Prinzensteig. Dieser führt uns an den Hängen des **Kürnberger Waldes** parallel zur Donau in Richtung Linz. Zuerst auf einem Forstweg mit Infotafeln zum Waldsterben ostwärts strebend, gelangen wir zu einer Rastmöglichkeit bei einer kleinen Holzhütte.
Hier wird nun der Donau»steig« seinem Namen gerecht: Der schmale Prinzensteig erfordert Trittsicherheit und etwas Schwindelfreiheit. Wir queren mehrere Bächlein, einmal sichert ein Geländer den Steig. Dieser mündet dann in eine Forststraße. Nach einem kleinen Anstieg bringt ein kurzer Abstecher links zu den Fundamenten eines römischen Wachturms (Römerturm). Der Weg führt weiter durch den Wald, im **Hainzenbachtal** 7 stoßen

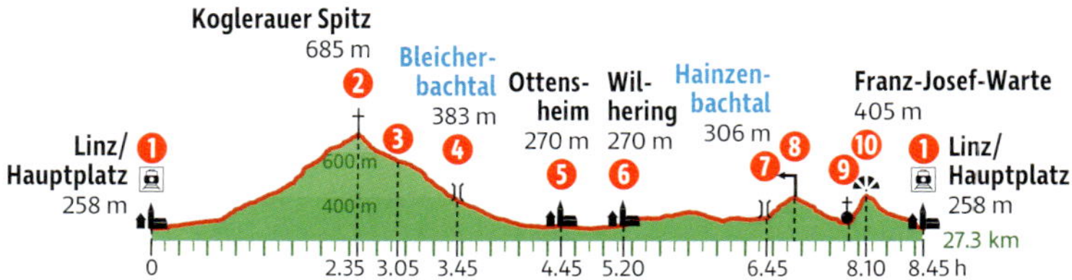

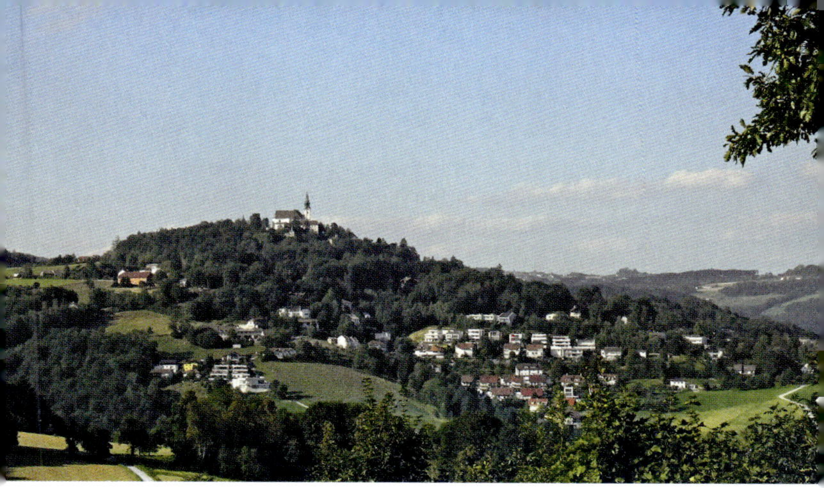

Blick auf den Pröstlingberg, einen »Hausberg« der Linzer.

wir auf die Straße nach Alharting. Wir folgen dieser ein kurzes Stück nach rechts, verlassen sie aber nach ca. 100 m wieder links, um im Wald bergauf zu einem Maximilianischen Festungsturm in der Ortschaft **Friesenegg** 8 (Gemeinde Leonding) zu gelangen. Beim Turm stoßen wir auf die Friesenegger Straße. Auf ihr halten wir uns links und bergab gelangen wir zur Zaubertalstraße. In **Zaubertal** (Gemeinde Leonding) queren wir nach dem ehemaligen Kirchenwirt den Zaubertal-Bach. Wir wandern zuerst am Bach entlang, anschließend rechts hinauf zur **Kirche von St. Margarethen** 9 (Kalvarienbergkirche), von wo sich ein herrlicher Blick auf die Donau und den gegenüberliegenden Pöstlingberg eröffnet.

Zwischen Kalvarienbergkirche und der daneben befindlichen Kreuzigungsgruppe sehen wir rechts vor uns ein Gartentor. Hier beginnt der Weg auf den Freinberg. Über Stiegen führt uns der Weg zu einer Straße, auf der wir uns links halten. Zügig bergauf gelangen wir im Wald auf den **Freinberg**. In den schönen, gepflegten Anlagen ist ein Abstecher (rechts, bergan) zur **Franz-Josef-Warte** 10 lohnenswert. Vorbei an der Barbarakapelle (Krieger-Gedächtnisstätte der Artilleristen) und durch die Parkanlagen geleitet uns der Donausteig nun zur Römerstraße.

Auf dem Römerberg geht es auf Straßen hinab, vorbei an der kleinen **Martinskirche** (Abstecher links zur sogenannten Wasserstiege, die rechts zur Donau hinabführt – Aussichtsplateau, empfehlenswerter Blick über Linz und Urfahr) zum **Linzer Schloss** (Museum). Von hier gelangen wir über den Hofberg oder rechts durch die Schlossanlagen über den Tummelplatz hinunter in die Linzer Altstadt. Durch die Hofgasse erreichen wir rechts unser Wanderziel, den **Linzer Hauptplatz** 1.

↗ 10 m | ↘ 10 m | 5.1 km

39 Der Linzer Brücken-Achter

1.30 h

Die Linzer Donaubrücken einmal etwas anders erleben

Bei der Wanderung, die eigentlich mehr ein Spaziergang ist, kommen die Linzer Brücken und die Linzer Skyline so richtig zur Geltung. Ideal, um Gästen schöne Motive von Linz an der Donau zu zeigen.

Ausgangspunkt: Linz, Lentos Kunstmuseum, 252 m.
Mit ÖV: Linz AG Linie 26 bzw. Straßenbahn Linien 1, 2, 3 und 4, Haltestelle Linz Hauptplatz.
Mit PKW: Parkmöglichkeit u. a. in den Tiefgaragen Pfarrplatz und Hauptplatz. 5 Min. Fußweg zum Museum.
Anforderungen: Leichte Tour, keine besonderen Anforderungen. Auf der Voestbrücke teilen sich Radfahrer und Spaziergänger den Weg, hier ist etwas Vorsicht geboten.
Einkehr: Gastronomie in der Linzer Altstadt.
Hinweis: Für Kinder befinden sich am Südufer beim Bruckner Haus und am Nordufer nahe der Eisenbahnbrücke Spielplätze, die diese Tour für sie reizvoller machen können.

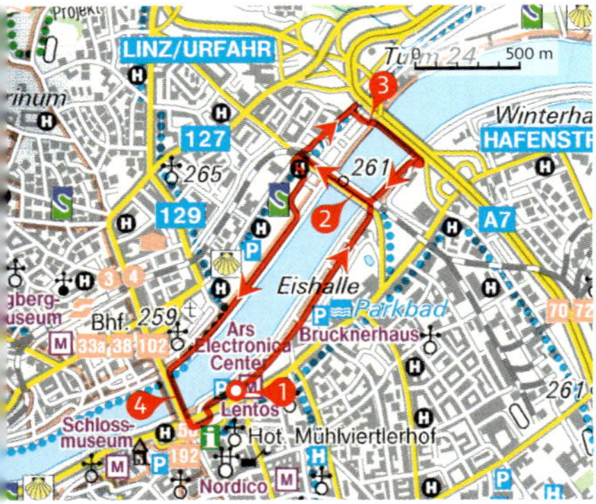

Vom **Lentos Kunstmuseum** ❶ wandern wir die Ernst-Koref-Promenade, benannt nach dem ehemaligen Bürgermeister von Linz, stromabwärts, vorbei am **Brucknerhaus** und am Arcotel Nike. Der Blick schweift nach Norden, die Lentia City und der Bruckner Tower dominieren die Skyline, dahinter lugt die Pöstlingbergkirche hervor. Nach dem Kriegerdenkmal der Pioniere steigen wir zur 2021 fertiggestellten **Neuen Eisenbahnbrücke** ❷. Diese wurde an Stelle der alten errichtet. Entgegen ihrem Namen verlaufen auf der Brücke allerdings (noch) keine Schienen, sondern nur Fahrspuren, Fahrrad- und Gehwege, es bieten sich Sitzgelegenheiten zu Verweilen und zum Betrachten der Linzer Skyline an.
Am Nordufer angelangt queren wir die Straße, rechts an der Donau be-

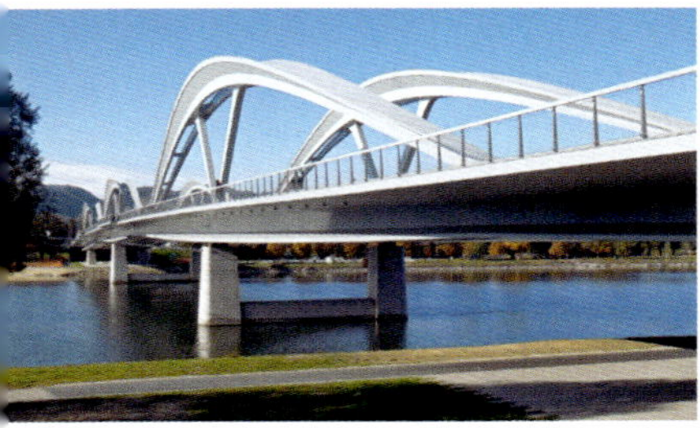

Die elegante Neue Eisenbahnbrücke.

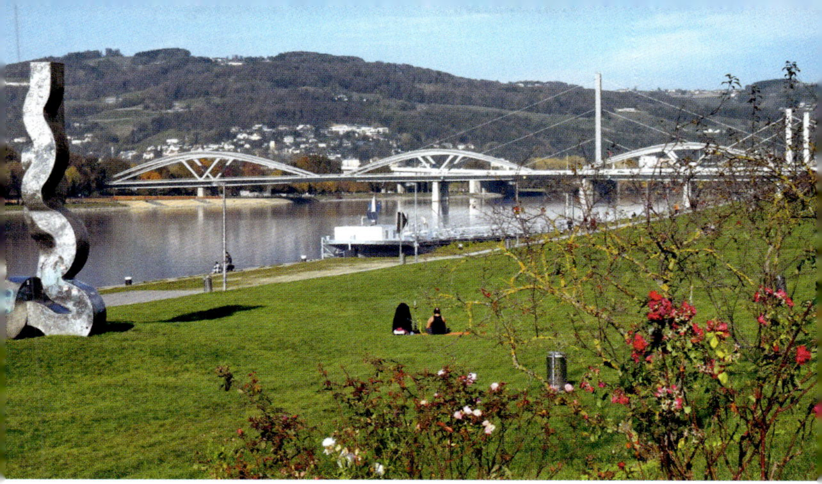

Ein beliebter Treffpunkt: die »Lände«.

finden sich zahlreiche Sportanlagen und ein Skaterpark, und streben auf die **Voestbrücke** 3 zu, benannt nach der Eisen- und Stahlindustrie, die Linz in gewissem Sinne prägt. Auf diesem breit ausgebauten Stromübergang quert die A7/Mühlkreisautobahn die Donau. Auch wir queren wiederum den Strom (Vorsicht, wir teilen den Weg mit den Radfahrern!). Hier reicht der Blick nach St. Magdalena und weiter bis zum Pfenningberg. Am Südufer steigen wir hinab zum Hochwasserdamm in der Straßerau, spazieren donauaufwärts vorbei am neuen Stadion des FC Blau-Weiß-Linz zur **Neuen Eisenbahnbrücke** 2 und überqueren die Donau erneut, diesmal auf dem Gehweg an Ostseite.

Nach links über die Zufahrtsstraße halten wir uns hinunter auf das Donauufer zu, wo ein neuer Park an der Donau errichtet wurde, und folgen der Donau nun stromaufwärts. Gegenüber bietet sich wiederum ein schönes Bild, hier dominieren neben dem Brucknerhaus und dem Lentos Kunstmuseum die verschiedenen Kirchtürme das Bild, eindrucksvoll erhebt sich das Linzer Schloss über der Altstadt. Nach mehreren Sportplätzen und dem Jahrmarktgelände auf dem Donauweg erreichen wir das Ars Electronica Center und spazieren hinauf zur **Nibelungenbrücke** 4, der ältesten der drei Brücken auf unserem Weg. Nun zum letzten Mal über die Donau erreichen wir das **Lentos Kunstmuseum** 1, den Ausgangspunkt dieser etwas ungewöhnlichen, aber beeindruckenden Tour.

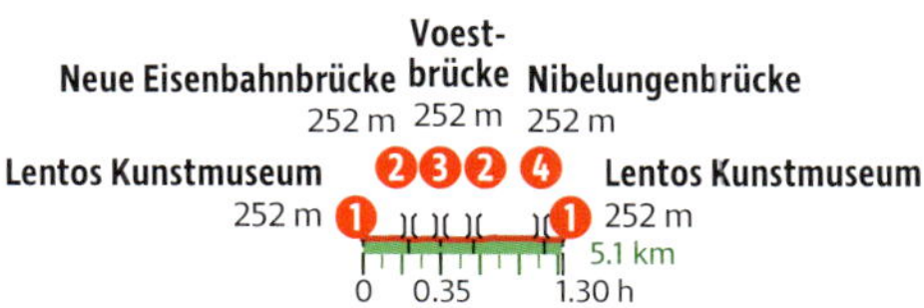

↗ 30 m | ↘ 30 m | 11.6 km

40 Vom Badesee Oedt in die Traunau

2.45 h

Unterwegs im Naturschutzgebiet entlang der Traun

Eine kurze Wanderung bei Traun-Oedt, die mit der Straßenbahn und dem Bus erreichbar ist: Ohne Steigungen geht es erst entlang der Traun zum Naturschutzgebiet und landeinwärts wieder retour. Im Sommer ist die Runde mit Baden kombinierbar.

Ausgangspunkt: Traun-Oedt, Oedter Badesee, 275 m.
Mit ÖV: Straßenbahn Linie 4 bis Traun, dann Bus 618 bis Oedt Badezentrum.
Mit PKW: Anfahrt auf der B 139 bis Kreisverkehr Oedt, dann der guten Beschilderung nach zum Badezentrum Oedt; großer Parkplatz.

Anforderungen: Die Route ist nicht markiert, orientierungsmäßig aber sehr einfach. Zu Beginn Asphalt, dann aber fast nur mehr Wald-, Feldwege und ein schmalerer Wanderweg. Keine nennenswerten Steigungen.
Einkehr: Nur am Ausgangspunkt im Badezentrum Oedt.

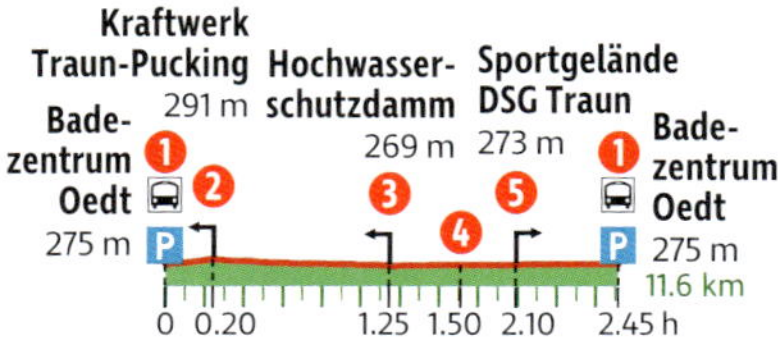

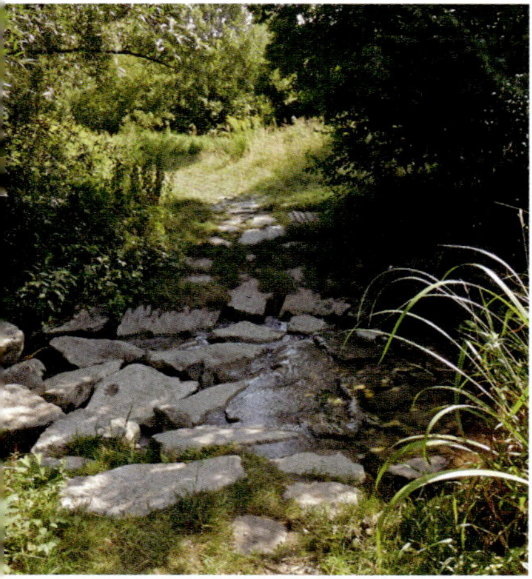

Vom Parkplatz **Badezentrum Oedt** ❶ gehen wir erst entlang des Sees und auf den kleinen Hügel, unter dem sich ein Bahngleis befindet. Nach links abwärts an einem Fußballfeld und im Wald an einer Wehranlage beim Mühlbach vorbei kommen wir zur Traun beim **Kraftwerk Traun-Pucking** ❷. Nach links am Ufer flussabwärts unter den beiden Straßenbrücken hindurch erreichen wir die Eisenbahnbrücke über die Traun – hier endet der Asphalt. Der Weiterweg am Ufer wird dann schmäler, nach einer »Furt« – zwischen den Steinen des Übergangs fließt das Wasser – wendet sich der Weg dann weg vom Fluss. Im Wald queren wir den Mühlbach und nach Feldern links und rechts geht es zum **Hochwasserschutzdamm** ❸. Auf der Dammkrone nach links ist der Wiesenweg angenehmer und ungefährlicher als am parallel dazu

Auf Steinen über den kleinen Bach.

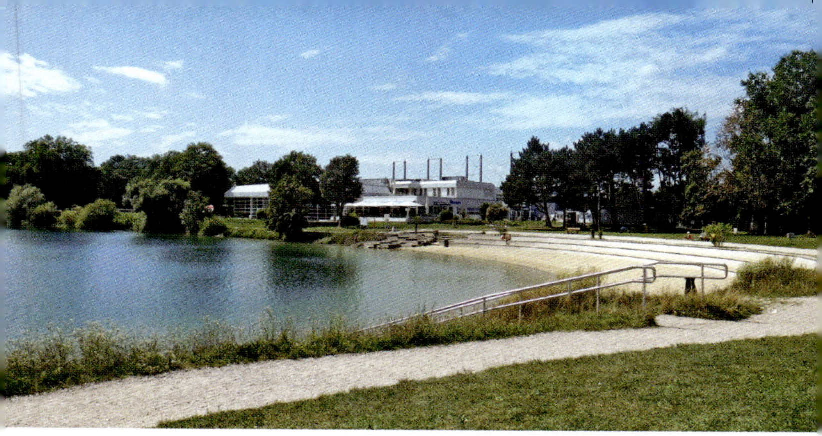

Der Badesee Oedt mit dem Badezentrum.

verlaufenden Radweg R4. Beim **Bahndreieck 4** verlassen wir den Damm nach links, unter den beiden Unterführungen hindurch und dann nach rechts führt der Weiterweg entlang der Bahnstrecke. Über den Mühlbach nach links (nicht auf dem Fußweg geradeaus!) und entlang der höhergelegenen Straße erreichen wir das **Sportgelände der DSG Traun 5**. Nach rechts unter beiden Straßenbrücken hindurch geleitet uns ein Schotterweg entlang der teichartigen Altarme, hier ist Baden verboten. Wir erreichen wieder die Wehranlage des Mühlbaches, der Rückweg zum Parkplatz **Badezentrum Oedt 1** ist ident mit dem Hinweg.

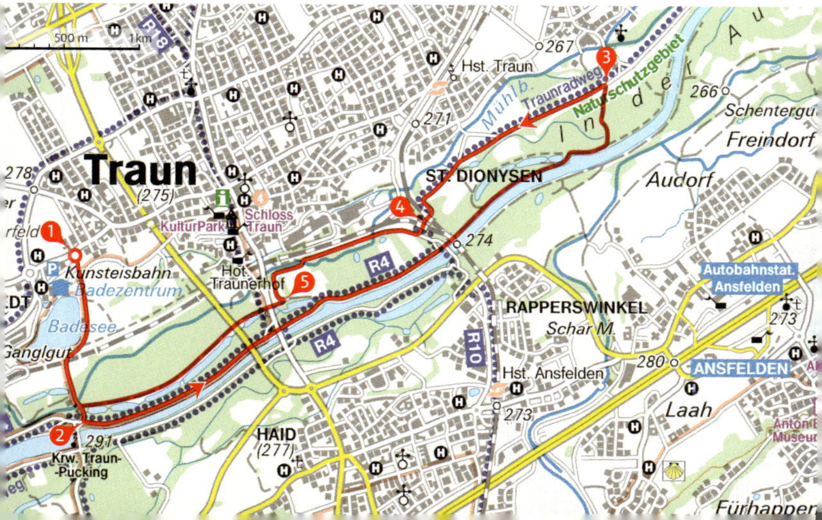

↗ 20 m | ↘ 20 m | 8.1 km

41 Weikerlsee und die Traun-Donau-Auen

2.00 h

Mit der Straßenbahn zum Europaschutzgebiet

Eine kurze Rundwanderung im Süden von Linz, die mit der Straßenbahn erreichbar ist: Ohne Steigungen geht es rund um den Weikerlsee und durch die – als Natura-2000-Gebiet gemäß EU-Naturschutzrichtlinien ausgewiesenen – Auen.

Ausgangspunkt: Linz-Solar City, Straßenbahn-Umkehrschleife, 250 m. Mit ÖV: LinzAG Straßenbahnlinie 2 bis Endstation Solar City Ost. Mit PKW: Anfahrt über B 1 bzw. Umfahrung Ebelsberg/Mona-Lisa-Tunnel; einige Parkplätze in der Helios-Allee.

Anforderungen: Die Route ist nicht durchgehend markiert, die Orientierung aber einfach; im Bereich des Sees und der Au kein Asphalt, für Kinderwagen nicht geeignet, da teilweise schmale Pfade. Zur Zeit der Begehung lagen auch umgestürzte Bäume über den Weg.

Einkehr: Am Tourenanfang Mete's Restaurant im Sportpark Pichling, im Zentrum von Solar City.

Hinweis: Baden ist nur im Kleinen Weikerlsee erlaubt, der Große Weikerlsee ist Naturschutzgebiet.

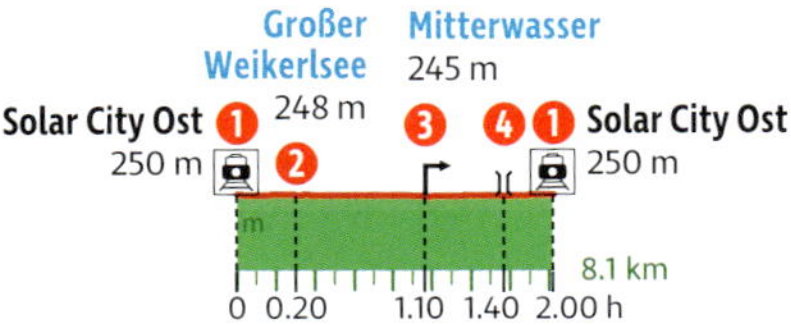

Der Große Weikerlsee ist als Naturschutzgebiet ausgewiesen.

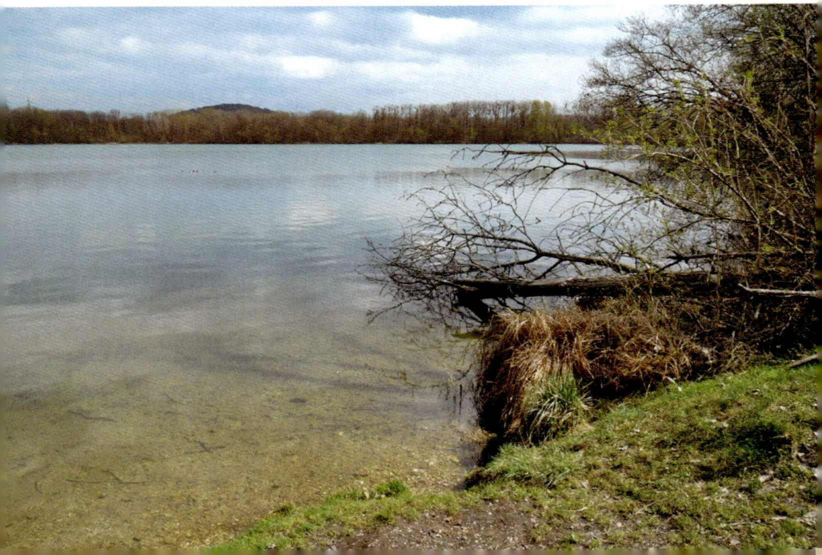

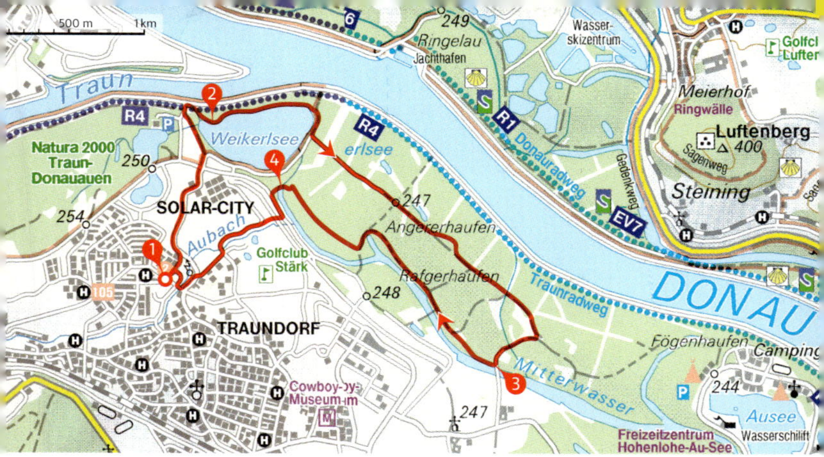

Die Umkehrschleife der Straßenbahnlinie 2, **Solar City Ost** ❶, ist der Startpunkt dieser Wanderung ins Augebiet. Der Fuß- und Radweg, auch Lauf- und Walkingstrecke der LinzAG, führt uns zur Weikerlseestraße, vorbei am **Sportpark Pichling** und am Kleingartenverein »Am Weikerlsee« erreichen wir eine Brücke. Nun beginnt zuerst geradeaus der Rundweg um den **Großen Weikerlsee** ❷, der Fußweg schwenkt nach links und erreicht beim Hochwasserdamm und einer nie fertiggestellten Brücke kurz die Traun, wendet sich aber sogleich wieder in Richtung See.

Wir befinden uns nun im **Europa-Naturschutzgebiet Traun-Donau-Auen**. Auf einem Fußweg entlang des Ufers sehen wir die Spuren der Biber, beobachten viele Wasservögel und im Frühjahr ist der Boden mit Bärlauch schier übersät. Hier auch als Donauauen-Rundwanderweg und als Stadtwanderweg 6 markiert, verlassen wir dann den See am Ostufer nach links und unter zwei Hochspannungsleitungen hindurch geht es nun geradeaus. Der Donauauen-Rundwanderweg biegt dann nach rechts ab, wer eine verkürzte Runde gehen möchte, folgt der Markierung nach rechts. Unsere Wanderung erreicht auf dem Schotterweg geradeaus nach Querung eines Gerinnes eine offene Fläche. Bei der Naturschutzgebiets-

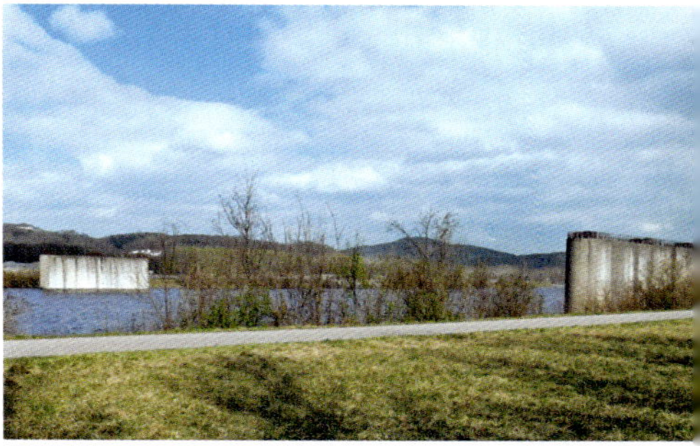

Nur die Pfeiler wurden errichtet – aber keine Brücke über die Traun.

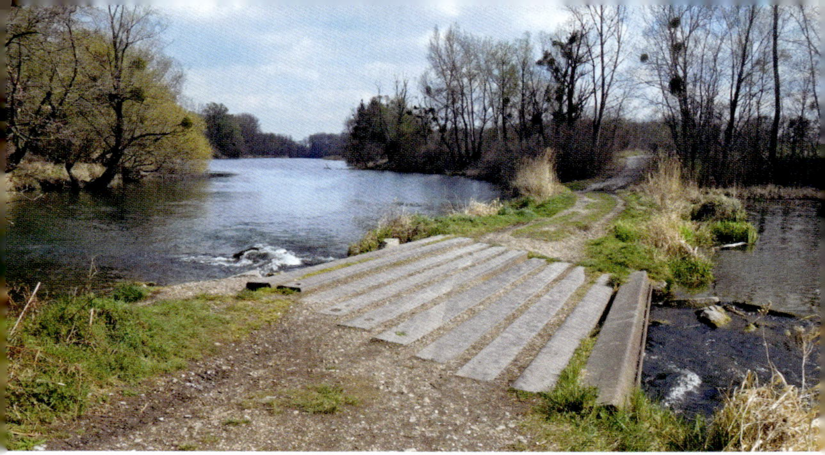

Über das Mitterwasser führt diese »Brücke«.

tafel (mit dem Oberösterreichischen Wappen) wenden wir uns nach rechts, queren erneut das Gerinne und erreichen das **Mitterwasser** ❸; die Brücke links aus Eisenträgern und ohne Geländer würde uns nach Raffelstetten oder zum Pichlinger See leiten.

Nach rechts beginnt der Rückweg, zunächst entlang des Mitterwassers. Wir stoßen wieder auf den Donauauen-Rundweg und folgen diesem erst nach links und bei der nächsten Wegkreuzung nach rechts. Auf dem Pfad heißt es manchmal, über umgestürzte Baumstämme zu steigen, hier wird nur so wenig wie nötig seitens des Menschen eingegriffen. Wir erreichen dann eine freie Fläche, unter den beiden Hochspannungsleitungen hindurch leicht nach links, auf dem **Fußgängersteig** ❹ über das **Mitterwasser** und durch einen Graben gelangen wir zu einem Radweg, dem wir kurz nach links folgen, um ihn beim Wasserdurchlass des Aubachs nach rechts in Richtung Dammkrone des Hochwasserschutzes wieder zu verlassen.

Dem Aubach nun aufwärts folgend, linker Hand befindet sich der Golfplatz des Golfclubs Stärk Linz Pichling (Golfrestaurant), queren wir bei der Ortstafel Linz den Bach und nach rechts erreichen in der Auhirschgasse die Heliosallee und nach rechts die Umkehrschleife **Solar City Ost** ❶ der Straßenbahnlinie 2.

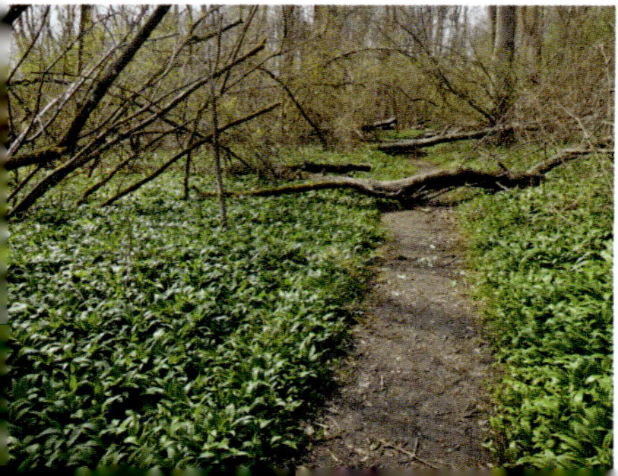

Entlang des Weges sprießt im Frühjahr jede Menge Bärlauch.

↗ 230 m | ↘ 230 m | 13.9 km

TOP

3.30 h

Vom Pleschinger See nach Steyregg

42

Tiefblicke auf die Donau und die pulsierende Industrie

Auf der Runde bieten sich sehr schöne Ausssichten auf die Mühlviertler Berge nördlich von Linz vom Pöstlingberg bis hin zur Gis, als Kontrast auf das pulsierende Linz und die Industrieanlagen. Beschaulich ist der Rückweg entlang der Donau.

Ausgangspunkt: Plesching, Umkehrschleife Buslinie 33, 253 m.
Mit ÖV: LinzAG Buslinie 33 bis Haltestelle Steyregg Pleschinger See. Als alternativer Ausgangspunkt ist der Bahnhof Steyregg, Station an der Bahnlinie Linz–Freistadt möglich.
Mit PKW: Anfahrt über die Bundesstraße B 125 bzw. über die Pleschinger Landesstraße L 569; Parkmöglichkeiten beim Pleschinger See.
Anforderungen: Nicht durchgehend markiert, Weg aber unschwer zu begehen. Teilweise asphaltierte Güterwege mit wenig Verkehr, Feld- und Forstwege, entlang der Donau ist in Hinblick auf die Radfahrer etwas Vorsicht geboten.
Einkehr: Pleschinger See, Steyregg.

Das Donauufer bietet hier herrliche Plätze zum Entspannen.

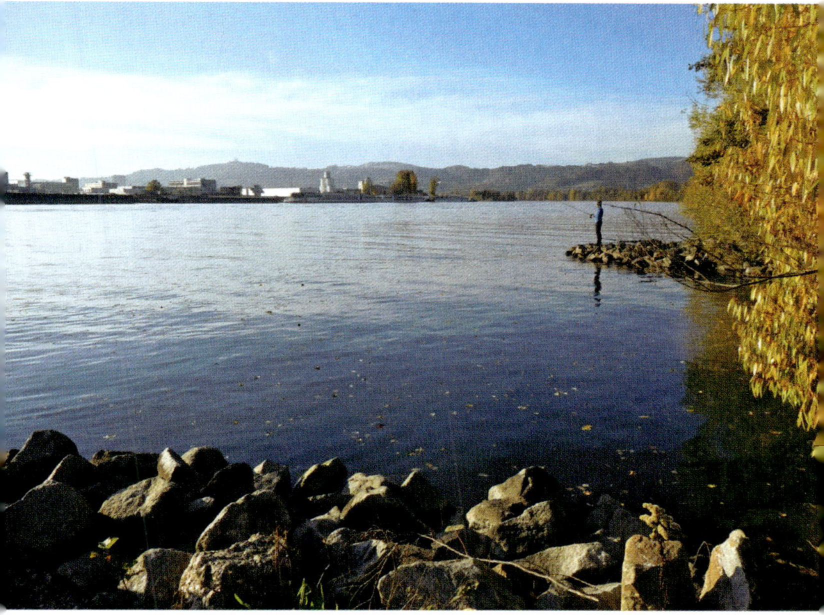

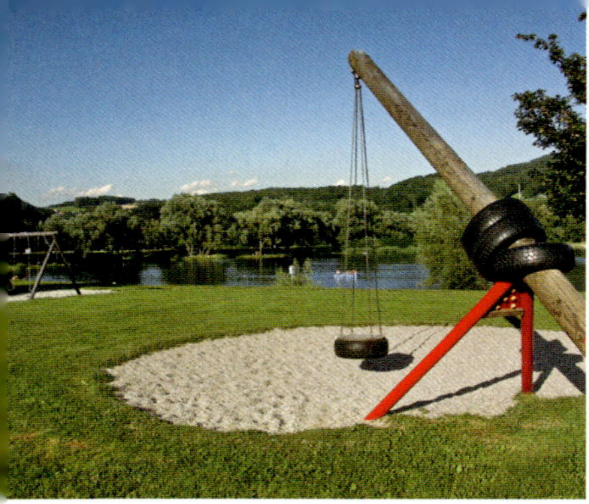

Der Pleschinger Badesee: ein gepflegtes Erholungsgebiet.

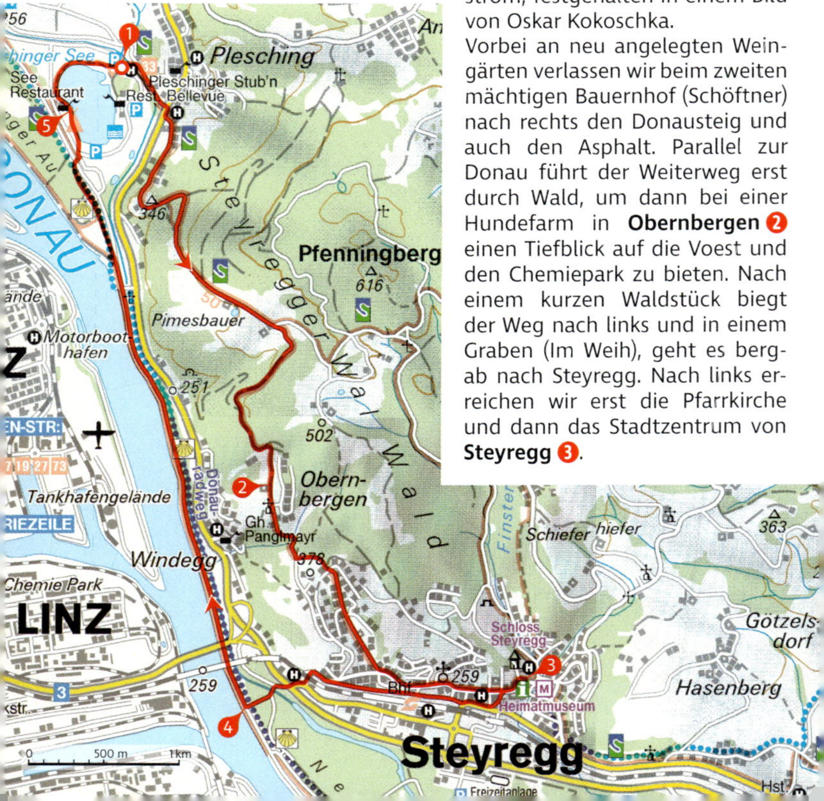

Ausgangspunkt ist die **Umkehrschleife** ❶ der LinzAG Buslinie 33 beim **Pleschinger See**, wo auch reichlich Parkplätze vorhanden sind. Zuerst hilft uns die Markierung des Donausteiges. Wir queren das Gerinne, halten uns rechts und folgen dem Seeweg zur Pleschinger Landesstraße. Nach deren Querung beginnt nun nach links vor dem Steckerlfischbrater der Wanderweg in Richtung Pfenningberg. Wir gewinnen rasch an Höhe, immer wieder bieten sich schöne Ausblicke auf den Donaustrom, festgehalten in einem Bild von Oskar Kokoschka.

Vorbei an neu angelegten Weingärten verlassen wir beim zweiten mächtigen Bauernhof (Schöftner) nach rechts den Donausteig und auch den Asphalt. Parallel zur Donau führt der Weiterweg erst durch Wald, um dann bei einer Hundefarm in **Obernbergen** ❷ einen Tiefblick auf die Voest und den Chemiepark zu bieten. Nach einem kurzen Waldstück biegt der Weg nach links und in einem Graben (Im Weih), geht es bergab nach Steyregg. Nach links erreichen wir erst die Pfarrkirche und dann das Stadtzentrum von **Steyregg** ❸.

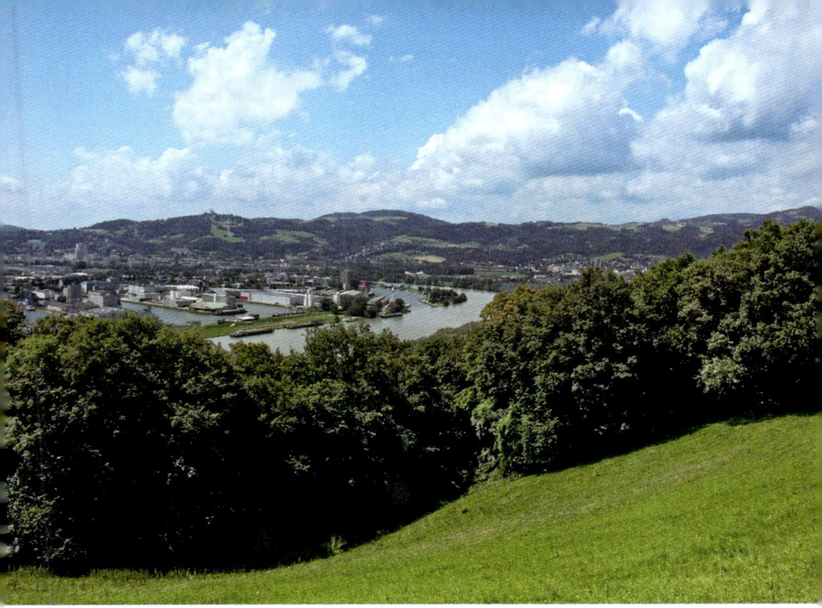

Auch dem Maler Oskar Kokoschka gefiel dieser Blick auf Linz.

Der Rückweg führt uns dann entlang der Donau. Vorbei an den Tennisplätzen und der Tankstelle erst nach rechts in der Linzer Straße und dann geradeaus in der Bahnhofstraße, vorbei am **Bahnhof**, gelangen wir nach einer Bahnunterführung zur Bundesstraße B 3. Der Fuß- und Radweg geht kreuzungsfrei unter dieser hindurch und wir gelangen nach Querung des Nebengerinnes an das **Donauufer** 4. Wir folgen der Donau nun stromaufwärts (Vorsicht auf die Radfahrer!) unter der Straßen- und der Eisenbahnbrücke durch und erreichen wieder das **Erholungsgeläne Pleschinger See** 5. Hier nun nach rechts über den Hochwasserdamm, vorbei am **Seerestaurant S'Plesch** und im Rechtsbogen um den See gelangen wir zum Ausgangspunkt dieser Tour am Parkplatz bzw. der **Umkehrschleife** 1.

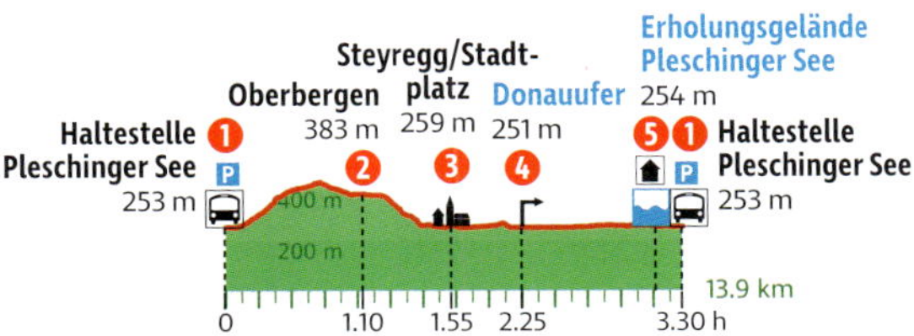

↗ 30 m | ↘ 30 m | 10.6 km

43 Donau beim Kraftwerk Abwinden-Asten und der Ausee

2.30 h

Über die Donau zum Badesee

Die Wanderung verläuft am Altarm der Donau entlang, nach Querung des Stromes rund um das Freizeitzentrum Ausee – eine sommerliche Bademöglichkeit – und wieder retour über die Donau.

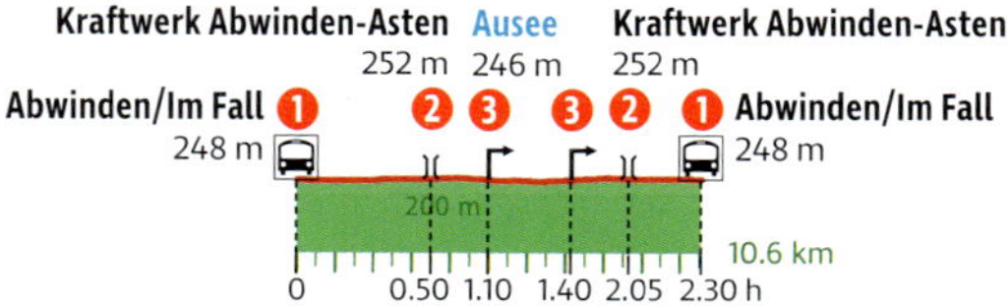

Ausgangspunkt: Abwinden im Fall, 248 m.
Mit ÖV: Busverbindungen von Linz bis Haltestelle Abwinden im Fall.
Mit PKW: Anfahrt auf der B 3 bis Abwinden; Parkmöglichkeiten an der Donau-Bundesstraße.
Anforderungen: Die Route ist nicht durchgehend markiert, aber Orientierung unschwer; praktisch immer eben ohne nennenswerte Höhenunterschiede, problemloses Wandern.

Einkehr: Abwinden Dorf, Pacino an der B 3, Ausee.
Variante: Anreise mit der Bahn zum Bahnhof St. Georgen an der Gusen, von dort in südwestlicher Richtung durch Abwinden-Dorf zur B 3 und unter dieser hindurch, auf dem Donauradweg. Jeweils 1,5 km Fußweg hin/zurück zusätzlich.
Hinweis: Informationen zu Angebot, Öffnungszeiten und Preisen des Erholungsgeländes Ausee: ausee.at.

Von der **Bushaltestelle Abwinden Im Fall** ❶ gehen wir unter der Bundesstraße B 3 hindurch – Vorsicht, dieser Abschnitt ist Teil des Donauradweges und im Sommer teilweise stärker befahren. Hier befindet sich auch ein PKW-Parkplatz neben der B 3. Nun queren wir das Nebengerinne, um unmittelbar nach der Brücke nach links zum Weg entlang des Donaualtarmes zu gelangen. Dem Auseeweg folgen wir nun an einem Absetzplatz für Boote vorbei bis zur Spitze dieser

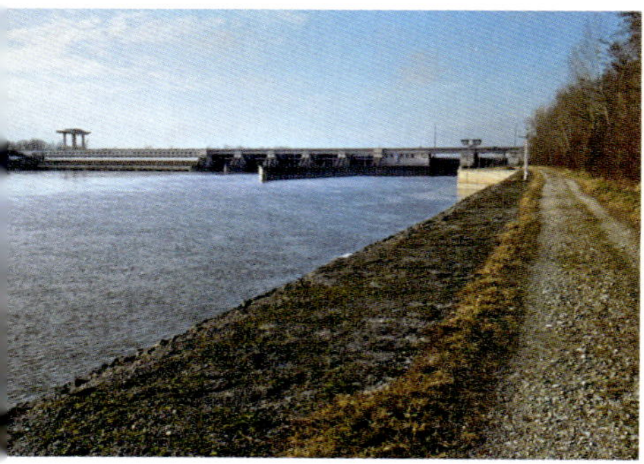

Das imposante Donaukraftwerk Abwinden-Asten.

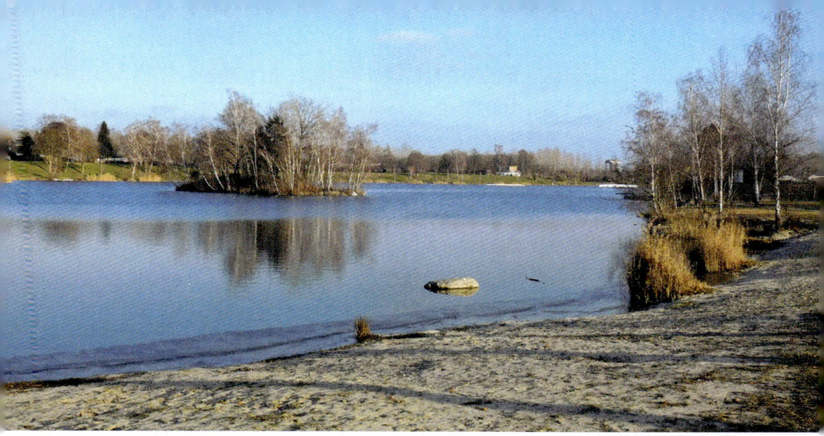

Der Ausee: ein Badesee mit Wasserschilift.

Halbinsel, wo in der Ferne der Stadtturm von Enns grüßt. Donauaufwärts sehen wir schon das **Kraftwerk Abwinden-Asten**, halten auf dieses zu und queren auf der **Kraftwerksbrücke** ❷ den Strom.

Am Südufer erreichen wir die Schranke der Kraftwerkszufahrt und wenden uns nach rechts auf den Traun-Radweg R4. Dieser führt wieder in Richtung Donau, wir bleiben auf dem Weg parallel zu einem kleinen Gerinne, der Radweg biegt nach rechts zum Donauufer ab. Nach links queren wir dann auf einer Brücke das Gerinne, rechts das Campingdorf Hohenlohe, und erreichen den Zugang zum **Ausee** ❸, wo von Mai bis Oktober bei Badebetrieb Eintritt zu bezahlen ist. Auf dem Rundweg umwandern wir nun den Ausee. Das gepflegte Areal lädt im Sommer zum Baden ein, ein Wasserschilift und andere Freizeiteinrichtungen sowie Gastronomie stehen hier zur Verfügung.

Der Rückweg bis zum **Kraftwerk Abwinden-Asten** ❷ ist ident mit dem Hinweg. Nach der Donauquerung folgen wir dann aber der Uferstraße flussaufwärts. Diese wendet sich bei der Einmündung des Donauradweges nach rechts und nach der Überquerung des Nebengerinnes erreichen wir wieder die Bundesstraße B3, den Parkplatz und die **Bushaltestelle Abwinden Im Fall** ❶.

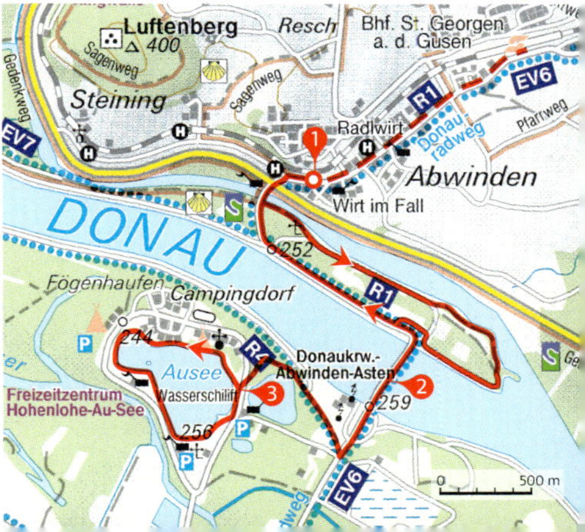

↗ 30 m | ↘ 30 m | 12.2 km

44 Donau südlich von St. Georgen an der Gusen

3.15 h

Die Donau, eine Ruine und Gedenken an dunkle Zeiten

Die Rundwanderung entlang der Donau bietet viele Facetten, man passiert unter anderem die wenig bekannte Burgruine Spilberg (auch Spielberg) und das Memorial der KZ-Gedenkstätte Gusen.

Ausgangspunkt: St. Georgen an der Gusen, 254 m, Bahnhof.
Mit ÖV: Bahnverbindungen von Linz.
Mit PKW: Anfahrt auf der Bundesstraße B 3 bis Abzweigung Abwinden, nach links durch Abwinden zum Bahnhof St. Georgen an der Gusen; Parkmöglichkeit beim Bahnhof.
Anforderungen: Markierungen vorhanden, aber nicht durchgehend markiert, dennoch problemlos begehbar, einige Abschnitte auf schwach befahrenen Güterwegen, Feld- und Waldwege. Der letzte Teilabschnitt ist auf dem Radweg 1, hier gilt es, auf die Radfahrer zu achten.
Einkehr: Abwinden-Dorf, Pacino an der B3, St. Georgen an der Gusen.
Variante: Alternativer Ausgangspunkt Haltestelle Abwinden Im Fall, Busverbindungen von Linz; Parkmöglichkeiten bei der Bundesstraße B 3.

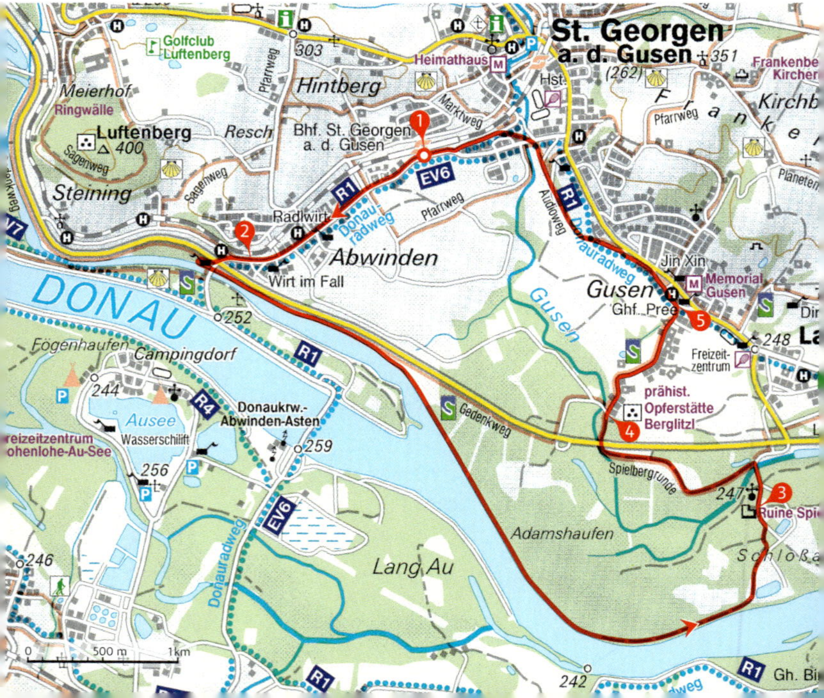

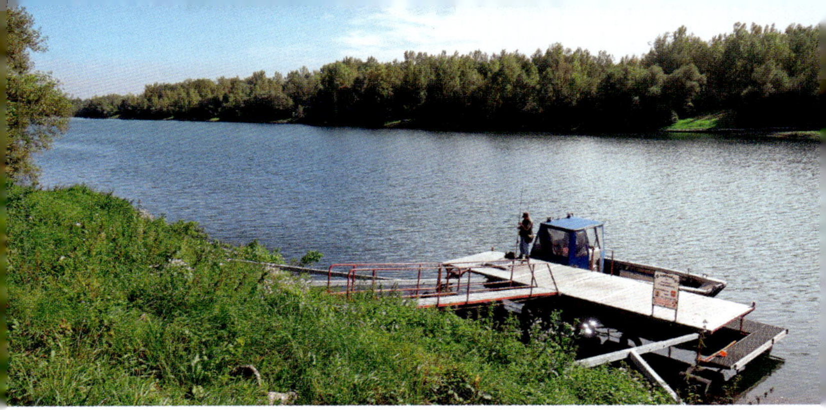

Am Altarm der Donau beim Kraftwerk Abwinden-Asten.

Vom **Bahnhof St. Georgen an der Gusen** ❶ auf der Bahnhofsstraße in westlicher Richtung durch **Abwinden-Dorf**, vorbei am **Gasthof Lehenhof**, gelangen wir bei den Häusern **Im Fall** ❷ (Bushaltestelle) zur Bundesstraße B 3 (Gastwirtschaft Pacino, Parkmöglichkeit, alternative Startmöglichkeit). Unter der B 3 hindurch beim Parkplatz vor der Brücke über das Nebengerinne der Donau hinunter zum Nebengerinne und unter der Brücke durch folgen wir zunächst der Markierung des Donausteiges.

Nach rechts verlassen wir den Donausteig, der Weiterweg führt uns immer entlang der Donau, bei den Steinen der Uferverbauung ist an einer kurzen Stelle etwas Vorsicht geboten, da manche Steine locker sind. Das Nebengerinne mündet in die Donau, im Blick zurück hat man das Flusskraftwerk Abwinden-Asten. Der schmale Uferweg erweitert sich dann zu einem nicht asphaltierten Fahrweg, der sich bei einem Schotterteich von der Donau entfernt und uns zur **Ruine Spilberg** ❸ geleitet. Ein kurzer Abstecher zur Westseite zeigt die Burgruine von der fotogenen Seite.

Die Zufahrtsstraße zur Ruine quert den Fluss Gusen. Unmittelbar nach der Brücke nun nach links folgen wir der Markierung der Spilbergrunde. Im Rechtsbogen erreicht der Weg die Bundesstraße. Parallel

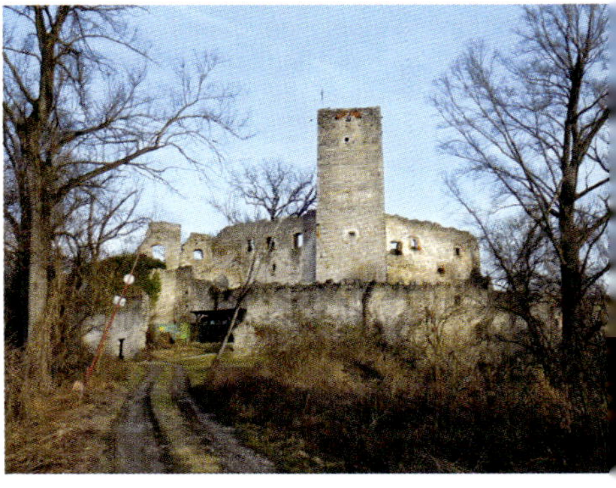

Versteckt gelegen und wenig bekannt: die Ruine Spilberg.

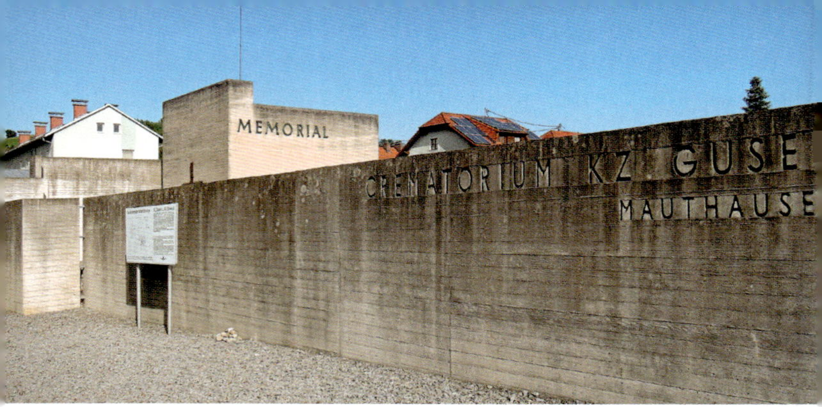

Erinnerungen an dunkle Zeiten: das Gusen Memorial.

zur höhergelegenen B 3 gelangen wir zu einer Brücke über die Gusen. Am Fluss entlang unter der Brücke hindurch erreichen wir nordwärts den Weiler **Gusen-Dorf** ❹. Hier treffen wir wieder auf den von links kommenden Donausteig und folgen seiner Markierung nach Norden (Markierung auch rot-weiß-rot). Links von uns die nach schweren Überflutungen errichteten Hochwasserschutz-Verbauungen, verlassen wir beim **Gasthaus Pree** den Donausteig, der weiter in Richtung Mauthausen führt. Auf der gegenüberliegenden Seite der Straße erinnert das **Gusen Memorial** ❺ an die dunkelsten Zeiten während der Nazi-Herrschaft.

Wir wenden uns vor dem Gasthaus nach links, erst in der Bachstraße leitet uns nun die Markierung des Radweges 1 in Richtung St. Georgen an der Gusen. Erst ein kurzes Stück entlang der Landesstraße L 569/Georgestraße, biegt der Radweg dann nach links, am Ende des Asphalts nun nach links in den Pfarrweg. Der Weiterweg auf dem Damm des ehemaligen Normalspuranschlusses vom Bahnhof St. Georgen an der Gusen zum KZ Gusen erreicht dann die sogenannte **Schleppbrücke** über die Gusen. Hier erinnert ein **Mahnmal** an die Grauen und Leiden der Häftlinge, die diese Brücke innerhalb von 24 Stunden errichten mussten.

Nun ist es nur mehr ein kurzes Stück über die Brücke bis zum Ausgangspunkt dem **Bahnhof St. Georgen an der Gusen** ❶.

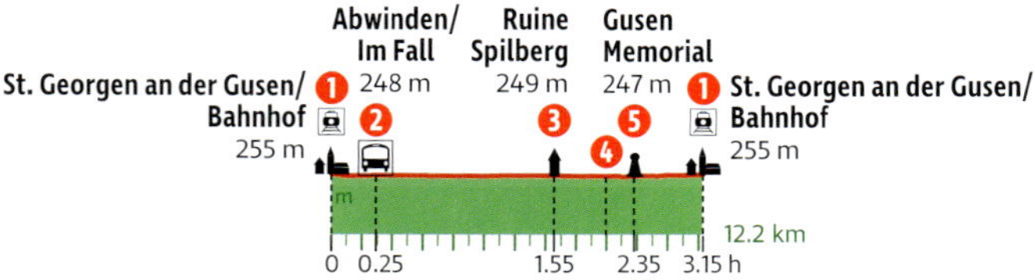

Von Arbing nach Grein an der Donau

Auf dem »Jerusalem-Weg« donauabwärts

Diese ausgedehnte Streckenwanderung führt von der gotischen Wehrkirche in Arbing zum Schloss Clam, dem Austragungsort vieler Freiluftkonzerte mit international bekannten Künstlern, sowie zur Gobelwarte oberhalb von Grein mit toller Fernsicht. Das schmucke Städtchen Grein an der Donau ist Ziel der Tour.

Ausgangspunkt: Arbing, Bahnhof, 245 m.
Mit ÖV: Züge von Linz Hbf. über St. Valentin bis Bahnhof Arbing.
Mit PKW: Anfahrt auf der B 3 bis Arbing; Parkmöglichkeit am Bahnhof.
Endpunkt: Grein an der Donau, Stadtplatz, 239 m. Rückfahrt nach Arbing bzw. Linz Hbf. ab Bahnhof Grein-Bad Kreuzen oder Bahnhaltestelle Grein Stadtbahnhof.
Anforderungen: Die Route ist durchgehend markiert (Jerusalemweg und Donausteig); wenige asphaltierte Güterwege mit kaum Verkehr, Feld- und kurze Waldwege, etwas steilerer Abstieg nach Grein, gute Kondition notwendig.
Einkehr: Arbing, Klam, Saxen, Grein.

Vom **Bahnhof Arbing** ❶ gehen wir erst durch die Bahnhofsstraße, die Bundesstraße B 3 querend nach rechts in die Hauptstraße und über Stufen nach rechts zur imposanten **Pfarrkirche Arbing** ❷. Den Schlossberg abwärts queren wir die Hauptstraße und folgen auf einem Feldweg nun der Markierung »Jerusalemweg« nach Osten. Im Weiler Frühsdorf nach rechts und anschließend der Puchbergstraße nach links entlang durch **Puchberg im Marchland** ❸. Wir halten uns links, bei einer V-förmigen Weggabelung auf einen etwas schlecht erkennbaren Wiesensteig nach rechts zu den Häusern bei der **Siebermühle** ❹. Wir queren den Deiminger Bach und an Gehölzreihen entlang nähern wir uns in Steindl der B 3, der wir leicht ansteigend parallel auf einem Güterweg folgen. Nach einem kurzen Stück am Gehweg der B 3 biegen wir in **Obergassolding** ❺ nach links ab, um dann nach rechts über Feldwege und landwirtschaftliche Zubringerwege wiederum parallel zur B 3 in Richtung Osten weiterzuwandern. Nach einem Vierkanthof links treffen wir auf die alte Straße nach Saxen, folgen ihr nach links, um in

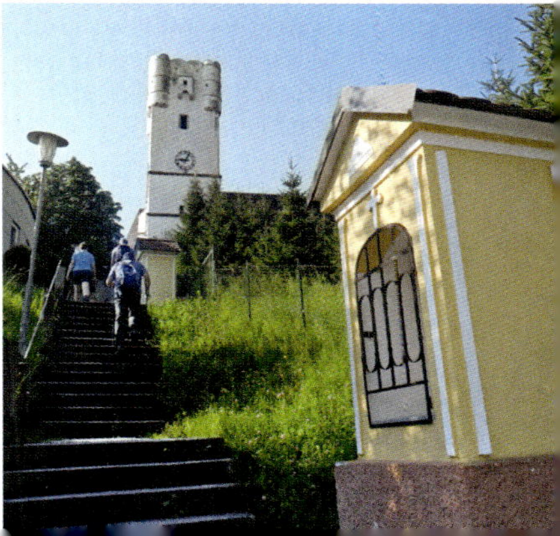

Der Treppenweg hinauf zur Wehrkirche von Arbing.

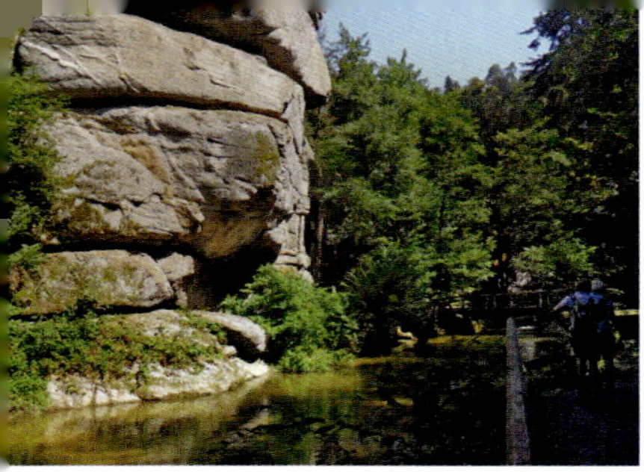

Auch der schwedische Schriftsteller August Strindberg liebte die Klamschlucht.

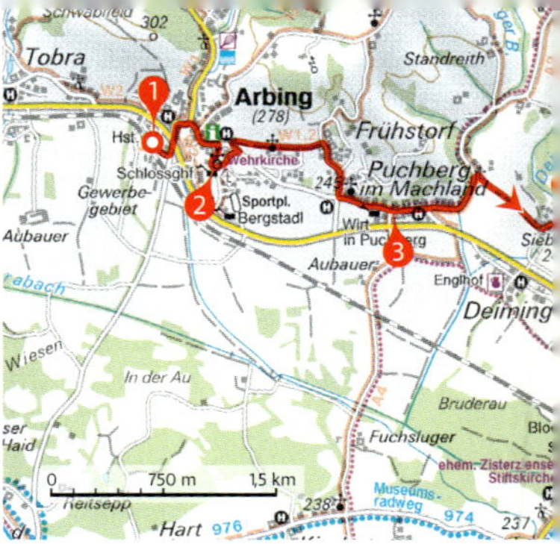

Au dann zur romantischen **Klamschlucht** zu gelangen. Der Schluchtweg führt vorbei an alten Hammerwerken, Mühlen und Sägen und erinnert an den Dichter Strindberg. Nach rechts führt ein sehr steiler Stichweg zum Aussichtspunkt Rabenstein, hier ist Trittsicherheit unbedingt erforderlich. Nach links geht es bergan zum **Schloss Clam** 6 und dem **Meierhof**. Das majestätische Schloss Clam ist durch viele Freiluftkonzerte internationaler Sängerinnen, Sänger und Bands bekannt geworden. Ein Abstecher in die Ortschaft **Klam** mit Gasthaus ist lohnenswert.

Weiter führt nun der Donausteig wiederum zurück durch die romantische Klamschlucht. Im Ortsteil **Au** biegen wir nach links und folgen der Straße in Richtung Saxen. Nach einem weiteren Rechts- und einem Linksknick sind wir im Zentrum von **Saxen** 7, wo sich ein Strindbergmuseum befindet. August Strindberg weilte zwischen 1863 und 1893 wiederholt hier.

Nun folgen wir dem Donausteig und umrunden die Kirche in Richtung Osten. Danach geht es links aufwärts, anschließend beim **Gasthof Auer** wiederum nach rechts zwischen den Häusern hindurch. Wir verlassen den Ort auf einem Wiesenweg bergan in Richtung Reitberg. Beim nächsten Hof halten wir uns bergan in Richtung Wald. Nach einer Waldpassage geht es auf einem Güterweg geradeaus weiter. Bei einem Hof auf der rechten Seite steigt der Weg rechts zügig bergan. Bei einem Bauernhaus am Hügel wenden wir uns nach links. Ein Wiesen- und Waldweg führt bergab zu einem Zufahrtsweg. Hier geht es nach rechts weiter. Bald verlassen wir jedoch

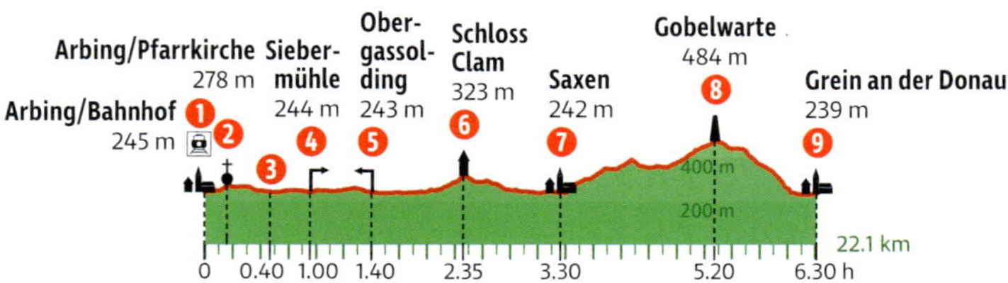

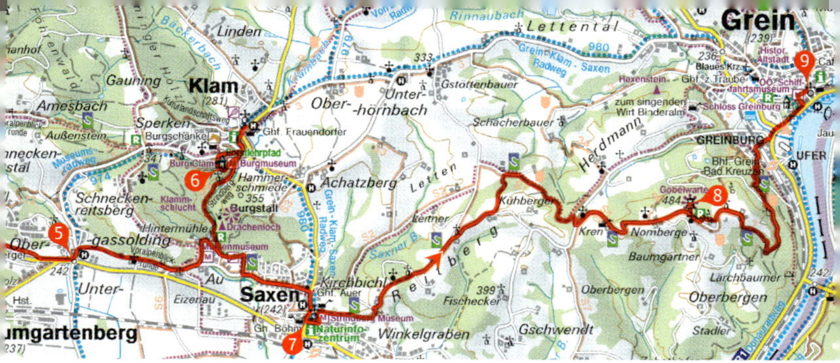

diesen gemütlichen Weg, um einen ansteigenden Weg nach rechts zu nehmen. Im Wald geleitet uns ein relativ ebener Weg zu einer Kapelle. Hier schwenken wir rechts, um dann auf den Güterweg Obernberger nach links bergan weiterzuwandern. An der **Most- und Jausenstation Kren** vorbei wandern wir bergan in Richtung **Gobelwarte** 8, 484 m.

Nach dem Abstecher zur Warte folgen wir der Markierung in Richtung Grein. In einem Rechtsbogen vorbei am Hof Plank, biegt der Donausteig am Waldrand nach links und führt dann bergab zu einem Haus. Hier wenden wir uns scharf nach links. Weiter geht es auf einer Forststraße. Wir verlassen diese rechts, der Steig führt in Serpentinen hinab zum westlichen Ortsende von Grein. Wir queren die Donauuferbahn (in der Nähe des Bahnhofs Grein-Bad Kreuzen), kurz danach den Kämpbach sowie die Straße nach Bad Kreuzen, und gelangen unterhalb der Greinburg vorbei auf der B 3 an der Donau ins Zentrum der Stadt **Grein an der Donau** 9.

Ein schöner Blick auf die Stadt Grein bietet sich von der Gobelwarte.

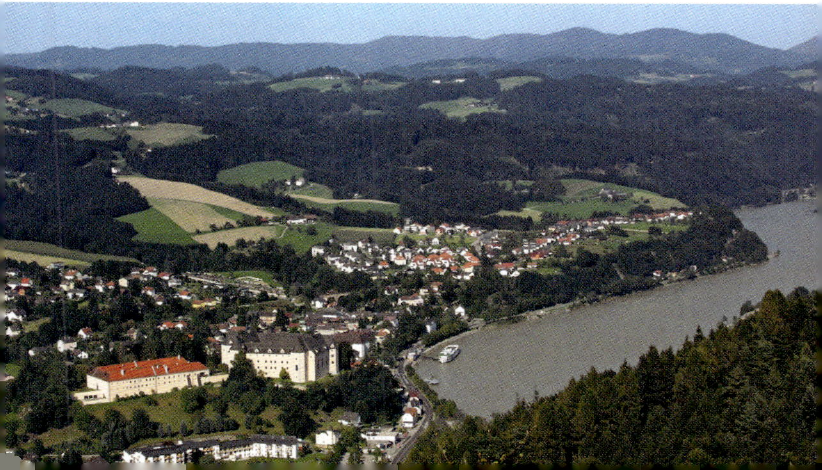

↗ 50 m | ↘ 50 m | 9.2 km

46 Diesseits und jenseits der Enns bei Thaling

2.15 h

Der Kinderwagenweg und seine Erweiterung an der Grenze Ober- und Niederösterreich

Im Ortsteil Thaling bei Kronstorf befindet sich der sogenannte Kinderwagenweg. Dieser gut beschilderte Weg ist zu jeder Jahreszeit begehbar, also auch im Winter geräumt. Hier sind Kinderspielplätze, ein Hügel kann im Winter zum Rodeln genutzt werden, der Clown Willi lädt zu lustigen Motorik- und Koordinationsübungen ein, bei der Reitschule Cavaletti kann man nach Voranmeldung Ponyreiten und im Sommer Erdbeeren im Erdbeerfeld naschen.

Ausgangspunkt: Thaling bei Kronstorf, 262 m.
Mit ÖV: Busverbindungen von Linz Hbf. bis Haltestelle Thaling/Kronstorf Ennser Straße.
Mit PKW: A1 bis Enns Ost, dann rechts auf L571 bis Thaling; Parkplätze vorhanden.

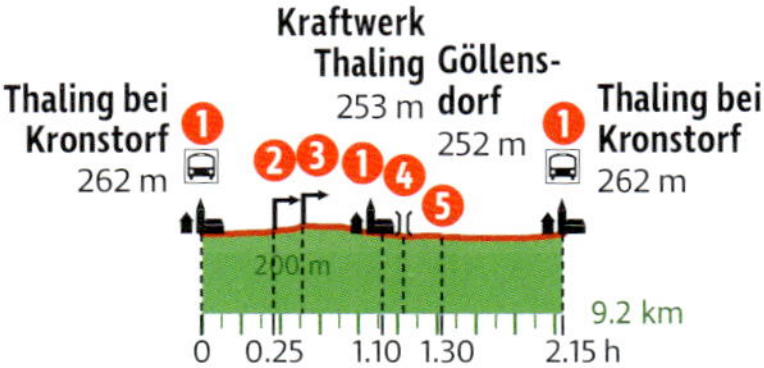

Anforderungen: Die Route ist nicht durchgehend markiert, aber problemlos begehbar; Abschnitte auf schwach befahrenen Straßen und Güterwegen, Feld- und Waldwege, etwas höherer Asphaltanteil.
Einkehr: Thaling, Unterhaus.

In **Thaling** ❶ starten wir bei der Haltestelle bzw. beim gegenüberliegenden Parkplatz und folgen der Ennser Straße nach Süden, biegen nach 250 m links in die Erlenstraße, die uns zum Fluss bringt. Nun an der Enns entlang aufwärts (Seewegrunde der Naturfreunde rückläufig), vorbei an der Schifferkapelle und am ASKÖ-Segelclub, wenden wir uns in der Steinbeerstraße weg vom Fluss und queren die Ennser Straße. Im Wald treffen wir wieder auf den »Kinderwagenweg« und folgen diesem nach links. Am Waldrand in **Unterhaus** ❷ dann nach rechts in die Heidelbeerstraße, vorbei am Tennisplatz und am Straßenende nach links in die Weißdornstraße. Nach

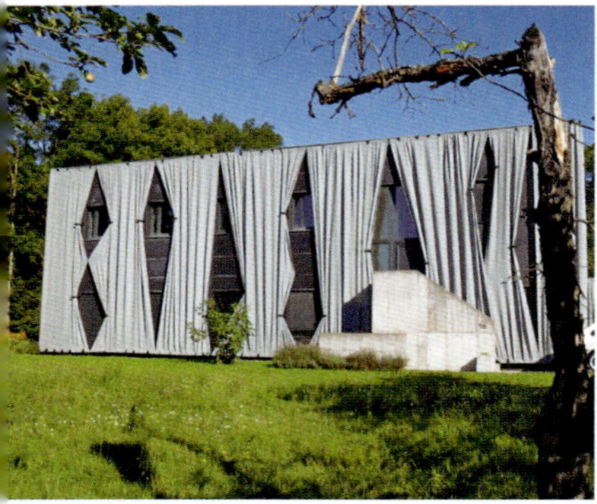

Futuristisches »Vorhanghaus« in Thaling.

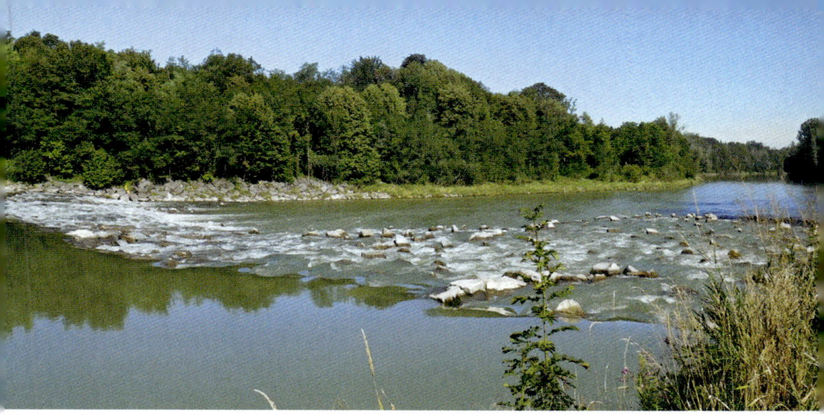

Die Enns beim Kraftwerk Thaling.

rechts bergan zur Wegkreuzung, wo sich die Reitschule Cavaletti linker Hand befindet. Nun nach rechts auf dem **Güterweg Schieferegg** ❸ bieten sich schöne Fernblicke, vorbei an einem Mobilfunkmast biegen wir bei einer Steinmauer nach rechts in die Köpplstraße.

Wir queren die Ennser Straße, folgen der Markierung 481A (rot-weiß-rot) und erreichen das Ufer des **Enns-Stausees** beim **Kraftwerk Thaling** ❹ (Thurnsdorf). Wir queren die Enns über die Kraftwerksbrücke und folgen, nun in Niederösterreich, dem Oberwasserkanal nach Göllensdorf. Vor dem Beginn der Leitschiene entlang einer Hecke nach links und in **Göllensdorf** ❺ geradeaus biegen wir dann nach rechts und ein Feldweg leitet uns zum Wald an der Enns. Nach einem kurzen Stück am Waldrand dann nach links zum Uferweg am Fluss, dem wir nun nach links flussaufwärts folgen. Im schmalen Auwaldstreifen schlängelt sich der Steig, einige Sandbänke laden im Sommer zum Abkühlen im Fluss ein.

Beim **Kraftwerk Thaling** ❹ angekommen queren wir den Fluss erneut und wandern zurück zum Ausgangspunkt In **Thaling** ❶.

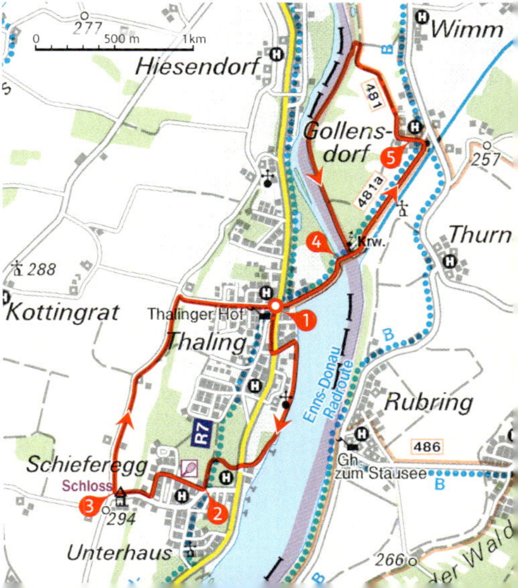

47 Der Enns-Stausee bei Staning

4.30 h

Eine Rundwanderung entlang des aufgestauten Flusses in Ober- und Niederösterreich

Trotz der Nähe der Stadt Steyr bietet diese Rundwanderung viel Natur und wunderschöne Wege auf dem Hochplateau oberhalb der Enns und entlang des Flusses, wo im Sommer auch Baden möglich ist.

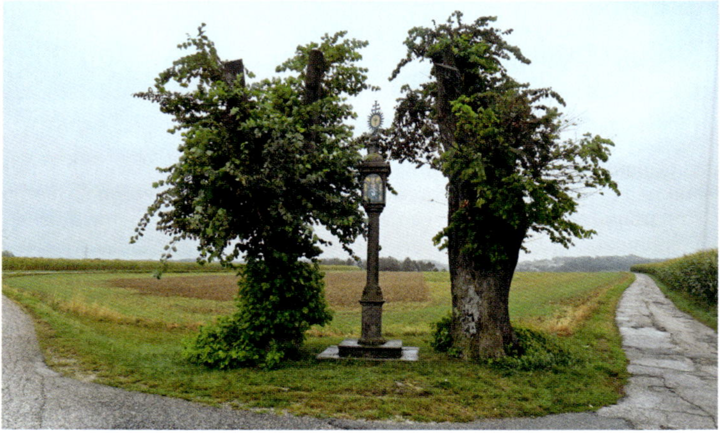

Das Bergmayrkreuz am Wegesrand.

Ausgangspunkt: Steyr-Münichholz, 290 m, Camping am Fluss.
Mit ÖV: Bahnverbindungen von Linz Hbf. zum Bahnhof Ramingdorf-Haidershofen; Ausgangspunkt für Bahnfahrer ist dann Wegpunkt 6.
Mit PKW: Anfahrt von Linz über A1, B 309 und B 122a zum Campingplatz in Steyr-Münichholz (Kematmüllerstraße 1a; bitte die Parkverbote hier beachten!).
Anforderungen: Als Stauseerundweg nicht markiert, in Niederösterreich einige markierte Bereiche, aber von der Orientierung her problemlos begehbar; einige Abschnitte auf schwach befahrenen Straßen.
Einkehr: Gasthaus Rohrauer Kirchenwirt in Haidershofen.

Vom Gelände beim **Campingplatz** in **Steyr-Münichholz** 1 biegen wir beim Minigolfplatz nach rechts und überqueren die Enns auf einem Fußgängersteig. Beim Theater am Fluss dann rechts, nach der Kläranlage auf einem Steig durch den Wald bergan erreichen wir die Hausleitner Straße und gehen rechts auf der Gartenbauerstraße (Ennstalradweg R7) unter der B 122a (Nordspange) hindurch zum Kreisverkehr. Zwischen einem Teich links und einem Parkplatz rechts folgen wir nun der Straße in Richtung Fluss. Beim **Bergmayrkreuz** ❷ genannten Bildstock links, führt nach der Querung der Winklinger Straße der Weiterweg nun als Feldweg auf der Terrasse oberhalb des Stausees der Enns vorbei am Bauernhof Steinwendner bis zum Weiler **Staning** ❸; anschließend bergab, in der Staninger Straße nach rechts zum **Kraftwerk**, das wir über eine Stiege erreichen.

Wir über queren die Enns, im niederösterreichischen **Hainbuch** ❹ biegen wir in die Ennskraftstraße nach rechts, nach dem Kindergarten in der Hainbuchstraße bis zur Förggasse. Hier leitet uns nun die Markierung Flusswanderweg (rot-weiß-rot) nach rechts zur Enns, der wir nach links auf einem schönen Wanderweg flussaufwärts folgen. Kurz wendet sich der Weg bei zwei einsamen Häusern weg vom Fluss, um diesen dann mit Markierung 339 und 340 (rot-weiß-rot) rückläufig auf dem Blickwinkel-Weg

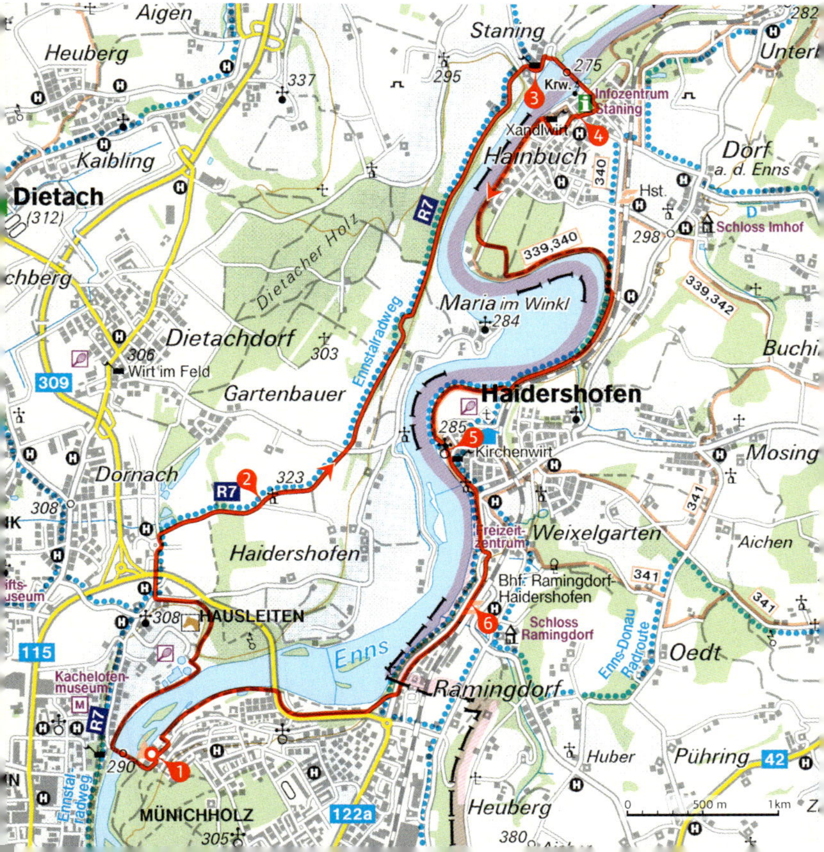

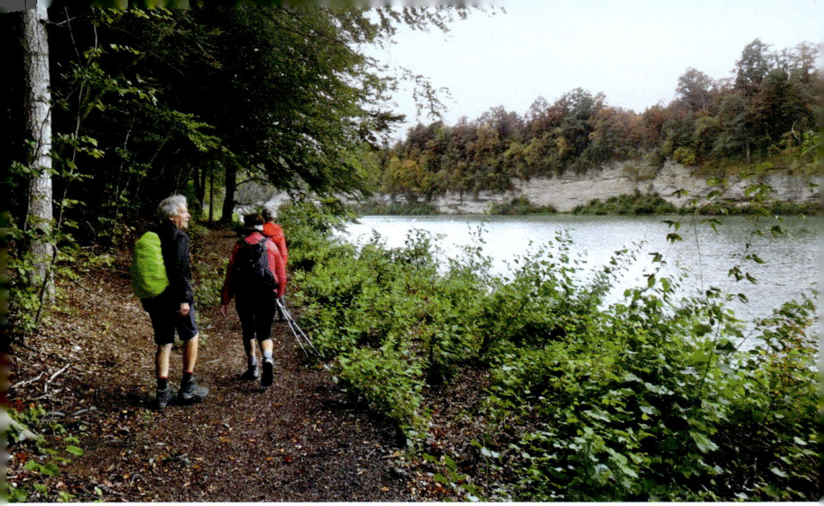

Entspanntes Wandern entlang der Enns.

wieder zu erreichen. Dieser von der NMS Haidershofen gestaltete interessante Themenweg bietet neben einem Rastplatz und schönen Ausblicken viel Wissenswerte über Flora und Fauna.

Der Weiterweg erreicht dann die Bahnlinie, mit Markierung 339/Burgweg Rückweg und 340/Ennspanoramaweg Rückweg, nun entlang der Bahn. Steil bergab wenden wir uns bei einem Motorikpark nach rechts und wandern wieder am Ufer der Enns bis zur Kirche von **Haidershofen** 5. Weiter geht es auf Markierung 341 (rot-weiß-rot) in Richtung Ortstafel Ramingdorf, nach links über die Straßenunterführung der L80 und vorbei am **Bahnhof Ramingdorf-Haidershofen** 6.

Wir kommen dann wieder zurück nach Oberösterreich, von der Haager Straße unter der Hochspannungsleitung nach rechts stoßen wir auf die B122a (Nordspange). Nach deren Querung folgen wir der Straße auf dem Begleitweg in Richtung Enns, entlang der Kleingartenanlage führt uns dann der Weg flussaufwärts über den Forellenweg wieder zu unserem Ausgangspunkt beim **Campingplatz** in **Steyr-Münichholz** 1.

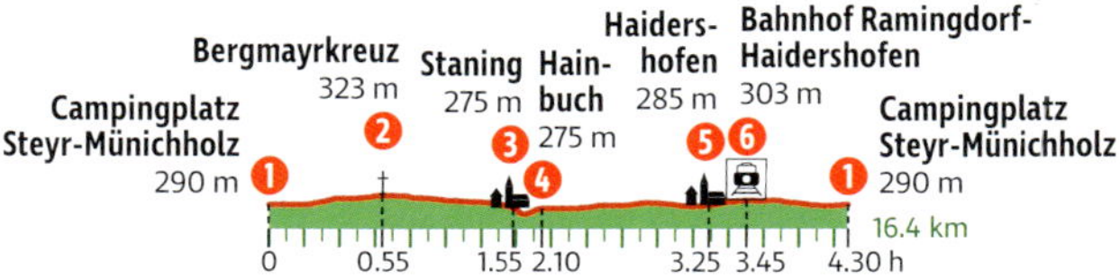

2.30 h

Zum Christkindl bei Steyr

Eine Wanderung, die besonders in die Weihnachtszeit passt

Eine Rundwanderung, die sich besonders in der Vor- und Weihnachtszeit anbietet, führt sie doch nach Christkindl mit dem Weihnachtspostamt sowie einer großen mechanischen Krippe und nach Garsten, wo im Advent der Weihnachtsmarkt zum Verweilen einlädt. Auch am Steyrer Stadtplatz findet zu dieser Zeit ein schöner Standlmarkt statt, bei der Michaelerkirche befindet sich ein Weihnachtsmuseum.

Ausgangspunkt: Steyr, Bahnhof, 305 m. Mit ÖV: Gute Bahnverbindungen von Linz Hbf. zum Bahnhof Steyr. Mit PKW: Für Autofahrer bietet sich die Möglichkeit an, die Runde in Christkindl zu beginnen; hier sind ausreichend Parkmöglichkeiten vorhanden, beim Rückweg entfällt der Weg über die Enns zum Bahnhof.

Anforderungen: Die Route ist nicht durchgehend markiert, aber problemlos begehbar; einige Abschnitte auf schwach befahrenen Straßen.

Einkehr: Steyr, Christkindl, Garsten.

Vom **Bahnhof Steyr** ❶ über die Bahnhofsstraße queren wir erst die Enns und dann nach rechts die Steyr bei deren Mündung. Nun vom Michaelerplatz nach links vorbei am Weihnachtsmuseum beim ehemaligen Bürgerspital leicht bergab in die Badgasse. Bei der ersten Gelegenheit nun nach links über einen Nebenarm der Steyr und flussaufwärts in der Wehrgrabengasse, dann wiederum nach links über eine weitere Brücke gelangen wir zum **Museum Arbeitswelt** ❷, zur Fachhochschule für Wirtschaft und Management linker Hand und zum Kulturhaus Röder rechter Hand. Am Campus vorbei erreichen wir die Direktionsstraße. Nach links überqueren wir auf einem Fußgängersteig die Steyr, passieren eine weitere Bogenbrücke und biegen nach rechts in die Blumauerstraße ein. Bei der stark befahrenen Querstraße, der Tomitzstraße, nach links kurz bergan und dann unter dieser hindurch. In der Weihnachtszeit ist bei dem kleinen **Wasserfall** hier eine große Krippenlandschaft aufgebaut. Diese sogenannte Jägerkrippe wird von den Bewohnern der nahegelegenen Notschlafstelle betreut.

Dann über die **Teufelsbachbrücke** ❸ und unterhalb des Bahnhofs der Museumsbahn nun flussaufwärts in den Stein-

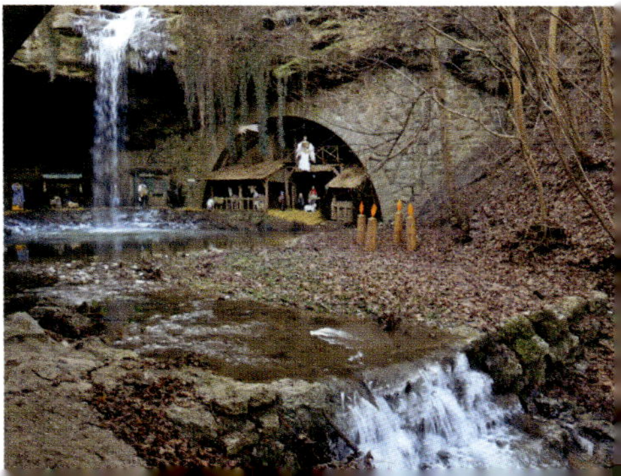

In der Weihnachtszeit: die große Krippe am Teufelsbach.

bruchweg folgen wir im Landschaftsschutzgebiet den Gleisen der Schmalspurbahn, kommen am sogenannten Kugelfangwehr vorbei, das wegen seiner Strömungen für Badende sehr gefährlich ist. Unter den Gleisen hindurch entlang den Steilwänden der Konglomerat-Terrassen passieren wir ein altes Fabrikgebäude mit den Resten eines großen Wasserrades. Vor uns sehen wir bereits am Hügel die Christkindlkirche. Der Steinbruchweg mündet nach einer kleinen Brücke in die Unterhimmler Straße, weiter nach links nun in der Drahtzieherstraße (Radweg R8) queren wir bei der nächsten Gelegenheit das Gerinne erneut nach links, beim Haus Steinbruchweg 9 beginnt der Anstieg zur Kirche. Über zahlreiche Stufen geht es im Zick-Zack hinauf zur **Christkindlkirche** ❹, hinter der Kirche befindet sich das Restaurant und Hotel sowie in der Weihnachtszeit das Postamt Christkindl. Neben der Wallfahrtskirche leitet uns eine Treppe zur sehenswerten mechanischen Großkrippe. Der Weiterweg nach Garsten führt im Rechtsbogen entlang der Christkindlstraße in südlicher Richtung, wir folgen den Markierungen rot-weiß-rot 406 und Christkindl-Wallfahrtsweg. Beim Caritas-Kindergarten und der angrenzenden Volksschule Christkindl queren wir bei einem Christophorus-Bildstock die Straße.
Ein Wiesenweg führt durch die Senke zur Gugerlehnerstraße, der wir nach links und in einem S durch **Garsten Nord** bis zur **Sandbauernstraße** ❺ folgen. Bei der **Bushaltestelle** queren wir diese, gehen entlang einer Christbaumplantage dann nach rechts und im Linksbogen bergab zur Laichbergstraße, der wir nun in die Senke des Teufelsbachs folgen. Unmittelbar nach der Brücke nicht nach rechts der blau-weißen Markierung folgen, sondern

Die barocke Wallfahrtskirche Christkindl.

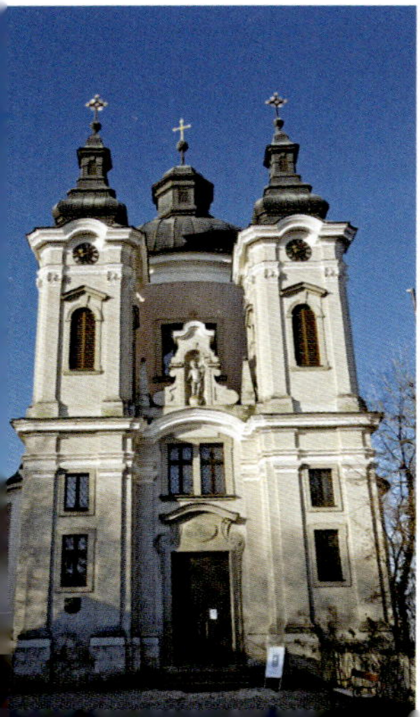

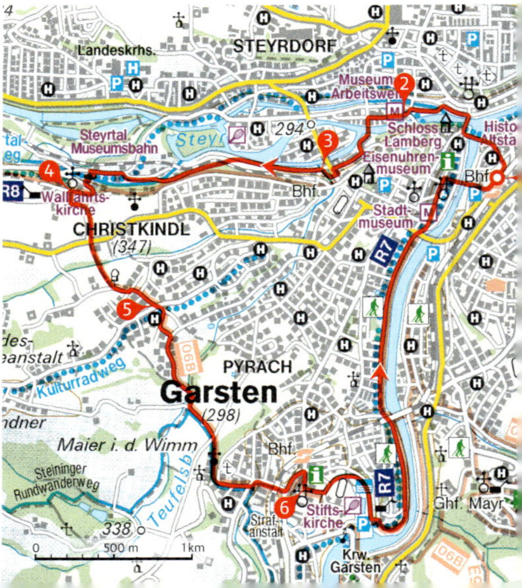

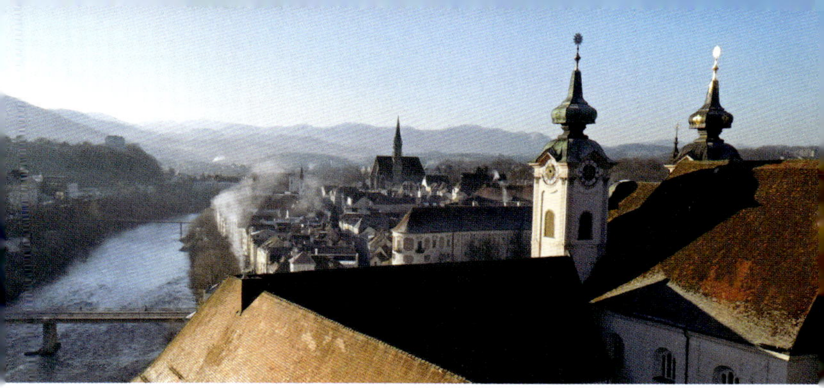

Blick vom Taborturm über Steyr.

der Straße nach bergan zu einer Kreuzung. Die Mayrgutstraße querend geht es nun bergab in einen Hohlweg, links kann man bereits das ehemalige Kloster Garsten, heute eine Justizvollzugsanstalt, sehen. In der Windnerstraße am Friedhof vorbei schwenken wir dann kurz links, um dann bei einer Molkerei nach rechts der Klosterstraße folgend die Bahnlinie zu erreichen. Unter der Bahntrasse hindurch nach links erreichen wir das Zentrum von **Garsten** 6. Hier wenden wir uns nach rechts und erreichen die Gebäude des **ehemaligen Benediktinerstifts**. 1787 wurde das Kloster aufgelassen, die barocke Kirche ist sehenswert.

Ein Durchgang bei der Kirche bringt uns zum Garstner Bach, wo wir nach links die Markierung rot-weiß-rot 406 verlassen und jener des Christkindl-Wallfahrtsweges folgen. Entlang des Baches umwandern wir das Sport- und Freizeitzentrum und das Freibad. Ein kleiner Bienenlehrweg der Garstner Imker begleitet uns dabei. In Sichtweite des Ennskraftwerks queren wir auf einer überdachten Brücke den Garstner Bach, der hier in die Enns mündet. Der Weiterweg geleitet uns nun am Westufer der Enns flussabwärts (Ennstalweg, Reithofferstraße), am anderen Ufer die Eisen-Bundesstraße und am Hang die Kirche von St. Ulrich bei Steyr. Unter der Eisenbahnbrücke durch am steilen Konglomerat-Felsen vorbei gelangen wir zur Straßenbrücke über die Enns, unter dieser hindurch und S-förmig hinauf erreichen wir durch das imposante Stadttor wieder in die Altstadt von **Steyr** mit ihren pittoresken Häusern und verwinkelten Gassen. Über den Grünmarkt geht es zum **Stadtplatz** mit dem gotischen Bummerlhaus. Beim Rathaus nun hinunter zum Ennskai und über den Ennssteg, die Bahngasse und den Hessenplatz endet beim **Bahnhof Steyr** 1 unsere Runde.

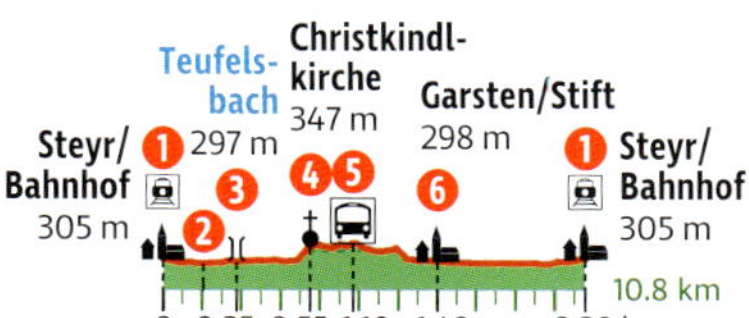

49 Wallfahrtskirche Hilkering und Mayrhofberg

3.00 h

Vom malerischen Kirchlein zur Aussichtswarte

Aus dem Tal der Aschach von der malerischen Wallfahrtskirche in Hilkering leitet uns diese Halbtagstour auf den Mayrhofberg mit seiner Aussichtswarte, von der sich ein wunderbarer Rundblick nach allen Seiten öffnet.

Ausgangspunkt: Hilkering bei Aschach an der Donau, Wallfahrtskirche, 284 m. Mit ÖV: Busverbindungen von Linz Europaplatz bis Haltestelle Hilkering/Aschach B 130. Von dort ca. 400 m Fußweg, über die Aschachbrücke und rechts zur Kirche.
Mit PKW: Anfahrt von Linz über die B 127 und Ottensheim und weiter auf der B 131 bis Hartkirchen und dann auf der B 130 nach Hilkering oder auf der B 130 über Wilhering, Eferding nach Hilkering; Parkmöglichkeiten beim Feuerwehrzeughaus unterhalb der Wallfahrtskirche.
Anforderungen: Die Route ist durchgehend markiert; wenig Asphalt, Feld- und Waldwege, teilweise steiler An- und Abstieg (Vorsicht bei Nässe!).
Einkehr: Keine Einkehrmöglichkeit. Getränkeautomat beim Haus unterhalb der Warte.

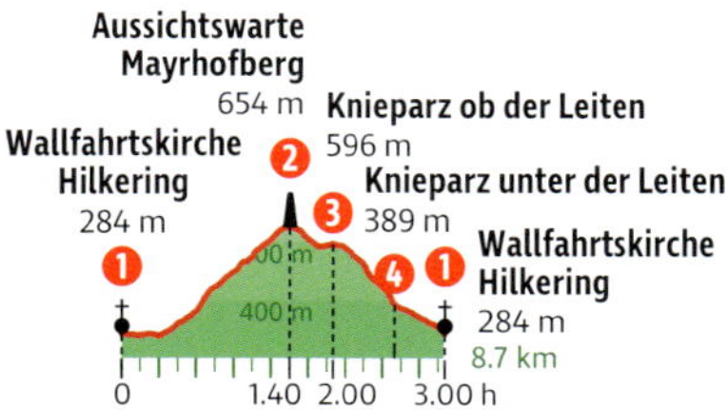

Malerisch gelegen: die Wallfahrtskirche Hilkering.

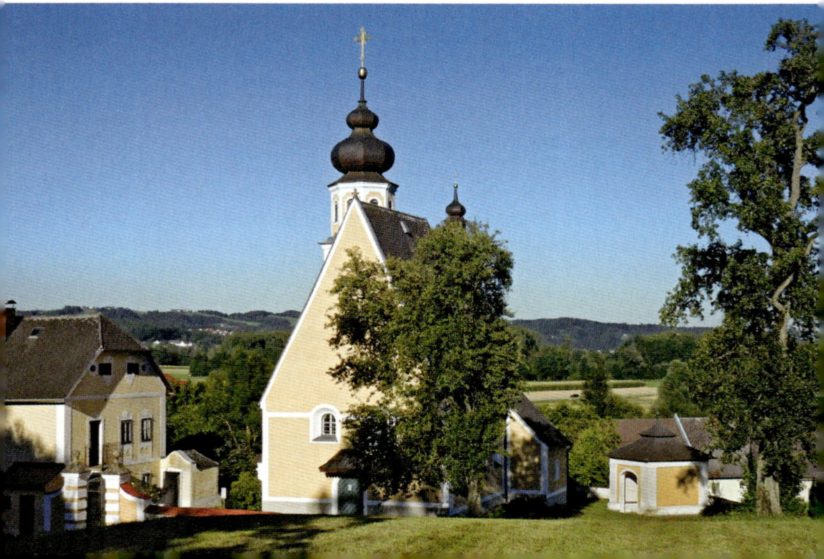

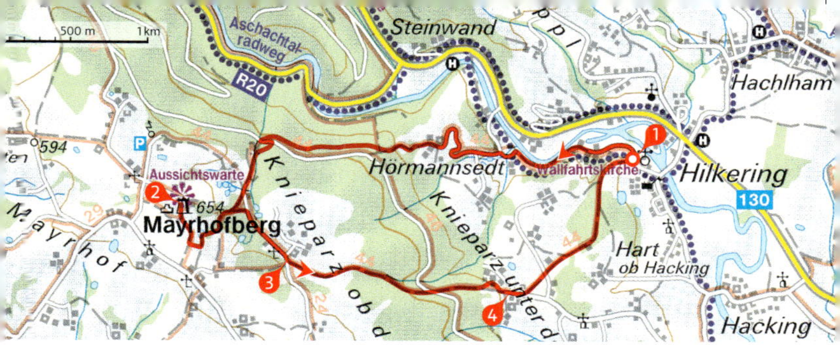

Von der Bushaltestelle an der B 130 bzw. vom Parkplatz beim Petermayrgut/Feuerwehrzeughaus wandern wir zur **Wallfahrtskirche Hilkering** ❶. Bei dieser rechts leitet uns im Tal der Aschach die Markierung 44 zu einer Zufahrtsstraße, die bergan in Serpentinen zum letzten Hof von **Hörmannsedt** führt. Nun beginnt der steile Aufstieg, der auf einem Forstweg etwas flacher wird. Bei einem kleinen Bach, rechts ist die Ruine Stauf zu sehen, nach links und weiter bergan. Nach diesem längeren Waldstück bei der Zufahrtsstraße haben wir beim Anstieg nach rechts am Waldrand bereits herrliche Fernsicht. Nach einer weiteren kurzen Waldpassage steht die **Warte am Mayrhofberg** ❷ vor uns. Diese ist immer offen und frei zugänglich, der Blick ist an klaren Tagen überwältigend.

Der Rückweg ist bis zu der Zufahrtsstraße im Wald ident mit dem Hinweg, dann gehen wir aber nach rechts zu den Häusern von **Knieparz ob der Leiten** ❸ (Markierung 44). Wir queren einen Güterweg und ein Feldweg leitet uns bergab zum Wald. Der etwas steilere und teilweise ausgeschwemmte Waldweg führt nach Querung einer Forststraße nach **Knieparz unter der Leiten** ❹. Auf der offenen Fläche hat man wiederum eine schöne Fernsicht, links St. Martin im Mühlkreis, rechts das Eferdinger Becken. Nach links queren wir einen Zufahrtsweg, rechts an einem Haus vorbei biegt der Wanderweg anschließend nach links in den Wald ab und nach dessen Durchquerung erreichen wir die **Wallfahrtskirche Hilkering** ❶.

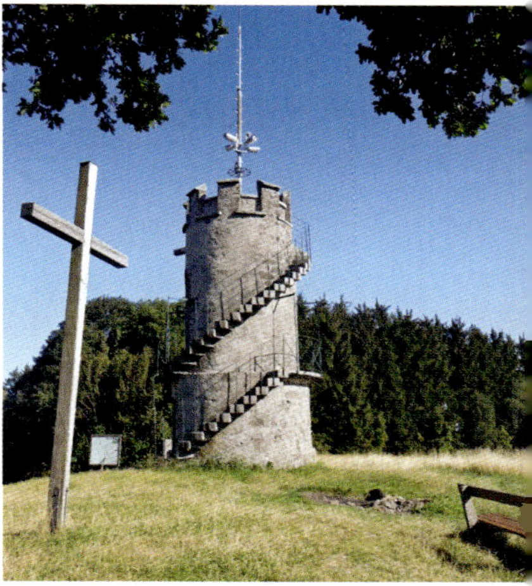

Die Aussichtswarte am Mayrhofberg.

TOP
50

↗ 260 m | ↘ 260 m | 15.8 km

Ruine Schaunburg und Kloster Pupping

5.00 h

Zur mächtigen Burgruine auf den Höhen über der Donauebene

Diese Rundwanderung führt uns zur einst großen Schaunburg mit herrlichen Ausblicken auf das Eferdinger Becken, zum weithin sichtbaren Ort Stroheim und nach Pupping. Dort ist der Hl. Wolfgang verstorben, 1998 wurde im Franziskanerkloster ein neuer Weg des Mitlebens für Frauen und Männer im Geiste des Hl. Franziskus und der Hl. Klara eingeschlagen.

Ausgangspunkt: Hartkirchen, Kirchenplatz, 273 m.
Mit ÖV: Busverbindungen von Linz Hbf. bis Haltestelle Hartkirchen Ortsmitte.
Mit PKW: Anfahrt von Linz über die B 127 und Ottensheim und weiter auf der B 131 bis Hartkirchen, oder die B 130 über Wilhering, Eferding nach Hartkirchen; Parkmöglichkeiten im Ort hinter der Kirche.

Anforderungen: Die Route ist nicht ganz durchgehend markiert (verschiedene Markierungen), die Orientierung aber unschwer; asphaltierte Güterwege mit kaum Verkehr, Feld- und Waldwege, steiler Abstieg am Schneckensteig nach der Landerlkapelle (hier Vorsicht bei Nässe!).
Einkehr: Hartkirchen, Stroheim, Pupping.

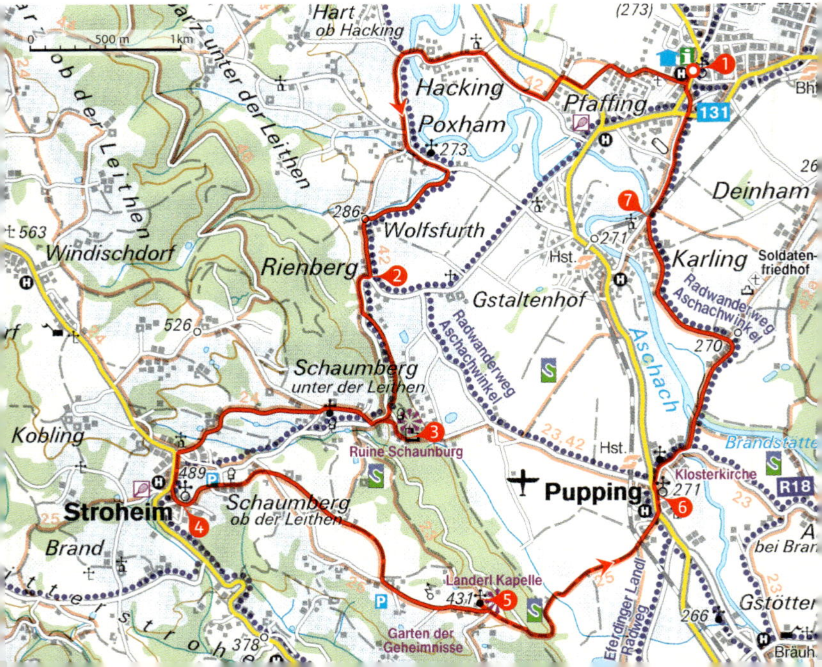

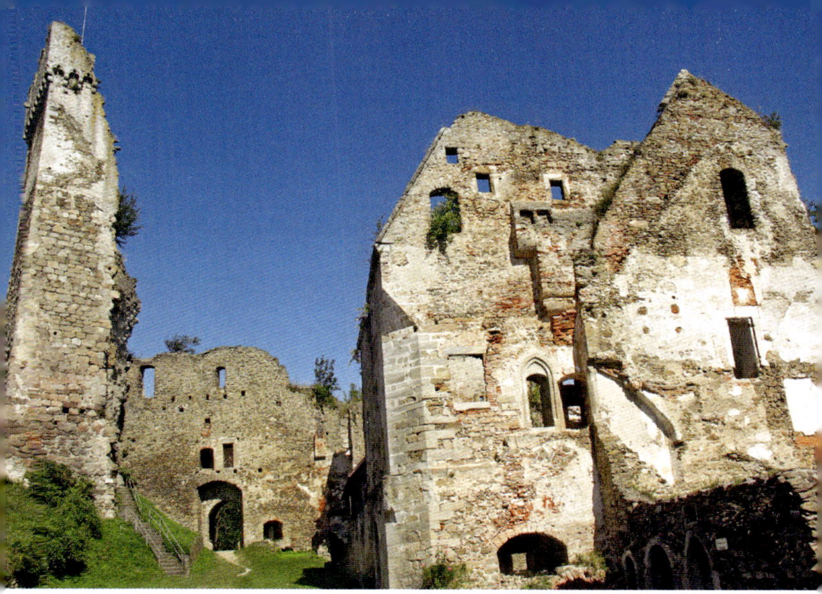

Einst eine mächtige Burg, heute hat man vom Turm eine tolle Aussicht: die Schaunburg.

Ausgangspunkt der Wanderung ist der Kirchenplatz im Zentrum von **Hartkirchen** ❶. Die Markierung 26 (leider nur auf den Übersichtstafeln vorhanden) und die Schaunbergrunde rückläufig leiten uns über die Friedhofsstraße und nach einer Sackgasse auf einem Feldweg hinaus zur Bundesstraße B 130. Wir queren diese bei einem Imbissstand und gelangen dann zu einem Güterweg und auf diesem rechts nach Pfaffing. Bei einem Bildstock der »Schmerzhaften Muttergottes« im Linksbogen durch den Weiler **Hacking**, nach Querung der Aschach weiter nach links, in Poxham bei der zweiten Abzweigung nach rechts über den Weiler Wolfsfurth nach **Rienberg** ❷. Hier auf der Straße nach Stroheim nach rechts, verlassen wir diese nach der scharfen Linkskehre beim Parkplatz nach links.
Ein Fußweg führt uns nun zum Eingang der imposanten **Burgruine Schaunburg** ❸. Nach der Besichtigung – auf dem Burgfried bietet sich

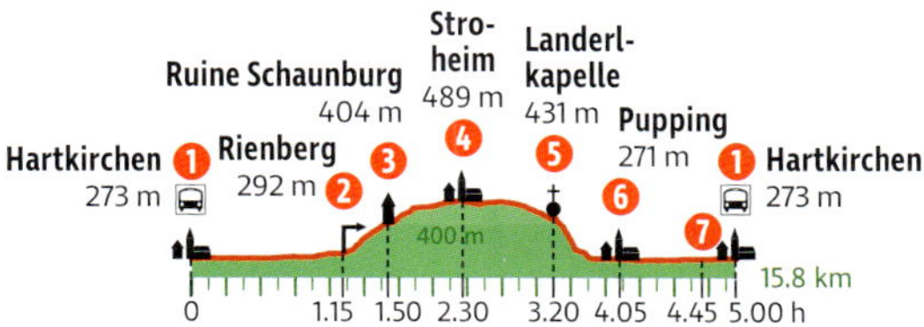

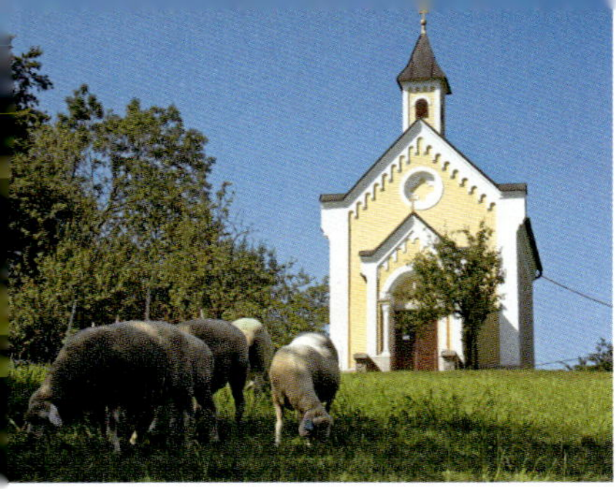

Die Landerlkapelle wurde um 1901 erbaut.

ein herrlicher Rundblick über das Eferdinger Becken bis zum Mühlviertel – geht es bergauf zur Straße; vor dem Besucherparkplatz zweigt ein Steig nach rechts ab (auf den Übersichtstafeln mit Weg 24 gekennzeichnet, keine Markierung vor Ort). Wir erreichen eine Sackgasse (Güterweg Schwertberger), bei der Wegverzweigung nahe der Mayr-In-Anthof-Kapelle und einem Transformator nehmen wir den mittleren Güterweg Furthdoppl und erreichen auf diesem **Stroheim** ❹. In einem Bogen nach links gehen wir an der Kirche und dem **Gasthaus Stroheimerhof** vorbei, durch die Ortschaft Schaumberg ob der Leithen (Weg Landerlkapelle, 25 rot-weiß-rot) und bei der nächsten Kreuzung geradeaus auf dem Güterweg Schaumberg weiter. Hier bietet sich eine tolle Aussicht, die vom Mühlviertel über das Donautal und das Eferdinger Becken bis hin zur Alpenkette reicht.

Beim nächsten Hof nach links, 150 m weiter ist nach rechts ein Abstecher zum Garten der Geheimnisse, einem Schaugarten, möglich. Wir passieren eine Antennenanlage und leicht bergab erreichen wir bei der **Landerlkapelle** ❺ (kurzer Abstecher) den Donausteig und folgen nun geradeaus dieser Markierung. Der sogenannte Schneckensteig führt uns nun im Wald immer steiler werdend in engen Serpentinen hinunter in die Ebene (Vorsicht bei Nässe – Rutschgefahr!). Zuerst links, am Ende des Feldes dann beim Pumphaus Leumühle nach rechts queren wir den Bach und dann die Bahnlinie und gelangen nach **Pupping** ❻, wo der Heilige Wolfgang im Jahre 994 verstorben ist. Hier zuerst nach links der Hauptstraße entlang und nach der **Klosterkirche** nach rechts auf die Straße in Richtung Deinham verlassen wir Pupping. Vor der Brücke über die Aschach wendet sich der Donausteig nach rechts, wir queren die Aschach, biegen anschließend in Deinham nach links ab und erreichen **Karling** ❼. Nach dem Bahnübergang rechts auf der Karlingerstraße, vorbei am Feuerwehrzeughaus, kommen wir wieder ins Zentrum von **Hartkirchen** ❶.

Pupping: der Sterbeort des Hl. Wolfgangs.

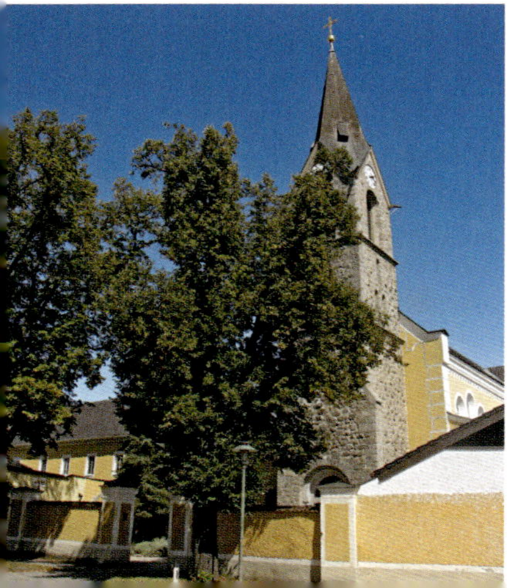

↗ 360 m | ↘ 360 m | 15.7 km

4.45 h

Im Obst-Hügel-Land bei Scharten

51

Auf den Höhen oberhalb des Eferdinger Beckens

Streuobstwiesen und Obstbaumreihen prägen die sanfthügelige Landschaft im Naturpark Obst-Hügel-Land in der Gemeinde Scharten. Die bei der Wallfahrtskirche Oberscharten beginnende Rundwanderung ist speziell zur Zeit der Kirschenblüte ein Erlebnis.

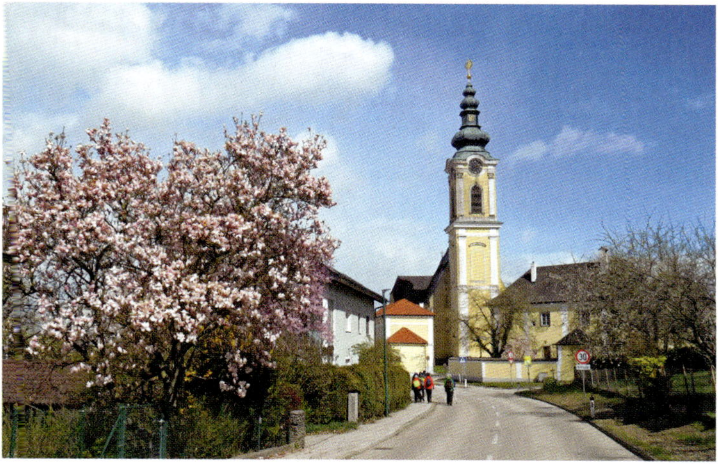

In Oberscharten, mit der katholischen Pfarrkirche.

Ausgangspunkt: Oberscharten, Wallfahrtskirche, 397 m.
Mit ÖV: Busverbindungen ab Wels Hbf. und Wels K.F. Josefsplatz bis Haltestelle Scharten Ortsmitte.
Mit PKW: Anfahrt auf der B 129; Parkmöglichkeiten beim Gemeindeamt und bei der Wallfahrtskirche.

Anforderungen: Die Route ist nicht durchgehend markiert, aber problemlos begehbar; Wald- und Feldwege, Abschnitte auf schwach befahrenen Güterwegen, keine besonderen Schwierigkeiten.
Einkehr: Scharten, Jausenstation Beißl in Herrnholz, Finklham.

Vom Platz zwischen der **Wallfahrtskirche Oberscharten** ❶ und dem Gemeindeamt folgen wir zunächst der Markierung des Panoramaweges entlang der Straße nach **Unterscharten** ❷. Unterhalb der evangelischen Kirche erst geradeaus, verlassen wir dann den Asphalt nach rechts. Der Panoramaweg leitet uns zum Wald, in einem Linksbogen erreichen wir am Waldende die großen Obstplantagen.

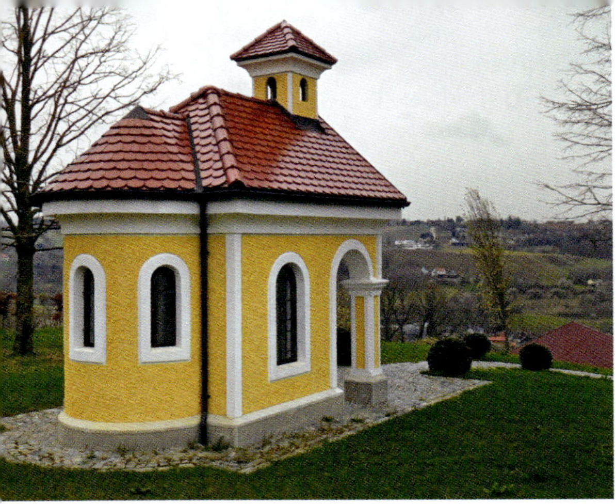

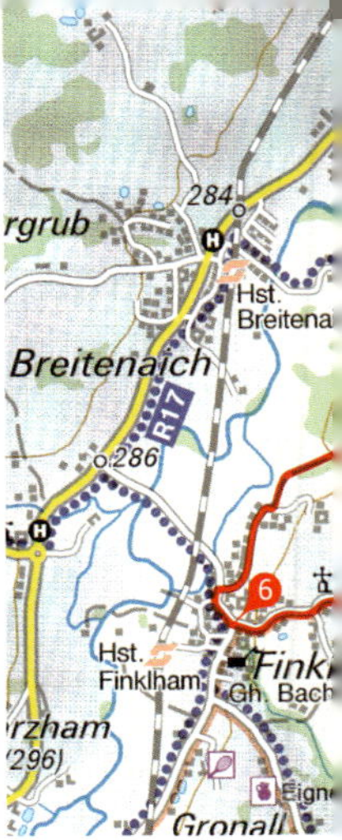

Die schmucke Hauskapelle des Firlinger Hofs.

Nach einem kurzen Stück auf einem Güterweg dann nach links, nach einem Rechtsknick säumen alte Kirschbäume rechter Hand den Wanderweg. Leicht bergab erreichen wir den **Firlinger Hof** ❸, wo wir nach rechts den Panoramaweg verlassen und dem Kirschblütenweg folgen. Entlang eines Waldrandes führt uns die Markierung nach einem Linksknick hinab zur Straße in **Leppersdorf** ❹.

Nach deren Querung geht es nun auf einem Güterweg bergan nach **Herrnholz** – nach rechts schöner Blick über das Eferdinger Becken bis hin zum Mühlviertel –, wo der Kirschblütenweg nach links zur Jausenstation Beißl abbiegt (kurzer Abstecher). Wir halten uns geradeaus und queren eine Straße, nach rechts lädt ein Abstecher zum Hofladen Lehnerhof ein. Bergab erreichen wir die Ortschaft **Steinholz** ❺, die wir geradeaus durchwandern. Nach der Querstraße leicht bergan endet dann der Asphalt. Auf der Anhöhe halten wir uns weiterhin geradeaus. Ein Feldweg leitet uns hinunter zu den ersten Häusern von **Finklham** ❻. Im Ort wandern wir dann in Sichtweite des **Gasthauses Bachleitner** nach links bergan (Markierung Naturparkhöhenweg) an einem Wasserreservoir vorbei (nicht nach rechts – Güterweg

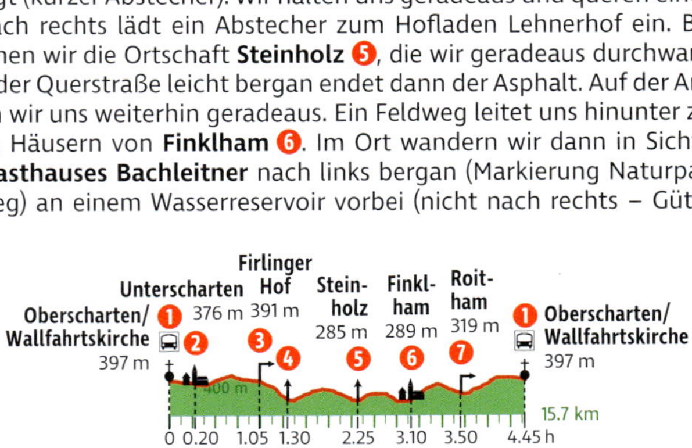

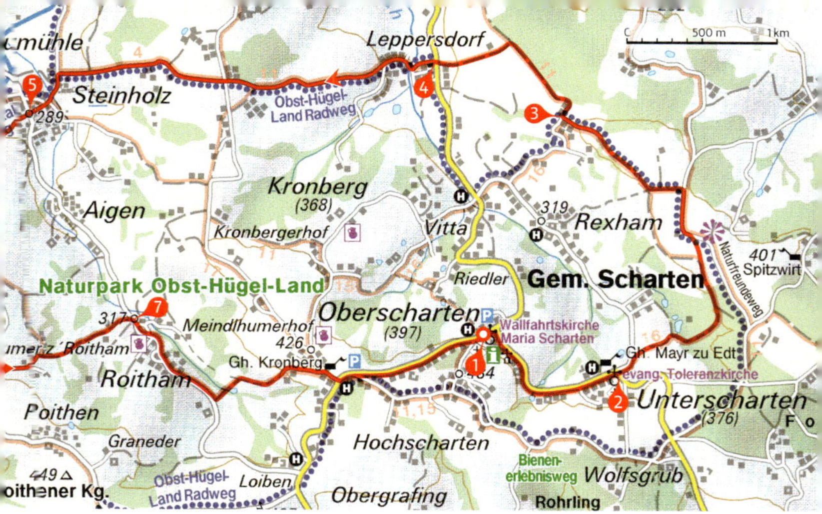

Graben!) und auf einer von alten Obstbäumen gesäumten Straße bis zur zweiten Abzweigung links. Nach links beim zweiten Haus etwas bergab und anschließend nach rechts bringt uns der Feldweg mit der Markierung Herrnholzer Rundweg hinab nach **Roitham** 7. Die Markierung Herrnholzer Rundweg begleitet uns weiter nach rechts bis zu einem markanten Vierkanthof rechter Hand. Nach links verlassen wir die Straße, queren ein Bächlein und gehen an einem Wasserbehälter vorbei bergan und in der Siedlung **Kronberg** zur Landesstraße L 531 beim **Gasthof Schartnerblick** (Ausgangs- und Endpunkt des Herrnholzer Rundweges).
Auf dem Fußweg parallel zur L 531 – nach links bietet sich ein herrlicher Ausblick auf das Eferdinger Becken – erreichen wir wieder die **Wallfahrtskirche Oberscharten** 1.

Die Umgebung von Scharten ist bekannt für ihre Kirschen und anderes Obst.

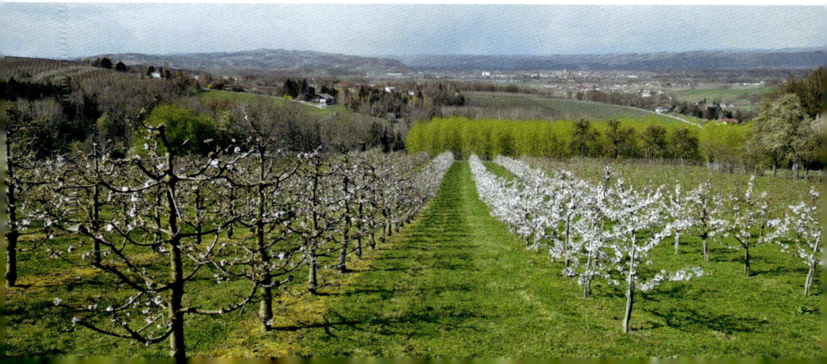

↗ 120 m | ↘ 120 m | 15.0 km

52 Rund um Alkoven

4.00 h

Zum geschichtsträchtigen Rennaissanceschloss und in die Au am Innbach

Zu den Höhen südlich von Alkoven, vorbei am Schloss Hartheim mit seiner Gedenkstätte und durch Alkoven zum Innbach geht es auf dieser Rundwanderung, und entlang des Innbachs, teilweise in der Au, dann über den Gelsenwirt und die Radkovsky-Teiche wieder retour.

Ausgangspunkt: Alkoven, Bahnhof, 268 m.
Mit ÖV: S-Bahn ab Linz Hbf. bis Bahnhof Alkoven.
Mit PKW: Anfahrt auf der B 129; Parkmöglichkeiten am Donausteigparkplatz, Zufahrt bei der Tankstelle gegenüber dem Bahnhof.

Anforderungen: Die Route ist nicht durchgehend markiert, aber problemlos begehbar. Wald- und Feldwege, Abschnitte auf schwach befahrenen Güterwegen, keine besonderen Schwierigkeiten.
Einkehr: Alkoven, Gelsenwirt zur Lisa in Gstocket.

Das Renaissanceschloss Hartheim, ein Lern- und Gedenkort.

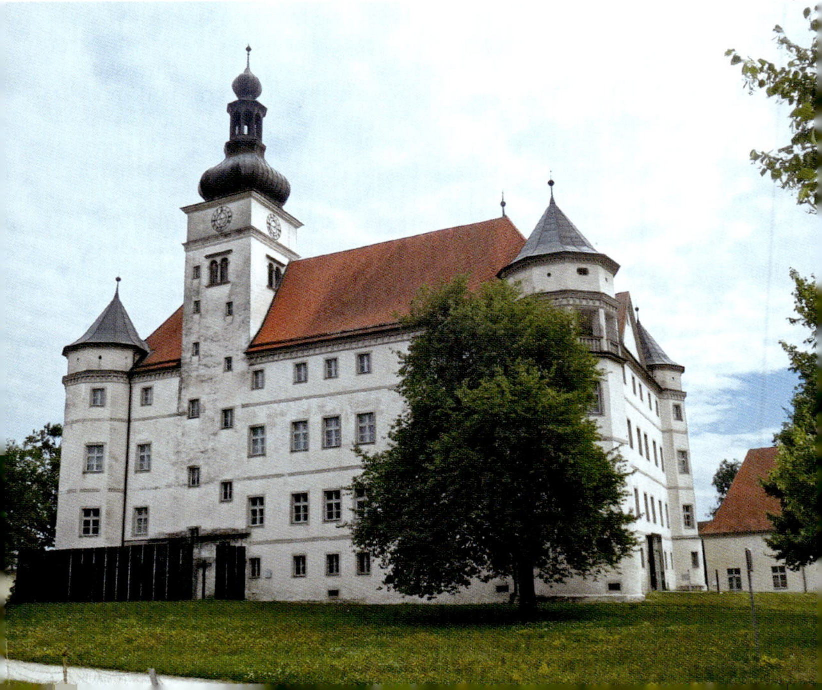

Vom **Bahnhof Alkoven** ❶ gehen wir zuerst nach Querung der Gleise entlang der Straße in Richtung Hartheim, beim Kreisverkehr Richtung Annaberg in der Schlossstraße, dann nach links bei einer Tischlerei in den Parzweg. Der Feldweg biegt dann im rechten Winkel nach rechts und wir erreichen **Annaberg**. Hier erst rechts und nach Haus Nr. 10 nach links durchwandern wir den Weiler und erreichen bergan die kleine **Annabergkirche** ❷. Auf der Kuppe folgen wir der Markierung Naturfreundeweg nach rechts, wandern vom Höhenrücken in eine leichte Senke, wo bei der nächsten Wegkreuzung der Naturfreundeweg nach links abbiegt. Leicht rechts haltendend erreichen wir **Winkeln** ❸; hier vor einem Vierkanthof nach rechts auf einen Fahrverbotsweg (Haus Winkeln 13). Ein Feldweg leitet uns über den Wimmerweg und den Bergleithenweg nach **Hartheim** zum Lern- und Gedenkort **Schloss Hartheim** ❹, einem der bedeutendsten Renaissanceschlösser in Österreich. Von 1940 bis 1944 war das Schloss eine von sechs Euthanasieanstalten des NS-Regimes. Nach dem Schloss nach links auf der Dorfstraße und nach dem Kreisverkehr auf der Kirchenstraße ins Ortszentrum von **Alkoven** ❺. Sehenswert sind die Pfarrkirche St. Margaretha und die denkmalgeschützte Herz-Jesu-Kapelle in der Schulstraße. Unter der B 129 und der S-Bahn hindurch rechts am Gemeindeamt vorbei

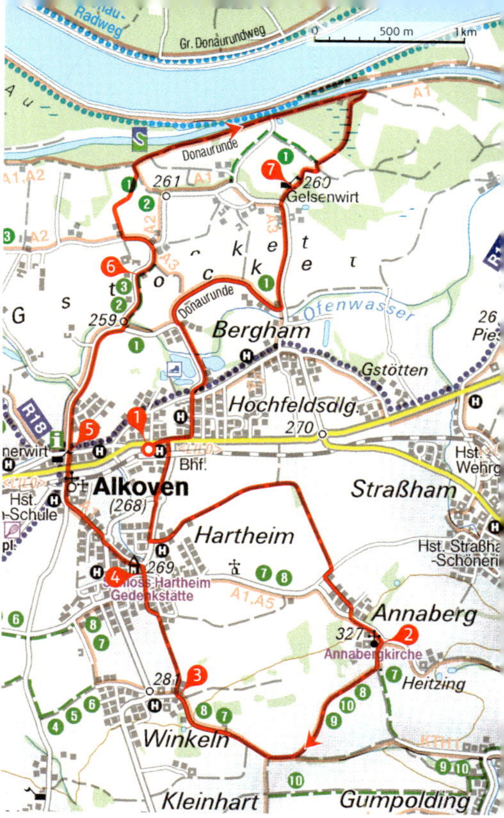

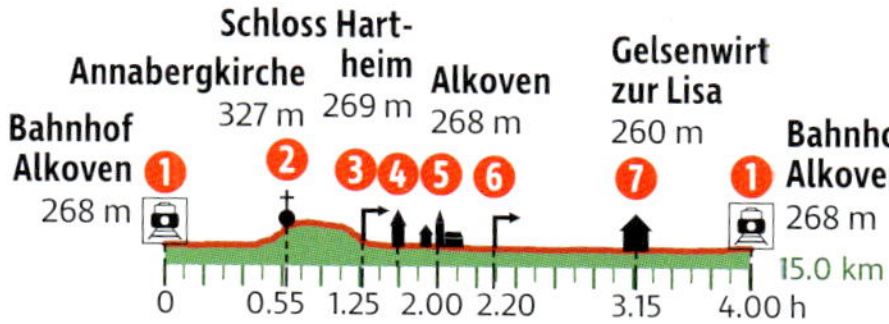

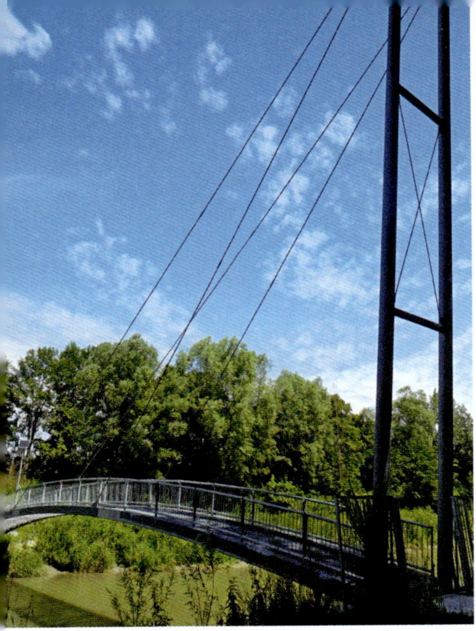

Die moderne Brücke überquert seit 2021 den Innbach.

An den Radkovsky-Teichen vorbei geht es nach Alkoven.

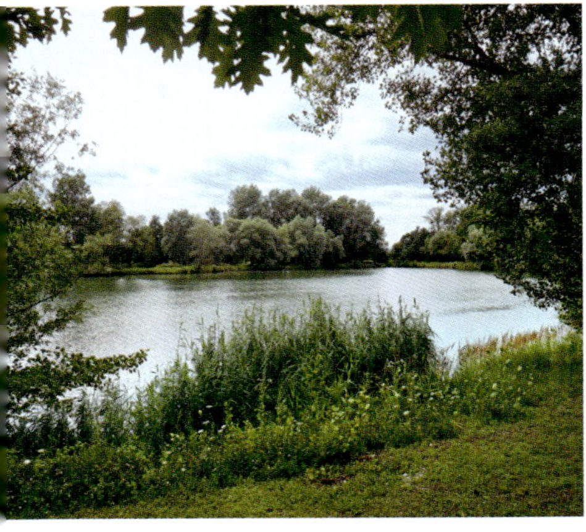

geht es auf der Holzschuhstraße auf der rechten Bachseite in Richtung Norden.
Vorbei an einer riesigen Eiche (Naturdenkmal) queren wir den Bach bei der dritten Abzweigung, die Holzschuhstraße führt uns nach **Gstocket** **6**, wo wir auf die Markierung der Donausteigrunde Alkoven stoßen. Dieser folgen wir nun beim nächsten Hof nach links (Innbachstraße), ein rechts abbiegender Feldweg leitet uns unter einer Hochspannungsleitung hindurch zum **Innbach**. Ein geruhsamer Weg am Ufer unweit der parallel verlaufenden Donau lädt zum Entspannen ein, die Markierung blau-weiß-grün begleitet uns.
Nach einer modernen Fußgänger- und Radbrücke über den Innbach biegt der Donausteig-Wanderweg dann nach rechts auf den Damm ab, erst kurz links und dann nach rechts verlassen wir in der Au den Innbach. Auf freiem Feld dann S-förmig geradeaus biegt der Weg nach dem **Gelsenwirt zur Lisa** **7** nach links ab, vorbei am Polwischgut (seit 1523!) bis zur Brücke über das Ofenwasser. Nun nach rechts auf den Pointbinderweg und im Linksbogen gelangen wir zu den **Radkovsky-Teichen** und dem Teichstüberl. Die Teichstraße nach rechts leicht bergan biegen wir nach links in die Hochfeldstraße ein, die uns wieder zur B 129 und zurück zum **Bahnhof Alkoven** **1** führt.

4.00 h

Von Wilhering durch den Kürnberger Wald nach Linz

Vom Zisterzienserstift durch das Naherholungsgebiet westlich der Landeshauptstadt

Vom Stift Wilhering aus durch den Kürnberger Wald, dem großen Waldgebiet im Westen von Linz und Alharting, bis in das Zentrum von Linz führt diese Streckenwanderung.

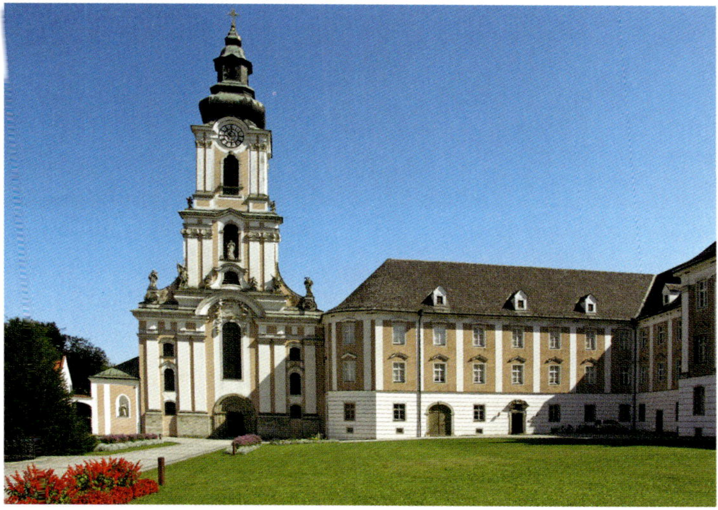

Stift Wilhering mit seiner wunderschönen Rokokokirche.

Ausgangspunkt: Wilhering, Zisterzienserkloster, 270 m.
Mit ÖV: Busverbindungen von Linz Hbf. bis Haltestelle Wilhering Ortsmitte, an der B 129 beim Stift.
Mit PKW: Anfahrt auf der B 129; Parkplätze beim Stift Wilhering.
Endpunkt: Linz Hauptplatz, 258 m. Haltestelle LinzAG Linie 26 bzw. Straßenbahn Linien 1, 2, 3 und 4.
Anforderungen: Die Route ist im Kürnberger Wald gut markiert, von Leonding bis Linz Zentrum nicht durchgehend, auf Grund der Straßennamen aber unschwer zu begehen.
Einkehr: Alharting, Linz.
Varianten: 1) Anreise mit der Mühlkreisbahn von Urfahr zum Bahnhof Ottensheim. Von dort geht man über die Bahnhofsstraße und den Marktplatz zur Fähre und nach dem Überqueren der Donau nach links entlang der Donausteig-Markierung zum Stift Wilhering. Ca. 2,5 km zusätzlich.
2) Eine Verkürzung der Tour ist durch Rückfahrt mit dem Bus Linie 26 von der Haltestelle am Sender Freinberg 4 möglich.

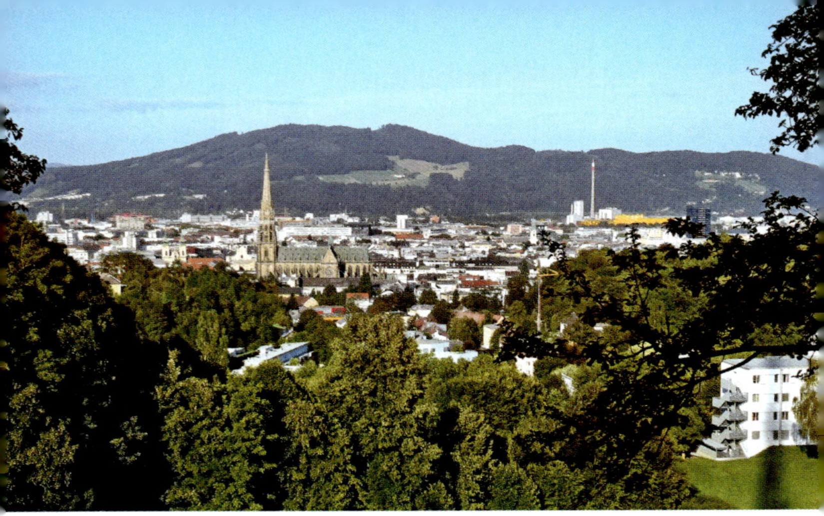

Blick auf Linz und den Pfenningberg.

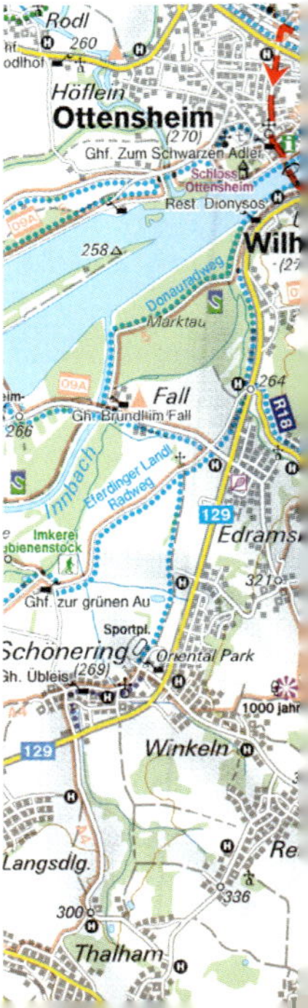

Das **Zisterzienserkloster Wilhering** 1 ist der Startpunkt dieser Streckenwanderung. Wir gehen zunächst auf der Bundesstraße ein kurzes Stück in Richtung Linz und dann bergan in den Kürnberger Wald. Nun der Markierung Weitwanderweg 109 (Salzsteig) bergan durch das große Waldgebiet westlich der Landeshauptstadt folgend erreichen wir den Gipfel mit einem Kreuz. Die Reste von vorchristlichen Wallanlagen, der sogenannten **Kürnbergburg** 2, 526 m, sind deutlich sichtbar und geben Zeugnis, dass diese Gegend schon sehr früh besiedelt wurde.

Bergab erreichen wir einen Parkplatz und folgen nun der Enzenwinklerstraße zur Hinzenbachstraße in **Alharting** 3 (zum Gasthaus Alhartinger Hof führt ein Abstecher nach links). Nach der Querung leitet uns der Klingenberg bergan zur Holzheimerstraße. Geradeaus vorbei am sogenannten Franzosengrab und am Sportplatz halten wir uns geradeaus in den Kürnbergerweg, bergan queren wir die Sonnenpromenade und erreichen den Parkplatz und die **Bushaltestelle Freinberg** 4 beim gleichnamigen Sender (Rückfahrt ins Zentrum möglich, siehe Variante 2).

Wir wenden uns nach rechts und gegenüber dem Kollegium Aloisianum, einem Privatgymnasium, tut sich

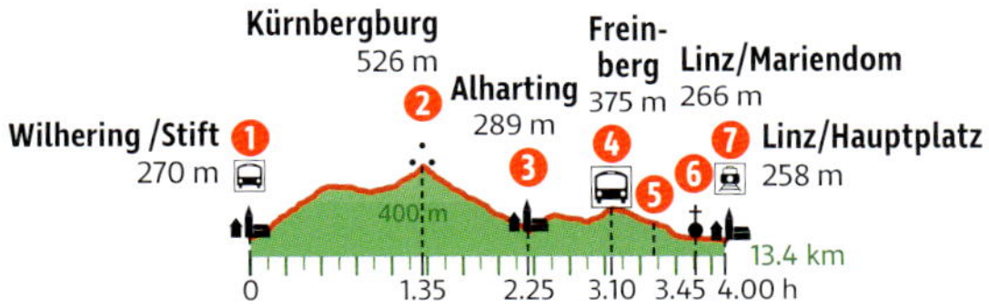

ein toller Blick auf Linz auf, hier scheint das Zentrum von Linz unter uns zu liegen, weit reicht der Blick in Richtung Pfenningberg und donauabwärts zur Voest und dem Chemiepark.

Die Freinbergstraße abwärts und weiter links in die Roseggerstraße einbiegend sehen wir linker Hand den **Botanischen Garten** 5, in einem S bergab stoßen wir auf die stark befahrene Hopfengasse. Geradeaus in die Stifterstraße über die Hafnerstraße gelangen wir zum **Linzer Maria-Empfängnis-Dom** 6, der größten Kirche Österreichs. Hier nun nach links der Herrenstraße folgend erreichen wir auf der Promenade das Landhaus, durchschreiten es und nach rechts über die Klosterstraße streben wir dem **Linzer Hauptplatz** 7 zu.

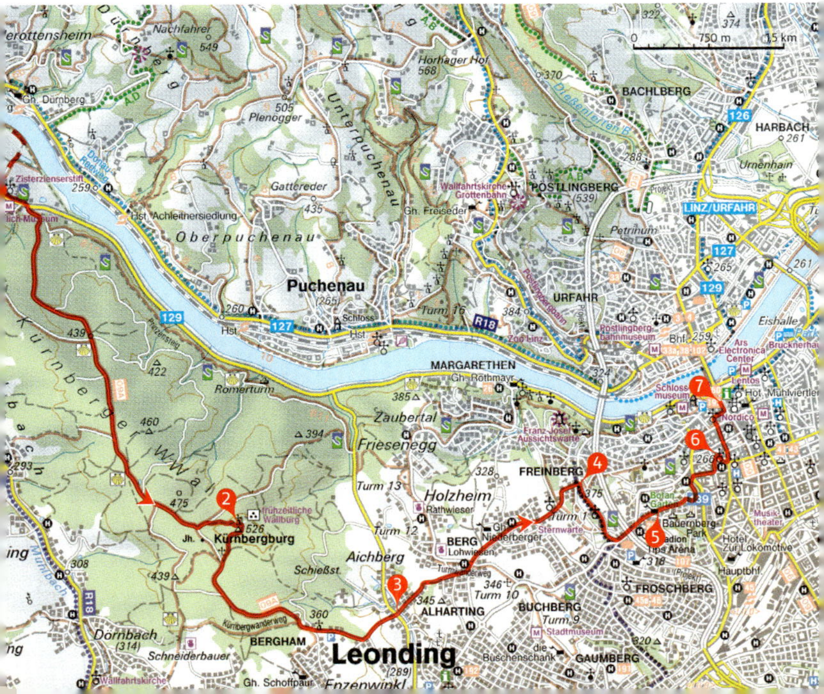

↗ 330 m | ↘ 330 m | 10.1 km

54 Vom Linzer Schloss zu den Maximilianischen Türmen

3.00 h

Eine aussichtsreiche und abwechslungsreiche Wanderung im westlichen Linz

Eine neben toller Aussicht auch historisch interessante Tour: Sie bringt uns nach dem Schloss und der alten Martinskirche zur Freinbergwarte und der idyllisch gelegenen Kirche von St. Margarethen sowie zu den Türmen der Maximilianischen Verteidigungslinie im Westen der damaligen Stadt. Am Rückweg bietet sich vom Freinberg aus ein herrlicher Blick auf Linz.

Ausgangspunkt: Linz, Hauptplatz, 258 m. Mit ÖV: Linz AG Linie 26 bzw. Straßenbahn Linien 1, 2, 3 und 4, Haltestelle Linz Hauptplatz.
Mit PKW: Parkmöglichkeit u. a. in den Tiefgaragen Pfarrplatz und Hauptplatz.

Anforderungen: Die Route ist nicht durchgehend markiert, aber unschwer zu begehen, da man sich gut an den Straßennamen orientieren kann.
Einkehr: Linz, Leonding, Mostschänke Lohwiesen.

Wir verlassen den **Linzer Hauptplatz** 1 durch die Hofgasse hinauf zum **Linzer Schloss**, wo sich ein herrlicher Blick auf die Donau, auf Urfahr und den Pöstlingberg gegenüber bietet, durchwandern die Innenhöfe und durch das Friedrichstor erreichen wir die Römerstraße. Die **Martinskirche** 2 rechter Hand ist eine der ältesten Kirchen Österreichs. Bergan geleitet uns der Stadtwanderweg 1 zur **Franz-Josef-Warte** 3 auf dem **Freinberg**, wo der Blick über Linz und das angrenzende Mühlviertel bis hin zum Alpenvorland schweift. Nun geht es etwas steiler bergab zur Kirche von **St. Margarethen** 4, die idyllisch über der Donau gelegen ist.

Die Franz-Josef-Warte bietet einen schönen Blick auf Linz und die Umgebung.

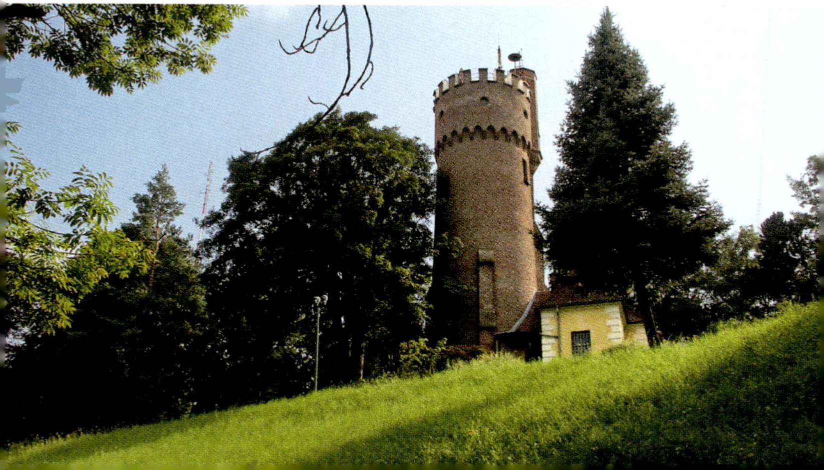

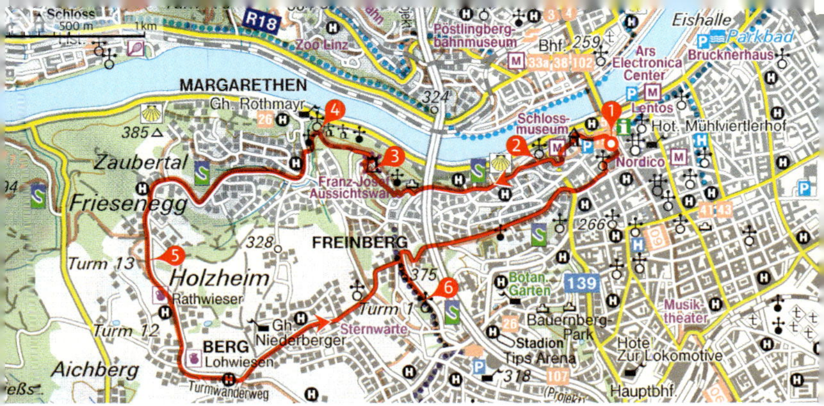

Nach links nun hinab ins **Zaubertal** und bachaufwärts biegen wir in die Friesenegger Straße. Immer stetig bergan, bis sich beim sogenannten **13er-Turm** 5 der Maximilianischen Verteidigungsanlage ein weiter Blick nach Südwesten bis hin zu den nördlichen Kalkalpen und nach Norden ins Mühlviertel öffnet. Eine Umrundung des 13er-Turms ist wegen der Aussicht fast ein Muss.

Auf der Lugwiesstraße in Richtung Süden passieren den ehemaligen **Mostbauern Rathwieser** und einen weiteren alten Turm im Stadtteil **Holzheim**, der bereits zur Stadt Leonding gehört. In einem leichten Linksbogen, linker Hand die **Mostschänke Lohwiesen**, wandern wir nun in der Aichbergstraße weiter, bei der Kreuzung mit der Holzheimerstraße wenden wir uns nach links. Vorbei am sogenannten Franzosengrab und am Sportplatz halten wir uns geradeaus in den Kürnbergerweg, bergan queren wir die Sonnenpromenade und erreichen den Parkplatz und die Bushaltestelle der Linie 26 beim **Sender Freinberg**. Beim Abstecher nach

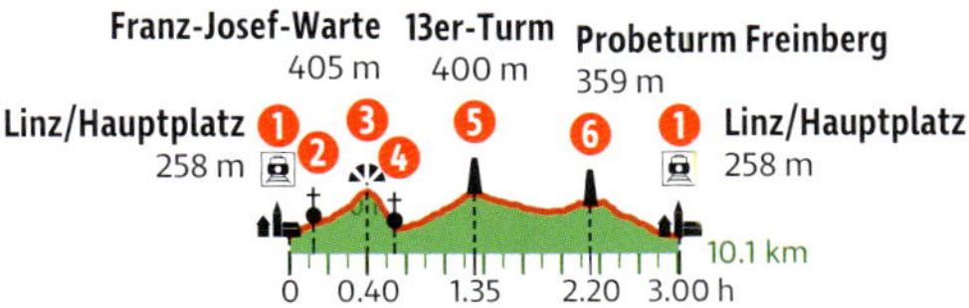

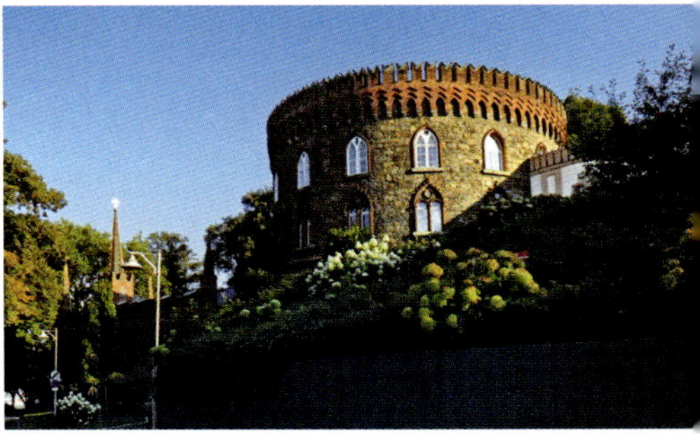

Einst als Probeturm am Freinberg errichtet, beherbergt dieser das Gymnasium Aloisianum.

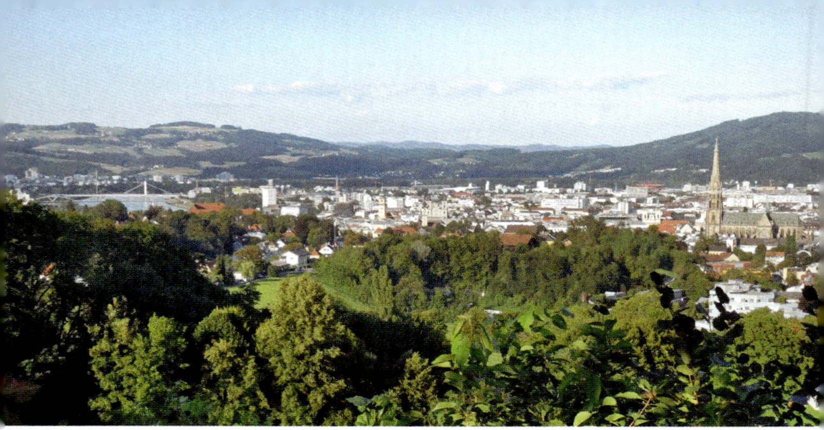

Blick auf Linz vom Freinberg aus.

rechts zum Kollegium Aloisianum scheint das Zentrum von Linz unter uns zu liegen, weit reicht der Blick in Richtung Pfenningberg und donauabwärts zur Voest und dem Chemiepark, bei klarem Wetter bis hin zu den Alpen. 1827 als **Probeturm** 6 errichtet, wurde dieser von Erzherzog Maximilian d'Este den Jesuiten übergeben, heute beherbergt das Gebäude das Privatgymnasium Kollegium Aloisianum.

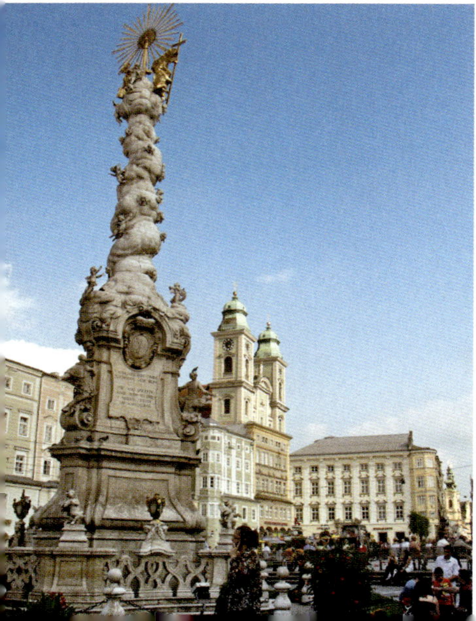

Zurück nach dem Parkplatz linker Hand nach rechts in den Fritz-Lach-Weg, bergab führt dieser in die Mariahilfgasse und zur Hirschgasse. Wir queren die Kapuzinerstraße nahe dem Römerbergtunnel und gelangen über die Klammstraße auf die Promenade. Vor uns links das **Landhaus**, das wir über eine bei der Renovierung freigelegte, alte Brücke betreten und durchschreiten. Der Arkadenhof des Landhauses linker Hand ist sehenswert. Durch die Klosterstraße nach rechts erreichen wir wieder den **Linzer Hauptplatz** 1.

Am Linzer Hauptplatz mit der Dreifaltigkeitssäule.

5.15 h

Von Ansfelden zum Stift Sankt Florian

Vom Brucknerort zum Barockkloster

Die Rundwanderung auf den Spuren von Anton Bruckner führt über den Höhenrücken zum barocken Augustiner-Chorherrenstift St. Florian, begleitet von schönen Weitblicken und Erinnerungen an den Komponisten. Eine Besichtigung des Stifts ist lohnenswert.

Ausgangspunkt: Ansfelden, Anton-Bruckner-Centrum (ABC), 290 m. Mit ÖV: Busverbindungen von Linz Hbf. bis Haltestelle Ansfelden Schulen. Mit PKW: Anfahrt auf der A1, Ausfahrt Ansfelden; unterhalb der Kirche in Ansfelden sind Parkplätze vorhanden.
Anforderungen: Die Route ist nicht durchgehend markiert, aber problemlos begehbar. Feld- und Waldwege, einige ungefährliche Steige, allerdings Vorsicht bei Nässe, Abschnitte auf schwach befahrenen Straßen.
Einkehr: Ansfelden, St. Florian bei Linz.
Variante: Wer nach Rohrbach den steilen, ggf. rutschigen Steig vermeiden will, bleibt an der Steig-Abzweigung am Waldrand auf dem Sinfonie-Wanderweg geradeaus. Entlang der Forstholzstraße leitet die Markierung vorbei am Flurkreuz Auge Gottes zur Wegkreuzung bei Station 5, wo beim Hinweg den Sinfonie-Wanderweg verlassen wurde; von dort wie auf dem Hinweg retour nach Ansfelden.

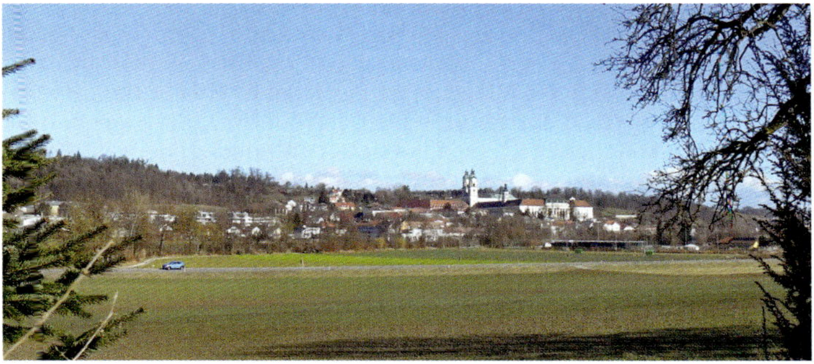

St. Florian bei Linz mit dem Augustiner-Chorherrnstift.

Das imposante Stift St. Florian ist das Ziel dieser Wanderung, Start ist bei der Kirche und dem **Anton-Bruckner-Centrum** (ABC) von **Ansfelden** ❶. Bergan über die Himmelreichstraße verlassen wir den Ort, folgen hier nach links dem gut beschilderten Anton Bruckner Sinfonie-Wanderweg mit seinen Informationspunkten, jeweils nach den Sinfonien von Anton Bruckner benannt. Nach einem Rechtsbogen führt der Wanderweg nach links und leicht bergab. Wir queren erst eine Zufahrtsstraße, in der Senke den **Wambach** ❷ und halten auf den Wald zu.

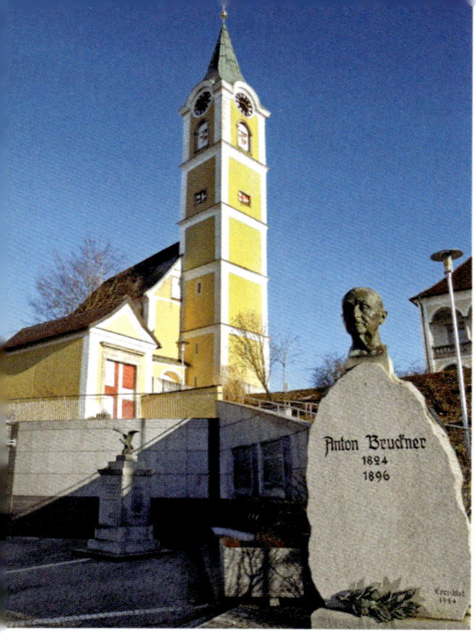

Ansfelden: das Anton-Bruckner-Denkmal.

Im Wald bergan verlassen wir den Sinfonie-Wanderweg bei der nächsten Wegkreuzung, **Station 5/4. Sinfonie**, nach rechts (Markierung Rundwanderweg Forstholz). Wir erreichen eine Landesstraße, der wir etwa 250 m folgen. Gegenüber der kleinen Tafel »Gemeindegrenze Ansfelden / St. Florian« rechter Hand verlassen wir nach links den Asphalt und halten uns im Wald links. Bergab erst auf einem Wald- und dann auf einem Feldweg erreichen wir den Weiler **Enzing** ❸. Nach rechts vorbei an einer schönen Kapelle wenden wir uns nach dem Hof (Enzing 3) wieder nach links. Auf dem Güterweg Meiersteffl halten wir über den Ipfbach auf die stark befahrene Landesstraße L566 zu und queren diese, um auf dem parallel laufendem Güterweg Niederfraunleiten erst leicht bergan und anschließend ostwärts in Richtung St. Florian zu wandern. In der Ferne erkennen wir schon das Stift über dem Ort, links auf der anderen Seite des Ipfbaches ist das Jagdmuseum Schloss Hohenbrunn zu sehen. Nach einer Brücke über einen kleinen Bach wenden wir uns in **Niederfraunleiten** ❹ nach links auf den Rundwanderweg Weiling (rot-weiß-rot) und queren die Landesstraße erneut. Auf einem Steig entlang des Ipfbachs, vorbei am Sportzentrum und am Freibad, erreichen wir nach dessen Querung nach links das Zentrum von **St. Florian bei Linz** ❺ mit dem imposanten **Augustiner-Chorherrenstift**.

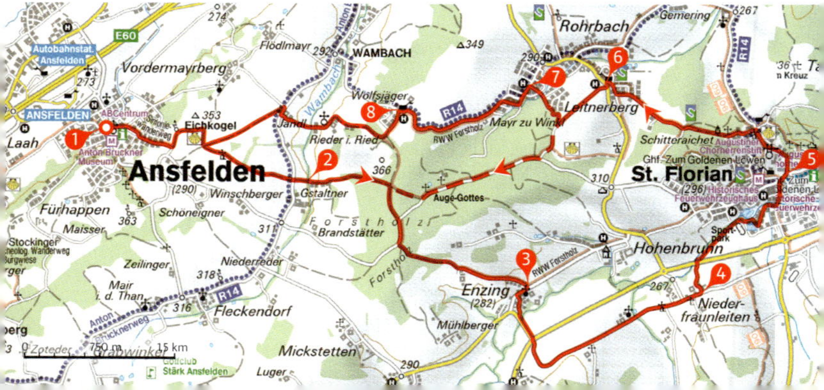

Der Rückweg beginnt nördlich des Stifts auf einer kleinen Anhöhe, dem Ölberg. Nach der Anhöhe leitet uns der Anton Bruckner Sinfonie-Wanderweg in Richtung Ansfelden nach links in die Brucknerstraße und anschließend nach rechts in die Waldstraße. Der Weiterweg auf einem Steig im Wald ist zugleich ein Abschnitt des südlichen Donausteiges. Bei einem Wegkreuz, zugleich **Station 9/8. Sinfonie** des Anton Bruckner Sinfonie-Wanderweges, nach rechts erreichen wir bergab in der Ambergstraße den Ort **Rohrbach** ❻. Nach rechts in der Wolfenerstraße zur Kreuzung mit Landesstraße L 564 (Haltestelle Rohrbach bei St. Florian Ost), nach deren Querung nun auf einem Schotterweg geradeaus bergan bis zur Waldrand.

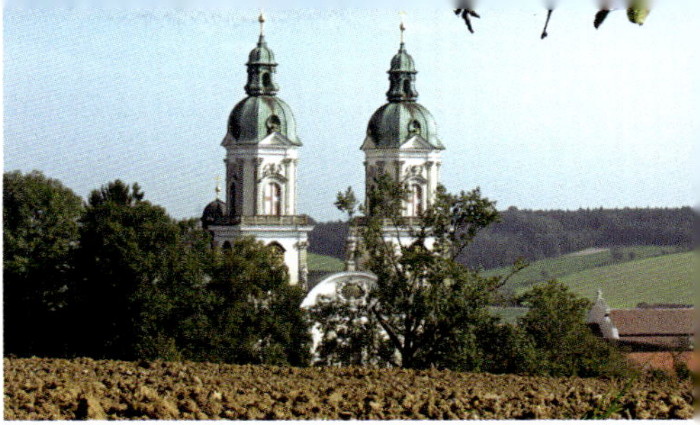

Die Doppeltürme der Stiftsbasilika von St. Florian.

Hier verlassen wir den Anton Bruckner Sinfonie-Wanderweg, am Beginn des Waldes etwas rückläufig leitet uns rechts ein schmaler Steig hinab in die Siedlung Leitnerberg. Vorsicht: Der Steig ist etwas versteckt und bei Nässe etwas rutschig! Wer den bequemeren Rückweg bevorzugt, wandert am Sinfonie-Wanderweg geradeaus weiter (s. Variante). Nach dem Waldsteig in der **Siedlung Leitnerberg** ❼ geradeaus stoßen wir auf die Wolfsjägerstraße (Radweg R 14), der wir nun nach links bergan bis zum ehemaligen Gasthaus Wolfsjägerhof bei der **Bushaltestelle Wambacherberg** ❽ folgen. Nun nach links (Rundwanderweg Forstholz Nr. 6) entlang einer Einfamilienhaussiedlung bis zu einer Schranke. Vor dieser nach rechts bergab halten wir auf den **Hof Rieder in Ried** links vor uns zu (Vorsicht: Bei Nässe etwas rutschig!). Um den Bauernhof herum und nach rechts über den Wambach bergan erreichen wir einen großen Hof mit Geflügelhaltung. Hier nun nach rechts und unmittelbar nach dem Nebengebäude (Vordermayrberg 15) vor dem Transformator scharf nach links.

Ein Feldweg bergan geleitet uns auf eine Anhöhe, wo wir wieder auf den Anton Bruckner Sinfonie-Wanderweg treffen. Diesem folgen wir nun nach rechts und über die Himmelreichstraße hinunter zum Ausgangspunkt unserer Tour, dem **Anton-Bruckner-Centrum** (ABC) in **Ansfelden** ❶.

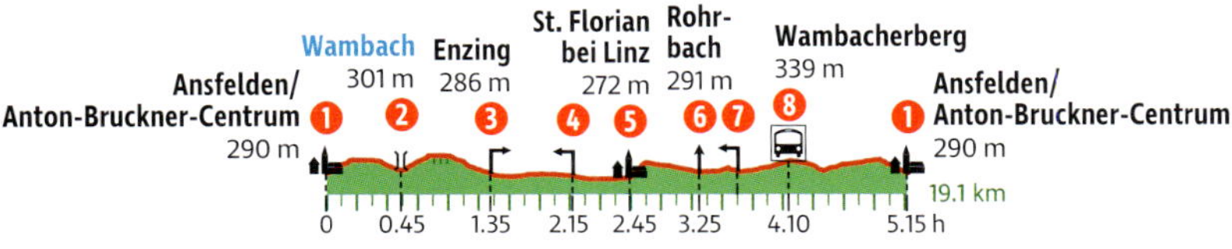

↗ 170 m | ↘ 170 m | 18.0 km

56 Von St. Florian bei Linz nach Niederneukirchen

5.00 h

Durch das Land der Vierkanter

Weite, fruchtbare Felder und mächtige Vierkanthöfen prägen diese Rundwanderung, die auf dem Hinweg auf dem Mariazeller Weg und dem Salzsteig verläuft.

Ausgangspunkt: St. Florian bei Linz, Marktplatz, 272 m, unterhalb des Stifts. Mit ÖV: Busverbindungen von Linz Hbf. bis Haltestelle St. Florian Gendarmerieplatz.
PKW.: Anfahrt auf der A1 bis Ausfahrt Asten-St. Florian, dann auf der Ipfstraße bis St. Florian; Parkmöglichkeiten beim Freibad und Sportzentrum, in Richtung Umfahrungsstraße rechts.
Anforderungen: Die Route ist nicht durchgehend markiert, aber problemlos begehbar. Feldwege, Abschnitte auf schwach befahrenen Güterwegen, relativ viel Asphalt auf dem Rückweg. Wer dies vermeiden will, wandert auf demselben Weg zurück.
Einkehr: St. Florian, Niederneukirchen.

Vom **Marktplatz St. Florian** ❶ gehen wir auf der Thannstraße in südlicher Richtung über den Ipfbach zum Kreisverkehr der Umfahrungsstraße, geradeaus auf der Landesstraße L1349 in Richtung HLBLA St. Florian, einer Landwirtschaftsschule, und nach rechts in den Güterweg Niederfrauenleiten. Etwa 100 m nach der kleinen Brücke zweigen der Mariazeller Weg (rot-

Das prächtige Stift St. Florian.

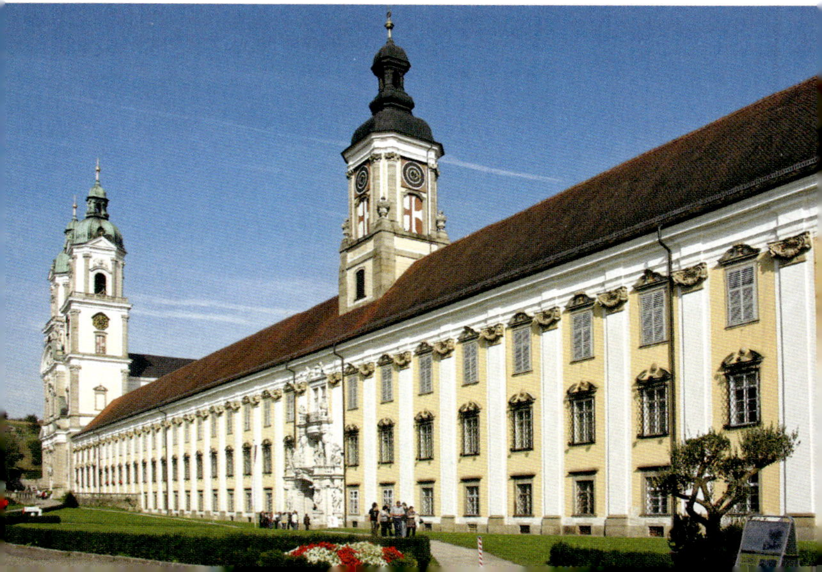

weiß-rot 406) und der Salzsteigweg (rot-weiß-rot 409) nach links ab. Diese Markierungen begleiten uns nun in südlicher Richtung auf meist asphaltfreien Feldwegen vorbei an großen Bauernhöfen und einer Kompostieranlage. In Sichtweite der Landesstraße L 1349 nach Hofkirchen biegt der Wanderweg nach einer Kapelle bei einem Transformator nach rechts, bei einem mächtigen Baum vor dem nächsten Bauernhof nun nach links in eine Senke, wir queren den Bach, vorbei am nächsten Hof (Mair in der Wies) gelangen wir über **Grünbrunn 2** parallel zum Bach zur Hofkirchner Straße.

Diese queren wir und vorbei an einem Vierkanter mit Hühnerzucht (Obergrünbrunn 11) verlassen wir beim nächsten Hof (Waldhör) mit schmucker Kapelle den Mariazeller Weg und den Salzsteig nach rechts und halten schon auf Niederneukirchen zu. In der Friedmann-Straße biegen wir dann in den Fußweg nach links, vorbei am Kindergarten und den Schulen gelangen wir ins Zentrum von **Niederneukirchen 3**.

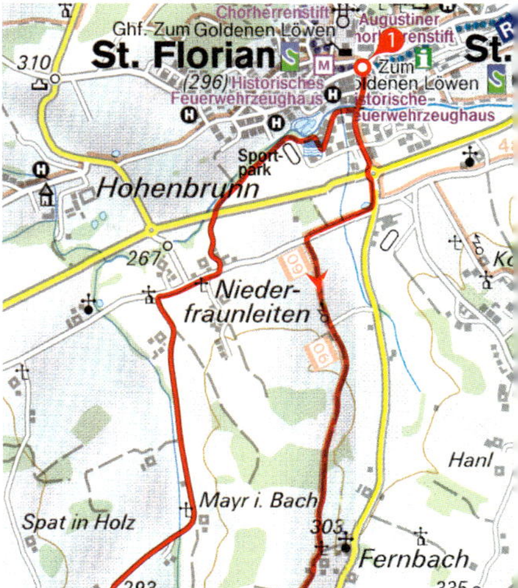

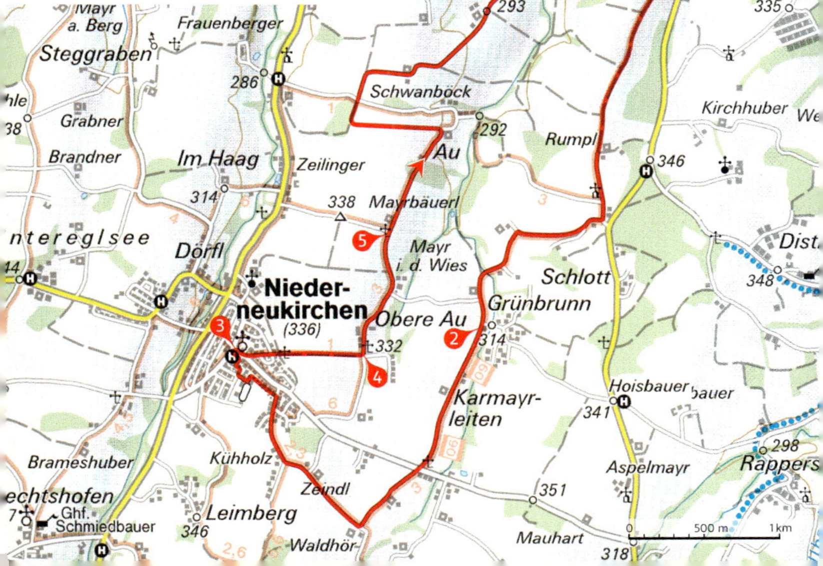

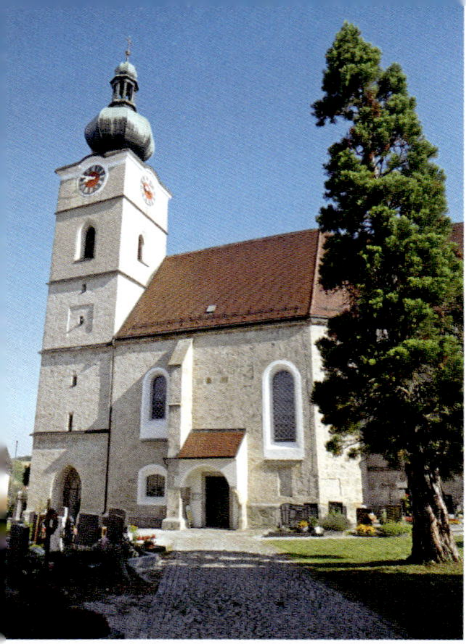

Die Pfarrkirche von Niederneukirchen.

Ein mächtiger Vierkanthof.

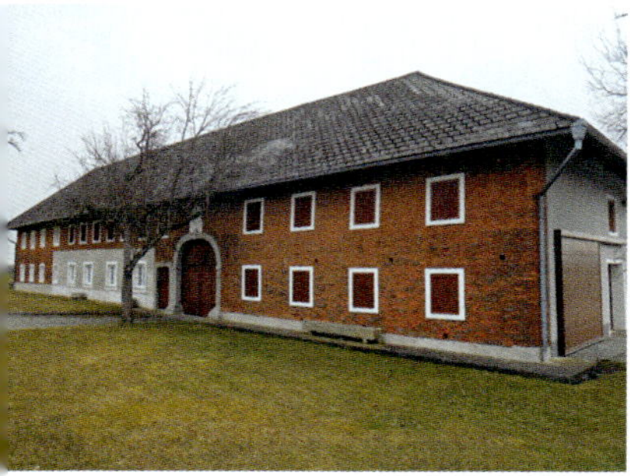

Der Rückweg beginnt am Dorfplatz, östlich der Pfarrkirche zur Hl. Margaretha halten wir uns links in den Ahnenberg, durch eine Senke erreichen wir die Häuser von **Obere Au** 4. Hier nun nach links (gelbe Markierungspfeile 1, 3, 6) folgen wir dem Güterweg in nördlicher Richtung, in der Ferne sind die Türme des Stifts St. Florian zu sehen, bis wir nach einer kleinen Waldpassage zu einem Vierkanthof gelangen. Nun nach links auf einem Feldweg leicht bergan bis zum Waldrand, dann am Waldrand rechts bis zu einer Straßenkreuzung.

Der Weiterweg verläuft auf dem **Güterweg Schwanbach** 5, erst um den Hof Schwanböck, dann verlassen wir den Asphalt geradeaus und ein Feldweg geleitet uns ins Tal des Schwanbaches (bei Nässe ist der Verbleib auf dem Güterweg Schwanbach zu empfehlen). Wir queren den Bach, der uns linker Hand auf unserem Weiterweg in Richtung Niederfrauenleiten begleitet. Bei der T-förmigen Straßenkreuzung erst nach rechts, dann beim Hof Niederfraunleiten 4 nach links auf den Rundwanderweg Weiling (rot-weiß-rot). Wir queren die Landesstraße L 566 und wandern auf einem Steig entlang des Ipfbaches. Vorbei am Sportzentrum und am Freibad erreichen wir nach nach links über den Ipfbach das Zentrum von **St. Florian** 1 am Marktplatz.

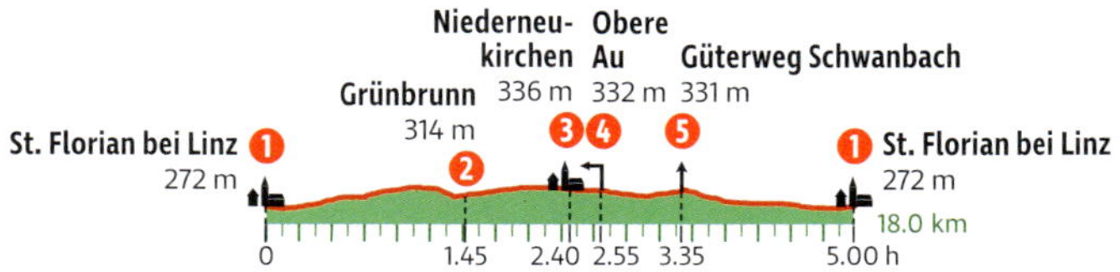

Das Kremstal bei Neuhofen

Zu Unrecht wenig bekannt: die Gegend rund um Neuhofen an der Krems

Am Wanderweg Arnulfweg geht es zuerst entlang der Krems, dann vorbei am Schloss Weißenberg durch Wald und Feld wieder zurück nach Neuhofen. Unterwegs genießt man schöne Fernblicke auf die Berge Oberösterreichs.

Ausgangspunkt: Neuhofen an der Krems, Bahnhof, 300 m.
Mit ÖV: S-Bahn ab Linz Hbf. bis Bahnhof Neuhofen an der Krems.
Mit PKW: Anfahrt von Linz auf der B 139 von Ansfelden-Haid nach Neuhofen; Parkmöglichkeit am Bahnhof und im Ort.
Anforderungen: Eine Tour mit wenigen Höhenmetern, unschwer zu begehen, der Asphaltanteil ist relativ hoch.
Einkehr: Neuhofen, Weißenberg, Allhaming.

Vom **Bahnhof Neuhofen an der Krems** 1 über das »Schwarze Wegerl« queren wir die Krems und das Nebengerinne und gelangen ins Zentrum von **Neuhofen** beim Gemeindeamt und der Kirche. Wir folgen nun der Markierung Arnulfweg (teilweise auch schwach gelb-weiß) auf der Kirchengasse und am Marktplatz nach rechts hinunter zur Krems. Wir queren diese erneut und wenden uns vor der Raiffeisenkasse nach links in die Kremsallee. Flussabwärts endet dann der Asphalt und wir erreichen eine flache Brücke, auf der wir erneut die Krems überqueren und auf dem linken Ufer in Richtung Weißenberg wandern. Ein Abzweiger weist zur Jausenstation Puchmayrhof, das Gasthaus **Schlosstaverne Weißenberg** unterhalb des

Am Arnulfweg entlang der regulierten Krems.

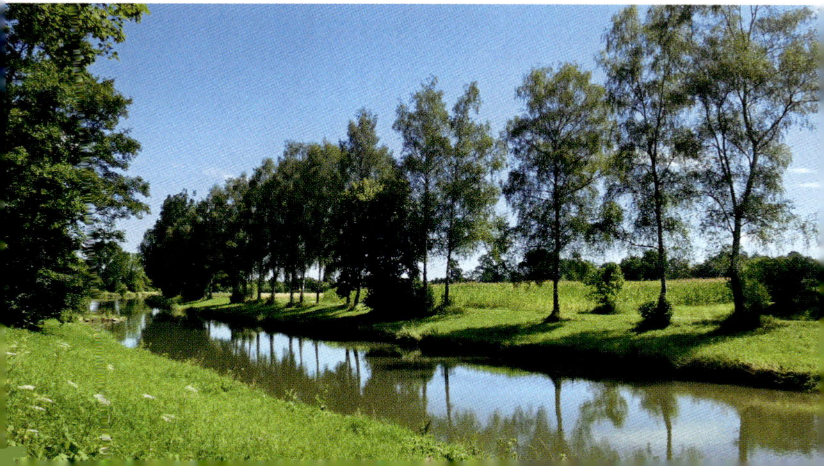

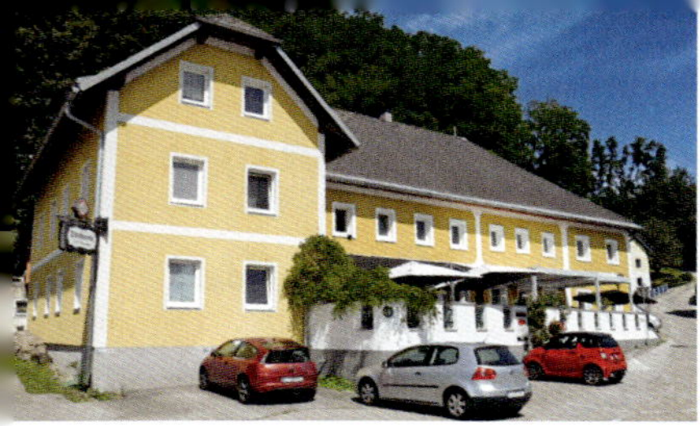

Das Gasthaus Schlosstaverne Weißenberg lädt zur Einkehr.

Schlosses lädt zur Rast ein. Der Aufstieg zum **Schloss Weißenberg** ❷ (privat, nur von außen zu besichtigen) ist steil, dann erreichen wir vorbei am Feuerwehrzeughaus die Bundesstraße B 139 und queren diese bei einem Steinkreuz.
Der gut markierte Wanderweg leitet uns nun nach **Zeitlham** ❸; hier geradeaus durch und bei einer Garage nach links auf einen Feldweg. Vorbei an der schmucken, einsam gelegenen Weinböckhütte Schusterbauer nun in den Wald und zu einem Güterweg. Auf diesem nun nach rechts, nehmen wir bei der Gabelung den linken Weg (Hinweisschild »Landgasthaus Gassner«). An der **Annerlkapelle** ❹ vorbei kommen wir zum Güterweg Falzmühlberg. Von hier erreicht man geradeaus das Landgasthaus Gassner (ca. 1,4 km), der Arnulfweg biegt aber nach links auf den Güterweg Schenk ab.

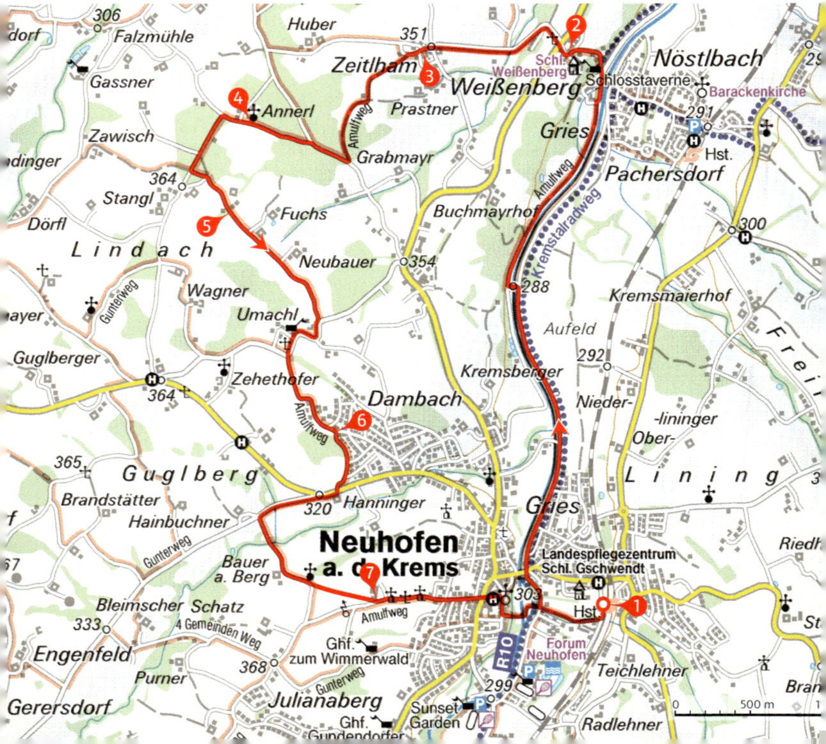

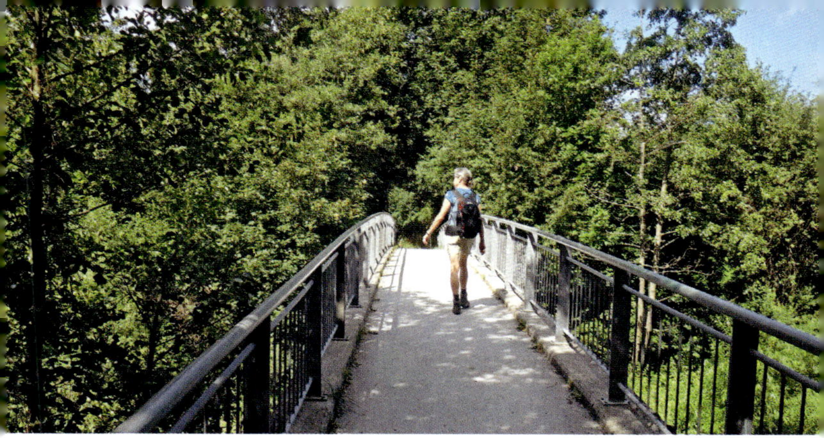

Das »Schwarze Wegerl« verbindet den Bahnhof mit dem Ortszentrum von Neuhofen.

Im Wald dann nach links bietet der Weiterweg in **Lindach** 5 einen schönen Ausblick auf das Gebirge. Wir erreichen eine Kreuzung, folgen der Straße nach rechts, bei der Einmündung des Güterweges Friedhuber nach rechts. Vorbei am ehemaligen Gasthaus Hauhart, biegt der Arnulfweg dann bei einem von Thujen umrahmten Wegkreuz nach links ab.
Bergab sehen wir im Ortsteil **Dambach** 6 dann rechter Hand das Regenwasserrückhaltebecken Schmidleiten. Nach diesem folgen wir nach rechts dem Lärchenweg, der uns zur Straße nach Allhaming führt, auf die wir beim markanten **Gut Hanningerhof** nach rechts einbiegen, sie aber schon bei der nächsten Abzweigung nach links (Engenfeld) wieder verlassen. Der Wanderweg wendet sich dann nach links und quert den Dambach. Bergan bleiben wir bei der Rechtskurve geradeaus und zwischen den Feldern erreichen wir den Höhenrücken.
Der Arnulfweg bietet vom **Hof Bauer am Berg** 7, mit Kapelle, einen schönen Blick auf Neuhofen an der Krems. Bergab entlang des Kreuzweges in der Julianabergstraße queren wir die B 139 und erreichen das Ortszentrum von **Neuhofen an der Krems**. An der Kirche rechts in die Brucknerstraße und dann links über Treppen zur Brücke über die Krems bringt uns anschließend das »Schwarze Wegerl« wieder zum **Bahnhof** 1 zurück.

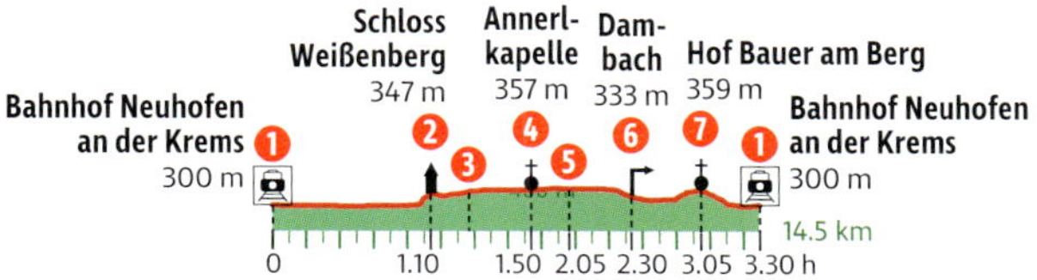

↗ 60 m | ↘ 60 m | 9.1 km

58 Die Sauguat-Runde bei Sattledt

2.30 h

Runde mit schönen Weitblicken auf die oberösterreichischen Berge

Die kurze, ebene Rundwanderung in der wandermäßig wenig bekannten Gegend bei Sattledt ist für alle Altersstufen geeignet – und trägt daher zu Recht das Prädikat »sauguat«.

Ausgangspunkt: Sattledt, Marktplatz, 400 m.
Mit ÖV: Bahnverbindungen von Linz Hbf. über Wels bis Bahnhof Sattledt; dort auch Bushaltestelle verschiedener Linien. 5 Min. Fußweg über die Bahnhofsstraße ins Ortszentrum.
Mit PKW: Anfahrt über die A1 bis Ausfahrt Sattledt; Parkplätze in Zentrumsnähe, großer Pendlerparkplatz rechter Hand der B 138 beim Feuerwehrzeughaus. Von hier über die Friedhofsstraße ins Zentrum von Sattledt.
Anforderungen: Die Route ist durchgehend markiert und für alle problemlos begehbar, der Höhenunterschied ist eigentlich vernachlässigbar. Ideal für Kinderwagen, einziger Wermutstropfen: alle Wege sind asphaltiert, wenngleich nur sehr schwach befahren.
Einkehr: Nur am Touranfang/-ende in Sattledt

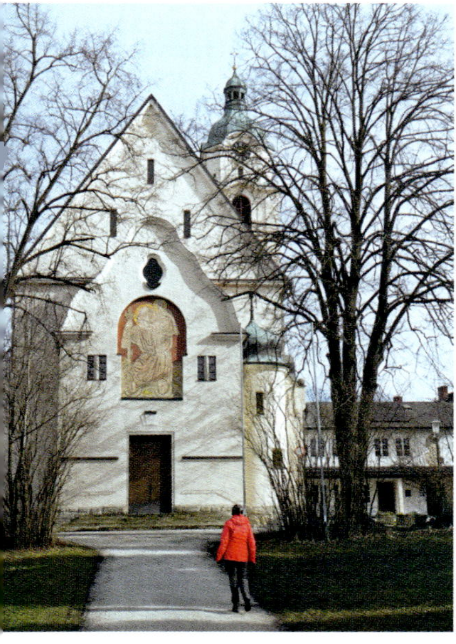

Die Pfarrkirche Sattledt.

Vom Bahnhof Sattledt bzw. der Bushaltestelle erreichen wir über die Bahnhofsstraße das Zentrum von **Sattledt** ❶, das von der Bundesstraße B 122 durchschnitten wird. Hier beginnt gegenüber der Raiffeisen-Bank in der Schulstraße die Sauguat-Runde Nr. 5 (Markierungsfarbe hellbraun). Nun nach links in die Pater-Engelbert-Straße und links an der Pfarrkirche von Sattledt vorbei in die Veterinärstraße, dann nach rechts ab und wir sehen vor uns schon Sportanlagen und einen Funcourt beim Kindergarten. Nun verlassen wir den Ort, rechts von uns sehen wir in der Ferne den Traunstein und den Großen Priel, und streben in der Sattledter Straße auf einen Vierkanthof zu. In einem Linksbogen um den Hof herum

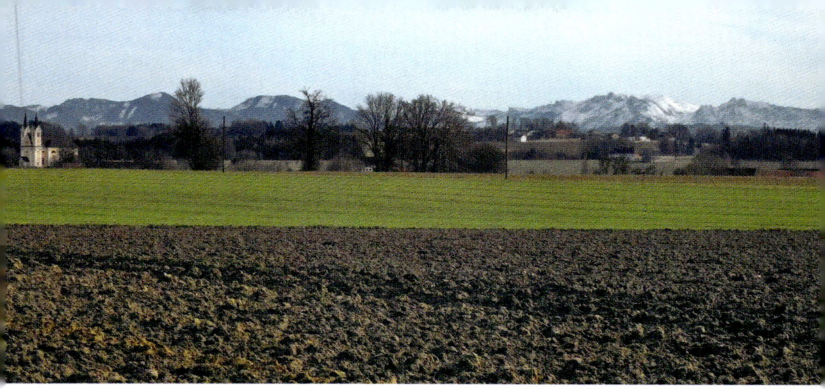

Weite Felder und in der Ferne die oberösterreichischen Berge.

und bei der Kreuzung nach links erst in der Ziegeleistraße und dann in der Hofer Straße erreichen wir einen Kreisverkehr. Hier wurde linker Hand ein sogenanntes Bienenhotel errichtet. Wir erreichen die Eisenbahnkreuzung mit der **Almtalbahn**, unmittelbar nach dem **Bahnübergang** 2 wenden wir uns scharf nach rechts in die Brandmairstraße. Hier begleitet uns nun auch die die Markierung des Benedikt-Pilgerweges (»www.benedikt-bewegt.at«). Nach dem Ende der Siedlung bei einem Transformator stoßen wir im rechten Winkel auf die landwirtschaftliche Zufahrtsstraße **Obere Zeile**. Auf unserem Weiterweg nach links sehen wir rechter Hand die Kirche Heiligenkreuz mit den markanten zwei Türmen. Die Wanderung von Kremsmünster zu den Schacherteichen (Tour 59) führt an dieser Kirche vorbei. Große Vierkanthöfe mit teilweise nicht verputzten roten Ziegelsteinen prägen das Bild dieser Wanderung, rechts begleiten uns in der Ferne die oberösterreichischen Berge.

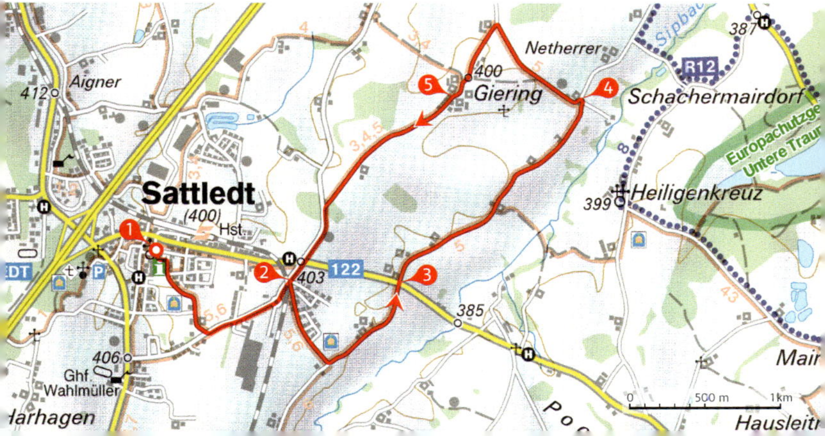

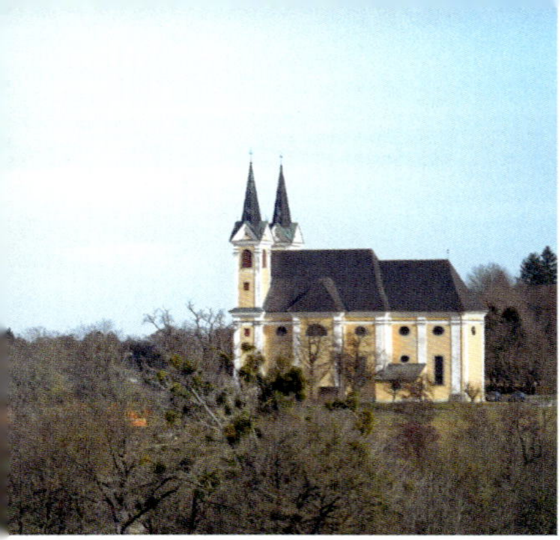

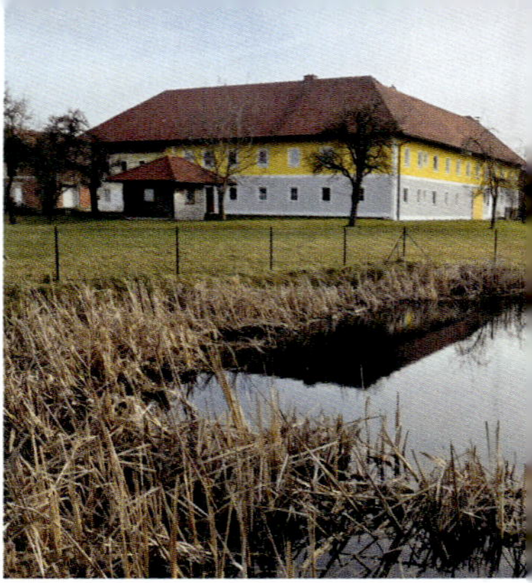

Unterwegs erblickt man die Wallfahrtskirche Heiligenkreuz.

Stattliche Bauernhöfe prägen den Weiler Giering.

Wir queren die stark befahrene **Bundesstraße B 122** ❸, geradeaus weiter geht es nun auf dem Güterweg **Untere Zeile**. Der Benedikt-bewegt-Weg biegt dann nach rechts in Richtung Heiligenkreuzkirche ab, unser Weg führt geradeaus durch große Felder vorbei an mächtigen Höfen dann leicht bergan nach **Schachermairdorf** ❹. Hier dreht der Weg beim Trafo nach links, in einem Rechtsschwenk um den Bauernhof nun leicht bergan vorbei an einer Erdgasanlage halten wir auf zwei Hochspannungsleitungen zu. Unter diesen hindurch gelangen wir zur nächsten Straßenkreuzung.

Beim Hof Giering 16 nun nach links beginnt der Rückweg in Richtung Sattledt. Wir durchschreiten den Weiler **Giering** ❺ mit schmucken Häusern und prächtigen, großen Bauernhöfen und merken manchmal den Geruch der Schweinehaltung – vielleicht leitet sich der Name Sauguat-Runde auch davon ab. In spitzem Winkel treffen wir nach einer kurzen Waldpassage auf die Landesstraße L 1240, die Sippbachzeller Straße, und folgen ihr bis zur Kreuzung mit der **B 122**. Hier weist uns die Sauguat-Markierung 5 nach rechts in die Hauptstraße.

Da aber diese Bundesstraße sehr stark befahren ist und viele LKWs unterwegs sind, ist ein anderer Rückweg empfehlenswert: Wir überqueren die B 122, in der Hofer Straße halten wir auf den **Bahnübergang** ❷ zu und ab dort ist der Rückweg ident mit dem Hinweg. Beim Kreisverkehr rechts, erst in die Hofer Straße, dann in der Ziegeleistraße nach rechts vorbei am Bauernhof gelangen wir auf der Sattledter Straße, wieder am Kindergarten vorbei, wesentlich ruhiger als entlang der Bundesstraße zurück ins Zentrum von **Sattledt** ❶.

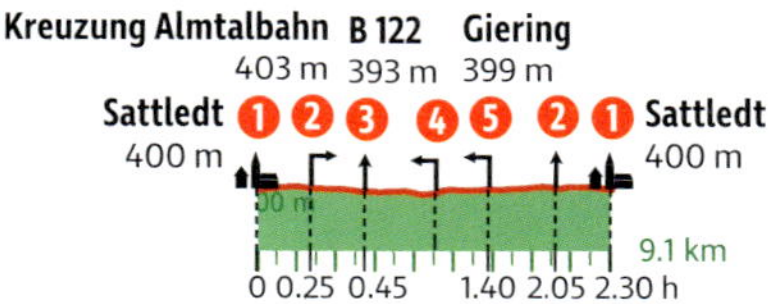

Die malerischen Schacherteiche

Vom Stift Kremsmünster zu den vier Teichen im Schachenwald

Die Rundwanderung durch die fruchtbare Landschaft zu den romantischen Teichen bietet immer wieder schöne Fernblicke, eine Besichtigung des Benediktinerstifts Kremsmünster lohnt sich.

Ausgangspunkt: Kremsmünster, Benediktinerstift, 388 m.
Mit ÖV: S-Bahn von Linz Hbf. zum Bahnhof Kremsmünster. Dann ca. 1,3 km Fußweg durch die Bahnhofstraße, Marktplatz, Hauptstraße nach rechts in die Herrengasse und dann hinauf zum Westportal des Stifts. Alternativ ist die Kombination Bahn bis Wels Hbf./Busterminal und Bus bis Haltestelle Kremsmünster Marktplatz, nahe des Stifts, möglich.
Mit PKW: Anfahrt auf der A1 bis Ausfahrt Sattledt und auf der B122 zum Stift Kremsmünster; große Parkplätze an der Westseite des Stifts vorhanden.
Anforderungen: Die Route ist nicht durchgehend markiert, aber problemlos begehbar, eine Begehung nur anhand der durchgehenden Markierung 43 (rot-weiß-rot) ist möglich. Feld- und Waldwege, einige ungefährliche Steige, Abschnitte auf schwach befahrenen Straßen.
Einkehr: Kremsmünster, Gasthaus Kremstalblick in Kirchberg.

Am Nordportal des **Stifts Kremsmünster** ❶, wo die Straßen nach Sipbachzell abzweigt (L1238), beginnt bei der gegenüberliegenden Stiege der Schacher-Rundwanderweg 43 (rot-weiß-rot). Bergan erst über Stufen windet sich erst ein Steig, eine schmale Straße nach links gewinnt vorbei an schmucken Einfamilienhäusern stetig an Höhe. Beim Gestüt Neuhof dann nach links an einem Wasserhochbehälter vorbei verlässt der Wanderweg schon nach wenigen Metern den Asphalt der Neuhofstraße in Sonntagsberg nach rechts. Erst entlang eines Feldweges, verjüngt sich der Weg im Wäldchen zu einem Steig, nach einer Freifläche biegt dieser dann nach links bergab in ein klei-

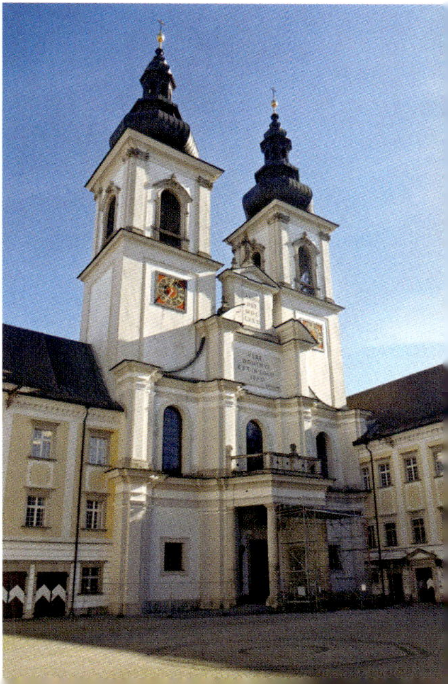

Im Innenhof des Stifts Kremsmünster.

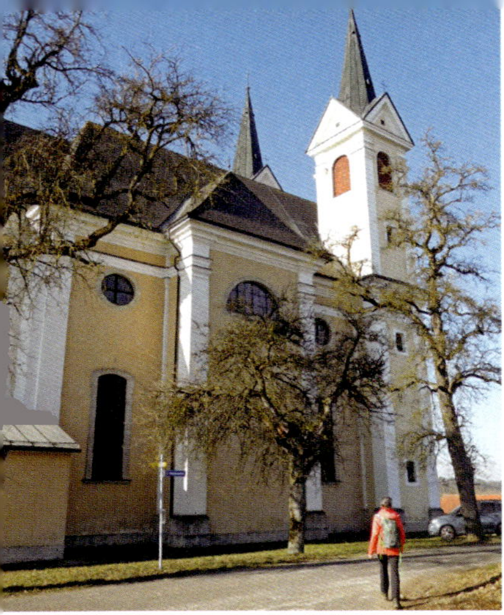

Die Wallfahrtskirche Heiligenkreuz.

nes Tal. Hier begleitet uns auch die Markierung des Benedikt-Pilgerweges (»www.benedikt-bewegt.at«).
Nun nach rechts entlang eines Rinnsales, das aber am Ende des Gehölzes in einem Drainagerohr verschwindet. Nach rechts leicht bergan zu einem Hof (Mairdorf Nr. 3), bei den drei alten Silos nach links bergab erreichen wir in rechtem Winkel den **Güterweg Heiligenkreuz** 2. Nach links folgen wir nun der schwach befahrenen Straße, bei einem einsamen Haus erreichen wir ein Wäldchen, an dessen Ende die Markierung 43 nach rechts abbiegt. Wer dieser folgt, gelangt auf kürzerem Weg zu den Schacherteichen.
Wir aber gehen geradeaus und sehen vor uns schon die beiden markanten Kirchtürme der **Heiligenkreuzkirche** 3, links grüßt der Traunstein. Von Carlo Antonio Carlone Ende des 17. Jahrhunderts erbaut, ist das

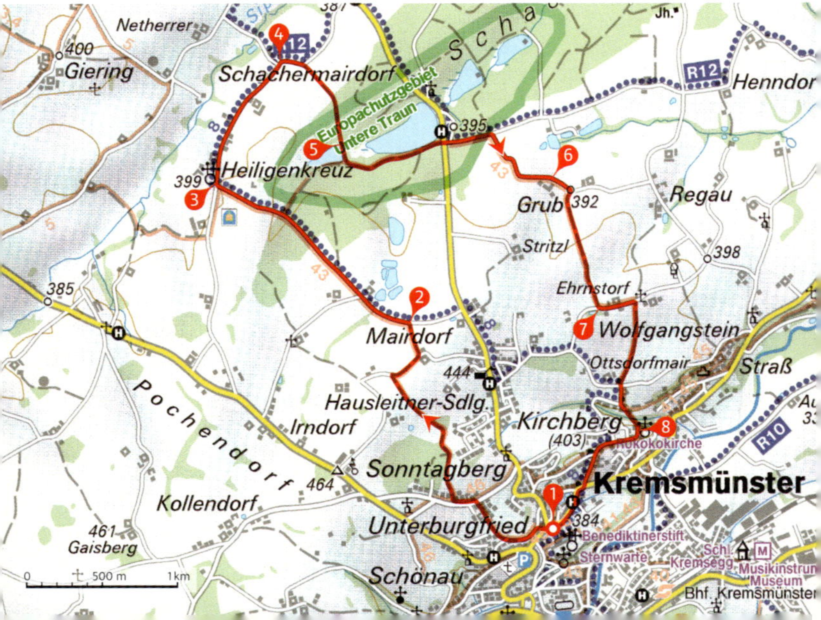

Vorhallengitter mit Blechschnittfiguren, bezeichnet mit »1618«, bemerkenswert. Bei der schmucken Kirche biegt der Benedikt-Pilgerweg nach links ab, wir halten uns rechts. Durch **Schachermairdorf** ❹ führt uns der Weiterweg bis zu einem großen Schweinemastbetrieb linker Hand. Die Straße wendet sich nach rechts, bei der folgenden leichten Linksbiegung nehmen wir den Feldweg geradeaus und streben dem Wald zu. Im Wald dann leicht bergab erreichen wir den westlichsten der **Schacherteiche** ❺. Über die Dammkrone haben wir wieder die Markierung 43 (rot-weiß-rot) erreicht, und weiter geht es nach links am Südufer des großen Teiches. Die Landesstraße L1238 wird überquert, der Güterweg Regau durchquert anschließend einen kleinen Wald. Am Waldrand angelangt nun nach rechts erreichen wir **Grub** ❻, in der leichten Senke nach der »Ideenwerkstätte« verlassen wir den Güterweg nach rechts und ein Feldweg zwischen fruchtbaren, großen Feldern leitet uns nach **Wolfgangsstein/Ehrnsdorf** ❼.

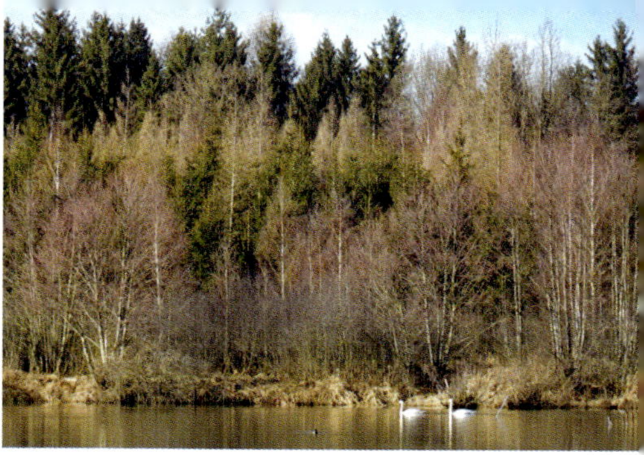

Idyllisch gelegen: die Schacherteiche.

Nun nach links auf dem Güterweg bis zu einem steinernen Gedenkkreuz für die Gefallenen der Umgebung rechter Hand. Vor dem Kreuz auf dem Feldweg rechts gelangen wir leicht bergan auf eine Kuppe, den Turm der Kirche in Kirchberg erblicken wir schon am Horizont. In der Ferne sind bei guter Fernsicht das Höllengebirge, der Traunstein, der Kasberg, Großer und Kleiner Priel und das Sengsengebirge zu sehen. Nach Querung einer Zufahrtsstraße vorbei am Ortschild Kremsmünster biegt Weg 43 nach links in den Wolmersgraben ab. Über Stufen erreichen wir eine Brücke, der Gegenanstieg führt hinauf zur **Kaplaneikirche** in **Kirchberg** ❽, eine bereits 1098 geweihte und im 18. Jahrhundert umgestaltete Rokokokirche.

Die letzte Etappe biegt bei der Volksschule Kirchberg und beim **Gasthaus Kremstalblick** nach links, um dann wieder nach rechts parallel etwas tiefer liegend der Straße in Richtung Stift Kremsmünster zu folgen, das schon mit seiner Sternwarte vor uns zu sehen ist. An der Berufsschule mit Internat und am sogenannten **Blauen Haus** mit Stuckarbeiten und schmiedeeisernen Fenstergittern vorbei erreichen wir wieder das Nordportal des **Stifts Kremsmünster** ❶.

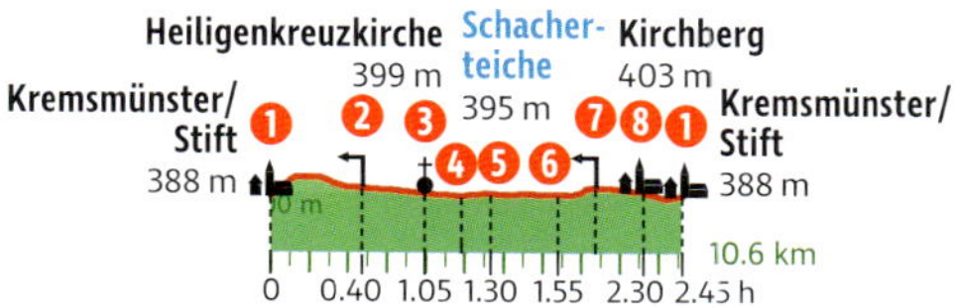

TOP

60 Von Kremsmünster nach Bad Hall

↗ 270 m | ↘ 270 m | 16.3 km

4.30 h

Imposante Blicke in die nördlichen Kalkalpen vom Gusterberg aus

Ausgehend vom Bahnhof Kremsmünster wandern wir über den Gusterberg mit der Aussichtswarte »Baum mitten in der Welt« und imposantem Fernblick, vorbei am Golfplatz in den Kurort Bad Hall und wieder retour auf gut durchdachten Wegen. Immer wieder eröffnet sich eine herrliche Fernsicht.

Ausgangspunkt: Kremsmünster, Bahnhof, 345 m.
Mit ÖV: S-Bahn von Linz Hbf. zum Bahnhof Kremsmünster.
Mit PKW: Anfahrt auf der A 1 bis Ausfahrt Sattledt und auf der B 122 nach Kremsmünster; Parkplätze in der näheren Umgebung des Bahnhofs.

Anforderungen: Die Route ist zu Beginn nicht durchgehend markiert, folgt dann aber der guten Beschilderung und ist problemlos begehbar.
Einkehr: Kremsmünster, Mostheuriger Kuglbauer in Schürzendorf (Abstecher 150 m), Pfarrkirchen bei Bad Hall, Bad Hall.

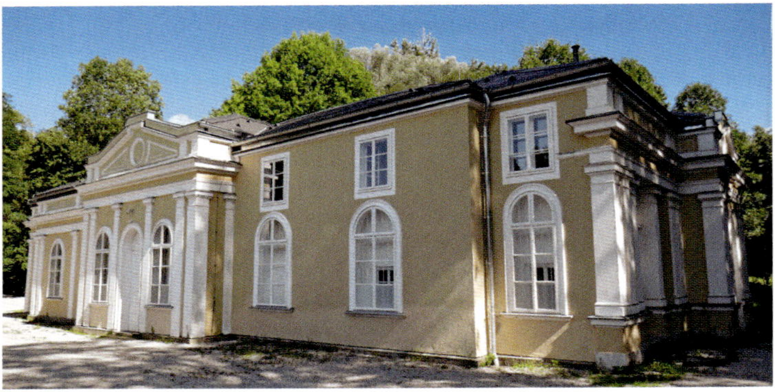

Der schön renovierte Quelltempel mit der Tassiloquelle im Kurpark von Bad Hall.

Vom **Bahnhof Kremsmünster** ❶ in der Bahnhofstraße in Richtung Zentrum, dann nach links in die Bruckner Straße und weiter über den Mitterweg stoßen wir auf die Greiner Straße. Nach links über die Gleise der Phyrnbahn und unter der Bundesstraße B 122 hindurch wenden wir uns links, um nach rechts in den Gustermairberg (L 1334) einzubiegen. Bei einem blauen Haus (Gustermairberg 2) halten wir uns rechts. Auf einem Wiesensteig schneiden wir erst die Kehre der Straße ab, queren diese dann, um am Waldrand einen wunderschönen Blick zurück auf das Stift Kremsmünster zu genießen.
Nun im Wald bergan erreichen wir auf einem Feldweg einen Güterweg, dem wir nach rechts leicht bergan nach Hörmannsdorf-Guntendorf und

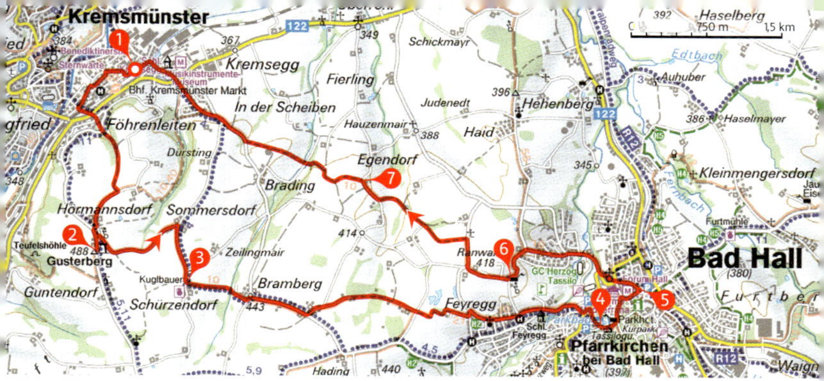

zum **Gusterberg** folgen. Ein kurzer Abstecher zur »Baum mitten in der Welt« genannten **Aussichtswarte** ❷ lohnt sich, der Blick ins Land ist imposant. Im Jahre 1817 wurde der eher unscheinbare Berg zum Koordinaten-Ursprung der oberösterreichischen Landesvermessung ausgewählt.

Wieder zurück bei der Abzweigung vor dem Aussichtsturm folgen wir nun der Markierung nach rechts in Richtung Bad Hall (Markierung 10). Im Weiler **Sommersdorf** dann scharf nach rechts und vor dem ersten Hof in **Schürzendorf** ❸ (geradeaus ist der Mostheurige Kuglbauer) nach links queren wir in der Senke den Bach, ein Steig leitet uns hinauf nach Bramberg. In **Dehenwang** verlassen wir bei einem Vierkanthof den Güterweg nach links, ein Feld- und Waldweg bringt uns nach dem Hof Haidbauer zum Rand des Golfplatzes.

Entlang des Golfplatzes erreichen wir die Gürtlbauerstraße, der Weiterweg nach rechts in der Ranwallner Straße und der Feyregger Straße führt uns vorbei am Schloss in **Feyregg** und am Gasthaus Schnürer in **Pfarrkirchen bei Bad Hall** zur Pfarrkirchner Straße. Hier erst links, biegen wir dann in **Bad Hall** nach rechts in die Schwimmbadstraße ein, vorbei am historischen Bad, der **Tassiloquelle** ❹, und am Parkhotel

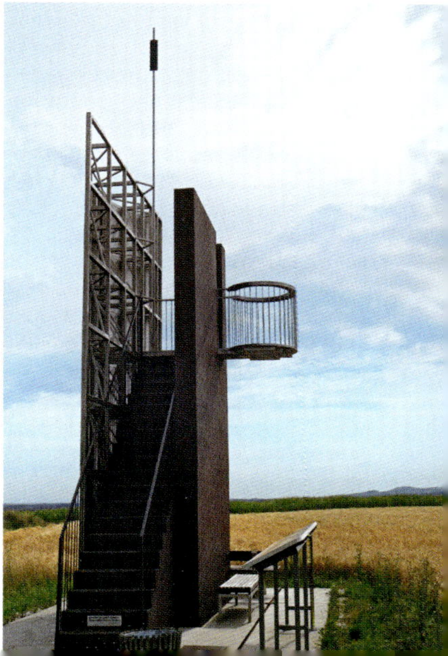

Von der Aussichtswarte am Gusterberg bietet sich ein herrlicher Blick ins Land.

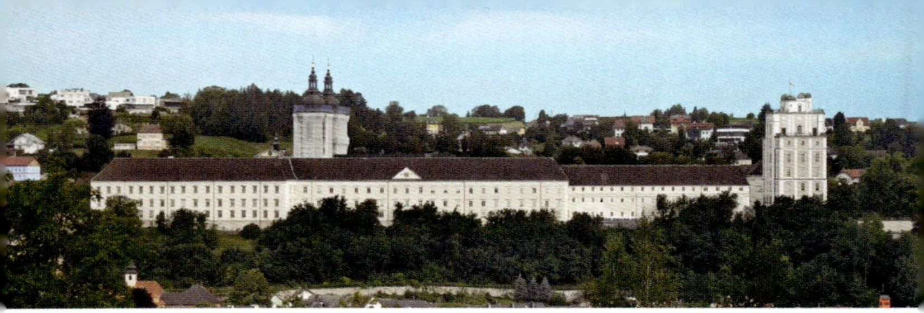

Das weitläufige Stift Kremsmünster mit der alten Sternwarte, einem der bedeutendsten historischen Observatorien der Welt.

Zur Klause geht es zum Eurothermen-Resort Bad Hall. Die Eduard-Bach-Straße führt dann zum **Hauptplatz** 5 von Bad Hall.
Der Rückweg auf Markierung 10 (und Markierung »www.benedikt-bewegt«) führt uns vom Hauptplatz über die Kirchengasse zur neugotischen Kirche und zur Margarethenkapelle. Von dort über die Pfarrstiege hinunter zur Kremsmünsterer Landesstraße und an der Neumühle vorbei sehen wir bereits die Stufen, die uns zur Eduardshöhe bringen. Beim Blankenbergergut bietet sich ein schöner Ausblick, nach links erreichen wir das **Golfclubhaus Herzog Tassilo** 6. Nach diesem zweigen wir nach rechts ab, beim Ranwallnergut nochmals rechts sehen wir bereits eine Rohölförderanlage gegenüber einem Marterl und einem Hochbehälter. Nun auf einem Wiesenweg nach links halten wir uns bei einem Stadel links, um dann auf einen Güterweg nach rechts bergan zu schwenken.
Der Weiterweg nach links bei einem Reitergut in **Egendorf** 7 führt zu einem Güterweg, erst nach rechts und am Waldrand dann nach links steigen wir mittels Stufen zu einem Bach hinab. Kurz links und beim Haus Egendorf 12 rechts bergan sehen wir bei einer Erdgasstation bereits Kremsmünster und Kirchberg vor uns. Bei einem Wäldchen biegen wir nach rechts in die Rotstraße ab und erreichen **Kremsmünster** auf der Straße In der Scheiben. Bei der Gabelung nach links auf In der Scheiben abwärts sehen wir Schloss Kremsegg zu unserer Rechten, bei einem aus Holz gebauten Haus verlässt Markierung 10 dann nach links die Straße. Unter der B 122 hindurch treffen wir in der Rotstraße auf die Eisenbahnkreuzung und erreichen nach links unseren Ausgangspunkt, den **Bahnhof Kremsmünster** 1.

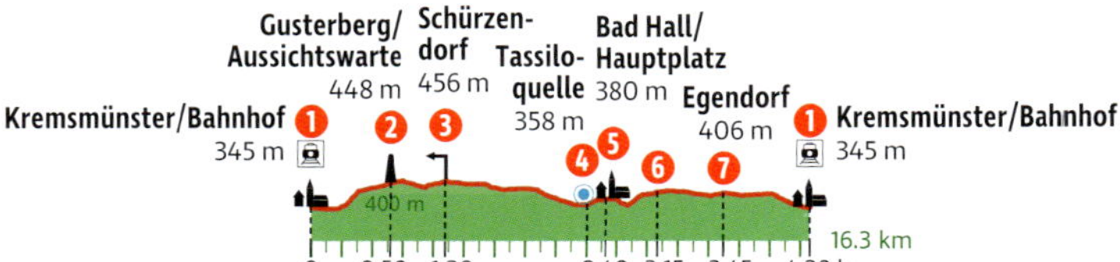

↗ 170 m | ↘ 170 m | 14.7 km

3.45 h

Der Kleindenkmäler-Wanderweg bei Weißkirchen

Wandern zwischen den Autobahnen A 25 und A 1

Das Gebiet zwischen den beiden Autobahnen ist in der Wandergemeinde sehr wenig bekannt. Bei der vom Alpenverein Weißkirchen ausgeklügelten und ausgezeichnet markierten Rundwanderung gibt es jede Menge Kleindenkmäler zu entdecken.

Ausgangspunkt: Weißkirchen an der Traun, Ortszentrum, 305 m. Mit ÖV: Busverbindungen ab Wels Hbf. bis Haltestelle Weißkirchen/Tr. Ortsmitte. Mit PKW: Anfahrt von Linz auf der A 7 und dann A 1 Richtung Salzburg, A 25 bis Abfahrt Weißkirchen. Parkplätze nahe der Kirche.
Anforderungen: Die Route ist durchgehend ausgezeichnet markiert (Kleindenkmälerwanderweg West) und problemlos begehbar. Einige Feld- und Waldwege, Abschnitte auf schwach befahrenen Straßen, relativ hoher Asphaltanteil.
Einkehr: Weißkirchen, Weyerbach.
Variante: Am Golfplatz 4 kann man die Schleife über Baching und Klobing abkürzen, indem man am Rand des Wäldchens nach links abbiegt und in Richtung Nordosten auf die Weyerstraße trifft; nach links folgt man dann weiter der Hauptoute. Dann insgesamt 12,9 km, 3.15 Std. Gehzeit.

Erinnerung an ein dunkles Kapitel der Geschichte: das Denkmal des Todesmarsches von KZ-Häftlingen im April 1945 durch Weißkirchen.

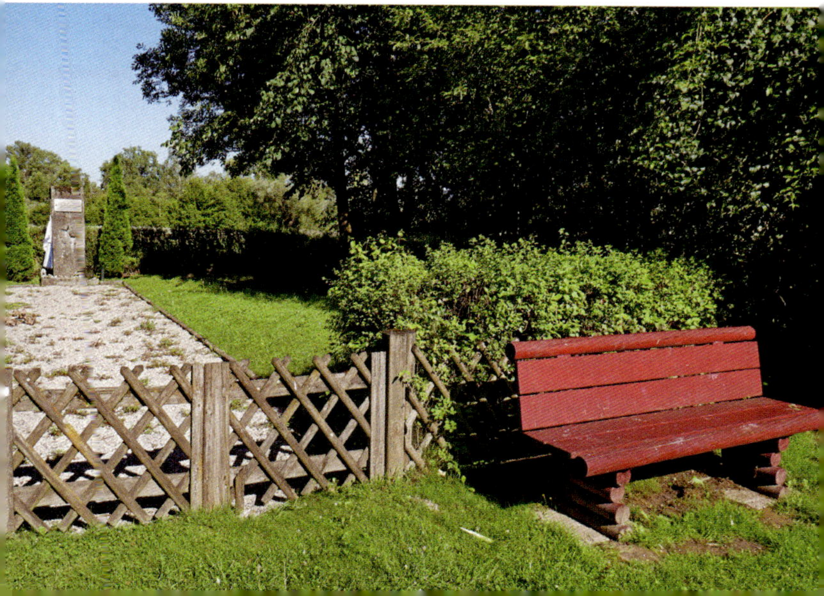

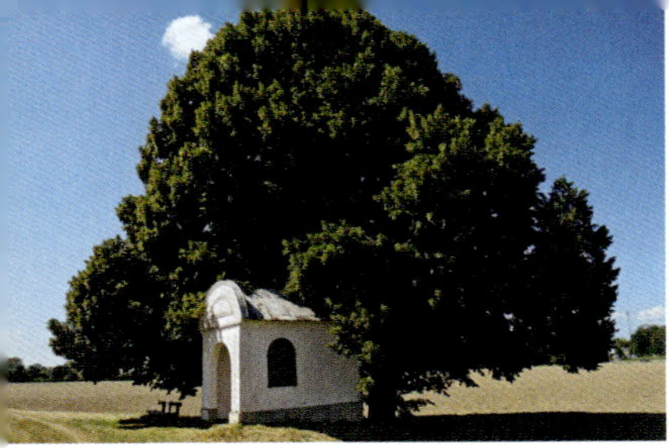

Ein Kleindenkmal am Wegesrand: die Kapelle Illing.

An der Pfarrkirche in **Weißkirchen** 1 gehen wir auf der Unteren Dorfstraße zum Kreisverkehr nahe dem großen Einkaufsmarkt und dann auf dem Begleitweg der Straße in Richtung Marchtrenk. Gegenüber dem Güterweg Obersinnersdorf queren wir die Straße und ein Feldweg führt uns an der **Illing-Kapelle** und am Obermayer-Kastenkreuz vorbei zur Siedlung **Bergern**. Nach rechts in die Böhmerwaldstraße und am Siedlungsende nach links in die Birkenstraße halten wir uns immer geradeaus, vorbei am Hundeabrichteplatz Weißkirchen erreichen wir Bergern West. Ein Abstecher nach rechts über den Bach bringt uns zum **Denkmal für KZ-Häftlinge** 2, für die 119 Opfer des Todesmarsches jüdischer Häftlinge von Mauthausen nach Gunskirchen im April 1945.

Weiter dann in der Bachstraße, kurz vor der Hansfischer-Kapelle nach links in die Birnbaumstraße. Auf dieser erreichen wir ein Industriegebiet, halten uns links und erreichen in einem Bogen über die Ballstraße die Traunuferstraße. Wir überqueren sie nach rechts bei der Haltestelle Weißkirchen/Traun Ballstraße und biegen beim Bauernhof nach links in einen Waldweg hinauf zum Hochplateau ein. Nach dem Wald führt der Kleindenkmäler-Wanderweg in einem Linksbogen vorbei an einer großen Baumschule wieder zum Wald. Der Blick reicht vom Traunstein bis zum Großen Priel, immer wieder verweisen Hinweistafeln auf nahe gelegene Kleindenkmäler.

Nun scharf nach rechts und fast rückläufig wandern wir teilweise im Wald, teilweise am Waldrand, vorbei am Schimpelbauern-Kreuz, bis wir auf den Güterweg nach Schimpelsbach treffen. Hier nach rechts, biegen wir bei einem großen landwirtschaftlichen Betrieb nach links, erreichen den Weiler **Dörfl** 3 und nach links leicht bergan liegt nach der Waldpassage der **Platz des Golfclubs Wels** 4 vor uns. Hier besteht die Möglichkeit, die Runde nach links zu verkürzen (siehe Variante).

Auf der Golfplatzstraße durchwandern wir das Golfgelände, beim Wegweiser in Richtung Weißkirchen nach links erreichen wir **Baching** 5, vor dem ersten Hof nach rechts über den Weyerbach in der Wehrstraße auf die Anhöhe sind wir in Sichtweite der Autobahn A 1. Der Weg nach links bringt uns

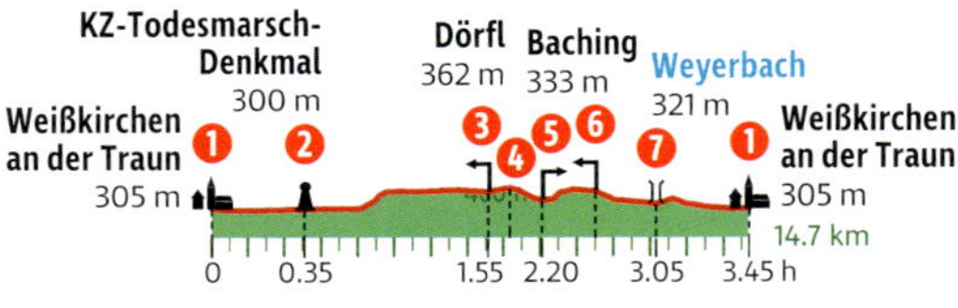

dann zur **Kapelle in Klobing** ❻; hier wieder nach links hinunter und über den Weyerbach dann zur Weyerstraße. Vorbei an Stögleiten kommen wir nach **Weyer**, nach einer kleinen Senke biegen wir nach rechts in der Wasserwerkstraße hinunter zum **Hammerwerk am Weyerbach** ❼ und überqueren diesen.

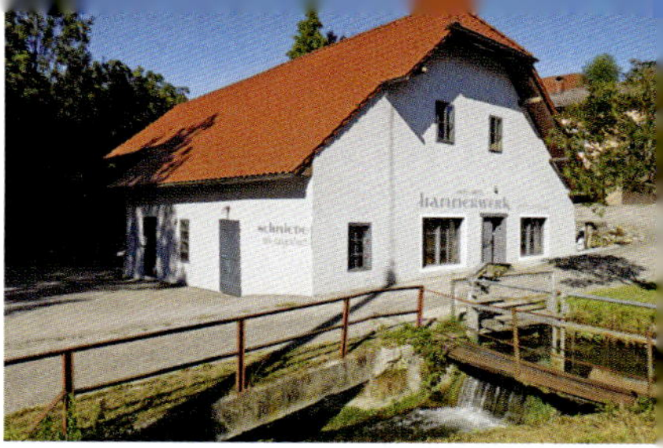

Das Hammerwerk am Weyerbach nutzt die Wasserkraft.

Kurz bergan folgen wir nach links erst dem Weidenweg und dann einem Feldweg talauswärts, erst oberhalb und dann nahe dem Bach, der uns zu den ersten Häusern von Weißkirchen leitet. In der Eichenstraße zum Kreisverkehr und weiter in der Erlenstraße bis zum Feuerwehr-Zeughaus in der Florianigasse. Hier nach rechts auf einem Fußweg über den Weyerbach erreichen wir über den Mühlenweg und die Obere Dorfstraße wieder das Zentrum von **Weißkirchen** ❶.

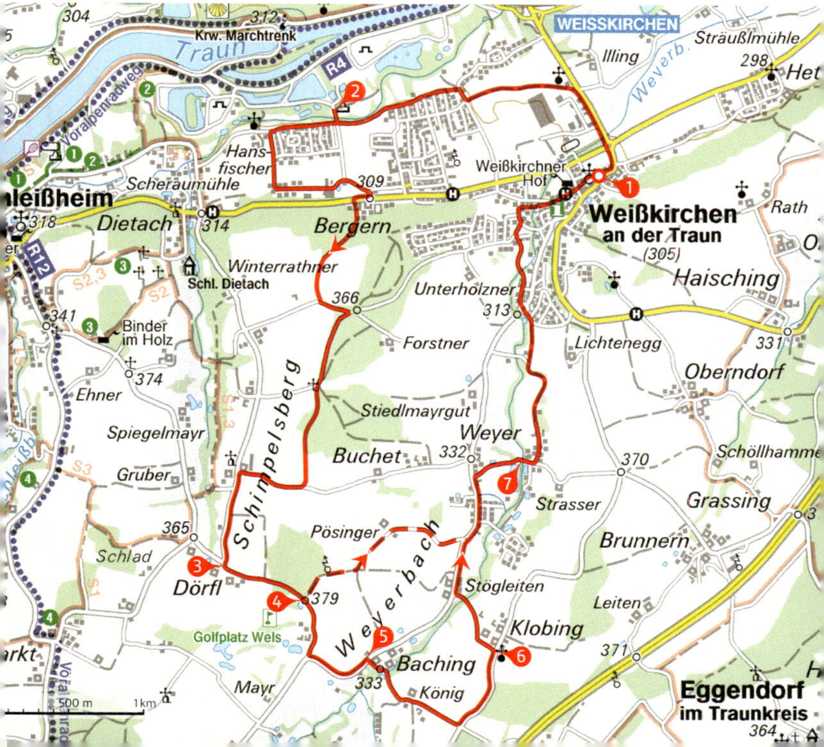

↗ 140 m | ↘ 140 m | 9.2 km

62 Die Krenglbacher Wirterunde

2.30 h

Durch die Hügellandschaft rund um Krenglbach

Der Krenglbacher Wirteweg ist eine gut durchdachter Rundwanderung mit geringem Asphaltanteil in nur leicht hügeligem Gelände. Zwei Wirte befinden sich am Weg, zum Oberndorfer Wirt ist ein kurzer Abstecher von Evolutionsmuseum in Schmiding notwendig. Der auf den Gebietstafeln noch angeführte Kirchenwirt in Krenglbach ist allerdings geschlossen.

Ausgangspunkt: Krenglbach, Ortszentrum, 311 m.
Mit ÖV: Busverbindungen ab Wels Hbf. bis Haltestelle Krenglbach Gemeindeamt.
Mit PKW: Anfahrt von Linz auf der A 7 und dann A 1 Richtung Salzburg, A 25 bis Abfahrt Pichl bei Wels, dann von der B 134 nach links auf L 519; Parkmöglichkeiten im Ort.

Anforderungen: Die Route ist durchgehend gut markiert (Wirterunde 4, blauer Pfeil) und problemlos begehbar. Feld- und Waldwege, ein ungefährlicher Pfad, allerdings Vorsicht bei Nässe, Abschnitte auf schwach befahrenen Straßen.
Einkehr: Krenglbach, Oberndorfer Wirt in Schmiding (Abstecher 250 m), Jausenstation Kramer in der Au.

Die schmucke Kirche in Krenglbach ist einen Besuch wert.

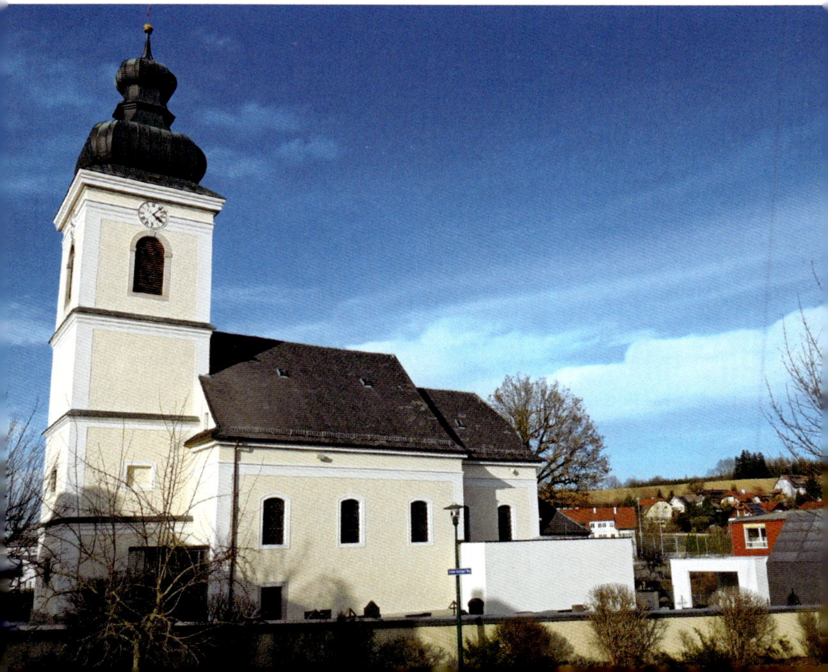

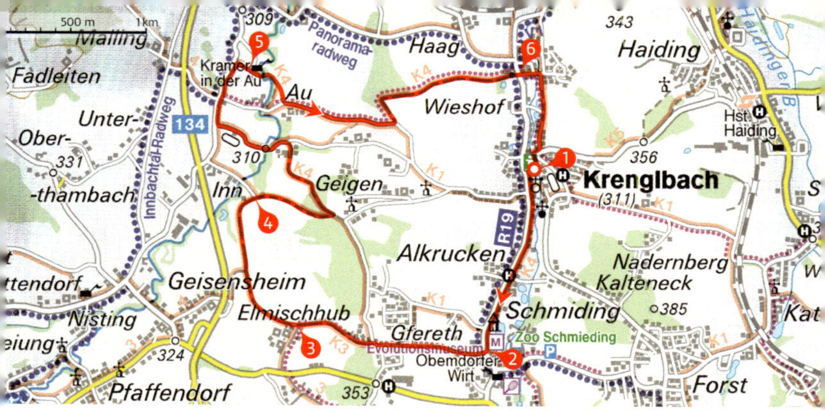

Im Zentrum von **Krenglbach** ❶ beim Gemeindeamt unweit der schmucken Pfarrkirche und der modernen Volksschule (Denkmal für den Ehrendomherr Anton Reidinger, den Schöpfer des Liedtextes »Es wird scho glei dumpa«) leitet uns die Markierung 4/Krenglbacher Wirterunde (gelbe Tafel mit blauer Richtungsspitze) erst auf der Krenglbacher Straße (L1233) südwärts durch Alkrucken bis nach **Schmiding** ❷. Beim Evolutionsmuseum/Zoo Schmiding linker Hand biegt unser Wanderweg nach rechts ab (geradeaus der Oberndorfer Wirt), erst in einem Hohlweg und dann auf einem Feldweg erreichen wir die Häuser in **Gfereth**, wo wir uns nach einer Anhöhe (Amtmannstraße) geradeaus halten. Vorbei an einer modernen Marienkapelle (Im Graben) durch eine Senke streben wir auf den Weiler **Elmischhub** ❸ zu. Rechts an den Häusern vorbei nun in einem großen Rechtsbogen auf einem wunderschönen Feldweg, bei der Wegkreuzung geradeaus begleitet uns dann eine sehr alte Baumreihe aus Weiden zu den Häusern von **Inn** ❹.

Hier wendet sich der Weg nach rechts weg vom Innbach, bergan zuletzt als schmaler, aber romantischer Steig führt uns zum Waldrand. Nach einem kurzen Stück im Wald, dann ein scharfer Linksknick, fast rückläufig in einem S, führt der Wald- und Feldweg zu einem großen Hof (Achleiten 2). Nach links queren wir den Innbach, vorbei an der Windhunderennbahn des WRK Austria, dann nach rechts auf einem Güterweg nach Norden. Wir biegen in die zweite Straße rechts ein und überqueren gleich nach der **Jausenstation Kramer in der Au** ❺ wieder den Innbach auf einem schmalen Steg. Nach rechts wandern wir parallel zum Innbach und beim Zufahrtsweg nach links zum Bauernhof Au 3. Geradeaus leicht bergan verlassen wir gleich wieder den Asphalt, linker

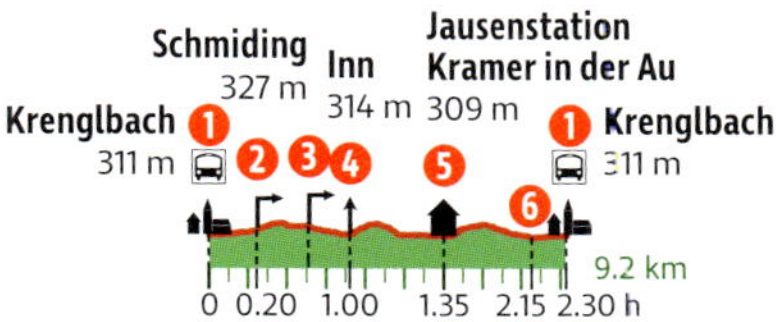

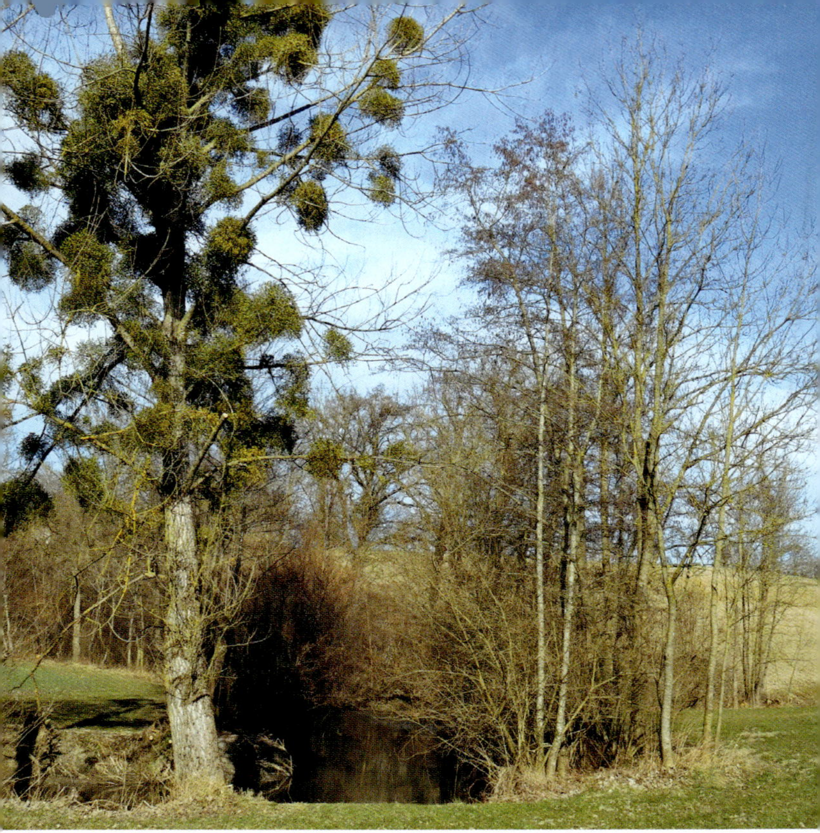

Der Baum am Innbach ist von Misteln übersät.

Hand steht eine alte Mostbirnbaum-Reihe, und erreichen einen Hohlweg. Bei der Weggabelung scharf nach links wandern wir auf den Waldrand zu, dann im rechten Winkel entlang des Waldes bergab. Wir passieren das Gelände eines Modellflugplatzes, ein Feldweg leitet uns dann nach **Wieshof** 6. Wir überqueren die Wieshofer Straße und folgen dem Muggenhuberweg.

Nach der Brücke über den kleinen Krenglbach nach rechts sehen wir schon den Kirchturm von Krenglbach vor uns. Vorbei an zwei großen Teichen am Kapsamerweg, weiter geradeaus auf dem Landlerweg und via Ziegeleistraße und Bahnweg leitet uns die wirklich gute Markierung zurück ins Zentrum von **Krenglbach** 1.

↗ 220 m | ↘ 220 m | 16.9 km

4.45 h

Von Krenglbach durch den Linetwald 63

Eine Kombination aus zwei Wanderwegen südlich von Krenglbach

Eine Rundwanderung, bei der zwei gut geplante Wege, der Zentrumsweg und der Waldweg, in nur leicht hügeligem Gelände kombiniert sind und daraus eine schöne Tagestour entsteht.

Ausgangspunkt: Krenglbach, Ortszentrum, 311 m.
Mit ÖV: Busverbindungen ab Wels Hbf. bis Haltestelle Krenglbach Gemeindeamt.
Mit PKW: Anfahrt von Linz auf der A 7 und dann A 1 Richtung Salzburg, A 25 bis Abfahrt Pichl bei Wels, dann von der B 134 nach links auf L 519; Parkmöglichkeiten im Ort. Alternativer Ausgangspunkt am Parkplatz beim Zoo Schmiding ❻.
Anforderungen: Die Route ist durchgehend gut markiert (Zentrumsrunde 1, grüner Pfeil und Waldrunde 2, gelber Pfeil) und problemlos begehbar. Feld- und Waldwege, im Linetwald sind die Markierung auf Bäume gemalt, hier ist Aufmerksamkeit angebracht, um keine Abzweigung zu übersehen. Eine Alternativroute bietet sich hier ggf. an. Abschnitte auf schwach befahrenen Straßen.
Einkehr: Krenglbach, Gasthof Zur Waldschänke, Oberndorfer Wirt in Schmiding.
Variante: Von der Wegekreuzung im Linetwald ❹ nach rechts führt der kürzere Waldweg in Richtung Schmiding/Gunskirchen ziemlich geradeaus haltend durch den Wald und trifft später wieder auf die Markierung 2. Auf diesem Weg ist die Orientierung einfacher.

Vom Ortszentrum von **Krenglbach ❶** über den Krenglbach, beim Motorikpark rechts folgen wir der Markierung Zentrumsweg 1; beim Kindergarten dann nach links vom Anton-Reidinger-Weg in die Sportplatzstraße und vorbei am Sportplatz auf den **Güterweg Nadernberg.** Über die Anhöhe, bei der **Verzweigung ❷** geradeaus und bei der Bahnlinie Wels–Passau nach rechts passieren wir einen Durchlass und erreichen eine weitere Unterführung. Hier verlassen wir die Markierung Zentrumsweg 1 und folgen nun der Markierung Waldweg 2. Unter der Bahn hindurch in

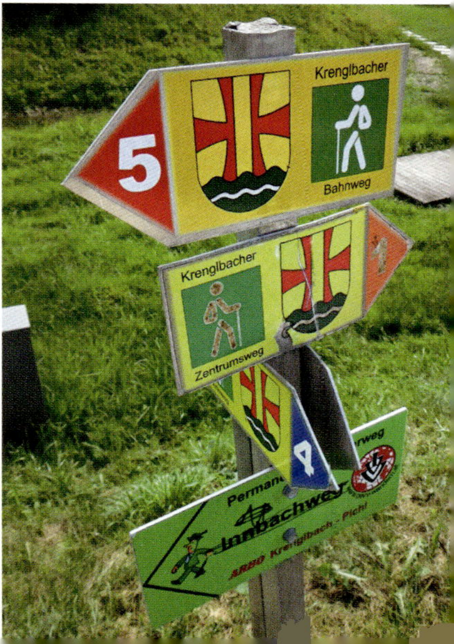

Das Wanderwegenetz in Krenglbach ist übersichtlich markiert.

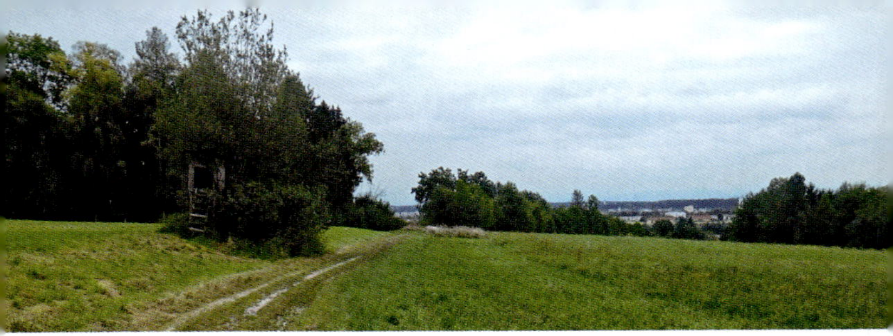

Am Rand des Linetwaldes mit Blick auf Wels.

die Katzbach Straße, die wir nach dem zweiten Hof (Niedermair, Katzbachstraße 28) rechter Hand vor einer **Kapelle** nach rechts verlassen. Über den Haidingerbach nun auf einem landwirtschaftlichen Weg passieren wir das Gestüt des Reiterbundes Wels, durch den Wald erreichen wir die Bundesstraße B 137.

Kurz nach rechts auf dem Weg an der B 137 entlang bis auf Höhe des **Gasthofs Zur Waldschänke** ❸, führt der Weiterweg gegenüber dem Gasthof in der Wallerer Straße zu einer Bahnunterführung. Nach dieser nach rechts folgen wir erst der Kneippstraße und dann der Schafbergstraße bergan zum Waldrand. Im **Linetwald** biegt der Weg nach links ab.

Bei der **Kreuzung** ❹ stehen dann zwei Möglichkeiten offen: Der kürzere Weg biegt rechts ab in Richtung Schmiding/Gunskirchen (s. Variante). Wir aber folgen der Markierung des Waldweges 2, der sich nach links wendet, am Waldrand bei einem Bankerl (Blick nach Wels) dann scharf nach rechts, zahlreiche Markierungen (gelber Pfeil/grüne 2) sind an den Bäumen angebracht. Der Wanderweg windet sich im Zickzack teils als Forstweg, teils als ganz schmaler Pfad durch den Wald, vorbei an Infotafeln über einen Eichenherkunftsversuch in Wels, nähert er sich der Innkreisautobahn A 8. Bei dieser Tour ist genau auf die Markierungen zu achten, damit keine Abzweigung übersehen wird. Parallel zur A 8 erreichen wir bei zwei Sendemasten eine T-förmige Kreuzung, nach rechts aufwärts stößt die Variante von rechts kommend wieder auf die Markierung Waldweg 2. Schon kurz danach verlassen wir diese aber bei einem **Wasserhochbehälter** ❺ und Bus-Ausweichstelle nach links und folgen wieder der Markierung Zentrumsweg 1.

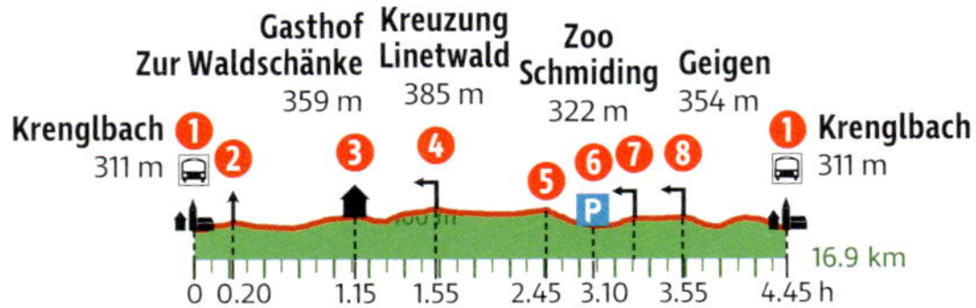

Wir nehmen die nach links abzweigende Forsterstraße, biegen kurz in den Eibenweg links und wandern dann nach rechts auf einem Wiesensteig weiter. Auf dem Güterweg Katzmair stoßen wir auf die Schmidingerstraße, verlassen Forst und vorbei am Parkplatz des **Zoos Schmiding** 6 über den Krenglbach erreichen wir beim **Oberndorfer Wirt** die Krenglbacher Straße.

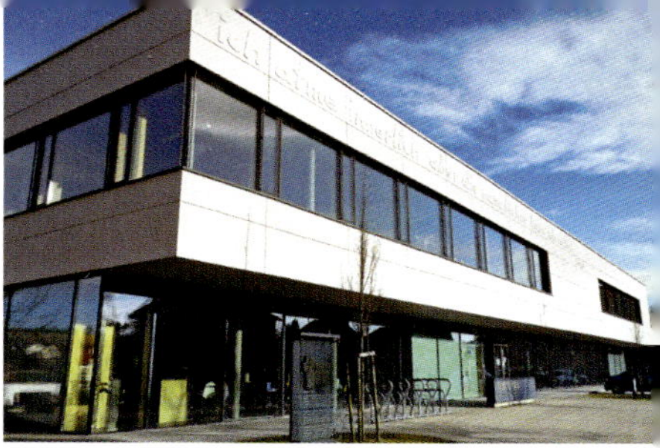

Die moderne Volksschule von Krenglbach.

Nach rechts in Richtung Krenglbach, vorbei am Evolutionsmuseum Schmiding und am Schloss, wenden wir uns links in die Schlossbergstraße. Bergan dann in **Gfereth** 7 nach links in die Amtmannstraße, die sich nach rechts wendet. Die Weiterwanderung in der Gferether Straße führt uns am Waldrand zu den Häusern von **Geigen** 8, wo der Weg wieder halblinks in den Wald führt. Ein Stück begleitet uns dann die Markierung Wirterunde 4 zu einem großen Hof (Achleiten 2), wir biegen hier aber nach rechts ab.

Vor einem mächtigen Hof wendet sich der Wanderweg nach links, um als Wiesensteig vorbei an alten Weiden zu einem Feldweg zu gelangen, wo wir wieder auf Markierung 4 treffen. Wiederum verlassen wir diese dann nach rechts, links sehen wir bereits Krenglbach. Nach links über einen Güterweg und die Mariafeld Straße geht es schließlich hinab ins Zentrum von **Krenglbach** 1.

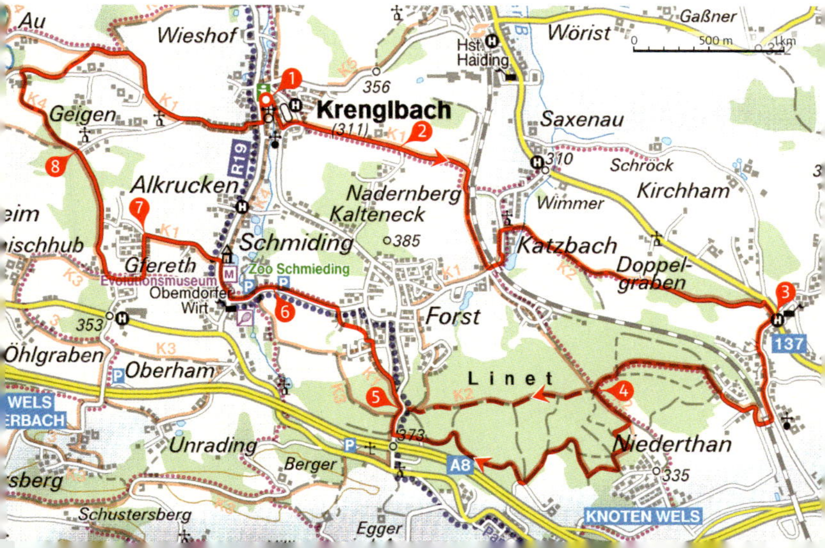

↗ 250 m | ↘ 250 m | 15.2 km

64 Von Bad Hall nach Adlwang

4.45 h

Vom Kurort zur Wallfahrtskirche und zum Kirtag

Die Rundwanderwanderung führt vom Kurort Bad Hall mit schönen Fernblicken zur Wallfahrtskirche in Adlwang, wo an drei Wochenenden im Oktober jeweils ein großer Kirtag stattfindet. Die Pfarrkirche ist aber auch so sehenswert. Entlang des Sulzbaches geht es dann wieder retour.

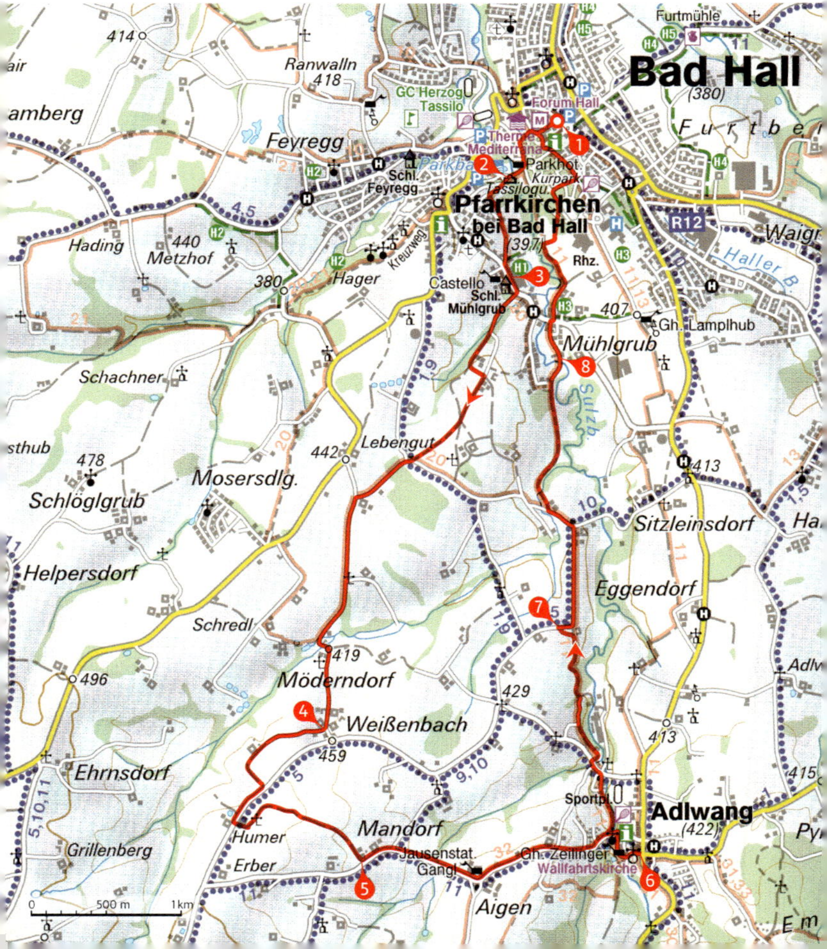

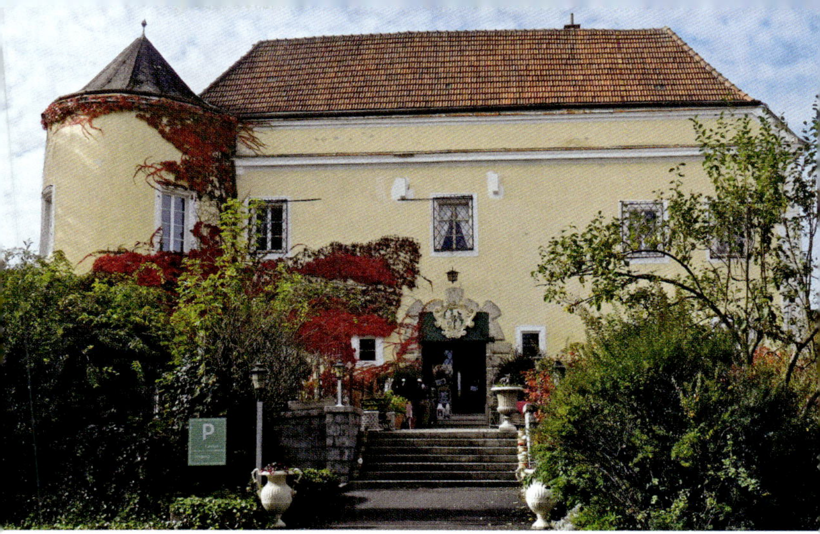

Schloss Mühlgrub ist heute gewerblich genutzt.

Ausgangspunkt: Bad Hall, Hauptplatz, 380 m.
Mit ÖV: Zugverbindungen ab Linz Hbf. bis Bahnhof Rohr/Bad-Hall, von dort Bus bis Bad Hall Busterminal.
Mit PKW: Anfahrt auf der A 7 und A 1 bis Ausfahrt Traun, dann auf der B 139 nach Bad Hall; Parkmöglichkeit Parkhaus im Zentrum (Diplomingenieur-Pesendorfer-Straße 2a).
Anforderungen: Die Route ist nicht durchgehend markiert, aber problemlos begehbar; einige Abschnitte auf schwach befahrenen Güterwegen, Feld- und Waldwege.
Einkehr: Bad Hall, Adlwang.

Vom **Hauptplatz** in **Bad Hall** ❶ zuerst durch die Eduard-Bach-Straße in Richtung Eurothermen-Resort, vor der Therme nach links abwärts über den Feyreggerweg und nach links vorbei am Parkhotel Zur Klause erreichen wir nach Querung des kleinen Sulzbaches das Gebäude der **Tassiloquelle** ❷. Linker Hand am Gebäude vorbei (Markierung »www.benedikt-bewegt-weg«), dann leicht bergan und nach links auf dem Tassiloweg an einer Siedlung entlang erreichen wir **Schloss Mühlgrub** ❸. Zwischen dem Schlossareal und einem Industriebetrieb weiter, biegen wir dann nach rechts auf den Güterweg Unterschützinger Straße. Im Wäldchen queren wir den Bach, halten uns rechts und nach einem einsamen Haus gelangen wir im Linksknick zu einem großen Bauernhof. Hier nun nach rechts, der Asphalt endet und ein Feldweg leitet uns südwärts. Bei einem Wasserhochbehälter nun auf der Sandlmühlstraße erreichen wir nach einer kurzen Waldpassage einen kleinen Weiler und biegen nach links. Vor uns bietet sich bei schönem Wetter ein wunderbarer Blick auf die Berge des Voralpenlandes.

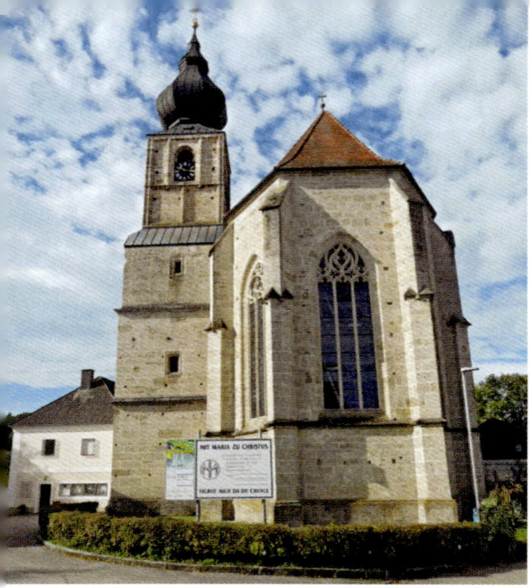

Die imposante Wallfahrtskirche »Sieben Schmerzen Mariens« in Adlwang.

Nun durch eine Senke bei Möderndorf führt die Straße in einem S bergan zu 4 markanten Höfen in **Weißenbach** 4. Beim Hof Hausnummer 15 nach rechts auf einem Zufahrtsweg (Forsterwimmerstraße) und beim nächsten Hof nach links, führt ein Feldweg dann zur Straße. Nach rechts leicht bergan umrunden wir den Hof Humer links haltend, wandern ein kurzes Stück rückläufig und dann nach rechts auf einem Feldweg zu einem Baubetrieb in **Mandorf** 5. Nach links und uns auf dem Güterweg Mandorf bei der nächsten Abzweigung rechts haltend wandern wir vorbei am Ferienhof Gangl in Aigen, queren in der Senke den Sulzbach und erreichen dann nach rechts vorbei am **Gnadenbrünnlein** (Hl. Brunnenstraße) bergan das Zentrum von **Adlwang** 6 mit seiner imposanten Wallfahrtskirche.

Den Rückweg beginnen wir bei der Brücke über den Sulzbach, unmittelbar nach der Brücke leitet uns nun die durchgehende Markierung 11 (rot-weiß-rot) entlang des Sulzbaches zu einer Gartensiedlung. Ein kurzes Stück auf der Landesstraße nach links verlässt, der Wanderweg diese nach rechts und führt uns als Wiesenweg erst leicht bergan, dann parallel zum Sulzbach. Beim nächsten Hof in einem Zacken nach rechts geht es nun auf dem **Güterweg Weißenbachstraße** 7 geradeaus nach Norden.

Bei der T-förmigen Kreuzung nach links, verlassen wir in der Senke beim Haus Forsterstraße 24 nach rechts die Straße und queren ein Bächlein. Ein Feldweg leitet uns über den **Sulzbach** zur **Zöhrmühle** 8 (Bäckerei) in Mühlgrub. Immer geradeaus wandern wir dann wieder entlang des Sulzbaches und erreichen unterhalb des Klinikums das Areal des Kurbereiches. Nun leicht bergan bieten sich gleich mehrere Spazierwege an, um wieder ins Zentrum von **Bad Hall** 1 zu gelangen.

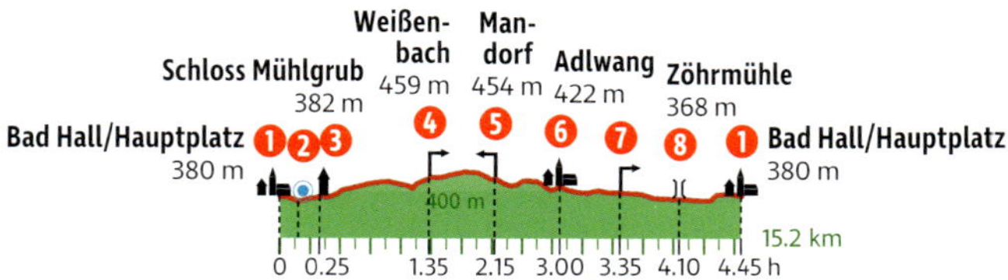

↗ 120 m | ↘ 120 m | 7.6 km

2.00 h

Die sanften Hügel im Traunviertel bei Hargelsberg

65

Hargelsberg – ein markant gelegener und weithin sichtbarer Ort

Das landwirtschaftlich intensiv genutzte Gebiet bietet leider nur wenige Wege, die nicht asphaltiert sind. Bei dieser kurzen Rundwanderung wurde versucht, möglichst auf Feld- und Waldwege auszuweichen.

Ausgangspunkt: Hargelsberg, Zentrum, 324 m.
Mit ÖV: S-Bahn ab Linz Hbf. bis Bahnhof Enns, dann Bus nach Hargelsberg, Haltestelle Ortsmitte.
Mit PKW: Anfahrt auf der A1 bis Enns-West und B 309/Schnellstraße nach Steyr, Abfahrt Hargelsberg/Kronstorf; Parkplätze Pfarrfeld nahe der Kirche.
Anforderungen: Die Route ist durchgehend markiert, problemlos begehbar, Abschnitte auf schwach befahrenen Straßen und Güterwegen, Feld- und Waldwege, etwas höherer Asphaltanteil.
Einkehr: Nur am Touranfang/-ende in Hargelsberg.

Die Gegend bei Hargelsberg ist landwirtschaftlich intesiv genutzt.

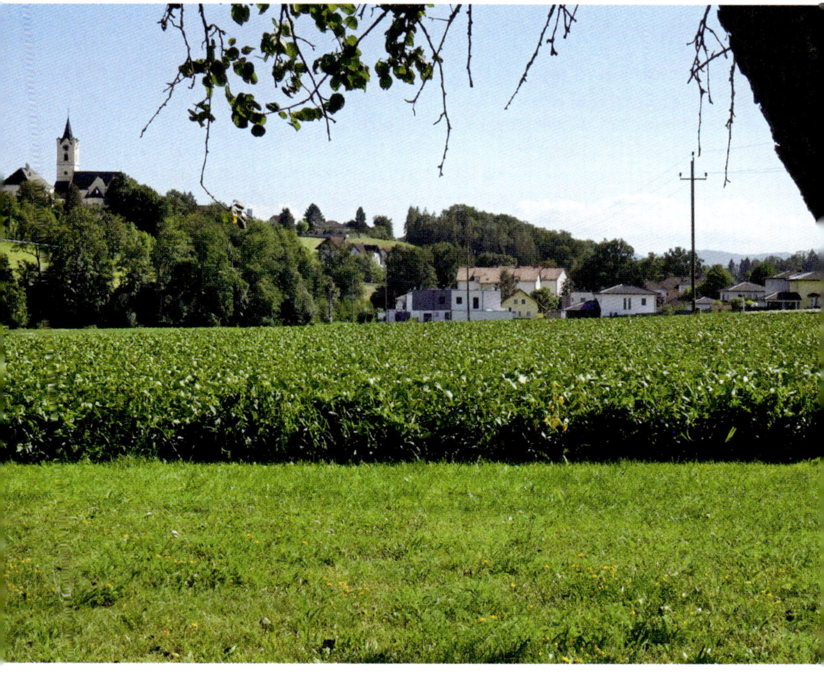

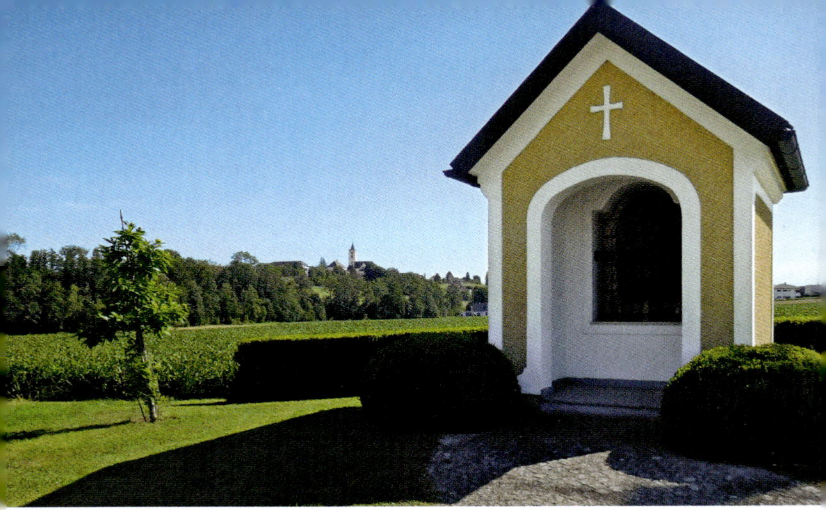

Die liebevoll gepflegte Kapelle in Hausmanning.

Bei der markanten und weithin sichtbaren Kirche von **Hargelsberg** ❶ startet im Kirchenweg der Kulturwanderweg. In nördlicher Richtung geht es erst auf einem Gehweg, dann bergab am Schmiedberg und nach Querung einer Straße zu einem Wald. Vor diesem nach links über den Thannerbach erreichen wir **Hausmanning** ❷. Der Wanderweg wendet sich zweimal nach links, bei einer **Kapelle** verlassen wir den Weiler, um dann beim Wald auf

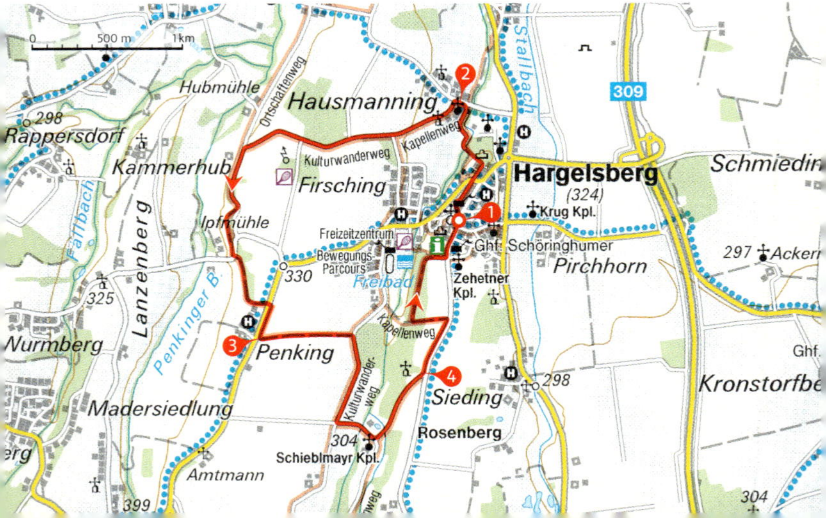

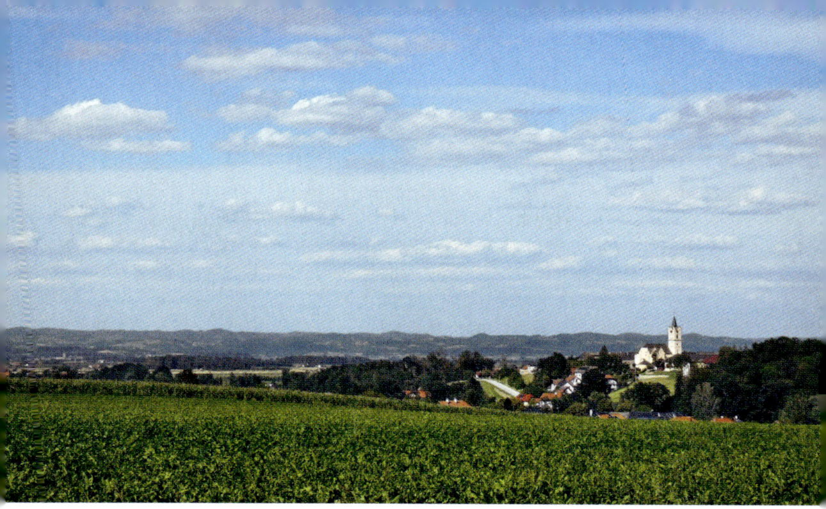

Schöne Fernblicke eröffnen sich von den sanften Hügeln rund um Hargelsberg.

dem Güterweg Penkinger Höhenweg weiterzugehen. Auf der Höhe angekommen blicken wir zurück auf Hargelsberg, im Süden sind die Alpen zu sehen und der Blick nach Norden reicht weit ins Mühlviertel.

Bergab nun in Richtung Hubmühle, vor einem Hof nach links, erst durch ein Gehölz und dann nach rechts entlang des schmalen Waldes erreichen wir eine Straße, die wir queren. Auf einem Feldweg wiederum am Waldrand entlang und durch einen kleinen Wald geradeaus bergan streben wir dann auf eine Straße zu, der wir nach rechts bis zur **Bushaltestelle Penking bei Hargelsberg** ❸ folgen. Hier nach links auf einem Feldweg über die Anhöhe mit schönem Blick auf Hargelsberg und in der Ferne auf Enns erreichen wir entlang einer alten Mostbirnbaumreihe einen Güterweg.

Nach rechts bis zur ersten Querstraße und auf dieser links über ein Bächlein zu einem großen Vierkanthof (Franz Gruber/Maria Gruber und ein Heiligenbild über dem großen Hoftor). Nun nach links in der Senke über den Thannerbach treffen wir auf der Anhöhe beim **Wasserturm** ❹ auf eine etwas stärker befahrene Straße. Wir folgen dieser ein Stück, der Kulturwanderweg wendet sich dann nach links zum Wald, im unteren Drittel biegt er nach rechts ab. Auf dem schöner Waldweg erreichen wir bei einem Fitnessparcours die ersten Häuser, das Feuerwehrdepot und das Gemeindeamt im Zentrum von **Hargelsberg** ❶.

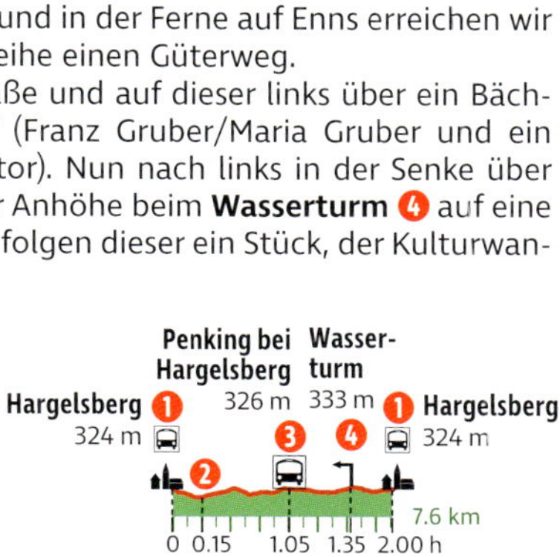

↗ 180 m | ↘ 180 m | 11.6 km

66 Rund um Niederneukirchen

3.00 h

Auf den Höhen entlang des Ipfbaches

Eine aussichtsreiche Rundwanderung verläuft auf den Höhen östlich und westlich des Ipfbaches zur barocken Wallfahrtskirche Ruprechtshofen. Der Sage nach soll sich im Jahre 718 Rupert, Bischof von Worms und Salzburg, auf seiner Missionsreise in Ruprechtshofen aufgehalten, dort eine römische Kultstätte gefunden und zum Bau einer Kirche angeregt haben.

Ausgangspunkt: Niederneukirchen, Dorfplatz, 336 m.
Mit ÖV: Busverbindungen von Linz Hbf. bis Haltestelle Niederneukirchen Ortsmitte.
Mit PKW: Anfahrt auf der A7 und weiter auf der A1 über Ansfelden oder über Asten und St. Florian nach Niederneukirchen; Parkmöglichkeiten im Ort.
Anforderungen: Die Markierungen im Gebiet um Niederneukirchen waren zum Zeitpunkt der Begehung etwas in die Jahre gekommen. Die Route ist nicht durchgehend markiert, aber problemlos begehbar. Feld- und Waldwege, Abschnitte auf schwach befahrenen Güterwegen, relativ viel Asphaltanteil. Ein kurzes Stück des Steiges durch den Wald vor dem Vierkanthof Mair im Haag ist im Sommer etwas verwachsen, in diesem Fall den Wald nördlich umrunden.
Einkehr: Niederneukirchen, Ruprechtshofen.

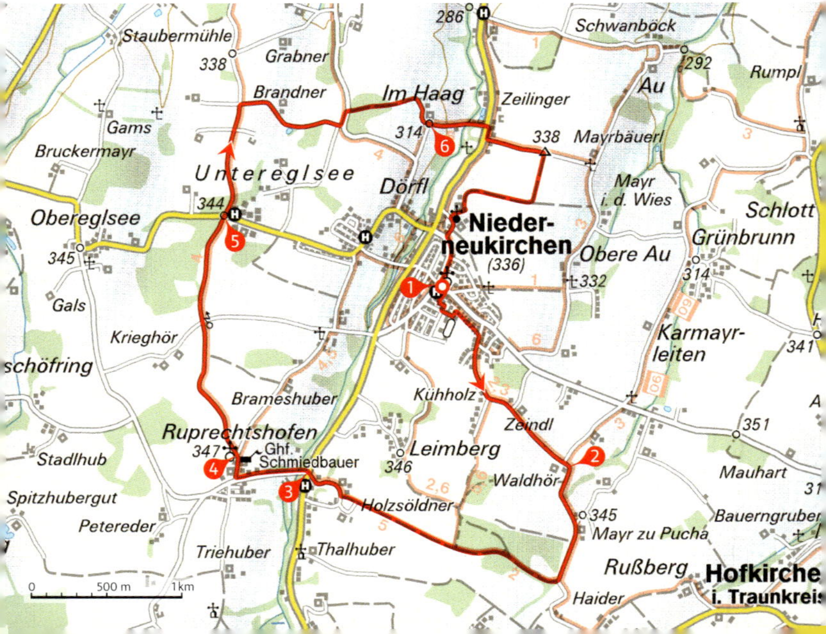

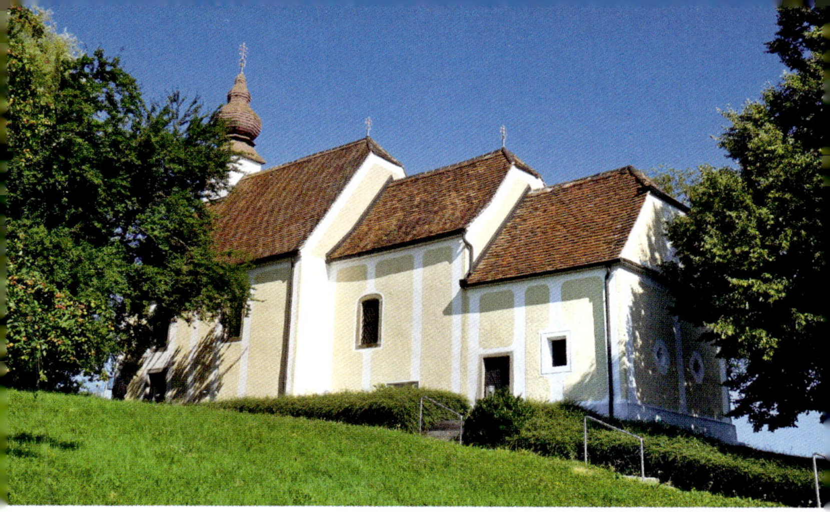

Außergewöhnliche Architektur: die Wallfahrtskirche Ruprechtshofen.

Wir starten vom Dorfplatz in **Niederneukirchen** ❶ in südlicher Richtung zum Feuerwehrzeughaus, dann nach links zur Musikmittelschule. Nach rechts und dann links um diese herum führt ein Fußweg bei der Krabbelstube zur Friedmannstraße, auf der wir nach rechts den Ort hinter uns lassen. Am Güterweg Waldhör, vorbei am **Friedmannkreuz**, erreichen wir durch eine Senke den **Hof Waldhör** ❷ mit seiner schmucken Kapelle.
Hier nun nach rechts auf dem Mariazeller Weg (rot-weiß-rot 406) und Salzsteigweg (rot-weiß-rot 409) passieren wir den Hof Mayr zu Pucha. Bei einem rechtwinkeligen Linksknick des Feldweges verlassen wir die Markierung und halten uns nach rechts in den Wald. Nach dem Verlassen des Waldes bietet der schnurgerade Feldweg schöne Ausblicke. Wir folgen dem Güterweg Stadlmairergab ins **Tal des Ipfbaches**, wo wir bei der **Bushaltestelle Ruprechtshofen Ort** ❸ die Landesstraße L564 queren. Über den Ipfbach geht es nun bergan nach **Ruprechtshofen** und nach rechts, vorbei am **Landgasthof Schmidbauer/Mair-Valtl** zur **Wallfahrtskirche Ruprechtshofen** ❹.

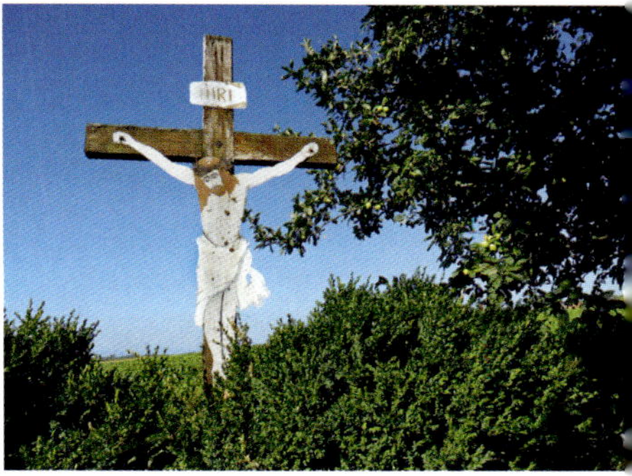

Das Friedmannkreuz am Wegesrand.

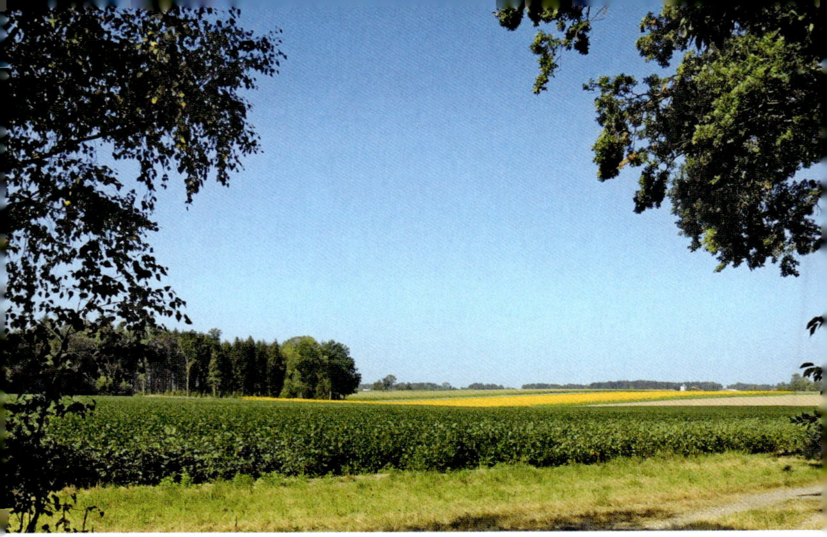

Fruchtbares Ackerland und weite Felder bei Ruprechtshofen.

Bei der Kirche nehmen wir den linken Güterweg, wiederum begleitet von großartiger Fernsicht, queren bei einem Wasserhochbehälter und einem Sendemast eine Straße und erreichen in **Untereglsee** 5 die L 1399. Diese queren wir, um auf dem Güterweg Eglsee weiterzuwandern. Bei der zweiten Wegkreuzung, links ist ein unterirdischer Löschwasserbehälter, wenden wir uns nach recht und beim Hof Brandner durch die Senke kommen wir zu einer Straßenkreuzung, bei der zwei Straßen von rechts einmünden. Hier biegen wir links ab, dann nach etwa 80 m nach rechts in den Wald. Auf einem Steig hinaus halten wir uns nach einem Hochstand nach rechts.
Um den mächtigen Vierkanthof **Mair im Haag** 6 herum führt der Weiterweg wieder ins **Ipfbachtal**. Nach Querung des Ipfbaches geht es bei der Haltestelle Niederneukirchen Hochradner über die L 564 nun nochmals bergan. Am Scheitel der Höhe wenden wir uns rechts, sehen den Ort schon vor uns. Abermals rechts und im Linksbogen gelangen wir zu zwei Höfen und bergan dann wieder in das Ortszentrum von **Niederneukirchen** 1.

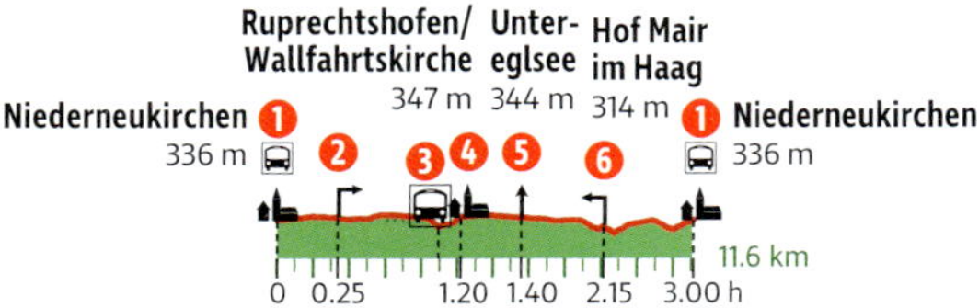

4.15 h

Von der Basilika Enns-Lorch zum Stift Sankt Florian

Sakralbauten und Museen nahe der Landeshauptstadt

Von Enns-Lorch nach Asten wandert man vorbei am Paneum – Wunderkammer des Brotes und am Museum Sumerauerhof nach St. Florian, wo die alte Remise, das Feuerwehrmuseum und natürlich das Stift einladen. Der Weg retour verläuft zuletzt durch den Erholungswald Eichberg.

Ausgangspunkt: Basilika Enns-Lorch, 256 m.
Mit ÖV: Zugverbindungen ab Linz Hbf. zum Bahnhof Enns; Routeneinstieg über die Westbahnstraße möglich.
Mit PKW: Anfahrt über A 7/A 1 oder B 1; Parkplatz bei der Basilika Lorch.
Anforderungen: Die Route ist nicht durchgehend markiert, aber problemlos begehbar, Abschnitte auf schwach befahrenen Straßen und Güterwegen, Feld- und Waldwege, hoher Asphaltanteil.
Einkehr: Enns, Asten, St. Florian.
Varianten: Alternative Startmöglichkeiten: Ab St. Florian, Busverbindungen von Linz Hbf., Parkmöglichkeiten beim Stift und beim Schulzentrum; oder ab Bahnhof Asten, Zugverbindung ab Linz Hbf., Parkmöglichkeit.

Die **Basilika Lorch** ❶ ist auf historischem Boden erbaut. Nördlich der Kirche vor der Sparkasse folgen wir der Basilikastraße und nach rechts der Caracallastraße. Nach dem Lagerhaus dann nach rechts (Lagerhausstraße) erreichen wir die Gleise der Westbahn, vom Bahnhof Enns kommende Wanderer stoßen hier dazu. Wir wandern erst nach links in der Westbahnstraße parallel zur Bahnstrecke und dann unter dieser hindurch nach **Einsiedl** ❷. Von hier an begleitet uns die Markierung des Jakobsweges (gelbe Muschel auf blauem Grund). Nach links über den Kristeinbach verlassen wir Einsiedl und folgen einer etwas stärker befahrenen Straße auf dem Begleit-

Schöner Blick auf das Stift St. Florian vom Ipfbach aus.

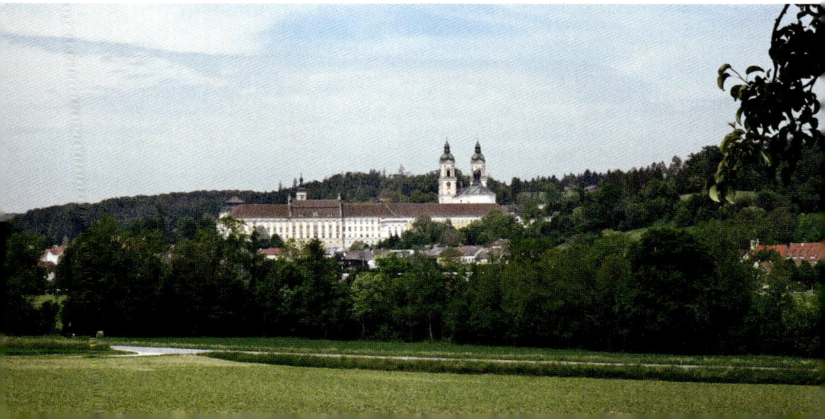

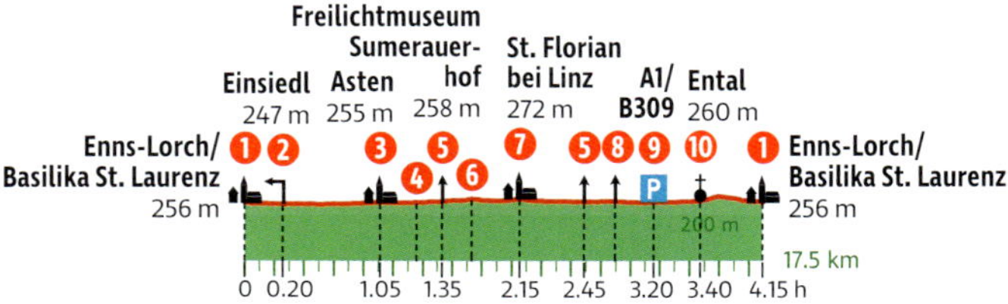

weg nach links. Bei einem Transformator nun nach rechts in den Güterweg Erlengraben und vorbei am Eglseergut, wandern wir anschließend parallel zur Hochgeschwindigkeitsstrecke der Westbahn. Nach links geht es dann wieder unter der »alten Bahntrasse« hindurch, links das **Gasthaus Heimbau,** auf der Einsiedlerstraße vorbei an Sportanlagen rechter Hand bis zum Olivenweg. Hier nun erst links und dann nach rechts erreichen wir die moderne **Pfarrkirche St. Jakob** in **Asten** ❸.

Bei einem Supermarkt gelangen wir zur Bundesstraße B1, biegen nach rechts und folgen der B1, um unmittelbar nach der Brücke über den Ipfbach vor dem **Gasthof zur Goldenen Krone** nach links abzubiegen. In der Ipfbachstraße nun bachaufwärts, beim Haus Nummer 4 queren wir auf einem Steg den Ipfbach, nach rechts geht es nun unter der Westautobahn hindurch und am **Paneum – Wunderkammer des Brotes** ❹ der Backaldrin International The Kornspitz Company GmbH vorbei zum **Freilichtmuseum Sumerauerhof** ❺. Geradeaus folgen wir dem Wegweiser nach und durch **Weilling** ❻. Achtung: In Weilling biegt der Mühlsteinweg nach links, wir bleiben geradeaus. Vor uns eröffnet sich ein schöner Blick auf St. Florian und das Stift.

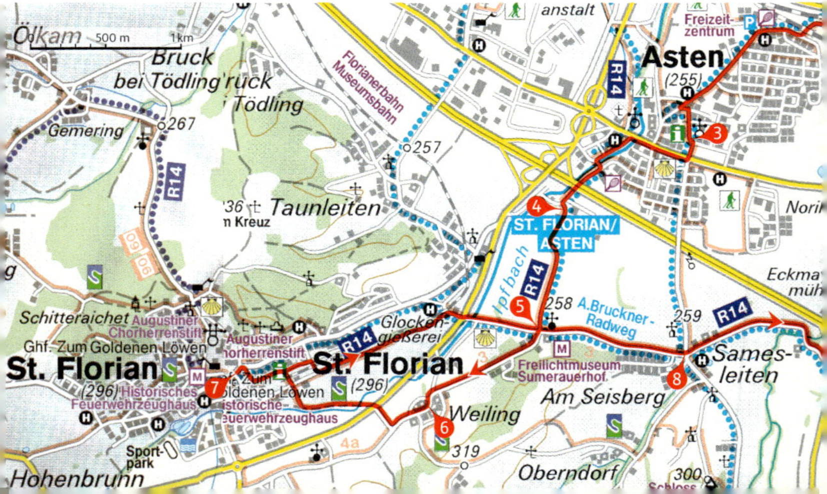

Nach einer kleinen Hecke nun nach rechts der Donausteig-Markierung rückläufig folgend queren wir die Umfahrungsstraße L 566, folgen dem Impfbach, nehmen den nächsten Querweg nach rechts und vorbei am ehemaligen Lokalbahnhof, am Bauhof, dem Gendarmerieplatz und dem Gemeindeamt gelangen wir in das Zentrum von **St. Florian** 7. Der Rückweg ist bis zum ehemaligen Lokalbahnhof ident mit dem Hinweg. Nun nach links parallel zur aufgelassenen Trasse der Museumsbahn (Leopold-Kotzmann-Straße) führt uns der Weg am Schulzentrum vorbei. Bei der T-förmigen Kreuzung dann nach rechts wiederum über die Umfahrungsstraße L 566 und den Ipfbach geradeaus vorbei am **Freilichtmuseum Sumerauerhof** 5 halten wir auf die Häuser von **Samesleiten** 8 zu. Geradeaus über die Querstraße verlassen wir den Weiler auf dem Güterweg Bachmayr, rechts ist Schloss Tillysburg zu sehen, links voraus ein markanter hoher Silo.

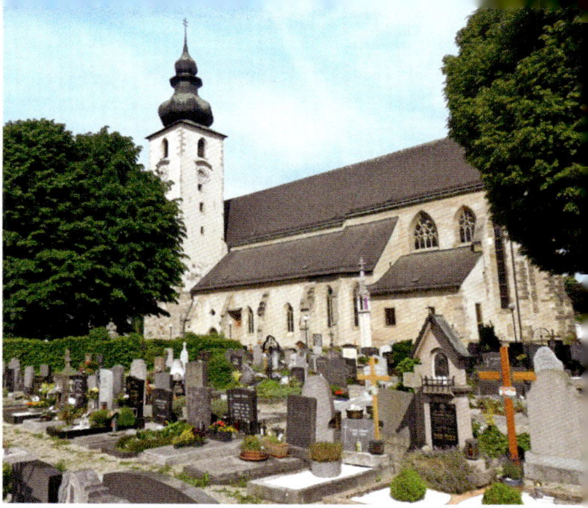

Auf historischem Boden erbaut: die Basilika Lorch.

Nach Querung des Kristeinbaches erreichen wir den **Knotenpunkt Westautobahn A1/Bundesstraße B 309** 9 nach Steyr. Zuerst beim Pendlerparkplatz unter der B 309 hindurch und dann nach rechts (Wegweiser Rabenberg und Kompostieranlage.) folgen wir parallel zur Autobahn A1 der Straße und biegen nach der Unterführung gegenüber der Kompostieranlage nach rechts auf einen Feldweg ein. Am Waldrand entlang erreichen wir die Häuser von **Ental** 10, bei der Kapelle nach rechts in den Erholungswald Eichberg geleitet uns der Wanderweg zu einem Bauernkriegs-Denkmal. Kurz danach endet der Waldweg, nach links in der Brucknerstraße erreichen wir die Bundestraße B1, queren diese und gelangen wieder zum Parkplatz bei der **Basilika Lorch** 1 bzw. zum Bahnhof Enns.

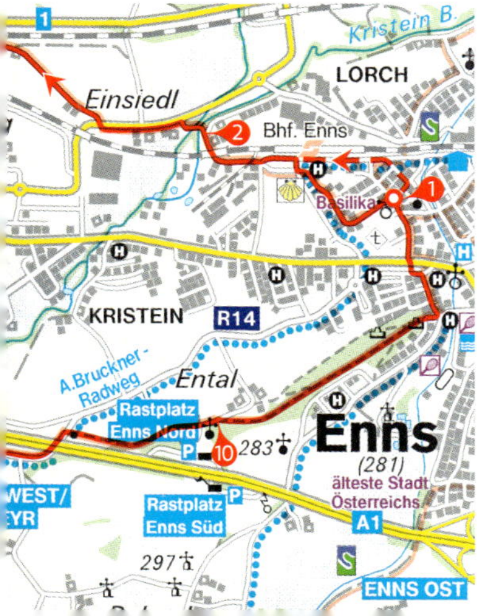

STICHWORTVERZEICHNIS